영 계 일 기
[5]

E. 스베덴보리 지음
안곡 · 박예숙 옮김

예 수 인

영 계 일 기
(the Spiritual Diary)

예 수 인

THE
SPIRITUAL DIARY

Records and Notes made by
EMANUEL SWEDENBORG
between 1746 and 1765

from his experiences in the spiritual world

PUBLISHED POSTHUMOUSLY

SWEDENBORG SOCIETY (INCORPORATED)
20-21 Bloomsbury Way
London, W.C.1
1962

옮긴이의 서문(序文)

 이 책의 제목 ≪영계 일기≫(the Spiritual Diary)에서 알 수 있듯이, 그리고 저자가 타계한 후에 다른 사람들에 의하여 편집, 발간되었다는 사실에서 알 수 있듯이, 이 책의 내용은 저자가 그 내용들을 널리 공표하기 위하여 집필한 것이 아니고, 단지 저자가 그의 저서들을 집필할 때 그 저서의 자료들로 사용하려는데, 목적이 있었음을 독자들은 먼저 이해하여 주시기 바랍니다. 특히 이 책의 내용 중에는, 성경에 등장하는, 모든 역사상의 저명한 인물에 관한 것들이 있기 때문에, 어떤 면에서는 흥미도 있지만, 어떤 경우는 이해하기 난해한 것들도 있다는 것을 밝혀둡니다. 옮긴이들의 소박한 소견은, 저자가, 독자들을 위한 것이 아니고, 저자 자신을 위한 자료였기 때문에 그렇게 표현, 기술하였을 것이라는 것과, 그리고 저자는 그 인물과 그 인물의 역할—성서 안에서든, 사람들의 생각에서든—이 우리 독자들과는 다른 견해를 가지고 있다는 것입니다. 다른 말로 하면, 극 중의 배우의 역할이 곧 그의 실제적인 성품이 아닐 수 있다는 것입니다. 아마도 이런 오해는 그분의 많은 저서들을 탐독할 때 해결될 수 있는 사안들이라고 생각합니다.
 이 책의 내용을 이해하는데 다소 도움이 되게 하기 위하여 먼저 간략하게 아래의 내용을 기술하겠습니다. 즉 이 일기가 언제 쓰여졌는가? 이 일기가 어떻게 해서 현재 형태로 보전되어 왔는가? 이 일기의 내용은 무엇인가? 라는 내용이 되겠습니다.

 1. 저자는 언제 이 일기를 썼는가?
 저자는 이 일기를 1746년부터 1765년에 걸쳐 기록하였습니다. 우리가 알 수 있듯이, 그분의 생애를 세 부분으로 나누는 것이 보통인데, 1688년부터 1710년(22세)까지를 유년 시대와 학업 시절이라 할 수 있고, 1710년부터 1742년(22세부터 54세까지)까지를 과학 탐구 기간이라 할 수 있고, 1742년부터 1772년(54세부터 작고하기)까지를 영적 진리의 탐구 기간이라 할 수 있겠습니다.*

그러니까, 스베덴보리 선생께서는 제 3 기의 생애에 들어간 뒤에 이 일기를 쓰기 시작했다고 말할 수 있겠습니다. 그리고 그분은 계속해서 그분이 작고하기 7년 전까지 그의 연세로 말한다면 57세부터 77세까지 20년간에 걸쳐 기록한 것입니다.

그렇다면 독자들이 기억해야 할 것은, 이 일기는 젊은 사람이 쓰지 않고 노숙한 사람이 썼다는 것입니다. 그것도 18세기의 유럽에서 과학지식이 절정에 도달한 사람이 그의 말년에 썼다는 사실입니다.

2. 어떻게 해서 이 일기가 현재의 형태로 보전되어 왔는가?

스베덴보리 선생께서는 이 일기를 라틴어로 기록하였습니다. 그 당시 유럽 학자들의 관례가 라틴어 사용이 보편적이었기 때문입니다. 그는 이 일기를 공중 독자들을 위하여 출판할 목적으로 쓰지 않았을 것이라는 것이 연구가들의 공통된 의견입니다. 그 이유로 스베덴보리 선생께서 출판될 저서들을 쓸 때 그의 일기로부터 인용한 것들이 허다하다는 사실, 또 그분이 일기를 쓸 때 단어들을 많이 생략하고 자기가 알 수 있는 정도이면 자기 개인적인 문장 스타일을 택하였다는 사실들을 들 수 있겠습니다.

이 일기의 맨 처음 부분(# 1-148)을 연구가들은 "페이지에 깊이 밀어 넣어 쓴 문단들"(indented paragraphs)이라고들 합니다. 스베덴보리 선생께서 영적 진리 탐구 기간으로 들어가면서 성서를 연구하고, 그 연구 결과들을 집필하였는데, 그것이 The Word of the Old Testament Explained (간단히 The Word of Explained)입니다. 이 저서에서부터 그는 이 처음 부분의 일기를 페이지에 "깊이 밀어 넣어 시작

---

* 더 자세한 내용을 알기 원하는 독자는 스베덴보리의 신학총서 개요, 하권 뒤에 실린 "E. 스베덴보리 약전"을 참조하면 좋을 것이다.

된 문단"이라는 명칭을 얻게 된 것입니다.

스베덴보리 선생께서는 자기의 원고에 책명을 붙이지 않았습니다. Dr. Immanuel Tafel이 원고를 모아 라틴어 판 4권으로 1843년에서 1846년까지 출판하였는데, 그가 라틴어 판에 Darium Spirituale라는 명칭을 부여하였습니다. 이것이 나중에 영어로 The Spiritual Diary (영계 일기)로 번역되었고, 스베덴보리 협회 위원회(The Council of the Swedenborg Society)는 그 이름을 계속 사용하기로 결정하였습니다.*

3. 이 일기는 어떠한 내용인가?

이 일기는 스베덴보리 선생께서 영계에서 듣고, 보고, 경험한 것들을 즉시, 즉시 써 놓은 기록들을 모은 것입니다. 다른 말로 표현한다면, 스베덴보리 선생께서 경험을 통하여 발견한 영적 사실, 현상, 원리 등등의 기록을 모아 놓은 저장고(貯藏庫), 또는 보고(寶庫)라고 말할 수 있겠습니다. 스베덴보리 선생의 저서와 친밀한 독자들은 이 일기를 그리 큰 문제없이 읽을 수 있을 것입니다. 단어들을 생략하고 쓴 스타일이 곳곳에서 좀 어려움을 줄지는 모르겠으나, 대체로 이들 독자들은 스베덴보리 선생의 특이한 사명을 다시 한 번 이해할 수 있는 기회를 가지게 될 것입니다. 스베덴보리 선생께서 모든 사람들이 자연계와 영계 사이의 대응(對應)의 원칙에 따라 성서의 영의(靈意)를 이해할 수 있는 길을 열었고, 그러므로 해서 그들이 기독교의 순수한 가르침을 다시 찾을 수 있는 기회를 마련했다는 것을 독자들은 이 일기를 통하여 새삼스럽게 깨달을 것입니다.

---

* 미국의 General Church of the New Jerusalem에서 1998년에 출판한 번역은 "Emanuel Swedenborg's Diary, recounting Spiritual Experiences"라는 명칭을 보이고 있다. 그러니까 "영적(혹은 영계의) 경험(혹은 체험)을 진술하는 일기"라는 뜻으로 "경험" 혹은 "체험"을 강조하려는 의도를 나타내고 있다.

스베덴보리 선생의 저서에 아직 익숙지 못한 독자들이라도 성서와 접하고, 그 성서가 가르치는 인간 영혼의 불멸, 사후의 삶, 등등에 관한 지식을 갖추고 있다면, 큰 부담 없이 이 일기를 읽을 수 있을 것입니다. 이러한 성서 원칙들을 우리들의 지각과 정서(感情)의 차원에서 더욱 더 밝히 깨닫고 체험할 수 있다면 이보다 더 이로운 도움이 있겠습니까? 스베덴보리 선생의 영적 경험을 기록한 이 일기가 바로 그러한 도움을 줄 수 있으리라 믿습니다.

이 책이 출판되기까지 번역에 참여하신 박 예숙 권사님, 자료를 보내주시고, 많은 격려를 주신 미국에 계신 진 용진 목사님, 그리고 스베덴보리 선생을 흠모하고, 존경하는 동역자 여러분들과, 특히 〈예수인〉 동지들에게 재삼 감사의 말씀을 드립니다. 그리고 표지 장정에 수고하신 민 경석 님에게도 감사의 말씀을 드립니다.

2003년 3·1절 아침
안곡 드림

비록 사람들이 같은 도시나 동일한 장소에 있다고 해도 각자는 자신의 영의 상태에 따라서 전혀 다른 장소에 할당된다는 것에 관하여

2650. 예를 들어 보겠습니다. 저 세상에 있는 영들은, 그들의 시체가 이 세상에 있는 어떤 곳에 있든, 또는 그들의 장소가 어디이든, 관계없이 여전히 그들 각자의 성품들이나 능력들에 따라서 최대인간(最大人間·the Grand Man)의 어떤 위치를 받습니다. 이런 일은 지상의 사람들과 꼭 같습니다. 그 어떤 것도 그들의 영들을 한 장소에 있게 하지는 못합니다. 가령 두 친구가 있는데, 이 세상에서 그들이 어디에 있든 그 장소에 영향을 받지 않고, 하나는 불행한 자들이 있는 지옥에, 다른 하나는 좋은 영들에 속한 내면적인 영기(靈氣)가 있는 곳에 있고, 또는 하나는 머리 위에 다른 하나는 아래에, 또는 하나는 왼쪽에 다른 하나는 오른쪽에 있습니다. 이런 것이 사실이기 때문에, 거기에서는 원인들로부터 한 사물에 속한 진리에 관한 논쟁은 결코 없습니다. 그리고 원인들이 발견되지 않았다고 해도 진리는 나약(懦弱)하게 되지도 않고, 그리고 일상적인 것으로 부인(否認)되지도 않습니다. 오히려 그것이 진리이기 때문에 반드시 그것은 믿어야만 합니다. 만약에 그들이 원인들을 찾기를 원한다면 그와 같이 할 수 있고, 또한 그렇게 하는 것을 금(禁)하지는 않습니다. 다만 그들이 그 원인을 찾지 못한다면, 또는 그 때 설명될 수 없는 수많은 것들이 유입된다고 해도, 진리는 그것 때문에 부인되지는 않습니다. 그것은 마치 우리들이 우리의 눈으로 보고, 감관에 의하여 파악되는 자연계 안에 있는 모든 것이, 다만 그 원인들이 발견되지 않기 때문에 자연계 안에 자연적인 진리가 존재하지 않는다고 모든 것이 부인되는 경우와 꼭 같다고 하겠습니다. 1748년 7월 19일

어떤 식으로 천계를 공과(功過)로 판단하려고 한다면 그 자신들은 천계에서 더욱 더 멀리 떨어져 있다는 것에 관하여

2652. 나는, 경건(敬虔)을 통해서, 다시 말하면 기도하고, 가난한 자를 돕고, 스스로 겸비(謙卑)하고, 그리고 자신으로 말미암아 세상을 부인하고, 그리고 이런 것들에 의하여 천적인 즐거움이나 천계를 판단하려고 하는 자들에 관해서, 다시 말하면 그런 것들에 의하여 그가 천계를 평가하는 단순하게 생각하는 자들에 관해서 영들과 대화를 하였습니다. 마찬가지로 이런 것들 때문에 육신을 입은 삶에서 주님의 교회에 어떤 것을 기부(寄附)하고, 그리고 이런 공로를 자신의 탓으로 돌리는 자들에 관해서 대화를 하였습니다. 이런 부류의 인물들은 부지기 종류가 있습니다. 내가 영들과 이런 것들에 관해서 대화를 할 때 내가 영적인 개념으로 지각한 사실은, 어떤 사람이 이런 것들을 통해서 자신이 천계를 차지한다고, 따라서 이런 일들을 통해서 하늘나라에 가까이 간다고 생각하면 할수록 그 사람은 자기 자신을 천계로부터 더 멀리 떼어놓는다는 것입니다. 그 이유는 그 공로를 자신의 탓으로 돌리기 때문이고, 그리고 그 공로를 주님에게서부터 빼앗기 때문입니다.

2653. 그리고 믿음・인애・그의 선행에 속한 선까지도 자신의 공로로 돌리기 때문입니다. 그러므로 어느 누구가 그렇게 하면 할수록 그 사람은 자신을 천계로부터 떼어놓습니다. 이러한 사실은 확증된 진리입니다. 그리고 이런 일은 저 세상에서 그들에 의하여 수많은 방법으로 확증될 수 있습니다. 그러므로 그들은 자신들을 어떤 것에 끼워 넣는데, 말하자면, 마치 두 산들 사이에 인두(咽頭・faues)에 끼워 넣는 것과 같습니다. 그래서 이런 부류의 작자들은 그 인두 속으로 곤두박질하여 떨어지는 일 없이는 다른 쪽 산에 갈 수가 없습니다. 또 다른 예를 든다면 바다를 사이에 끼워 넣는 것과 같습니다. 만약에 그 바다를 건너서 천계에 가기를 원한다면 배는 파손되고, 따라서 절망의 상태에 떨어지기 때문에 그는 다시 되돌아가야만 하고, 그리고 주님에 의하여 다른 길을 통하여 인도되는 것과 같습니다. 1748년 7월 19일

2654. 그러나 그들은 그런 이유 때문에 정반대적인 생각에 빠져서 정죄 받아서는 안 됩니다. 즉 인애에 속한 선행 없이 오직 믿음만 주어지게 되고, 그래서 믿음 홀로 구원한다고 생각하지만, 그럼에도 불구하고 그 때 그들은 이방 사람들에 비하여 더 악한 삶을 살고 있습니다. 그리고 그들은 그 때 전혀 믿음을 가지고 있지 않습니다. 이것에 관해서는, 주님께서 값진 것으로 여기시기 때문에, 다른 곳에서 설명하겠습니다.

저 세상에서는 사람들이나 영들의 관념들이 그들의 성품에 관해서 점검(點檢)된다는 것에 관하여

2655. 육신을 입은 삶에서 관념들은 다양한 원천으로부터 영적인 것들에 속한 것뿐만 아니라 자연적인 것들에 속한 것들까지도 집합되고, 축적(蓄積)됩니다. 그리고 저 세상에서 그것들은 어떤 관념(=생각) 안에 내포된 것에 따라서 점검됩니다. 왜냐하면 어떤 관념은 그 것 안에 무한한 것(無限性)을 내포하고 있기 때문입니다. 따라서 사람은 죽은 뒤에도 그의 관념을 구성하는 것들에 속한 성질과 일치하는 생명을, 결과적으로는 그것 안에 있는 무한한 것에 일치하는 그런 생명을 받습니다. 왜냐하면 사람, 즉 그의 영은 그의 관념들과 같은 그런 성질의 존재이기 때문입니다. 1748년 7월 19일

사탄에 관하여

2656. 내가 그것에 관해서 앞에서 다루었고, 그리고 언급하였지만, 실제적인 잔악한 성품을 가지고 있을 뿐만 아니라, 온갖 간음이나 음란에서 쾌락을 느끼는 그런 성품의 작자들이 있습니다. 그래서 그들에게는 이것 이상 더 즐거운 일은 없습니다. 이런 성품을 지닌 그런 부류의 인물이 나에게 모습을 드러냈는데, 그 자의 윗입술도 나에게 보여졌습니다. 그의 그 입술은 컸고, 추하고, 천하였습니다. 그의 몸의 다른 부위는 나에게 보이지 않아서 알 수 없지만, 내게 알

려진 것은 그들의 지도자가 다윗(David)이라는 것이었고, 그리고 그런 부류의 인물이라는 것이었습니다. 그자는 사람들을 사로잡고, 지배하기를 원하였습니다. 사실은 그들은 육신을 소유, 지배하기를 갈망하였습니다. 그래서 그런 일이 허용된다면 그들과 살려고 하였습니다. 그들은 사람들의 육신을 지배하기 위하여 온갖 종류의 간계(奸計)들을 사용하였습니다. 왜냐하면 그들이 이 세상에 돌아오는 것을 무척 열망하였기 때문입니다. 그들은 혼인애(婚姻愛・conjugial love)에 전적으로 정반대되는 그런 자들입니다. 왜냐하면 그들은 온갖 간음이나 음란에서 쾌락을 만끽(滿喫)하기 때문이고, 그리고 그것으로 인하여 그들은 이웃사랑에 정반대가 되는 것에서 쾌락을 만끽하기 때문입니다. 따라서 그들의 성품은 잔악(殘惡)하였습니다. 나에게 드러난 그는 교활한 방법으로 행동하였습니다. 그러므로 그 작자는, 가능만 하다면 가장 의로운 자까지도 타락시킬 수 있었습니다. 왜냐하면 그들의 말에 따르면, 골수(骨髓)에도 자신의 독(毒)을 주입할 수 있기 때문입니다. 다시 말하면 그들의 생각들의 내면적인 것에 독기(毒氣)를 쏘셔 넣을 수 있기 때문입니다. 그리고 또한 선한 정동들을 내면적인 속임수를 가지고 고약한 악의로 바꿀 수 있기 때문입니다. 1748년 7월 20일

2657. 그들이 그를 하나님의 사람(the man of God)이라고 부르고, 그리고 거룩한 사람이라고 부르고, 그를 공경한 것은 그들에게는 어떤 해도 없었고, 장애(障碍)도 없었는데, 그것은 그들이 아무런 차이를 알지 못하였기 때문입니다. 그리고 또한 그의 삶에서 그런 사실을 알지 못하였기 때문입니다. 그것은 마치 그가 도둑이지만 그가 도둑인 것을 알지 못하고, 극빈자(極貧者)에게 도움을 주는 것에 아무런 해가 없이, 그는 여전히 자비(慈悲)를 갖고 있다는 것과 같습니다. 그것은 마치 그가 선한 사람에게 도움(普施)을 주는 것과 꼭 같은 목적과 같았습니다. 그들이 그와 같이 그를 섬긴 것은 다윗이 주님을 표징하기 때문이고, 그리고 그의 후손들도 주님을 표징하기 때

문입니다.

2658. 주님께서는 그분의 인성(His human essence)의 측면에서, 이삭의 가지요, 뿌리요, 다윗의 자손이라고 불리웠는데, 그것은 주님을 표징하기 때문입니다. 그것은 마치 그것이 지식들을 통해서 시작된 것이라면, 주님의 말씀의 자식 또는 성언의 문자에 속한 아들이라고 불리우는 것과 꼭 같습니다. 비록 문자는 죽은 것이고, 그리고 다윗의 아들 압살롬이 반역(反逆)한 것과 같기도 합니다. 1748년 7월 20일

접신(接神 · the obsessed)된 자에 관하여

2659. 악령들에게는 사람의 내면적인 것들의 측면에서, 그리고 그의 육체의 측면에서 전적으로 사람을 다스리는 것 이상으로는 분별없이 열망하는 것은 전혀 없습니다. 따라서 그들은 마치 육신의 삶이 다시 돌아왔다고 생각합니다. 왜냐하면 그 때 그들은 완전히 그 상태로 돌아왔다고 여기기 때문입니다. 그러나 차이가 있다면 어떤 것일까요? 다시 말하면 그 때 그것은 나의 경우에서도 분명하지 않았고, 그리고 그런 성질에 속하지 않은 자들에게 일어나는 경우가 되겠는데, 그럼에도 불구하고 나는 그것을 알지 못합니다. 다른 한편, 이와 같이 그들이 사람 안에 들어와서 사람의 몸과 지체들을 지배하는 것을 알 정도가 되었을 때, 그 때 이런 사람을 가리켜 접신(接神)된 사람(=빙의·憑依된 사람)이라고 합니다. 왜냐하면 접신된 사람이 아니라면 그들이 마음대로 지배하듯이, 사람의 육신을 지배하도록 허락받은 영은 결코 존재하지 않기 때문입니다. 왜냐하면 그런 임무에 헌신하는 자들이 있지만, 그들은 육신을 지배하는 그들의 통치에 관해서 아무것도 알지 못하기 때문입니다. 그 이유는 그들의 애씀만이 행동에 단순하게 들어와 있기 때문입니다. 접신된 사람이 된 사람에게는 다만 그런 애씀만 있을 뿐만 아니라, 그 행위가 그들에게 드러나 보여집니다. 그러므로 거기에는 그 임무에 헌신하지 않

는 영들도 있는데 그 때 그들은 이와 같이 그 육신을 빙의하는데, 이것을 가리켜 빙의(=접신)라고 합니다. 그러나 그들이 그 임무에 헌신한다면 그것은 빙의(=접신)가 아닙니다. 왜냐하면 그 때 모든 일은 질서 가운데서 일어나고, 그리고 사람은 그것에 관해서 전혀 알지 못하기 때문입니다. 어느 누구가 접신되었을 때 그와 같은 일은 질서 가운데서 일어나지 않고, 질서에 거슬러서 일어납니다. 따라서 그와 같은 일은 악령들에 의하여 일어납니다. 그러나 놀라운 일은, 내가 빙의되었을 때, 그럼에도 불구하고 나를 해치는 일이 전혀 없었다는 것입니다. 더욱이 나는 합리적인 마음(rational mind)을 향유하고 있었는데, 그것은 마치 그들이 거기에 존재하지 않는 것과 같았습니다. 1748년 7월 20일

오물(汚物)이 영적인 것들에서 표징하는 것에 관하여

2660. 오물(汚物·ordure·排泄物)은 영적으로 더럽고, 추하고, 혐오스러운 것들을 가리킵니다. 이 세상에서 배설물은 땅을 비옥(肥沃)하게 만들기 때문에, 그것으로 인하여 하나의 표징(表徵·representation)이 생성되는데, 그것은 바로 추하고 더러운 죄악들을 고백하고, 자신이 알고 있는 지식들은 마치 똥과 같다고 고백하는 사람 안에는 좋은 종자가 그런 땅에 파종되어 성장하는 그런 표징을 가리킵니다. 이와 같은 일은 저 세상에서도 마찬가지입니다. 간음이나 잔악함에 속한 것들은, 부패해서, 그리고 똥과 같이 악취를 내뿜는 것과 같은 더럽고 추한 쾌락을 가리키는데, 그러므로 그들은 이런 것들을 혐오(嫌惡)하기 시작합니다. 그 때 이런 영들은, 마치 선한 기능이 그것 안에 파종된, 소위 토양과 같다고 하겠습니다. 나는 이런 사실을 영적인 개념으로 깨달았고, 그리고 그런 일에 관해서 영들과 이해를 나누었습니다. 왜냐하면 그들은 오물의 표징에 의하여 뜻하는 것이 무엇인지 이미 그 전에 알기를 열망하였기 때문입니다.

저 세상에서는 한마디의 말에도 책임이 따른다는 것에 관하여

2661. 여기서 내가 언급하려고 하는 것은, 어떤 영이 나에게 한 말인데, 나는 모든 말에 반드시 책임을 져야 한다는 것입니다. 그러나 그 영에게 대답할 말이 허락되었고, 그리고 동시에 그것은 영들로서의 말들에 대한 책임이기 때문에 내가 열망했던 영적인 개념 안에서 그것을 지각하였습니다. 왜냐하면 믿음 안에 있는 자들은 자기 자신으로 말미암아서 말하지 않기 때문입니다. 그 이유는 그들은, 그들이 자기 스스로 말하지 않는다는 것을 알기 때문이고, 또한 그것을 이미 납득하고 있기 때문입니다. 그러므로 그들은 그들에 의하여 발설된 말들에 대하여 책임을 질 수 없기 때문입니다. 이것은 주님을 믿는 믿음 안에 있는 자들에게서도 이와 같습니다. 1748년 7월 21일

왼쪽 발바닥 아래에 있는 큰 소동(騷動)에 관하여

2662. 내가 수차에 걸쳐서 들은 사실인데, 왼쪽 발바닥 아래에서 확실한 흔들림(動搖)이 있었는데, 심지어 그것은 명확하게 느낄 정도의 엄청난 흔들림이었습니다. 이런 일을 수차에 걸쳐 나는 지각하였기 때문에, 그리고 그것은 어떤 군중의 불만의 소리이다고 생각하였기 때문에, 그것이 어떤 일인지 알려고 하지 않았습니다. 나는 지금 그것이 어떤 일인지 그것에서 해답을 터득하였습니다. 즉 그들은 이 세상에서 온 자들이고, 그리고 그들은 나를 공격, 죽이려고 하는 욕망에 사로잡힌 자들이다는 것입니다. 이들은 스스로는 저 세상에서 꼭 같이 행동한다고 생각하였고, 그리고 그들은 서로가 서로를 죽이고, 난도질을 한다고 생각하였고, 서로의 손들이나 팔들을 자르고, 그리고 그와 같이 싸운다고 생각하였습니다. 이런 처참한 일은 바로 그들이 삶에서 열망한 것입니다. 그들은 거기에서 처참하게 다루어졌는데, 사실 온갖 고통을 겪었는데, 이러한 처참한 일은 그런 열망

에 의하여 그들이 더 이상 사로잡히는 일이 없을 때까지 지속되었습니다. 1748년 7월 21일

우둔함에 관하여

2663. 나에게 어떤 단순한 영과 대화하는 일이 부여되었습니다. 그의 우둔함 때문에 대화에서 짜증을 내었고, 그리고 그 영을 통해서 그들은 나에게 말하게 하였습니다. 그들의 행동들은 매우 교활하였습니다. 그러나 그 영은 그들로부터 다른 사회에 이용되었기 때문에, 그 영은 그가 말하기를 원하는 것을 단순한 마음에서 말하였습니다. 그는 내가 아무것도 할 수 없기 때문에 나와 말하기를 원하지 않고, 다만 주님과만 대화하기를 원하였습니다 그와의 대화에서 내가 알게 된 사실은 그는 능히 주님과 대화할 수 있는 단순함이 있다는 것입니다. 그 이유는 그들이 말한 것처럼 그는 그런 존재였기 때문입니다. 영들은 몹시 흥분하였는데, 그 이유는 그들은 그들 자신이 다른 자들에 비하여 날래다고 상상하였기 때문입니다. 그 이유는, 그들이 말하였듯이, 이런 무류의 단순한 사람에 비하여 노련하고, 또 이지적이다고 상상하기 때문에, 그래서 그는 보다 높은 지역으로 올리워진다고 생각하였습니다. 그리고 그가 높은 지역으로 올리워지는 동안 그는, 수많은 영들에 의하여, 이런 길에서 방해를 받았다고 말하였습니다. 따라서 이런 자들은 심령이 단순한 자들이며, 이들은, 유식한 자들에 비하여 먼저, 더욱이 자기들 스스로 영특하다고 생각하는 자들 보다 먼저, 주님 앞에 보내지는 것이 허락된 자들입니다. 그 이유는 그들은 그들이 말한 것을 믿기 때문이고, 그리고 그들이 생각한 것에는, 자신들이 현명한 사람이라고 생각하는 자들의 생각들 안에 있는 그런 의심이나 부정적인 것은 결코 있지 않기 때문입니다. 1748년 7월 22일

저 세상의 정치(政治・government)에 관하여

2664. 나는 여러 번 영들과 대화를 하였는데, 영들에게는 저 세상에 산다는 것이 썩 마음에 내키는 일은 아니라고 하였습니다. 그들은 육신을 입고 사는 동안에도 이런 것들 안에 있었다고 하였습니다. 이 세상에서 다른 나라에 들어갈 때와 마찬가지로 그 나라에 주인이신 주님의 나라의 정치가 어떤 성질의 것인지에 관해서 반드시 알아야 할 것이 무엇인지에 관한 것입니다. 그들은, 그들이 영원히 거기에서 살아야 하는 그 다스림(政治)의 성질이 무엇인지, 그리고 특히 그 나라의 정치 형태를 안다는 것 이상으로 중요한 것은 아무 것도 없다고 생각하였습니다. 그러므로 그들은 그 나라의 법률들에 관해서 반드시 알아야 한다는 것은 매우 걱정스러웠습니다. 더욱이 그들에게 일러주는 일이 나에게 허락되었는데, 그것은 거기에 수많은 법들이 있다는 것, 그러나 그 많은 법들도, 그들은 자기 자신들보다 더 주님을 사랑하여야 한다는 것과 그리고 자기 자신을 사랑하듯이, 아니, 사실은 자신들보다도 이웃을 사랑하여야 한다는 것과 그리고 또한 주님께서는 우주의 왕(the King of the Universe)이다는 그 법에 기초를 두고 있다는 것 등입니다. 이러한 것들에 관해서 그들이 주지하여야 할 것입니다. 그들은 그것에 대해서 어떤 것도 말할 수는 없었습니다. 그 이유는 육신을 입은 삶에서 그들은 그것을 배웠지만, 그러나 그것을 믿지 않았기 때문입니다. 1748년 7월 22일

사람의 육신을 소유하고, 그리고 다시 육신을 입으려고 하는, 결과적으로는 간음자들이나 잔악한 자들 이상으로 이 세상에 다시 돌아오려고 열망하는 자는 아무도 없다는 것에 관하여

2665. 어떤 사람이 나에게 와서 한 말입니다. 그는 이 세상에 다시 돌아오기를 열망하였다는 것이고, 그리고 나와 같이 있기를 매우 열망하였다는 것입니다. 왜냐하면 처음에는 그들은 내 몸을 완전히 사로잡았고, 그래서 그들은 자신들이 내 몸이 되었다고 생각하였기 때문입니다. 비록 주님께서 나를 지켜주셨기 때문이지만, 나는 여러

번 정신을 잃지 않기는 했지만, 나는 그들에 의하여 이른바 빙의(憑依)되었습니다. 그 때 내가 그들에게 한 말입니다. 이런 짓은 제정된 질서에 정반대가 되는 것으로, 즉 사람이 나이가 많이 들게 되면 그 때 그의 몸은 자체적으로 쇠약해집니다. 그런 일은 마치 씨앗의 겉 껍데기가 분리되는 것과 같은데, 따라서 사람은 육신으로부터 벗어나기를 열망합니다. 질서는 이와 같이 정해져 있고, 따라서 사람은 내면적인 것들에 이르게 되고, 그리고 또 다른 삶으로 옮겨집니다. 그러나 그는 이런 말을 듣기 원하지 않고, 하는 말은, 자신은 이미 타계한 젊은 사람이고, 그리고 이 세상으로 다시 돌아가기를 열망한다고 하였습니다. 그리고 내가 조심하려고 하였을 때 나는, 그가 간음자들과 잔악한 자들에 의하여 이미 끌려가고 있고, 그리고 삶의 기쁨을 그런 것들에서 찾고 있다는 것을 보았습니다. 그들은, 사람들의 몸통들을 사로잡는 것 이외의 다른 것은 아무것도 원하지 않았습니다. 그리고 그래서 이 세상에서 살려고 하는 사람을 통해서 사람들의 육신을 사로잡았습니다. 그러나 낮은 땅(=열등의 땅)에 있는 자들은 주님에 의하여 간수되었습니다. 이와 같이 사람을 사로잡는 허가는 그들에게는 보다 더 큰 특권이기도 합니다. 그러므로 주님께서 사람을 지키시지 않는다면, 그들은 이런 영들에 의하여 모두가 빙의될 것입니다. 왜냐하면 거기에는 그들에 속한 엄청난 무리가 있기 때문입니다. 1748년 7월 22일

2666. 하나의 범죄로서 간음들을 생각하지 않는 자들은, 그리고 또한 그런 짓거리에서 쾌락으로 만끽하는 자들은 최고의 잔악한 자입니다. 왜냐하면 그들은 신성한 혼인애(婚姻愛)에 정반대자들이기 때문이고, 그리고 그것에서 비롯된 참된 사람에 정반대이기 때문입니다. 그러므로 그들은 자기사랑(自我愛)에 흠뻑 빠지게 됩니다. 따라서 그들은 다른 자들을 증오 가운데 사로잡고, 그들은, 만약에 그들이 자신들을 존경하지 않는다면, 잔악함을 실제적으로 써먹는 것을 열망합니다.

귀의 영역, 즉 외이(外耳)의 영역을 이루는 자들에 관하여

2667. 왼쪽 귀에서 어떤 영이 나와 이야기를 하였습니다. 말하자면 그 영은 귀의 바깥 부위의 뒷부분에 밀착하였습니다. 그리고 그가 나에게 하는 말은, 자기는 다른 자들이 하는 말을 명료하게 듣고 있어서, 그는 그들이 하는 말에 결코 주의를 하지 않는다는 것입니다. 따라서 그는 그런 것들이 나쁜 것인지 좋은 것인지에 관해서도 별로 깊이 생각하지 않는다는 것, 그리고 또한 그들이 한 말에 대해서 깨닫는 것 또한 부족하지 않다는 것이고, 그리고 그것이 어떠한 것이든 주의하는 일이 없이 귀들이 들은 것만 취한다고 하였습니다. 나쁜 것인지 선한 것인지를 전혀 고려하지 않지만, 그러나 그는 그에게 일어나는 것이 어떤 것인지는 수용한다고 하였습니다. 그가 말을 하는 경우, 내가 다른 때에 들었던 것처럼, 가끔씩 그의 목소리는, 말하자면, 쉴 사이 없이 쏟아내었습니다. 말하자면, 그는 명료한 음성을 내뿜었지만 그러나 가끔씩은 계속하는 것은 아니었습니다. 그는 또한, 자기는 그와 같은 식으로 말하고, 따라서 그가 그와 같이 하는 것을 알지 못한다고 말하였습니다. 내게 일러진 것은 이런 부류의 인물들은 전혀 조심하지 않으며, 또한 어떤 사안에 대해서는 지극히 약간만 주의를 하고 듣지만, 그들에게 어떤 일이 일어나는지에 대해서 전혀 듣지도 않고, 관심도 없다는 것입니다. 그리고 이런 성품의 인물들이 왼쪽 귀 바깥 부위를 형성하고, 그리고 그것의 영역을 형성한다는 것이 내게 일러졌습니다. 1748년 7월 22일

근육이나 그것에서 기인한 행위가 이웃사랑이나 공공복지(公共福祉)를 어떻게 표징하는지에 관하여

2668. 보편적인 자연계 안에는 확증되지 않은 것은 아무것도 존재하지 않습니다. 다시 말하면 사랑이 없이, 그리고 거기에서 비롯된 수많은 자들의 상호적인 도움, 즉 한 사회가 존재하지 않고, 그리고

거기에 있는 각각의 것은 일반적인 중요한 선과 관계를 가지고 있는데, 그리고 그것 자체와 관계를 가지고 있지 않다면, 그 어떤 것도 존재할 수 없다는 것입니다. 수많은 근육들이나 수천수만의 운동섬유(運動纖維)나 그리고 동력(動力)들에 속한 수많은 근육이나 운동섬유가 어떻게 육신의 한 행동에 협력할까요? 모든 운동 섬유와 함께 자기 자신의 기능을 수행하고, 그리고 자기 자신을 일반적인 것에 적용시키고, 그리고 그 밖의 수천의 것들 가운데서 서로간의 협력을 통해서 하나로, 또는 일반적인 행위와 관계하고 있습니다. 그런 이유 때문에 그것은, 자기 자신을 위한 것은 아니지만, 그 일을 위해서 노력합니다. 만약에 자기 자신을 위해서 노력한다면 일반적인 것은 소멸할 것입니다. 뿐만 아니라 이런 것들은 확증하는 여러 가지 것들 가운데 존재할 뿐입니다. 1748년 7월 23일

2669. 만약에 하나의 행위에 속한 수천수만의 운동섬유 가운데 어떤 운동섬유가 느낄 수도 있고, 생각할 수도 있다면, 그것들의 각각은 자기 자신만이 오직 공통적인 행위를 수행한다고 생각할 것입니다. 따라서 이와 같이 수천수만의 운동섬유 모두가 그렇게 생각할 것입니다. 이런 일은 영들에게 하나의 생각에, 그리고 말에 속한 하나의 낱말에 서로 협력하지만, 그럼에도 불구하고 각자각자는 그 일을 수행하는 자는 오직 자신뿐이라고 생각합니다. 비록 모두가 자기 자신만이 홀로 활동하는 존재이다고 생각하겠지만, 영들에게 일러진 것은 그들은 그 사안이 그러하다는 것을 확증할 수밖에 없다는 것이었습니다. 이런 일은 가끔 일어나는 것이지만, 그 때 그것은 그들에게 명확한 것은 아닙니다. 이러한 사실은 수많은 영들에 의하여 확증되었습니다.

2670. 그러나 각자각자는 공통적인 생각에, 또는 공통적인 행위에 이바지하고 있다는 것을 그들은, 마치 운동섬유가 그러하듯이, 그런 존재이다는 것을 주지하여야 합니다. 다시 말하면 어떤 자는 가장 가까이에, 어떤 자는 아주 멀리 떨어져서, 결과적으로는 하나의 시

리즈로 그런 생각이나 행위에 이바지 한다는 것을 알 수 있어야만 합니다. 1748년 7월 23일

모두는 영생(永生)에 예정되어 있다는 것에 관하여

2671. 예정(=예정론)에 관해서 대화가 있었습니다. 대다수의 소견은, 그들이 지옥적인 것들에 가도록 예정되었다는 것입니다. 그러나 이에 대한 대답이 천계로부터 일러졌습니다. 그것은 어느 누구도 지옥에 가도록 예정되지 않았고, 오히려 모두는 영원 전부터 영생(永生)에 가도록 예정되었다는 것입니다. 1748년 7월 23일

진리들에 속한 설득에 관하여

나는, 그들이 생명이나 능력의 측면에서는 무가치한 존재이다는 것을 듣기를 원하지 않는 영들과 이야기하였습니다. 그들은, 자신들도 그 사실을 알고 있지만, 그러나 그런 말을 듣기를 원하지 않는다고 말하였습니다. 나는 그것을 알고 있는 것으로 충분하지 않다는 것을 그들에게 일러주는 것이 허락되었습니다. 왜냐하면 이런 생각은 악한 자들에게서도 잘 알려져 있기 때문입니다.

설득(=신념·說得)에 관하여

앞에서 언급한 내용을 참조하십시오. 다시 말하면 진리들을 위해서 요구되는 것은, 먼저는 지식이고, 다음은 이해이고, 그 다음은 신념이고, 그리고 최종적으로는 내면적인 설득(=종지·宗旨)이다는 것입니다. 왜냐하면 이런 내용이나 사실을 안다는 것은 악한 자에게도 주어진 것이지만, 그러나 그들은 그것을 거부, 저항할 뿐입니다.

생명(=삶)에 관하여

2672. 나는 생명(=삶·life)에 관해서 영들과 대화를 하였습니다. 그 이유는 그들은 자기 자신으로 인해서는 생명에 속한 것은 아무것도

가지고 있지 않지만, 그러나 자신들에게는 단지 그것을 가지고 있는 것처럼 보인다고 그들이 말하였기 때문입니다. 그리고 그 때 그런 생각은 충분한 것인데, 그 이유는 그들은 그 때 그렇게 생각하고 있었기 때문입니다. 영들은, 그럼에도 불구하고 그들이 산 존재이다는 생각을 가지고 있었습니다. 그러므로 내가 그들에게 일러주도록 허락된 것은 생명은 지혜 안에 존재한다는 것이었습니다. 왜냐하면 현명한 존재가 아니면 생명을 가지고 있다고 말할 수 없기 때문입니다. 그리고 진리들이나, 믿음에 속한 진리들은 생명을 형성하는 주체이다는 것을 말할 수 없기 때문입니다. 그것이 사실이다는 것을 부인할 수 없기 때문에, 거기에서 얻는 결과는 어떻게 생명이 광기(狂氣) 안에 존재할 수 있으며, 또한 진리에 반대되는 것에 있을 수 있겠는가 하는 것입니다. 그러므로 믿음에 속한 진리에 속하지 않은 이런 것들 안에 어떻게 생명이 존재할 수 있겠는가 하는 것입니다. 이런 것들에 정반대적인 것들이기 때문에 뒤이어 얻는 결론은 그런 것들 안에 결코 생명이 존재하지 않는다는 것입니다. 그럼에도 불구하고, 주지하고 있는 것은 사람들은 미치광이이기 때문에 그들이 생각하고 있는 것은, 여전히 그들은 살아 있다는 것, 아니, 다른 누구에 비하여 훌륭하게 살고 있다고 생각하며, 뿐만 아니라 믿음에 속한 삶의 기쁨 이상으로 그들이 보다 많은 기쁨이라고 여기는 자신의 삶에서 기쁨이나 즐거움을 향유한다고 생각합니다. 그러므로 그들에게 내가 일갈(一喝)하도록 허락된 것은, 그리고 영적인 개념에 의하여 그들에게 드러내 보여 주도록 허락된 것은, 그들은 어두운 불처럼, 그런 삶을 가지고 있다는 것입니다. 그것은 예를 들면, 어둠 속에서 빛을 내는 일종의 목탄(木炭)의 불꽃과 같다고 하겠습니다.

2673. 그 불꽃, 즉 거기에서 나타나 보이는 어두운 빛은 영적인 개념으로는 매우 슬픈 것으로 보입니다. 이런 부류의 삶(=생명)이 그들 안에 존재하는 삶입니다. 이런 삶에 익숙한 자들은 이런 삶에 속한 것 이외에는 전혀 다른 생명의 빛을 받지 못한다고 생각할 뿐만

아니라, 그리고 거기에서 비롯된 기쁨을 그 빛 자체로 여기고, 또한 천계적인 지복(至福)에 비하여 그것이 월등한 것으로 생각합니다. 그 이유는 그들이 그런 빛 가운데 빠져 있기 때문입니다. 그것은 마치 그들의 흑암 안에 있는 반딧불이 가장 최고의 빛이요, 기쁨이라고 그들이 생각하기 때문입니다. 그런 삶에서 비롯된 기쁨에 속한 추상(抽象)적인 것에 의하여 그들의 삶의 성품이 어떤 것인지를 드러내 보여 주는 것이 내게 허락되었습니다. 이런 일은 영적인 개념에서 행해졌습니다. 그 때 그들 앞에는, 그 삶의 성품에 일치하는 가장 흉측하고, 꼴사나운 것들이 남아 있었습니다. 그리고 이와 같은 삶에 속한 쾌락이 그들에게서 제거되었을 때, 그들은 저 세상에서 이런 꼴이 되고, 따라서 그들이 바로 죽음에 속한 초상(肖像)이다는 것입니다. 그러므로 그 꼴사나운 모습은 어느 누구에게도 기술될 수 없는 추악한 모습입니다.

2674. 그럼에도 불구하고 그들은 여전히 그들이 살아 있고, 그리고 사실은 쾌락 안에 있기 때문에 자신들 안에는 생명에 속한 어떤 것이 있다고 생각하고, 그리고 그들의 생명이 이런 성질의 것이기 때문에 그들은 자기 자신으로 말미암아 생명을 가지고 있다고 생각합니다. 그들에게 이런 것에 대한 대답이 주어졌는데, 그것은 바로 거기에 있는 것은 그들의 생명이 아니고, 오히려 참된 것이나 선한 것을 추론하고 이해할 수 있는 기능이다는 것입니다. 그리고 이런 것은 짐승에 비하여 뛰어난 사람에게 주어지고, 그래서 그것을 본연의 인간의 본질이라고 부릅니다. 이 기능, 즉 참된 것이나 선한 것을 이해하는 능력은 그들이 자신들의 생명을 취득한 연기와 같은 불꽃이 그것의 근원입니다. 1748년 7월 24일

소돔적인 것에 관하여

2675. 저 세상에는 그들의 일생에서 소돔에 속한 죄악을 범한 자들이 있습니다. 이런 인물들은 죽음 뒤의 삶(=생명)에 관해서 아무것

도 믿지 않습니다. 그리고 거기에 지옥과 천국이 있다는 것도 전혀 믿지 않습니다. 그러나 그들은 짐승들과 진배가 없고, 그리고 짐승들처럼 죽을 것이다고 믿습니다. 그러므로 그들은, 비록 그들이 추론할 수 있지만, 총명적인 원칙은 전혀 가지고 있지 않습니다. 저 세상에서 그들은 가장 비참한 대우를 받습니다. 그들은 지옥적인 고통이나 괴로움의 형벌을 받는데, 그것은 너무나도 가혹하기 때문에 그것들은 거의 기술될 수 없습니다. 그리고 그들은, 배설물(=오줌·똥)이 있는 꼬리의 영역을 형성합니다. 그 이유는 그들이 바로 똥과 같은 존재이고, 뒷간에서 살기 때문입니다. 1748년 7월 25일

작은 불꽃이나, 별들과 같은 영들에게 나타난 외현들에 관하여
2676. 그것이 주님을 기쁘게 하는 것이라면, 불꽃들과 같은, 또는 작은 별들과 같은, 그들의 외현(外現)에 의하여 영들은 각자각자 상호간에 분별됩니다. 거짓들은 이런 외현 안에 있는 자들의 합리적인 것들을 어두웁게 합니다. 거짓들에 의하여 더욱 어두웁게 된 자들에게는 말하자면 석탄불의 붉은 불꽃처럼 나타납니다. 이런 불꽃 이상의 보다 더 불영명한 상태에 있는 자는 아주아주 구역질나는 자의 외관을 가지고 있습니다. 그 모습은 다른 자들을 매우 슬픔에게 하는 그런 것입니다.
2677. 그러나 믿음에 속한 진리들 안에 있는 자들, 다시 말하면 주님에 의하여 인도를 받는 자들은 반구체(半球體) 안에 있는 영롱한 작은 별들과 같이 나타납니다. 그들은 가끔 나에게도 모습을 드러냈는데, 오늘은 그들이 영들에게 그런 식으로 나타났습니다. 그들은 다만 그들이 있는 장소의 외현에서, 그리고 그들의 성품에 속한 외현들에 의하여 서로 구분되었습니다. 역시 그들은 나와 함께 대화를 하였습니다. 1748년 7월 25일

어떤 신(神)도 두려워하지 않고, 그들이 자연적인 선을 행하

는 자를 경외(敬畏)하고 존경하는 안전한 상태에서 사는 자들에 관하여

2678. 저 세상에는 이런 성품의 사람들이 많이 있습니다. 그들은, 왼쪽 발뒤꿈치의 영역을 점유하는 왼쪽 발뒤꿈치 주위에 살고 있습니다. 나는 그들과 대화를 하였는데, 내가 그들에게서 느낀 것은, 발을 통해서 뒤꿈치로부터 위로 오르려고 애를 쓰고 있다는 것입니다. 나는 동시에 그들의 애씀을 느꼈고, 서로 협력하여 무릎까지 올라갔으나, 그럼에도 불구하고 그들은 자신들이 있던 곳, 즉 자신들의 영역으로 떨어지는 것을 보았습니다. 그들은 마치 바다의 파도와 같았습니다. 그리고 나와 대화를 한 자들은 악하게 보이지는 않았습니다. 왜냐하면 내가 주님의 기도를 간구하고 있을 때 그들은 역시 주님에 대한 여러 생각들을 따르고 있었기 때문입니다. 그러나 일러진 것은 그들은 그런 성품의 인물들이다는 것입니다.

2679. 그리고 또한 그들은 그들에게 도움이 되는 자들을 존경한다는, 그러므로 누구가 하나님으로 시인되느냐는 것 따위는 관심도 없다는 것이었습니다. 이러한 사실은, 다른 경험으로부터 아는 것이지만, 내게 주어졌습니다. 다시 말하면 무저갱(=아비소스)으로서 영원불변(永遠不變)이 표징되었을 때, 그 때 거기에는 그 밑을 들여다보는 자들이 있었는데, 그들은 매우 큰 공포에 떨어졌습니다. 그 때 그들은 이런 환상 따위는 두려워하지 않는다고 말하였지만, 그러나 이런 것이 모두에게 보이게 되면 그들은 매우 큰 공포에 휩싸인다고 하였습니다. 또 다른 때에 나는 주님의 기도를 드리고 있었는데, 이러한 자들이 다른 자들에 비하여 보다 더 성실한 자들이다는 것을 나는 깨달았습니다.

천계적인 변화와 변혁(變革)에 관하여

2680. 천계적인 변화들이나 변혁(變革 · revolutions)들은 질서에 일치하는 것으로, 그것들은 한마디로, 한 해의 봄 · 여름 · 가을의 여러

해들에 의하여, 그리고 다시 봄으로 시작되는 년들에 의하여, 그리고 또한 그것의 아침·낮·저녁, 그리고 또다시 아침에 의하여 표징되고 있습니다. 변혁들(=순환들)은 외면적인 것으로부터 내면적인 것으로, 따라서 보다 완전한 것들을 향해서 행해지고 있습니다. 이와 같이 고대 교회에서부터 계속해서 이어진 교회에 관한 실제적인 것들에서 아주 잘 드러나고 있습니다. 그러므로 이런 것들의 다종다양한 변화들은 현실적이라고 하겠습니다. 1748년 7월 25일

다른 자들을 무가치(無價値)한 존재로 여기는 자들의 영기(靈氣)에 관하여

2681. 이런 인물이 있었습니다. 그는 자기의 생애를 보내면서, 자신은 다른 자들에 비하여 위대하고, 현명한 자라고 늘 생각하였기 때문에, 그 사람이 있었던 발뒤꿈치에서 올리워졌을 때, 그는 머리 위 안쪽 가까이에 있는 수많은 영들을 향한 앞쪽의 영역(=영기)으로 빠졌습니다. 그 이유는 그는 자신의 생애를 이런 부류의 인품으로 보냈고, 이런 부류의 벗들과 함께 살았기 때문입니다. 그는 다른 자들에 대하여 무가치한 존재로 여겼지만, 그러나 자기 자신에 대해서는 다른 자들에 비하여 보다 위대하고, 현명한 존재라고 여겼습니다. 그리고 그는 자신에 비하여 낮은 자들에 의하여 그런 인물로 존경되었기 때문에, 따라서 그의 자연적인 기질은 그의 이런 성품에서 취득한 것입니다. 그의 이런 성품의 결과는 이러합니다. 그 첫째는 대기(大氣) 속에서 흰 돛을 맨 것과 같고, 다음은 구름의 바다와 같은 짙은 비구름과 같았는데, 그것은 그들을 에워쌌습니다. 그들이 울부짖으며 하는 말은, 자신들은 물에 빠져 있어서, 거기에서 도저히 헤어날 수 없다는 것입니다. 그러나 구름은 그들을 여전히 감싸고 있었습니다. 그런 뒤에 그들은 도저히 살 수 없는 정도의 고통을 겪었다고 말하였습니다. 그들이 알게 된 사실은 그런 영기가 바로 그 사람 자신에게서 솟아난 결과라는 것입니다. 따라서 이 자는 이

런 특권 가운데 살기를 원하는 자들에게 매우 처참한 고통을 주었던 것입니다. 반드시 드러내야만 하는 존경의 측면에서 그들은 왕들도 아니고, 그리고 왕들과 잘 아는 사이도 아니라면 보통은 이런 일반적인 삶을 보냅니다. 그가 그들과 더불어, 삶에 관해서, 솔로몬이 행한 것과 같은 위엄을 가지고 교육적인 가르침들을 말하였습니다. 이런 내용은 내게 일러진 것입니다. 1748년 7월 25일

사람의 지성(知性)을 우둔하게 만드는 이 세상의 학자들에 관하여

2682. 이 세상에서 학자들은 마치 빛들과 같고, 그리고 그들이 말하는 것과 같이 그것들을 가르치는 가르침을 통해서 사람의 마음들에게 빛을 비추고, 교화(敎化)시키는 것처럼 보이지만, 그러나 내가 영적인 개념에 의하여 밝히 본 사실은 사람들의 마음을 매우 흐리게 한다는 것, 아니, 사실은 사람의 마음들 안에 있는 빛을 어두움으로 바꾼다는 것입니다. 이러한 사실은 수많은 자들에게는 다르게 보이겠지만, 그럼에도 불구하고 이것은 매우 순수한 진리요, 사실이고, 또한 천계로부터 확증된 진리입니다. 1748년 7월 25일

발뒤꿈치 영역을 형성하는 자들에 관하여

2683. 이런 자들에 관해서는 앞서의 내용을 참조하십시오. 이런 부류의 작자들은 육신을 입은 삶 동안에 이 세상과 이 세상에 속한 것들에서 즐거웠던 기호물을 위해서, 그리고 멋지게 산다는 것을 애지중지하는 그런 것들을 위해서, 한 생애를 보낸 자들입니다. 그러나 그러한 것들은 외적인 탐욕에서, 몸뚱이에 속한 탐욕에서 비롯된 것이고, 그리고 멋진 식탁의 쾌락에서, 그리고 그런 부류의 것들에서 비롯된 것일 뿐입니다. 비록 그들이 요직에 있었고, 또 그들이 왕들이었다고 해도, 다른 사람들에 비하여 자기 자신을 더 사랑하는 것에 의하여 마음 속에서 뽐내지 않는, 그런 올바른 사람들이었습니

다. 왜냐하면 그들은 오직 육신으로 말미암아 행동하였지, 내면적인 마음에서 행하지는 않았기 때문입니다. 이런 부류의 인물들은 주님을 믿는 믿음에 속한 교리적인 것들을 배척하지는 않으며, 더욱이 부인하지 않지만, 그러나 이 세상에 속한 삶이 그들을 매우 기쁘게 하기 때문에 그런 것들에 대해서는 관심조차도 없습니다. 따라서 마음으로는 그것은 그러한 것 같다고 하고, 그리고 입으로도 그와 같이 말하고 있습니다. 사실은 자신들에게서 야기된 흑암으로부터 자유하게 되면 그들은 겸손한 자세로 기도하고 간구할 수 있습니다. 이런 사람들 중에는 천계에 가는 길은 열려 있습니다. 한마디로 말하면 주님에 의하여 자비·인애·성실·경건·정의 등등이 내면적으로 활착(活着)하게 되면, 비록 자기 자신을 신뢰하고, 그리고 자신들은 매우 영특한 사람들이라고 생각하는 그 밖의 자들도 단순한 인물들이나, 내면적인 측면에서 무가치한 것이다고 여깁니다. 1748년 7월 25일

2684. 발뒤꿈치의 영역을 점유하고 있는 자들은 비록 그들이 악하지 않지만, 그들이 자신들과 비교하여 다른 자들을 경멸하기 때문에, 그러므로 발을 통해서 넓적다리에 나타나기를 열망하고, 또한 머리 위나 옆구리에 나타나기를 계속해서 원합니다. 그러나 그들이 일종의 게으른 상태에 빠져 있기 때문에 자기 자신과 비교하여 다른 자들을 경멸하기 때문에 그들은 자신들의 주위를 덮고 있는 일종의 조악한 영기(靈氣)를 가지고 있으며, 따라서 그들은 매우 큰 노력으로 그 곳을 빠져 나오려고 무척 애를 쓰지만, 결코 빠져 나올 수가 없습니다. 이러한 영기가 바로 일어나려고 하는 힘이 주어졌을 때, 그리고 또한 애쓰는 힘이 주어졌을 때 일종의 구름의 형체로 그런 영들 사이에서 발산(發散)하는 영기입니다. 그러므로 거기에는, 자신들의 영기를 다른 자들의 영기로부터 분명하게 식별하는 조잡한 원칙의 모양으로 그들 주위에 나타나는 다른 영들의 측면에서 보면, 일종의 어떤 자연발생적인 애씀이 있습니다.

2685. 따라서 이런 부류의 종과 유의 영들은 모두 자기 자신들만의 영기를 가지고 있는데, 서로 닮지 않은 영들은 그들 사이에 끼어들 수가 없습니다. 그리고 영기들의 다양함이나 그것들의 차이가 바로 그들이 서로 간에 상호 분별되는 그런 성질의 것입니다. 그러므로 어느 누구도 다른 무리 속으로 들어갈 수도 없고, 또한 그들과 뒤섞여질 수도 없습니다. 주님께서는 홀로, 보편적이든 개별적이든, 그들의 질서 가운데 간수하시고, 그리고 그 영기들 안에 있는 자들은 외면적인 영기들뿐만 아니라, 그들의 내면적인 영기에 따라서 분별하십니다. 그리고 그것으로 말미암아 그들은 천계에 있는 영기들과 대응의 관계를 가지고 있습니다. 1748년 7월 26일

비록 그들은 서로 다르지만, 동일한 종(種)과 유(類)의 영들은 그들이 다른 자들을 서로 동일 존재라고 믿도록 설득될 수 있다는 것에 관하여

2686. 경험을 통하여 가끔 내게 확증된 사실은, 삶이나 몸가짐의 측면에서 약간의 지식을 가지고 있고, 그리고 마음에 있는 지식으로 말미암아 그들이 내가 알고 있는 동일한 인물들이다는 그들에 관해서 그들이 그런 인물들이다는 것을 믿도록 설득할 수 있다는 것입니다. 다시 말하면 그들은, 이들과 꼭 같이, 유사한 영혼들을 가지고 있고, 수많은 동일한 것들을 가지고 있다고 말을 하는데, 따라서 내 마음에 있는 지식으로부터 그들은 그들이 동일한 인물들이다는 것 이외의 다른 것들은 믿을 수 없었습니다. 비록 그들이 자기 자신들이 그런 자인 것처럼 믿을 수 있게 설득된 자들이기는 하지만, 그들은 살아 있었는데, 그래서 사실은 이런 인물들과 꼭 같이 그들이 행동하였기 때문에 내 마음 안에 있는 그들에 관한 지식의 측면에서 그들은 전혀 다르지 않았습니다. 왜냐하면 사람에 속한 관념에서 그것의 형상에 관해서 보면 동일한 종(種)과 유(類)이기 때문에 그들은 그들의 형상들이었기 때문입니다. 이런 영들이 나와 대화를 하였고,

그리고 나와 대화를 하였는데, 그 이유는 그들이 이들과 꼭 같은 인물이라고 설득되었기 때문입니다. 그러나 다른 인물들이 이런 유사한 것들에 의하여 연출되었다는 것을 내가 잘 알고 있었기 때문에 나는 그렇게 믿도록 설득되지는 않았습니다.

2687. 그러므로 영들과 말할 수 있는 자들은, 자신들과 말하는 자가 바로 자신들이라고 믿도록 설득되지 않게 하기 위하여 자신들에 대해서 조심하였습니다. 그리고 따라서 비록 다른 자들이 살아 있다고 해도, 그들은 다른 자들을 죽은 자들이라고 설득하였는데, 이렇게 말하는 이런 일은 그들에게서는 일상적인 일이었습니다. 왜냐하면 마음이나 생활관습의 측면에서 볼 때 종과 유에서 아주 꼭 같은 자들은, 그들이 가지고 있는 사랑에 속한 지식에서 취한 모든 유사한 것으로 꼭 같이 행동하기 때문입니다. 이런 사실은 더욱이 이런 사실에서 명확한데, 그것은 바로 이러한 영들은 자신들과 닮은 자들과 교제하고, 그리고 그와 함께 있게 되면, 그들은 그들과 교제하고 있는 영들과 꼭 같은 인물이라는 것 이외에는 다른 사실을 전혀 알지 못합니다. 1748년 7월 26일

> 주님을 믿는 믿음 안에서 살고, 따라서 주님 안에 사는 사람은, 그가 자연적・영적・천적인 것들에 속한 질서 안에 존재하기 때문에, 악한 자에 의하여 결코 공격받을 수 없다는 것에 관하여

2688. 영적인 일반적인 개념으로부터 내가 볼 수 있는 것이 허락되었는데, 그것은 질서 안에서 사는 사람은 결코 악에 의하여 공격을 당하지 않는다는 사실입니다. 왜냐하면 보편적인 천계(the universal heaven)는 오직 주님에 의하여 질서 가운데 간수, 보존되기 때문인데, 그 이유는 주님께서 홀로 질서이시기 때문입니다. 거기에는 천계적인 질서가 있고, 그리고 그것으로부터 영적인 질서가 있고, 그리고 그것으로부터 자연적인 것에 속한 질서가 있는데, 그 질서

안에 주님에 의하여 보편적인 천계가 보존됩니다. 만약에 보편적인 천계가 오직 주님에 의하여 보존되지 않는다면 우주는 소멸할 것입니다. 왜냐하면 주님으로부터, 개별적인 것들이든 전체적인 것들이든, 모두가 그것들의 시작, 즉 **원리들**을 취하였기 때문입니다. 천적인 것들이나 영적인 것들의 **질**서가 믿음입니다. 그리고 어떤 것이든 그것은 주님을 믿는 믿음에 속해 **있습**니다. 말하자면 그릇들, 도구들, 그리고 기관(器官)들과 같은 자연적인 것들이나, 그리고 자연적인 선용들이나 목적들과 관계를 가지고 있는 자연적인 진리들은 영적인 것들이 주님에 의하여 그것들 안에 활착된 그런 부류의 그릇들이고, 그리고 이런 영적인 그들 안에는 역시 주님에 의하여 천적인 것들이 활착되는 그런 부류의 수용그릇입니다. 그리고 이런 일이 언제, 어떻게 일어나는지는 어느 누구도 알지 못합니다. 이런 일은 천사적인 천계에 의해서도 일어나지 않습니다. 왜냐하면 주님께서는 선한 것이나 참된 것에 속한 모든 것 안에 있는 전부(全部・the all)이시기 때문입니다. 1748년 7월 26일

2689. 나에게 영적인 개념으로 이해하는 일이 허락되었습니다. 모든 삼라만상(森羅萬象)은 주님에 의하여 질서 가운데 간수, 보존되기 때문에, 따라서 최대인간(最大人間・the Grand Man)을 가리키는 보편적인 사람(the universal man), 다시 말하면 모든 천사들이나 선한 영들은 질서 안에 있기 때문에, 그러므로 저항하는 것은 어떤 것이든 변함없이 질서에 맞게 순응되고, 복종됩니다. 왜냐하면 그 어떤 것도 우주의 질서에 거슬러 다툴 수 없기 때문입니다. 그러므로 질서 안에 있는 자는, 다시 말하면 진리나 믿음 안에 있는 자는, 주님께서 그 사람을 지켜, 보호해 주시기 때문에, 악한 자에 의하여 공격받을 수 없고, 해를 당할 수 없습니다. 1748년 7월 26일

수년의 햇수와 그것에서 계속 이어지는 것들에 관한 환상에 관하여

2690. 내가 감긴 눈으로 침대에 있었을 때 빛 가운데 있는 것처럼, 그리고 목전(目前)에 있는 것처럼, 아주 명료하게 보였습니다. 사실은 오른쪽 눈 조금 위쪽에서 조금 떨어진 곳에 처음에는 1-48년의 숫자들이 보여졌습니다. 그리고 이 숫자가 사라진 뒤, 아주 멀리 떨어진 곳에 1-53의 숫자가 1과 48 사이의 숫자가 보였고, 그리고 마찬가지로 1과 1-94 사이의 숫자가 보였으나, 53과 1과 94는 관측되지 않았습니다. 그 대신에 17이 대신해서 사용되었습니다. 한 번은 15가 보여졌습니다. 그러므로 나는 그 숫자가 1548, 1553, 1594인지, 그렇지 않으면 1648, 1653, 1694인지, 또는 1748, 1753, 1794인지 알 수가 없었습니다. 이러한 숫자들이 테이블에서 내게 명료하게 보여진 뒤에 추하게 생긴 한 남자가 내게 보여졌는데, 그는 즉시 사라졌고, 그리고

2691. 그 때 마치 피의 모양과 같은 것이, 그리고 마찬가지로 피의 원리와 같은 것이 내게 보여졌습니다. 그리고 잠시 뒤에 내가 생각하기에는 피라고 여겨지는, 액체로 가득 찬 단지 하나가 보였습니다. 그 다음에는 아가리가 조금 작은 항아리(jar)에서부터 나오는 피가 보였고, 그 피는 함마질을 해서 만든 철(鐵)의 항아리로부터 끓인 것처럼 보이는 것이 올라왔습니다. 이런 것들이 보여진 뒤에 일상적인 것처럼, 이 환상이 뜻하는 것이 무엇인지에 관해서 많은 것들을 억측하였습니다. 어떤 자는 이들 해(年)들 안에는 무서운 어떤 일들이 함축되어 있다고 추측하였고, 어떤 이들은 그런 것은 아니라고 추측하였지만, 그러나 나는 그 의미를 알지 못하였습니다.

2692. 피 모양의 형체가 나타났을 때 그 뒤에 곧바로 그 모양 안에 보여진 것은, 어떤 모양을 구성하고 있는, 따라서 그 모양은 갈기갈기 찢긴 옷 조각들로 보여졌는데, 그것은 조그마한 조박지들로 이루어졌습니다.

2693. 나에게 이런 것들이 보여지기 바로 조금 전에는 왼쪽 눈 맞은 편, 조금 떨어진 곳에 눈 보다는 더 왼쪽에 치우쳐 한 남자가 보

였습니다. 그 남자는 추하게 보였습니다. 그는 나에게 급히 왔습니다. 나는 그 밖에 것은 기억하지 못합니다.

2694. 그것은 성언의 문자적인 뜻(the literal sense of the Word)을 뜻하는 것으로 여겼습니다. 왼쪽은, 탐욕을 가리키는 오른쪽에 대하여, 거짓들을 뜻합니다. 나는 더 이상은 아무것도 모릅니다. 1748년 7월 26일과 26·27일의 한밤중에 성경의 문자적인 뜻은 매우 조심스럽게 다루어야 한다는 것은, 무지하고, 그리고 거룩하다고 여기고, 그것을 믿는 수많은 자들이 하는 것들처럼, 이런 일들로부터 다소간 짐작할 수 있겠습니다. 그런 것이 압살롬에 대한 다윗의 슬픔이 의미하고 있는 것처럼 보이지만, 그럼에도 불구하고 이스라엘은 모두가 그에게서 물러서지 않도록 그는 요압에 의하여 강제적으로 문쪽으로 나가게 되었습니다.

2695. 이 밖에도 많은 것들을 알아야 하는데, 그것은 반대되는 것으로부터, 원칙들로부터, 마찬가지로 어느 누구의 탐욕들로부터 어느 누구도 논쟁을 해서는 안 된다는 것입니다. 왜냐하면 생기는 것이 아무것도 없다는 것입니다. 그러나 비록 거짓스러운 것이지만 원칙들은 주님에 의하여, 마치 탐욕들이 선한 것으로 휘듯이, 참된 것으로 기울기 때문입니다. 그러므로 문자적인 뜻은 반드시 깨어져서는 안 된다는 것입니다. 1748년 7월 27일

내면적인 영적인 개념과 천사적인 개념에 관해서

2696. 나에게 내면적인 천사들의 개념이 어떤 것인가가 입증된 것과 같이 내면적인 영들의 개념 또한 어떤 것인지 입증되었습니다. 사실 이런 일은 빈번하게 자주 일어났습니다. 그러나 그것들은 나의 지각이나 이해에 미치게 하기 위한 것으로, 그런 일은 잠든 때에, 또는 이른 아침잠에서 깨어났을 때에도, 그리고 또한 꿈에 이어져서 일어나기도 하였습니다. 왜냐하면 그 때 마음은 육체로부터 분리, 멀리 떨어져 있기 때문입니다. 다시 말하면 내면적인 영들에 속한

개념은 표현할 수 없는 것이기는 하지만, 그럼에도 불구하고 그들이 육신을 입고 산 이 세상을 떠난 그러한 영들에게는 알 수 있는 것이기 때문입니다. 왜냐하면 그것은 그런 개념 안에 있는 영들에게는 알 수 있는 것이기 때문입니다. 다만 그것의 개념만이라도 지각되게 하기 위하여 이른바 나에게 입증되었습니다. 그 내용은, 만약에 반석(磐石・rock)이, 한마디 말로 도저히 표현할 수 없는, 그것의 다종다양한 뜻으로 뜻하는 내용이 계속된다면, 그리고 사제(司祭)가 저급의 뜻에서 뜻하는 것이 파악되고, 따라서 그것의 다양함 가운데서, 그리고 영적인 뜻에서 뜻하는 것을 파악, 이해되는 것이 계속된다면, 이러한 개념은 그 자체를 두루 널리 펴질 것이고, 그리고 표현할 수 없는 것이지만, 사제가 그것의 다양함으로 다루는 주제에는 적용될 것입니다.

2697. 그러나 내면적인 영들의 개념의 시작의 발단(發端)인, 또는 그것의 근원이 되는 그 발단으로부터 내면적인 영들의 개념이 솟아나는 천사적인 개념은 전적으로 표현할 수 없는 그런 성질의 것입니다. 나에게 그 어떤 것들이 나타났는데, 그것은 표현될 수 없는 것이고, 그리고 한정될 수 없는 다양함으로 나타났지만, 그러나 그것의 개념이 잠들었을 때 여러 번 나에게 허락되었습니다. 그런 개념들에 의하여 그들은 생각할 뿐만 아니라, 다른 자들과 서로 이야기 하였고, 그리고 그들이 빛 가운데 있고, 그리고 그들에게 일러진다고 해도 그것은 인간 누구에게도 밝히 드러나지 않을 것입니다. 다만 이런 내용을 언급하는 것이 내게 허락되었습니다. 다시 말하면 그들의 언어와 개념들, 그리고 그것에서 비롯된 지복(至福)들은 내면적인 영들에 속한 언어, 개념들과 지복들에 속한 계속적인 원리들이고, 그것에 의하여 열등적인 영들이나 사람들의 언어・개념들・즐거움 따위는 파생되는 것입니다. 1748년 7월 28일

2698. 내면적인 영들의 언어에 입류하는 천사적인 언어로부터 나에게 어떤 개념이 일어났습니다. 그것은 나에게는 모두가 흩어져 있

어서 어떤 것 하나도 서로 밀착되지 않은 것처럼 보였습니다. 그럼에도 불구하고 일체의 것은 질서 있게 천사들을 감동시켰는데, 그것은 또한 나로 하여금 무엇인가를 알게 하기 위하여 허락된 것입니다. 이것에서부터 비록 그것들은 사람에게는 매우 흩어진 것처럼 보이지만, 그러나 천계에서는 놀라운 관련성을 가지고 있는 형체가 존재한다는 것, 그리고 사람 안에는 그 사람을 완전한 것으로 만드는 효과가 있다는 것 등을 주님에 의하여 사람 안에 주입시킨 것들을 내가 알 수 있었습니다. 따라서 이런 것들은 사람에 비하여 천사들에게는 전적으로 다른 것으로 나타났는데, 그러므로 만약에 사람이 그런 효과들로부터, 그리고 그들의 가변(可變)적인 것들로부터 어떤 결론을 도출한다면 그는 너무나도 큰 과오를 범하는 것입니다. 1748년 7월 28일

매우매우 뛰어난 영기(靈氣)와 다른 것들을 지배하는 권능(權能)에 관하여

2699. 그들의 마음 속에는 지식으로 말미암아, 또는 공적인 권능으로부터, 또는 다른 어떤 것으로부터 자기 자신은 다른 자들에 비하여 월등히 뛰어나다고 여기는 어떤 몇몇 자들이 나타났는데, 사실 그들은 자기 자신과 비교하여 경멸하지는 않지만, 그러나 여전히 그들은 그들을 거의 무가치한 존재로 여겼습니다. 예를 들면 그들이 가르치는 자들에 대하여, 또는 다스리는 자들에 대하여 보잘것없는 존재로 여겼습니다. 이런 자들은 자신을 낮출 수 있고, 그리고 다른 자들을 위하여 수많은 것들을 행할 수 있지만, 그럼에도 불구하고 그들의 마음에는 이런 기질들(=영기)이나 생각들이 널리 퍼져 있어서, 비록 그것들이 그들에게는 본의가 아니지만, 그런 것들은, 그들이 그것에 관해서 알지 못하기 때문에, 그들의 몸짓이나 얼굴, 또는 말에서 드러나고 있습니다. 이런 자들은 주님 앞에서는 겸손할 수 있고, 그리고 자신들의 심령 안에서는 평안하게 느낄 수 있습니다.

즉 이러한 것은, 일반적으로 널리 알려진 자랑거리나 또는 거만(倨慢)으로 분별되는 일종의 자랑거리이고, 교만(驕慢)인 것입니다. 이런 자들이 나와 함께 있었는데 그는 바로 솔로몬이었습니다. 그가 나타났을 때 영들은 모두가 먼 곳으로 떠나려고 하였습니다.

2700. 앞에서 기술된 것과 같이, 그들이 이런 구름과 **같은** 영기(靈氣)에 휩싸이지 않도록 하였지만, 그러나 이런 부류의 교만한 자들이 내 머리 위에 나타났고, 그리고 내 다리를 디디고 선 그들의 발들이 나에게 있게 되면, 그들이 수차에 걸쳐서 말한 것과 같이, 영들은 매우 심한 고통을 받습니다. 다시 말하면 그들은 이런 교만한 자들이 말하는 어떤 것도 참고 견딜 수가 없습니다. 따라서 그들은 자신들의 자유의 상태에서부터 일종의 노예의 상태에로 쫓겨나는데, 그와 같은 일은 도저히 그들이 참고 견딜 수가 없었기 때문입니다. 따라서 영계에서의 이런 영기는 그들의 성품이나 마음 것에 일치하여 일어나는 것이고, 그리고 이와 같이 그들은 다른 자들과 관계를 가지고 있습니다. 따라서 이런 일은 헤아릴 수 없을 정도로 다종다양하게 관계를 가지고 있습니다. 이러한 일은 사람들 사이에서도 비슷합니다. 왜냐하면 자유하기를 원하는 자들은 이런 성질에 속한 자들의 사회를 참고 견딜 수가 없기 때문입니다. 그러나 그들은 스스로 떠나게 됩니다. 왜냐하면 그들은 그들의 사회에서 고통을 겪기 때문입니다. 1748년 7월 28일

영적인 것들을 확증할 수 있는 자들에 대한 철학적인 진리들이나 자연적인 진리들에 관하여

2701. 꿈속에서 이런 일들이 보여졌는데, 한 들판이 보여졌고, 그 들판에는 무성하고, 멋진 풀로 가득하였습니다. 그러나 예를 들면, 황소들, 말들과 같은 짐승들에게 먹거리로 아주 좋은 것들이었습니다. 그리고 동시에 동일한 풀밭에는 잘 익은 곡식들이 있었는데, 그것들은 잘 자란 풀들과 함께 있었습니다. 그리고 이것은 강 너머에

있었습니다. 나는 그 강이 유프라테스라고 하는 강이라고 깨달았습니다. 그것은 이른바 러시아에 있는 것처럼 보였습니다. 내가 꿈속에서 유프라테스 강 건너 씨가 파종된 들판을 보고 있을 때, 내 생각에는 만약에 우리의 땅(=저자의 땅)에 있는 모든 들판에 보리와 밀의 농작물과 함께 초지(草地)를 가꾼다면 매우 유용할 것이다는 생각이 떠올랐습니다. 그러나 꿈에 내게 일러진 대답은 만약에 그 강의 이쪽에 있는 우리의 땅에 그런 일이 일어났다면 그 땅은 모두 파괴되었을 것이고, 그러나 그 강 저 쪽은 그런 일이 없을 것이라는 내용이었습니다. 내가 기억을 하지 못하지만 꿈속에서 더 많은 것을 보았습니다. 내가 잠에서 깨었을 때 꿈에서 본 것들이 무엇을 뜻하는지 나는 생각하였습니다.

2702. 다음과 같은 내용이 종국에 계시되었습니다. 즉, 유프라테스 강 저쪽의 땅에는 자연적인 것들이나, 철학적인 것들 안에 있으며, 그리고 영적인 것들이나 천적인 것들에 관해서 그것으로부터 확증하기를 원하는 자들이 있다는 것과, 그리고 그들은 그 밖의 것은 믿지 않는다는 것 등입니다. 왜냐하면 그들은 이런 것들 안에 있고, 그리고 그들은 이런 식으로 생각하기 때문입니다. 이런 생각들은 그 풀들에 관한 것이었는데, 거기에 있는 밀과 보리가, 종국에 그 풀이 보이지 않을 때까지, 엄청나게 자랄 것이다는 생각이었고, 그리고 강 건너 저 쪽의 땅은 유용하지만, 강 이쪽의 땅은, 다시 말하면 그런 것들에 관해서 상관하지 않고, 그럼에도 불구하고 믿고, 사실은 사랑하는 자들 사이에는 그런 풀이나 마른 풀은 그들의 가축에는, 즉 철학적인 것들이나, 자연적인 것들에는 도움이 되지 않지만, 그러나 그것들은 그들의 땅, 다시 말하면 그들의 마음이나 그것을 써 먹으려는 생각들을 가리키는 그들의 땅은 파괴될 것이다는 생각이었습니다. 이런 내용들은 천계로부터 설명되었습니다. 1748년 7월 29일

사람들이나 영들이 천사적인 영기나 천적인 영기 안에 있기 위해서는 그들이 주님에 의하여 설득되는 것은 반드시 필수적이다는 것에 관하여

2703. 잘 알고 있는 사실은 과학(=학문)은 선행(先行)되어야 하지만, 그러나 과학은 아무것도 행하지 못한다는 것이고, 그 다음의 것인, 설득에 속한 첫째 것인 총명적인 것은, 그 때 거기에서 비롯된다는 것입니다. 그것은 오직 총명적인 것이고, 그 때 그것은 내면적인 설득을 가리킵니다. 만약에 사람이, 주님을 믿는 믿음에 속한 것들의 내면적인 설득의 상태에 있지 않다면 그 사람은 천사적인 영기나, 천적인 영기 안에 있을 수 없습니다. 왜냐하면 거기에는 싫증이나 반감 따위가 생기고, 그런 반감이나 싫증은 그 사람을 내쫓을 것이고, 사실은 그에게 고통을 줄 것입니다. 영적인 개념으로 이런 사실을 보는 것이 나에게 허락되었습니다. 1748년 7월 29일

처녀의 색욕(色慾)에 빠져 버린 자들에 관하여

2704. 깨어나기 직전, 비몽사몽(非夢似夢) 중에 내게 일러진 것은, 어떤 사람이 편지를 읽고, 나는 그것을 듣고 있었는데, 거기에서 다루어지고 있는 것은 처녀의 배설물(=똥)에 관한 것이었습니다. 내가 잠에서 완전히 깨어났을 때 내 마음은 온통 그것이 뜻하는 바가 무엇일까 하는 처녀의 배설물에 관한 것이었습니다. 그 때 어떤 영이 나에게 와서 말을 하였는데, 그것에 관해서 이것이 무엇을 뜻하는지 설명하였습니다. 내용인즉슨, 이 세상에 있을 때 처녀를 범하는 것 이외에는 아무것도 열망하지 않는, 아주 고약한 탐욕에 흠뻑 빠져 있는 자들에 관한 것이었습니다. 그리고 그들에게는 처녀성을 도둑질하고, 처녀들의 꽃을 꺾는 짓 이외에는 더 큰 기쁨이 없다는 것이었습니다. 따라서 그들이 처녀성을 도둑질하고, 그리고 청춘의 꽃을 처음 꺾을 때, 그런 뒤에는 그들을 버리고, 미워하고, 배신하였습니다. 어떤 자는 마치 다윗의 아들 암몬에 관해서 읽을 때처럼 그들을

증오하였습니다. 뿐만 아니라, 그의 생애에서 처녀성을 도둑질하는 횟수가 많아지는 것에 따라서 그리고 처녀를 범하는 횟수가 많아지는 것에 따라서 그들은 그런 짓을 자랑으로 여겨 떠벌렸습니다. 이런 내용이 바로 처녀의 배설물에 의하여 이해되는 탐욕이나 정욕입니다.

2705. 이런 것들에 관해서 그 때 영들과 나는 대화를 하였습니다. 내게 일러진 것은, 이런 부류의 자들은 다른 영들 사이에 용납되지 않고, 다만 마치 배설물과 같이 그들의 사회들로부터 쫓겨난다는 것입니다. 이런 사실은 자연적인, 영적인, 천적인 것들의 질서의 법칙으로 확증되어 나온 것입니다. 이런 것들에 관해서도 그들은 나와 함께 이야기를 나누었습니다. 왜냐하면 모든 천적인 사회는 혼인애(婚姻愛)에 기초를 두고 있기 때문이고, 선량한 사랑들이나 정동들은 그 사랑에서 나오기 때문입니다. 따라서 이런 것들은 모두가 순진무구(純眞無垢) 안에 존재하기 때문입니다. 이런 부류의 작자들은 그들의 온갖 탐욕을 가지고 순진무구에 속한 것들과 꼭 같이, 사랑에 속한 원칙들까지도 파괴하려고 무진 애를 씁니다. 왜냐하면 이런 것들은 모든 혼인애에 전적으로 반대가 될 뿐만 아니라, 그들을 증오에 사로잡고, 또한 순진무구에도 정반대가 되고, 그것들이 순진무구를 죽일 정도로 해치기 때문입니다. 뿐만 아니라, 그들은, 혼인애가 침투할 수 있는 순진무구한 자들을 유혹하여, 종국에는 창녀들의 삶을 살도록 만듭니다. 따라서 이런 작자들은, 내면적인 성품의 측면에서 보면, 살인자들입니다. 왜냐하면 사랑의 첫째 꽃은 처녀를 혼인애에 인도하고, 그리고 남편과 아내의 마음을 결합시키기 때문입니다. 영들은 나와 함께 이런 사실들을 말하였습니다.

2706. 나에게 더 많은 것들이 일러졌는데, 그것은 이런 부류의 탐욕들이나 그런 것들의 실제적인 행위들은 성령(聖靈·the Holy Spirit)에 거스르는 죄악들에 의하여 이해되는 것들이다는 것입니다. 왜냐하면 천사들의 거룩함은, 위에서 이미 언급한 것과 같이 혼인애(婚

姻愛)와 순진무구(純眞無垢)에 기초하고 있기 때문입니다. 그리고 이런 것이 바로 모든 영적인 사랑들이나, 천적인 사랑들의 원칙들이고, 그리고 선에 속한 정동들이기 때문입니다. 따라서 이런 것들은 천계에 있는 여러 사회들 안에 있습니다. 그리고 이런 탐욕들은 거룩함의 원칙들에게 정반대이기 때문에, 그러므로 이런 것들은 성령에 거스르는 죄악들에 의하여 주로 이해되는 것들입니다.

2707. 이 항수는 결번입니다.

2708. 그러므로 저 세상에서의 그들의 형벌(刑罰)은 가장 처참합니다. 왜냐하면 그들은 여러 사회들에 허용될 수 없기 때문입니다. 나는 그들의 형벌들을 직접 목격할 수 있었는데, 그들은 자신들에게는 미쳐 날뛰는 말 잔등에 타고 있는 것같이 보이지만, 그 미친 말은 그들을 던지듯이 위로 치켜 올렸습니다. 그래서 그들은 그들의 생명에 측면에서 보면 매우 위험스럽게 그 말에서 떨어졌습니다. 그런 뒤에 그들은 말 밑에 숨겨져 있는 것처럼 보였습니다. 그럼에도 불구하고 그들이 숨겨져 있는 것처럼 보인 것이, 그리고 그 말의 배 아래에 서 있는 것이 무슨 까닭인지 나는 알지 못하였습니다. 그 말 위에는 마치 미친 말이 그들을 죽이려고 애쓰는 것들로 그들에게는 보였습니다. 그 때 그들은 자신에게 마치 그 말의 배의 내면적인 것을 통과해서 그 말의 뱃속으로 들어가는 것처럼 보였습니다.

2709. 그런 뒤 그 때 그들에게는 갑자기 마치 저속한 매춘부(賣春婦)의 뱃속으로 들어가는 것처럼 보였는데, 그들에게는 그 매춘부가 갑자기 아주 큰 용이나 뱀으로 바뀌는 것으로 보였습니다. 그 큰 용이나 뱀은 몇몇 이방인들이 경배하는 그런 것을 가리킵니다. 그리고 이런 부류의 영은 아주 심한 고문에 처해 있고, 그리고 고문 가운데 빠져 있습니다. 왜냐하면 자신들에게는 숨겨져 있고 호흡이 없는 상태에 있다고 여겨졌기 때문입니다. 이와 같이 그들은 아주 못쓰게 되었습니다. 이와 같은 형벌은 수만 번 일어났습니다. 그리고 나에게 일러진 것은 수천수만 번이 아니라고 해도, 여러 해 동안 일어났

는데, 그런 일은 그들이 이런 온갖 탐욕들을 더 이상 기억할 수 없을 때까지 일어난다고 하였습니다. 그리고 심지어 자신들에게는 일생 문제가 되지 않지만, 그들은 이런 형벌을 수도 없이 겪어야 한다고 하였습니다.

2710. 내게 일러진 것은 그들의 자녀들은 다른 자들의 자녀들에 비하여 질이 더 나쁘다는 것이었습니다. 왜냐하면 그들은 그들의 부모들로부터 그런 요인들을 지니고 있기 때문입니다. 따라서 이런 부류의 어린 것들은 태어나지 않지만, 만약에 태어난다고 해도 삶에는 남아 있지 않게 합니다. 1748년 7월 30일

부엌에 관하여

2711. 내가 잠들었을 때 갑자기 나에게 일종의 부엌으로 통하는 문이 보였습니다. 그 문이 열렸을 때, 나는 나의 얼굴을 스치는 그 부엌의 열기를 느꼈습니다. 그리고 나는 몇몇이 그 주위를 뛰어다니면서 열심히 일하는 것을 보았습니다. 뿐만 아니라 벽들 주위에 있는 주방용 그릇들을 보았고, 그리고 아주 큰 화로도 보았습니다. 그러나 이런 것들은 분명하게 보이지 않았기 때문에, 따라서 내가 인지할 수 있는 것은 거기가 요리하는 부엌이다는 것뿐이었습니다. 그리고 거기에 있는 자들은 요리사라는 것이었습니다. 나는 저 세상에서 이런 부류의 사람들인지를 물었는데, 내게 일러진 대답은, 이런 자들은 유아나 가장 꽃다운 소녀들을 더럽힌 가장 추악한 색욕으로 쾌락을 만끽한 자들이다는 것입니다. 이러한 것들은, 그들이 사람의 생각에 들어오지 않게 하기 위해서 공개적으로 말한다는 것은 적절하지 않습니다. 때때로 거기에는 반년, 1년, 3년, 5년, 6년 되는 어린 것들이 나타나기도 하였습니다. 이들이 부엌에 있었는데, 끓는 물에서 다른 자들을 요리하였는데, 그들은 가장 처참한 방법으로 고통을 겪고 있었습니다. 1748년 7월 31일

2712. 나중에 이야기했던 자들은 다음과 같은 말을 하였는데, 즉

모두가 다 그런 부류의 작자들이 아니다는 것을 이상하게 여긴다는 것입니다. 그리고 자신들은 이런 쾌락이 다른 쾌락에 비하여 월등한 쾌락에서 비롯된 그런 것들로 그들은 감화 감동을 받는다는 것입니다. 작금의 세상은 이와 같이 부패하였고, 그리고 이런 부류의 유전적인 원칙들이 되어 버렸으며, 그래서 다양한 방법에 의하여 자손들에게 이어져 확산되지는 않았지만, 그러므로 마지막 때가 임한 것은 아닙니다. 이런 일들은 예전에는 없었던 것들로, 그것들은 사람의 본성(本性)을 파괴하는 것들인데, 그것은 마치 대홍수에 의하여 결국은 사멸하는 그런 자들과 같습니다.

저항하는 무수한 것들이 있는 사람들의 미망들이나 환상들에 따라서 우주가 주님에 의하여 다스려지지 않는다는 우주의 통치에 관하여

2713. 왜곡되고, 타락한 인간의 마음 안에는 그들의 주된 결론들이 내재해 있고, 그것들의 대부분은 외적인 통치에서 비롯된 것들입니다. 따라서 감관들에 속한 미망(迷妄)이나 환상 따위들로부터, 특히 주님께서 온갖 악들로부터, 사실은 온갖 잔악함이나 그런 것들로부터 사람을 지키고, 거기에서 이끌어 내지 못하는 이유가 무엇인가, 그리고 또한 참으로 두려운 일이며, 저주스러운 잔혹한 것이라고 할 수밖에 없는 것들로부터 인간을 구출하고, 간수하지 못한다는 그런 이유에 관해서 품게 하는 그런 미망이나 환상들 따위가 여전히 존재하는 이유가 무엇인가? 예를 들면, 다윗이 암몬 족속을 매우 처참하게 죽이는 일에서 건지지 못한 이유는 무엇인가? 또는 밧세바와의 간통에서 구출하지 못한 이유는 무엇인가? 그리고 솔로몬을 우상 숭배에서 건지지 못한 이유는 무엇인가? 그리고 또한 사람의 생각들 안에 일순간에 일어나는 이런 부류의 온갖 무지의 것들로부터 지키지 못하는 이유 따위가 되겠습니다. 나는, 어제와 오늘, 영들과 이런 사안에 관해서 이야기를 하였는데, 그들 중에는 왜곡되고 타락

한 성품의 자들이 있어서, 매우 완강하게 주장한 것은, 주님께서는 그런 일을 할 수 없던지, 아니면 하시려고 하지 않는다는 것입니다. 뿐만 아니라 그들의 마음 속에서 궁리한 그 밖의 많은 것들도 주장하였습니다.

2714. 그러나 이러한 것은 진리입니다. 다시 말하면 무한한 섭리에 의하여 우주를 지배하신다는 것인데, 주님께서 그것에 의하여 다스리시는 그 섭리는, 보다 더 무한하고, 현명하다고 하는 것 이상으로 생각할 수 있는 것은 전무(全無)하다는 것입니다. 그리고 이것이 참된 것이기 때문에, 뒤이어지는 것은, 그들이 반항하고, 거부하는 것들은 모두가 오류요, 거짓이라는 것입니다. 왜냐하면 전자는 참된 것입니다. 더욱이 한 순간의 사람의 생각이나 행위라고 해도, 그것은 그것 자체와 함께 영원히 이어져 계속되지 않는 것은 전무(全無)하기 때문입니다. 뿐만 아니라 하나의 관습처럼 되지 않는 일도 없기 때문입니다. 생명에 속한 일순이라고 해도 그것은 영속적인 삶의 시작입니다. 말하자면 그것은 무한한 것이 영원까지 이어지는 원천인 시작의 종자이기 때문입니다. 이런 사실 역시 진리입니다. 이런 사실들이 진리들이기 때문에 거기에서 이어지는 결론은, 가장 낮은 성질 속에서 저항들처럼 보이는 이런 것들도 감관에 속한 오류요, 미망이요, 환상들이다는 것입니다.

2715. 뿐만 아니라, 이것 역시 진리입니다. 외적인 것들은 내적인 것에 의하여 지배를 받는다는 것, 그리고 만약에 그렇지 않다면 지배될 수 있는 것들이 아닙니다. 사실은 그것들은 선재(先在)적인 것들이나 내면적인 것들에서 비롯되는 계속적인 질서를 통해서 지배됩니다. 그러므로 외적인 것들은 왜곡되고, 질서가 바뀌었기 때문에, 따라서 자신들이 지배받는 것을 선호하지 않기 때문에, 그리고 이런 것들이 사람의 본성에 뿌리를 박고 있기 때문에, 그리고 자손들 안에까지 뿌리를 내리고 있기 때문에, 이런 성품의 사람들은, 또는 이런 사람의 성질은, 질서에 있는 선재적인 것이나 내면적인 것에서

비롯된 계속적인 질서에 의한 지배를 받는 것을 허용하지 않습니다. 그러나 통치력은 이른바 느슨해졌고, 그리고 그들은 지도자가 없고, 그리고 질서 밖에 있습니다. 그래서 그들은 무작정 돌진합니다. 그러므로 거기에는 외적인 구속들(external bonds)이라고 하는 또 다른 구속들(=고삐들)이 있는데, 그것들을 가지고 주님께서 그들을 지배하십니다. 또 다른 구속들이라고 하는 것은 그들이 생명을 잃는 것에 대한 두려움이요, 자신들의 재물의 상실, 자신들의 영예나 위엄들, 그리고 자신들의 아름다움의 상실에 대한 두려움을 통해서, 그리고 법률에 속한 형벌이나 이와 유사한 것들을 통해서 다스리십니다. 그리고 그런 것들에 의하여 마지막까지 주님께서는 다스리십니다. 따라서 주님께서는 양심에 속한 구속들(=고삐들)이라고 부르는 내적인 구속에 의해서 다스리시지는 않습니다. 결론적으로 말하면 믿음에 의해서, 또는 믿음에 속한 구속들에 의해서 지배되지 않고, 오히려 형벌의 두려움, 악에 속한 공포에 의해 다스려지지만, 참된 것이나 선한 것에 속한 사랑에 의하여 다스려지는 것은 아닙니다.

2716. 따라서 모든 사람 안에 있는 것은 무엇이나 일반적인 사회 안에도 존재합니다. 악이 한 인간의 몸에 만연하기 시작하면, 그리고 그의 피 안에 만연하게 되면, 그 때 질병도 몰려와 그것을 공격하고, 그리고 그의 성품(=본성)이라고 하는 그의 영혼은 과오나 상처를 고치려 애를 쓰지만, 헛수고일 뿐 종국에 사람은 죽고 맙니다.

2717. 그것은 마치 대기(大氣)에서 일어나는 일과 같습니다. 그 때 대기는 강력한 태풍에 휩싸여서 집들·나무들·배들 따위를 뒤엎지만, 그것의 본성인 내면적인 대기는 외면적인 것들에 의하여 계속해서 평형을 잡게 하지만 그 때 그와 같은 강력한 태풍 때문에 아무런 효과를 얻지 못합니다. 그럼에도 불구하고 그것은 계속적으로, 그리고 온화하게 작용하는 활동에 의하여 외면적인 것들을 평형의 상태를 이룹니다. 만약에 모두에게 이런 것이 알려지지 않았다면 이러한 사실은 이 세상의 많은 학자들이나 학계에 잘 알려질 것입니

다. 1748년 7월 3일

따라서 만약에 내적인 것들·영적인 것들·천적인 것들에 관해서 외적인 것들의 외현(=겉모양·外現)으로부터 어떤 결론을 얻을 수 있다면 그 때 그 사람은 천계적인 진리들을 전적으로 부인(否認)하기 시작할 것입니다. 그러나 만약에 천계적인 진리들로부터 결론을 내릴 수 있다면 사태는 다를 수 있겠습니다.

선견(先見)이나 섭리(攝理)에 관하여

2718. 주님께서는 영원 전부터, 개별적인 것이나 전체적인 것을 예견하셨고, 그리고 섭리하셨습니다. 그리고 악들까지도 예견되고, 섭리하십니다. 1748년 7월 31일

부엌의 영기에 관한 속편

2719. 내가 앞서 기술한 그런 부류의 작자들이 영들의 사회들이 있는 곳에 왔습니다. 그리고 이들은, 자신은 고약한 냄새 때문에 가만히 앉아 있을 수가 없다는 것과 따라서 거기서 도망가는 일이 허락되지 않는다면 도저히 거기에서 살 수 없다는 것 등을 말하였습니다. 부엌의 열기 가운데 있는 자들은 이런 부류의 자들이고, 그리고 또한 이 세상에서 가장 추악하고, 혐오스러운 작자들이기 때문에, 그러므로 만약에 이런 무리들이 증폭된다면 이 세상은 거의 존속될 수 없을 것입니다. 사실, 그들은 그들이 이런 것들을 자랑스러운 것으로 뽐내고, 그리고 역시 그들은 다른 자들을 유혹할 수 있다는 것을 대단한 것으로 여겨 그 쾌락을 만끽합니다. 이것이 바로 그들의 지옥적인 형벌이 다른 어떤 죄악의 모든 형벌에 비하여 매우 처참하다는 이유입니다. 1748년 7월 31일

천계에 있는 다종다양한 지복(至福)에 관하여

2720. 여러 영혼들이 있었는데, 그들이 천계적인 일종의 즐거움에

올리워졌습니다. 그들은 나와 같이 천계적인 즐거움에 관해서 대화를 하였는데, 그들에게 내가, 비록 악한 영들이라고 해도, 모든 영혼은 어떤 상태나 다른 상태에서의 천계적인 즐거움 안에 있을 수 있다는 것과 그리고 거기에는 무한한 상태들이 있고, 그리고 가장 일반적인 것에 속한 그것들의 여러 종류들이 있다는 것 등입니다. 그래서 그들은, 지극히 작은 상태들을 제외하면, 전혀 다른 상태에 있을 수 없다는 것 등을 말하는 것이 허락되었습니다. 나에게 또 말하는 것이 허락되었는데, 그것은 일반적인 상태들에 속한 다종다양함들도 역시 자신들의 질서를 가지고 있다는 것이고, 그리고 또는 일반적인 상태에 속한 질서를 가지고 있는 것이고, 그와 마찬가지로 그것들의 변화들은 영원한 변화들이지만, 그러나 그것들은 주님의 좋은 즐거움에서 나온다는 것입니다. 1748년 8월 1일

구약성경의 네 가지 특수 문체(文體)에 관하여

2721. 천계로부터 나에게 일러진 내용입니다. 거기에는 구약 성경에 대한 네 가지 특수문체가 있다는 것입니다. 그 중에 하나는 낙원(樂園)과 바벨 탑에 관해서 다루고 있는 창세기에 채용된 것으로서 고대교회와 태고교회의 문체입니다. 그리고 다른 문체는 모세의 첫 번째 책(the First Book of Moses)에 채용된 것으로, 역사적인 문체(the historical style)인데, 그 저자는, 그것이 천계적인 비의(祕義·heavenly arcana)를 담고 있다는 사실을 전혀 알지 못하였습니다. 그리고 세 번째 문체는 예언적인 문체로, 예언서들에 채용되었습니다. 이 문체는 사실 고대교회의 문체에 비슷하지만, 그 내용들은 분산(分散)되어 있었습니다. 그리고 이 문체는 그것이 고대적인 것이라는 것 때문에 그 당시 사람들은 그것을 찬성, 그대로 채택하여 유지되었습니다. 네 번째 문체는, 그것의 중간문체(中間文體·an intermediate style)로서, 다윗의 시편에 속한 것입니다. 1748년 8월 2일

능동(能動)적인 것과 수동(手動)적인 것이 없이는, 따라서 혼인(婚姻)이 없이는 보편적인 것 안에 그 어떤 결과도 존재할 수 없다는 것에 관하여

2722. 이 세상에, 그리고 그것의 삼계(三界)에 존재하는 것은 무엇이든지 수동적인 것이나 능동적인 것 없이는 결코 생성될 수도, 존재할 수도 없습니다. 거기에는 이런 사실을 확증하는 부정(不定)적인 것들이 있습니다. 그리고 만약에 사람이 자기 자신을 이런 것들에 관해서 확증하려는 일에 적용한다면 그것을 확증하지 못하는 것은 우주 안에는 결코 어떤 결과도 존재하지 않습니다. 만약에 사람의 신체에 어떤 것인가를 생성하는 지극히 작은 분자(分子)까지도 능동적인 것과 수동적인 것이 존재하지 않는다면, 결코 그것도 존재하지 않습니다. 따라서 그것은 하나의 결과를 생성하고, 생산합니다. 이것과 비슷한 경우이지만, 생각(=사상)에 속한 지극히 작은 관념까지도 역시 존재할 수 없습니다. 이러한 사실은 진정으로 참된 것입니다.

2723. 그러므로 밝히 알 수 있는 사실은, 만약에 사람의 마음 안에 으뜸적인 능동적인 것이 존재하지 않는다면, 그리고 그것에 종속되어 있는 수동적인 것이 존재하지 않는다면 질서는 도치(倒置)된 것이므로 악 이외에는 아무것도 생성될 수 없다는 것입니다.

2724. 여기에서 밝히 알아야 할 것은, 만약에 주님께서 능동적인 존재이시고, 통치자가 아니시라면, 보편적인 천계에, 그리고 영들의 세계에, 그리고 이 땅에는 그 어떤 참된 것이나 선한 것은 결코 생성될 수 없다는 것입니다. 이러한 사실은, 천계적인 혼인(the heavenly marriage)이라고 부르는 것으로, 천계로부터 일러졌습니다. 1748년 8월 2일

사상에 의하여 믿음에 속한 신비에 들어오기를 열망하고, 그리고 추론(推論)으로부터 믿음에 속한 신비를 믿기를 원하는 영들에 관하여

2725. 자주 일어난 일입니다. 온갖 추론들에 의하여 믿음에 속한 신비들(the mysteries of faith)에 들어오기를 원하고, 그리고 만약에 그들이 이해에 의하여 그것이 사실이다는 것이 파악되지 않는다면, 믿지 않는 영들이 있었습니다. 이들에게는, 비록 그들이 이해에 의하여 파악되지 않지만, 그것을 믿기를 원한다고 말하는 것이 허락되었습니다. 그 이유는 그들이 이해한 것은 질서의 도치(倒置)이기 때문입니다. 이러한 사실은 수많은 방법으로 입증되었습니다.

2726. 오늘날에도 어떤 자들은 믿음에 속한 극내적인 신비들에 들어가기를 열망하는데, 그들에게는 이것이 왜곡(歪曲)된 방법이다는 것과, 그리고 만약에 이성(理性)이 믿음에 속한 신비들을 파악하지 못한다고 해도, 또는 발견하지 못한다고 해도, 그럼에도 불구하고 그것이 진리이기 때문에 믿어야 한다는 것과, 그리고 만약에 이성이 찾아냈기 때문에 따라서 우리는 그것을 반드시 믿어야 한다는 자들에게 그것이 왜곡된 방법이다는 것을 입증하는 것이 허락되었습니다. 그것은 표징적인 개념(a representative idea)에 의하여 그들에게 나무의 작은 씨앗을 표징하기 위하여 주어진 것입니다. 그러므로 만약에 그 작은 씨앗이 실한 것이고, 꽃을 피우는 나무를 생산한다고 말할 수 있다면, 그리고 그것이 있는 그대로 가지들, 잎들, 열매들에 의하여 그들을 위하여 표징되었다면, 사실 이런 작은 씨앗은 수목들로 가득 찬 들판을 생산한다는 것이 그 때 그들에게 일러졌습니다.

2727. 이와 같은 종자적인 원칙이 이런 결과를 낳지만, 그리고 진리가 명확하게 드러나기 때문에 그들은 부인하지 않지만, 그들은, 그럼에도 불구하고, 그 씨앗 안에서 아무것도 볼 수 없고, 그리고 이런 것들이 존재하는 원인들도 알 수 없습니다. 따라서 비록 이성에 의하여 그것들을 파악하지 못한다고 해도, 주님에 의하여, 그리고 주님에 관해서 언급된 진리들을 우리들은 반드시 믿어야 합니다. 우리가 이성에 의하여 파악하지 못하기 때문에, 따라서 부인하기를 원한다는 것은 씨앗에서 수목들의 생성들이나, 또는 알들에게서 짐

승들의 생성들을 부인하려고 하는 것과 꼭 같습니다. 이러므로 예는 그 밖의 수천가지가 있습니다. 따라서 이런 사실에서 명확한 것은, 작금의 일반적인 것이지만, 자기가 본 것 이외에는 아무것도 믿지 않는다면, 그리고 이런 일은 세상의 유식한 자들 가운데 보편적으로 있는 것으로, 사람의 믿음의 성질이 어떤 것인지 잘 드러나고 있다는 것입니다. 1748년 8월 3일

천계에 있는 관념들에 속한 놀라운 회전(回轉)에 관하여

2728. 이미 나에게 입증된 사실은 영들의 세계에서 영들의 생각들(=사상들)이나 언어는, 사람의 대뇌에서와 같이, 대부분 그런 만곡(彎曲)들에 일치하여 순환하는데, 그 대뇌 안에는 아주 경이로운 굴곡들이나 만곡된 것들이 되돌아오는데, 그것은 결코 파악되지 않고, 이해되지 않습니다. 그 이유는 영들의 세계의 회전의 형체들에 일치하기 때문입니다.

2729. 천계에는 천적인 형체(the celestial form)에 일치하는 매우 경이로운 회전들이 있습니다. 실제로 파악되지 않는 회전들이 있는데, 그것에 일치하여 관념들이 회전되고 있으며, 그것에서부터 생각들, 언어들, 그리고 또한 표징들이 회전되고 있습니다. 그리고 정동들은 그런 것들을 생성합니다.

2730. 이런 회전들은 매우 경이로운 것이어서, 어느 누구도 가장 일반적인 방법으로도 그것들을 파악하지 못합니다.

2731. 따라서 여기에서 얻을 수 있는 결론은, 천사들의 생각들이나 영들의 생각들도 오직 주님으로 말미암아 존재하고 생성된다는 것입니다. 왜냐하면 이런 것들은 반드시 가장 높은 것들 안에 있는 어떤 존재로 말미암아 존재하여야 하기 때문입니다. 만약에 그렇지 않다면 회전 따위는 결코 존재하지 않을 것이고, 또한 종과 유의 측면에서도 그것의 질서, 형체, 법칙, 순환 따위도 결코 존재하지 않을 것이기 때문입니다. 한마디로 생명이 있는 것은 아무것도 존재하지

않을 것입니다. 결과적으로 생명이 내재해 있는 자연적인 것은 아무 것도 존재하지 않을 것이고, 그리고 생명이 없는 것도 결코 존재할 수 없기 때문입니다. 1748년 8월 3일

> 주님께서 믿음에 속한 모든 것들을 하사(下賜)하시고, 사람에 속한 것은 아무것도 없고, 따라서 사람은 수동(受動)적으로 행동하고, 사람의 손들은 구워박고 있다는 어떤 자들의 소견에 관하여

2732. 어떤 영들이, 주님께서 홀로 살아 계시고, 그리고 영들은 아무것도 아니다는 것을 들었을 때, 그리고 주님께서 홀로 믿음을 주신다는 것, 사람은 자기 자신의 능력이 어떤 것에서도 충분하지 않고, 또한 어떤 것도 도모할 수 없고, 행할 수도 없다는 등등의 말을 듣고, 생각하였을 때, 따라서 그들은 아무것도 할 수 없고, 그리고 마치 그들이 무가치한 존재인 것과 같이 행동하고, 그리고 주님으로 말미암아 능동적인 힘과 입류를 기대하여야 한다는 소견에 빠지게 되었습니다.

2733. 그러나 이와 같은 결론은 전혀 무가치합니다. 주님께서는 사람으로 하여금 이른바 활동적인 존재가 되게 하시고, 그리고 그 자신이 충분히 능동적인 것이 되게 하시고, 그러므로 사람은 가끔 자기 자신에 대해서 능동적인 존재이다는 것을 알게도 하십니다. 그러므로 사람은 그런 소견에 빠지면 안 됩니다. 사람이 이런 소견에 빠지게 되면, 그 때 그 사람은 아무것도 할 수 없고, 어떤 결과도 모두 그에게 전가(轉嫁)될 수 없고, 따라서 그는 바로잡음(改革)조차도 할 수 없습니다. 그러나 그가 받은 능력은 주님에게서 온 것이고, 그리고 주님께서 그와 같이 그 사람 안에서 역사하셨을 때, 그 때 그 사람은 자기 자신으로 인하여 노력하여야 합니다. 그럼에도 불구하고 이런 것들에 대해서 그가 생각할 때 그가 반드시 믿어야 할 것은 그 능력은 자신의 것이 아니고, 오직 주님의 것이다는 것입니

다. 이러한 사실이 역시 믿음에 속한 관건(關鍵)입니다.

2734. 이런 사실은 주님에 의해 인도되지 않는 자연적인 사람에게는, 지각의 측면에서 보면, 마치 숨겨진 것과 같습니다. 이것에 관해서는 이미 다루었지만, 다만 이런 부류의 신념·소견·반성 따위는 주님으로 하여금 역사하지 못하게 하고, 그리고 사람이 개혁되지 못하게 하지만, 그러나 다만 그 사람을 그저 무가치한 상태로 만들 뿐입니다. 사람이 주님의 역사에 의한 것을 제외하면 마치 자기 자신의 힘으로는 아무런 일을 할 수 없다는 종지에 설득되면 안 됩니다. 따라서 주님께서는 사람을 납득시키십니다. 만약에 그렇게 하시지 않는다면, 말씀(=성언)은 단순한 지식일 뿐이고, 기적과 꼭 같은 결과 이외에는 아무것도 생성시킬 수 없기 때문입니다.

사람의 삶(=생명)에 속한 모든 것은 주님에게서 입류한다는 것에 관하여

2735. 내 주위에 있던 영들이 주장한 것은, 자기들 각자는 자신들 속에 삶을 야기 시키는 자들이다는 것입니다. 다시 말하면 그들은, 그들이 생각들에 속한 대상들을 야기시키고, 따라서 자신들로 인하여 살고 있다고 생각한다는 것입니다. 그러나 내가 그들에게 일깨울 수 있는 것은, 그와 같은 대상이 없다면, 따라서 눈이나 귀를 통하지 않는다면, 그러므로 기억에서 비롯되는 것이 아니라면, 아무것도 생각을 야기시키거나 움직이게 할 수 없다는 내용이었습니다. 그렇지 않다면 모든 사물의 혼돈만 빚을 것입니다. 그리고 또한 이런 대상들은, 생명의 원천이신 주님에게서 비롯되는 것 이외의 다른 어떤 근원에서도 비롯되지 않는다는 것과 그리고 그것들은 그들 본연의 성품에 일치하여 다종다양하게 변한다는 것도 일깨웠습니다. 그러므로 개념들의 대상들(=목적·objects), 결과적으로 개념들은 이것에서 다른 것으로 옮겨집니다. 그것에서부터 그들이 생각하는 것은 그것이 다른 것들로부터 발출한다는 것이고, 그리고 가장 큰 오

류는 바로 그것이 자기 자신들로부터 발출한다는 것입니다. 눈은 빛이 없으면 볼 수 없고, 귀는 소리가 없으면 들을 수 없고, 그 밖의 여러 것들도 이와 같습니다. 1748년 8월 4일

과학(=학문)은 구원에 아무것도 기여하지 못하고, 오히려 개념들을 혼돈시키고, 그리고 왜곡시킨다는 것에 관하여

2736. 나는 이런 사실에 관해서 영들과 대화를 하였습니다. 즉, 과학들(科學·sciences)은 구원에 전혀 기여하지 못하지만, 그러나 주님의 말씀(聖言)에서 나온 진리에 속한 앎들은 어떤 것인가에 기여하는 것들이다는 것입니다. 이러한 내용은 사람의 인체에 속한 지식에 비교될 수 있겠습니다. 말하자면 해부(解剖)나 혈액과 그 밖에 속한 구성물의 모든 것들에 비교될 수 있겠습니다. 이러한 지식들은 건강을 유지하는데 전혀 아무것도 기여하는 것이 없습니다. 그러므로 이런 것들에 관해서 아무것도 이해하지 못하는 사람도 자신의 생애 동안 이런 연구나 학문들에 전념하는 자들과 꼭 같이 건강하게 살 수 있습니다. 마찬가지로 건전함(=총명적인 건전함)은, 자신의 생애 동안 자신의 생명에 대해서 연구하는 자들에 비하여 이해나 그것의 기능들에 관해서 아무것도 모르는 자들이 보다 더 풍요스럽게 지냅니다. 그리고 가설론자(假說論者)들이나 스콜라 철학으로 혼돈스럽게 된 자들에 비하여 더 잘 생애를 보낼 수 있습니다. 1748년 8월 4일

거기에 대부분 갇혀 있는 영적인 구속(拘束)들에 관하여

2737. 이런 영적인 구속들은 이해력에 쉽게 기술될 수는 없습니다. 다만 내가 이런 것들에 관해서 쉽게 기술할 수 있는 것은 내가 영들에 의하여, 그리고 영들의 세계에서 사로잡혀 있었기 때문인데, 그 내용은, 그들이 자신들의 본성에 의하여 생각할 수 있는 한, 그들은 악을 생각할 수 없을 만큼 사로잡혀 있고, 따라서 그들은 악을 전혀 행할 수 없다는 사실을 내가 알 수 있었기 때문입니다. 따라서

그들은 주님에 속한 선에 의하여 악으로부터 간수되기 때문입니다. 마치 무엇에 붙들려 있듯이 그들은 악에서부터 멀리 격리(隔離)되어 있습니다. 이러한 사실은 경험으로부터 내가 알 수 있도록 허락된 것입니다. 왜냐하면 이런 구속이 느슨해지면 그 즉시 영들은 악으로 이끌려가기 때문입니다. 그리고 사실 악에 관해서 생각하는 것과 꼭 같이 그것을 도모하려는 아주 흉악한 악에 사로잡히기 때문입니다. 그러므로 주님께서 홀로 천계와 이 세상과 영들과 인류를 악에게서 간수, 지키시는 분이십니다. 사실 그 구속이 느슨해지면 이런 식으로 모두는 아주 흉악한 악으로 돌진(突進)할 것입니다. 사실 모든 파멸과 멸망을 향해 돌진할 것입니다. 마찬가지로 오류들 속으로 치달을 것입니다. 1748년 8월 5일

2738. 이런 구속들은 영들에게 구속들처럼 보이지 않고, 마찬가지로 사람에게도 구속 같은 것으로 보이지 않고, 다만 온갖 자유들처럼 보일 뿐입니다. 왜냐하면 그들은 그들이 이와 같이 등덜미가 사로잡혀 있다는 것을 지각하지 못하고 있기 때문입니다. 아니, 사실 그들에게 그런 구속 따위는 자유스러운 것으로 보이기 때문에, 그리고 그들이 그것들에게 보내지게 되면, 그리고 그것으로 인하여 그들이 모든 악으로 돌진하게 될 것이다는 것을 인지하게 되면, 그들은 그들이 거기에 보내지면 안 된다는 것을 요구할 것입니다. 따라서 영들은 구속들에 송치(送致)되는 것을 혐오합니다.

2739. 나 자신의 경우에서 보면, 나는 이런 구속 안에 간수되고 있다는 사실을 삼 년 동안 분명하게 지금 지각하고 있습니다. 그래서 나는 나 자신으로 말미암아 생각하고, 원하고, 행동하는 것처럼 여기고 있고, 그리고 또한 나는 역시 믿음의 영기 안에 있다고 생각하였습니다. 그리고 나는 그 영기 안에 3년 동안 간수되고 있다는 것을 생생하게 지각하였습니다.

저 세상에 있는 요술(妖術)에 관해서, 그리고 저 세상에 있는

세속적인 자들이나, 그리고 다른 자들을 지배하기를 열망하는 자들의 영기(靈氣)에 관하여

2740. 육신을 입은 삶에 속한 사람들은 내면적인 교활이나 속임수에 의하여 자신의 친구들이나 동료들을 속이고, 그리고 외적인 것에 의하여 자신을 침투시킨 자들은 저 세상에서도 동일한 효과를 일으키는 충분하고 강력한 그런 영기를 가지고 있습니다. 세속적인 성질이나 탐욕을 위해서 산 그런 부류의 작자들이 많기 때문에, 그리고 이런 부류의 사회에 쉽게 빠지기 때문에 그리고 때로는 타의에 의하여, 또는 원하지 않았지만, 거기에 빠지기 쉽습니다. 왜냐하면 오늘 살아 있는 경험에 의하여 나에게 입증된 것과 같이, 이런 성품의 작자들은 이런 자들의 영기에 속해 있습니다. 이런 사실은 그런 것을 알게 하기 위하여, 그리고 이런 유혹하는 영들의 성품을 알게 하기 위하여 허락된 것에서 일어났습니다. 1748년 8월 5일

2741. 이런 부류의 유혹하는 영들은 다른 자들을 지배하기를 열망하고, 그리고 온갖 형벌을 주기를 열망하기 때문에, 그리고 온갖 교활에 의하여 다른 자들을 자기 자신들에게 복종시키고, 예속시키고, 그리고 육신을 입은 삶에서 이런 것들로 몸에 배어 있기 때문에, 그들은 저 세상에서 수많은 자들과 무리를 짓고 있습니다. 따라서 그들의 영기는 무척 대단하고, 그리고 그들은 자신들이 고안하고, 날조(捏造)한 여러 종류의 술책에 의하여 모든 것들을 자기 하고 싶은 대로 할 수 있다고 생각합니다. 그러므로 그들은 요술사들 사이에서 잘 알려진 남녀들입니다.

2742. 자기 자신들은 자신들의 능력에 의하여 모든 것들을 다스리기에 충분하다고 생각하는 이런 부류의 작자들은 남녀를 불문하고 요술사들 사이에서 명성을 떨치는 것이 일반적인 견해들입니다. 이런 부류의 작자들은 여러 종류가 있습니다. 그들은 이웃과 사회에 대하여 좋은 뜻을 가지고 단순함에서 행동할 때는 그렇지 않지만, 그들은 교활함이나 악한 목적으로는 그런 부류의 작자들입니다. 그

러므로 이런 무리들은 자기 자신의 힘으로 모든 것들을 좌지우지 할 수 있다고 생각합니다. 그리고 자신들이 육신을 입은 삶에서 이런 성격의 소유자들이기 때문에, 다시 말하면 자기 자신이나 세상에서 비롯된 수많은 이유들로부터 어떻게 하면 그들이 다른 자들을 자신들에게 종속시키고, 지배할 것인가를 창안하는 것 이외에는 아무것도 좋아하지 않기 때문에, 따라서 저 세상에서 요술사들이나 첨술가들이라고 불리우는 자들이 지니고 있는 다른 능력들이나 술책들에 직면하게 되면, 그러므로 이런 성격이기 때문에, 그들은 올바름이나 거짓에 의한 지배 이외에는 아무것도 생각하지 않고, 다른 자들 모두를 자신에게 굴복시키려는 것만을 생각하는데, 이런 술책이나 간계를 그들은 저 세상에서 아주 쉽게 터득합니다.

2743. 이런 부류의 영들은 육신을 입은 삶에서 이런 것들 이외에는 아무것도 사랑하지 않기 때문에 그들은 육신을 입은 삶을 사는 동안 그들에게, 또는 육신을 입은 자들에게는 잘 알려지지 않은 술책을, 마치 물에 있는 스폰지처럼 쉽게 그들은 즉시 빨아들입니다. 그래서 그들은 자신들과 함께 있는 사람에게서, 또는 그들과 함께 있는 영들에게서 이런 것들 외에는 아무것도 흡수하지 않습니다. 다시 말하면 그들은 어느 누구에게서도 이런 것들을 얻을 수 있고, 더욱이 그들은 선들을 악들로 바꾸어 버립니다. 그들은 말하자면 전갈과 같은 매우 유독한 동물과 같아서, 그들이 기름을 가지고 섞을 때처럼 그들은 즉시 다른 자들을 해치는 모든 독을 자신들에게 취해 버립니다.

2744. 하나의 예를 들어서 말하는 것이 적합하겠습니다. 내가 밤에 자고 있을 때 이런 부류의 영들이 내 옆에 서 있었습니다. 그들은 치명적인 술책을 가지고 주위에 있는 자들에게 해를 입혔습니다. 그들은, 마치 나인 것처럼, 즉 내가 하는 말처럼 다른 자들과 말하였습니다. 사실은 그것이 바로 나이다고 많은 자들이 믿을 수 있도록 아주 꼭 같이 말하였습니다. 따라서 그들은 거짓된 것들에 속한

설득을 야기시키는 것을 좋아하고, 그리고 참된 것들을 파괴하는 것을 좋아했습니다. 그들은, 얼마나 교활하고, 음흉하였는지 이런 술책을 가지고 나에게서 아주 멀리 떨어져 있는 자들까지 그것이 나이다고 설득하고, 또 그렇게 생각하게 하였습니다. 그들이 목적을 취하기 위해서는 더럽고, 또는 거룩한 수단에 의하여 자신들에게서도 꼭 같이 하였습니다.

2745. 그들은 이런 분야에서 매우 자만(自慢)하였습니다. 다시 말하면, 그런 영기 안에 있을 때 다른 사람이 보는 것 이상으로 많은 것을 볼 수 있었기 때문에, 내면적인 영들 안에 있는 언어의 영기 또는 언어 안에 있는 생각들의 영기 안에서 매우 영특할 수 있다는 면에서 자만하였습니다. 그들은, 육신을 입은 삶에서는 알려지지 않았지만, 그들은 안에는 선천적으로 가지고 있는, 그리고 육신을 입은 삶에서 계속해서 의도하는, 이런 방법에 의하여 자신들을 변화시킬 수 있었습니다. 그들은 자신들을 낮은 영기에 변화시킬 수 있었습니다. 따라서 그들은 외면적인 영기 안에 있는 자들의 사회로부터 자신들을 능히 변화시킬 수 있었습니다. 내면적인 영기에 관해서는 앞서의 설명을 참조하십시오. 그것에 관해서는 내가 알지 못하지만 수많은 것들이 있습니다.

2746. 그러나 좋든 나쁘든 관계없이 다른 영들의 마음을 교활함으로 공격하는 것 이외에는 아무것도 사랑하지 않기 때문에, 그리고 거짓된 것으로 남을 속이는 것 이외에는, 그리고 동시에 자신들의 온갖 술책들을 가지고 또한 자신들에게 매우 익숙한 여러 종류의 속임수를 가지고 사기 치는 것 이외에는 좋아하지 않기 때문에, 따라서 내가 잠에서 깨어났을 때 그들은, 사람이 깨달을 수 없는 자신들의 술책을 가지고, 마치 나 자신인 양, 말하는 일을 여전히 자행하고 있었습니다. 그리고 그들이 말하는 것은, 내가 밤에 잠에서 깨었다는 것을 알았을 때 그들은 방법을 연구하여, 따라서 도망하려고 했습니다. 그들은 이미 속은 것이지만 착한 영들이 그것을 관측하였

을 때, 그들은 분노하였습니다. 그 때 거기에 그들에게 형벌을 주려고, 사실은 매우 심한 고통을 주려고 몇몇이 당도하였습니다. 그 형벌에 관해서는 내가 이미 언급하였다고 생각합니다. 그 형벌은 그들을 발기발기 찢는 것이고, 따라서 그들에게 속한 것은 아무것도 없이 찢겨졌다는 것입니다. 따라서 형벌을 주는 자는 그들 안에 아무것도 남아 있지 않을 만큼 애를 썼습니다. 그러나 영은 해체될 수 없고, 멸망될 수도 없기 때문에, 이런 일은 최대의 고문이나 고통이 수반될 뿐입니다.

2747. 그러나 자기 자신들을 영들이 내면적인 영기 속에 처넣는 자들은 이와 같이 찢어지는 형벌에서 면할 수 있다고 말했지만, 그것이 사실인지 아닌지는 나는 알지 못합니다. 왜냐하면 이런 영들의 성품은 거짓으로 꾸미는 일 이상으로 애지중지하는 것이 없기 때문입니다. 만약에 그들이 사실인 것을 말한다면 그것은 그들이 남을 속이고, 유혹하기 위한 교활함 때문입니다.

2748. 그런 뒤에 나는 그들이 자신들의 손가락을 어떻게 보일까 하는 것을 목격하였습니다. 그들은 살이 없기 때문에 그것들은 모두가 검었습니다. 그것들은 마치 전갈의 발 같았습니다. 따라서 아래 부위는 아래를 향해 구부러져 있었습니다.

2749. 그런 뒤에 긴 포취(=베란다)가 나타났는데, 그리고 나는 오른쪽으로 들어가는 한 영을 보았습니다. 그리고 거기에 헛간(=우리)이 있는 것을 알았습니다. 이 이상 기술하는 것은 허락되지 않았습니다. 1748년 8월 6일

2750. 이런 부류가 내면적인 요술쟁이들(interior sorcerers)이라고 불리우는 자들입니다. 왜냐하면 그들은 내면적으로 활동하고, 그리고 그들의 술책들은 영들에게 알려진 것이 아니기 때문입니다. 더욱이 그보다 더 조잡한 요술을 부리는 자들이 있었는데, 어리석은 자들 같았고, 그리고 눈에 보이는 것은 무엇이든, 자연적이든 영적인 것이든, 그들은 서로 뒤섞었습니다. 이러한 것은 그들이 원하는 것

은 무엇이든 그런 일을 할 수 있는 엄청난 힘이 그들 안에 있다고 여겨졌습니다. 이런 자들은 일종의 꿈 속에 있으면서 그들이 행하는 것이 무엇인지 알지 못하였고, 그리고 그들은 은밀한 곳(=변소)에 사는 그런 자들입니다.

질서의 궁극적인 것을 가리키는 사람 또는 인간적인 것들이나 관능적인 것들에 관하여

2751. 나는 영들과 사람의 관능적인 것들이나 또는 물질적인 것들에 관해서 대화를 하였습니다. 사실 그런 것들은 질서에 속한 궁극적인 것들이고, 그리고 질서는 극내적인 것에서부터 궁극적인 것에 이르도록 뻗쳐 있고, 그리고 궁극적인 것들은 사람의 자연적인 마음 안에 있는데, 이런 마음은 인체의 감관들에 의하여 형성되었습니다. 그리고 대상물에 속한 기억은 그것에서 비롯되었는데, 대상물의 기억은 물질적인 개념들을 가리킵니다. 따라서 질서는, 주님에 의하여 주입된 계속적인 것 안에 있는 모든 내면적인 것들에 속한 가장 외적인 수용그릇들을 가리키는 궁극적인 것 안에 있는 것을 제외하면, 완전하지 않습니다.

2752. 이 밤에 나에게 보여진 생생한 경험으로부터 내가 밝히 말할 수 있는 것으로, 영들은, 비록 사람은 그와 같이 일어나는 일을 전혀 알지 못하지만, 사람의 가장 외적인 기억, 또는 자연적인 기억이나 사람의 자연적인 기억으로 말미암아 말할 수 있다는 것입니다. 왜냐하면 내가 자고 있을 때 내 왼쪽에 있었던 한 영이 마치 나로 말미암아 하듯이, 말을 하였는데, 따라서 영들은 내가 깨어 있었고, 그리고 내가 말을 하고 있다는 것 이외에는 아무것도 알지 못하였습니다. 그래서 그들은 설득되었습니다. 따라서 내가 얻을 수 있었던 결론은, 영들은, 비록 사람이 이런 사실에 관해서 전혀 아는 바가 없지만, 사람으로 말미암아, 그 사람에 속한 모든 기억으로부터 말을 할 수 있다는 것입니다.

2753. 사실 내게 일러진 것은 어린 것들의 개념들이 알려졌고, 그리고 수용그릇들로서 그것은 가장 좋은 도움을 주었다는 것입니다.

2754. 여기에서 내가 결론을 얻을 수 있는 것은, 사람의 자연적인 마음들은 질서에 속한 궁극적인 것들이다는 것, 다시 말하면 수용그릇들(vessels)이다는 것입니다. 그리고 그 그릇들 안에서 천사들의 영적인 개념들이나 천적인 개념들은 종결된다는 것입니다. 따라서 사람의 자연적인 마음들은 수용그릇들이고, 따라서 질서는 그렇게 완성된다는 것입니다.

2755. 외면적인 사람의 기억들, 즉 외면적인 사람의 마음들은 영적인 것들이나 천적인 것들의 수용그릇을 가리킨다는 것은 주님에 의하여 이미 준비되었습니다. 그러므로 어떠한 영도 자신의 자연적인 마음이나 기억에 속한 어떠한 것도, 그리고 지극히 작은 것까지도, 잃어버리지 않는다고 할 수 있고, 그리고 비록 그들이 천사들이라고 할지라도 모든 자는, 그가 육신 안에 가지고 있던 상태와 동일한 상태에 또는 그것과 비슷한 상태에 들어갈 수밖에 없습니다. 그러므로 만약에 인류가 그렇게 될 수 없더라도 영들은 그와 비슷한 상태에 들어갈 수 있고, 따라서 수용그릇들로 이바지 할 수 있게 되었으므로, 따라서 질서는 그와 같이 완결됩니다. 1748년 8월 6일

영혼에 관하여

2756. 나에게 오늘 영혼에 관해서 천사들과 이야기를 하는 것이 허락되었습니다. 그것은 오늘날 인류는 영혼이 무엇인지 알지 못하고 있다는 것이고, 그리고 영혼이 무엇인지 알지 못하는 무지의 상태에서 영혼에 관해서 자기 자신들 나름대로 서로 상이한 억측을 한다는 것입니다. 따라서 내가 가르침을 받은 것은, 만약에 영혼이 바로 생명이다는 것이 이해된다면, 그리고 그 때에는 주님께서 홀로 생명이시다는 것이 이해된다는 것입니다. 그러나 만약에 영혼에 의하여 사람의 내면적인 마음이 이해된다면, 가장 근접해 있는 모든

개별적인 유기적인 원질(原質·organic substances)이나, 질서 가운데 뒤이어지는 그들의 원리들은 영혼들이라고 할 수 있겠습니다. 예를 들어 보겠습니다. 자연적인 마음은 본래 육신에 속해 있는 것들의 가장 근접한 영혼이다는 것이고, 그리고 영적인 마음은 자연적인 마음에 속한 것들의 원천이다는 것이고, 그리고 거기에는 영적인 마음에 속한 것들의 영혼을 가리키는 사랑 안에 있는 보다 더 내면적인 영혼(a still more interior soul)이 내재해 있다는 것입니다. 사람은 그것에 관해서 무지(無知)합니다.

2757. 그러므로 그 내면적인 것은 곧 외면적인 것들의 영혼입니다. 이런 이유 때문에, 개별적이든 전체적이든, 이 세상에 존재하는 것은 하나의 영혼을 지니고 있다고 할 수 있겠는데, 그것이 바로 자신의 원리를 가리킵니다. 따라서 식물에 속한 모든 것 안에도 영혼이 있는데, 그것이 바로 한 사물의 영혼이고, 또한 다른 것도 그와 같습니다. 1748년 8월 6일

내면적인 영기에 속한 영들의 언어에 관하여

2758. 언어에 관해서는 종전에 언급한 내용을 참조하십시오. 나는, 그것이 불영명한 것을 제외하면 내 생각에 미칠 수 없는 그런 성질의 것이다고 생각했지만, 그러나 이제는 살아 있는 경험에 의하여 밝히 알게 된 것은, 수많은 것들을 내포하고 있는 하나의 개념과 같다는 것입니다. 다시 말하면 사람이 상당한 말을 하는 것에 의해서도 다 표현할 수 없는 것들을 한순간에 생각하는 것과 같다고 하겠습니다. 그것은 바로 표현하려고 하는 내용들을 파악하는 개념 그것입니다. 이런 성질의 개념이 아주 분명하게 되었을 때 나는 그것과 유사한 것에 의하여 말할 수밖에 없었습니다. 그리고 또한 그것 안에는 어떤 그림자나 불영명의 것 같은 것은 있지 않았습니다. 그러나 이런 성질의 언어가 나에 의하여 지각될 수 없었던 이유는 내가 이런 식으로 그들과 말하지 못하고, 안하였기 때문입니다. 따라서

그것은 빼앗겨 버렸고, 또한 듣지 못하였기 때문입니다. 이러한 일은 수도 없이 있었습니다. 1748년 8월 6일

우리를 시험에 들지 않게 하옵소서라는 말의 뜻에 관하여
2759. 내면적인 뜻으로 그것은 주님께서 우리를 저버리지 마옵소서, 또는 신령능력을 거두시지 마옵소서를 뜻하고 있습니다. 왜냐하면 그런 경우에 어떤 사람들은 이러저러한 시험들 속에 빠지게 되기 때문입니다. 1748년 8월 6일
나는 주님의 기도(the Lord's prayer)를 드릴 때 이런 것을 터득하였습니다.

점점 더 나쁘게 시작한다는 사람의 성품에 관하여
2760. 내가 살아 있는 경험을 통해서 터득한 것은 성품에 속한 내면적인 영기(靈氣)는 수천의 악한 그런 것들이 있는 것입니다. 다시 말하면 그들의 성품에 속한 내면적인 것들에 대하여 내면적으로 보면 악한 자들이 있다는 것입니다. 따라서 사람의 내적인 생각들은 종전에 비하여 더 사악하다는 것입니다. 내면적인 영기 안에는 이 세상에, 그리고 자아(自我) 안에 머물고 있는 의도들이나 목적들이 있습니다. 그런데 이런 부류의 의도들이나 자연적인 목적들은 종전에 비하여 오늘날은 더 나쁘게 생겨나고 있고, 그리고 어느 누구도 믿을 수 없을 정도로 사람들을 사로잡고 있습니다. 그러나 사람의 성품에 속한 내면적인 것과 외면적인 것들 사이에서 분명하게 구분한다는 것은 사람에게는 쉬운 일은 아닙니다. 마찬가지로 한동안의 경험을 통해서 내가 터득한 것은, 이 세상에서 이와 같이 산 사람은 어느 누구도, 당연한 것, 그러므로 선한 것 이외의 다른 것을 거의 알지 못한다는 것입니다. 그럼에도 불구하고 사후(死後) 저 세상에서 자기 자신들이나 성품의 내면적인 영기 안에 있는 그들의 의도들이 밝히 드러납니다. 그들은 악행자들 가운데, 그리고 가장 나쁜 자들

사이에 있었습니다.

2761. 그리고 그들은 자신들의 행동에서는 전혀 다른 방법으로 생각하고, 그리고 그들 자신의 목적은 다른 자들을 지배하는 것이고, 이 세상에 있는 것들을 소유하는 것이지만, 이 세상에서는 그들의 성품이 이러하다는 것은 그들의 동료들에게는 잘 드러나지 않는다는 것을 나는 잘 알고 있습니다. 내게 허락된 것은 그들이 얼마나 부패, 타락한 그런 성품인지를 알게 한 것입니다. 그 성품은 외면적인 성질과 결합되어 있다는 것, 다시 말하면 그것이 나에게는 동일한 것처럼 보여졌지만, 그러나 다른 자들에게는 그와 같이 결합된 것이 아니고 분리되어 있다는 것입니다. 저 세상에서 이런 영들은 사회적으로 한 시민이다는 것으로 여겨지는 것 이외에는 아무것도 아닌 것으로 비쳐지고, 그리고 자신들의 생각들을 숨기기 위해서 연구하는 것들 이외의 것으로는 드러나지 않고 있지만, 그러나 이런 부류의 자들은 본성에 속한 내면적인 영기 안에 있는 자들에게는 그들의 됨됨이가 명료하게 드러납니다. 1748년 8월 7일

사람, 또는 영의 관능적인 것들, 또는 물질적인 것들의 중생에 관하여 ; 그리고 어떻게 그것들이 드러나는지에 관하여

2762. 사람의 궁극적인 것들을 가리키는 관능적이고, 물질적인 것들이 종국에는 주님의 기쁨에 복종하여야 하기 때문에, 그러므로 그런 것들은, 나에게 밝히 입증된 것과 같이, 영들의 세계에서는 그들이 복종의 존재 이외의 아무것도 아니다는 것이 잘 나타나고 있습니다. 처음에 그것들은 이른바 내장(內藏)의 형체로 나타났고, 그리고 다종다양한 것들의 모임에 의하여 결합되었지만, 그러나 생기는 전혀 없었습니다. 따라서 이른바 목재 또는 골질(骨質)의 갈색의 색깔을 띠우고 있었습니다. 그러나 천사들에 의하여 점검(點檢)되었을 때 사기적인 인물들 가운데에는, 그들의 사기적인 성품에 일치하여, 다종다양한 다른 여러 뒤섞인 뱀들처럼 나타났습니다. 그러나 바로

잡힐 수 있는 사람 안에는 뱀들은 보이지 않았지만, 그러나 다만 나무나 뼈들만 보였습니다. 따라서 그들의 뭉침은 거의가 그런 모습이었습니다. 그 이유는 그의 몸이나 관능적인 것은 아무것도 아닌 것이 되기 시작하였고, 따라서 거기에는 생명(=삶)이 없었기 때문입니다. 이런 것들이 나에게 보여졌고, 드러났습니다.

2763. 그 때 머리 가까이에 동일한 막대기들의 작은 묶음이 나타났습니다. 그 작은 막대기들은 금으로 도금(鍍金)을 하였는데, 그것은 그의 추론(推論)을 뜻합니다. 그러나 관능적인 것이 개혁되었을 때, 그래서 그들은 영적인 것들을 따를 수 있었습니다. 그 때 그들은 잘 어울리는 다종다양한 구성(構成)에 의하여 아주 멋진 것들이 드러났습니다. 다시 말하면 처음에는 여러 점(点)들이 있는 청색의 것들이 다양한 멋진 모습들로 배열되었는데, 그것은 여기 저기 청색의 반점들로 덮혀 있었습니다. 이 작은 점은 여러 형체들로 바뀌었습니다. 이런 일이 있은 뒤에, 많은 작은 점들로 구성된 아름다운 형체들로 배열되었습니다. 말하자면 하나의 구성으로 배열되었습니다. 그러나 그것은 고체(固體)의 형체였습니다. 그 뒤에도 역시 다른 많은 형체들이 계속되었습니다. 천사들에 의하여 조사를 받게 되면, 중생한 사람에 속한 관능적인 것들, 또는 물질적인 것들이 이와 같이 드러나게 됩니다. 이러한 것들이 나에게 밝혀졌지만, 그러나 나는 그 형체들이나 모습들을 기술할 수가 없었습니다. 왜냐하면 그것들은 수많은 작은 점들로 구성되어 있기 때문입니다. 사실 그것들은 그릴 수는 있지만, 그러나 파악될 수 있도록 묘사할 수는 없었습니다. 1748년 8월 8일

어떤 영들에 속한 악한 종지(宗旨)의 영기에 관하여

2764. 자기 자신들만 신뢰하고, 그리고 육체적인 삶만을 믿는 어떤 영들이 있었는데, 그들은 실제로 자신들의 성품에 맞게 행동하였고, 그래서 그런 성품이 몸에 배게 되었습니다. 육신을 입은 삶에서

부터 그들은 자신들이 제안한 것은 무엇이든 다른 사람들로 하여금 믿게 하는 그런 특질을 터득하였습니다. 사실 내면적인 술책이나 적당한 때를 관찰하는 속임수에 의하여, 그리고 다른 자의 입맛에 맞게 말하는 화술에 의하여 자신이 제안한 것들을 다른 사람들이 믿게 하였습니다. 그들이 이런 짓을 하는 것은 자신의 영예나 그와 비슷한 것들을 취하기 위한 나쁜 목적을 위한 것입니다. 이런 것에서 파생된 그들의 내면적인 성품은 저 세상에서 이런 영기 안에 드러나게 되는데, 이런 부류의 영들이 허락되면, 그들은, 신앙생활을 하지 않은 자는 누구든지 설득할 수 있었는데, 사실 이런 능력에 의하여 이들이 다른 것이다고 할 수 없도록 강제적으로 그들을 믿게 하였습니다. 이러한 사실은, 이 밤에 잠에서 깨었을 때, 따라서 생생한 상태에서 알게 하기 위하여 허락된 살아 있는 경험에서 안 것입니다. 이런 영들이 나의 것들로부터 여전히 말하였고, 그리고 다른 자들을 그가 바로 나이다는 것을 설득하였을 때 나는 잠에서 깨었습니다.

2765. 그러므로 다시 속은 사람들은 화가 났습니다. 영들이 사악한 자들을 쫓아내고, 그리고 벌을 주게 되면, 그 사악한 영들은, 그들이 육신을 입은 삶에서 취한 그 술책을 가지고 주위에 있는 자들을 내가 미친 사람이라고 설득하였습니다. 나는 그 영기의 힘과 효력 등을 관찰하기 위하여 나의 관능적인 것들은 주님에 의하여, 이른바 그들의 것이 되기 위하여 복종되었습니다. 그러나 나는 내면적인 것들에 의하여 그 영기가 얼마나 효험(效驗)이 있는지, 그리고 어느 누구가 아무리 저항한다고 해도 그것은 어느 누구도 강제적으로 설득시킨다는 것을 지각하였습니다. 두려움이나 죽음으로부터, 또는 형벌에 속한 공포로부터, 또는 분노의 상태로부터 이런 성격을 지니고 있는 영들은 설득당하는 상태에 빠지게 됩니다. 따라서 비록 그들이, 그런 일들이 그렇지 않다는 것을 알고 있지만, 여전히 그들의 내면적인 것들은, 그것과 유사한 상태에 빠지게 되고, 그러므로 그

들의 내면적인 것들은 그들의 외면적인 것들과 더불어 그것을 목적해서 협력하게 됩니다. 그것으로 인하여 주위에 있는 영들은, 그들이 누구이든, 주님께서는 이른바 직접적인 도움을 통하여 그들을 보호하시지 않는다고 설득될 수밖에 없고, 또는 강제적으로 믿을 수밖에 없었습니다. 마찬가지로 어떤 영들은, 그런 사안은 그러할 것이다는 것 이외에는 거의 알지 못하기 때문에 그들이 도저히 저항할 수 없다는 사실을 슬퍼하였습니다. 비록 말은 있다고 해도 아무런 종지가 없기 때문에 그 어떤 추론들도 드러낼 수 없었습니다. 그러나 거기에는, 그 결과에 영향을 끼친 그들의 기질에 적용된 이른바 추론들에 속한 매우 큰 집합이 있었습니다. 따라서 그것은 몇 마디 낱말들로 기술될 수 없었습니다. 1748년 8월 8일

짐승들은 자연의 질서 안에 살고 있고, 사후 그것들의 영혼은 결코 살 수 없다는 것에 관하여

2766. 짐승들에 관해서 영들과 대화를 하였습니다. 그것들은, 질서에 어긋나게 사는 사람과 달리, 그들의 자연에 속한 질서 안에서 살고 있습니다. 다시 말하면 동물들이 질서에 따라서 살고 있는 것들에 관해서 나와 이야기 한 영들의 현존에서 암탉의 병아리들에 의하여 확인되었습니다. 그 병아리들은 자신들의 어미를 알고, 그 어미를 따라다니고, 그리고 그 어미가 이끄는 대로 그 날개 아래에서 어려움을 피하고, 그리고 안전하게 사는 것을 기뻐하고, 그리고 만약에 많은 어미 닭이 병아리들과 함께 같은 장소에 있다고 해도, 병아리들은 갈팡질팡하지 않고, 오히려 자기들의 어미를 잘 압니다. 따라서 일종의 사랑의 영기가 병아리들을 그들의 어미와 결합시켜 줍니다. 그 밖의 수많은 사실들과 더불어 이런 사실은, 그들이 최초의 생성부터 그 질서가 그것들을 다스리고 있다는, 그들의 본성에 속한 질서 안에서 산다는 것을 확증합니다.

2767. 결번입니다.

2768. 그러나 사람의 경우는 다릅니다. 인간의 부모는, 비록 그 어린 것들이 자기의 자녀가 아니라는 것을 안다고 해도, 그들이 그 어린 것들을 자신의 자녀라고 생각한다면, 변함없이 그것들을 자신의 자녀들로 사랑하고, 따라서 그들이 자신들에 속한 것이라고 생각되는 자들이 아니라면 그 어떤 사랑의 영기도 그들을 결합, 연결시키지 못합니다. 그럼에도 불구하고 자기사랑(自我愛)과 세상사랑(世間愛)의 영기가 그들을 서로 결합시킵니다. 가르침을 받지 않는다면 어린 것들은 자신들의 부모를 시인하지 않습니다. 이것이 짐승들과 현격하게 다른 점입니다. 그리고 이러한 사실이 사람의 삶이 자연에 거스른다는 명확한 입증입니다. 수많은 그 밖의 사실들 또한 이런 내용을 확증하고 있습니다. 이와 같이 선한 영들도 역시 이것이 참이다는 것을 시인하였습니다.

2769. 짐승들의 영혼들은 그들의 육신의 죽음 뒤에 살 수 없다는 것에 관해서 나와 영들이 서로 말하였습니다. 그리고 동물은 생각할 수 없기 때문에, 따라서 그것들은 자신들의 마음을 천계를 향해서 고양(高揚)시킬 수 없다는 것과 더욱이 주님을 믿는 믿음을 가질 수 없기 때문에, 그리고 그런 능력이나 기능을 가지고 있지 않기 때문에 그들은 사후 살 수 없다는 것을 말하는 것이 허락되었습니다. 이런 사실은 선한 영들 역시 시인하는 바입니다.

2770. 더욱이 짐승들의 극내적인 영혼은 우리의 총명적인 마음의 영기 안에 있는데, 그것에 의하여 짐승들은 움직이게 됩니다. 그리고 그것은, 사람 안에 있는 것과 같이 형성되지는 않았지만, 그들에게서는 처음부터 만들어졌습니다. 그러므로 그들의 형체에 일치하여 그들은 그들의 영혼들의 종과 유의 그런 부류라고 하겠습니다. 그들의 영혼에의 입류도 역시 천계에서 오는 것이지만, 그러나 그것은 단지 보편적인 애씀(the universal conatus)인데, 그것은 그들의 영혼들의 형체들에 일치하여 활동합니다. 따라서 그것들은 혼인애나 자녀사랑(storge)으로 감동됩니다. 더욱이 그것들은 꿀벌이나 다른 짐

승들처럼, 사람이 자신의 학문들에 의하여 알 수 없는 수많은 것들을 자연으로부터 잘 알고 있습니다. 1748년 8월 8일

저 세상에서 친척들·친구들·동료들이 서로 만난다는 것에 관하여

2771. 수많은 경험들로부터 터득한 것은, 저 세상에서 그들은 자신들의 친척들·친구들·동료들, 그리고 그저 알고 있었던 친지들을 만난다는 것이고, 그리고 단순히 평판에 의하여 알고 있었던 자들도 만나고, 그리고 그들과 더불어 대화를 한다는 것입니다. 그리고 그들은 처음부터 그들과 교제합니다. 왜냐하면 저 세상에서 거리(=공간·distance)는 중요한 것이 아니기 때문입니다. 사실 천 리나 또는 만 리의 거리만큼 떨어져 있다고 해도 그들은 서로 곁에 있습니다. 그것은 그의 삶의 상태에 따라서 모두가 하나이기 때문입니다. 그러므로 그들은 그들에게 옆에 있듯이 나타날 수 있습니다. 그러므로 그것이 사실이기 때문에 친척들·부모들·자녀들·친구들·동료들뿐만 아니라 어디에서 서로 만난 적이 있는 단순한 지인(知人)들까지도 만나기는 하지만, 그럼에도 불구하고 육신을 입은 삶에서 미워했던 자들에게는 매우 불행합니다. 말하자면 이런 자들은 서로 모이지만, 그러나 자신들의 미움을 미워했던 자들에게 매우 귀찮게 하고, 그리고 고통소럽게 하지만, 수많은 영혼들은 그 어떤 방해도 받지 않습니다. 이러한 사실은 수많은 경험을 통해서 내게 알도록 일러진 것입니다. 그러므로 그들로 하여금 그 미움이나 증오 따위를 경계하게 합니다. 그들의 생명의 상태는 육신을 입은 그들의 삶에 아주 닮았습니다. 그래서 생명의 측면에서 보면 그들은, 자신들이 육신을 입은 삶 안에 있다는 것을 제외하면, 아무것도 알지 못합니다. 1748년 8월 8일

오직 이 세상과 자신을 위해서만 애썼던 자들에 관하여

2772. 내가 전에 이런 인물들에 관해서 언급하였지만, 비록 겉으로 보기에는 그와 같은 존재가 아니라고 해도, 자기 자신과 이 세상에 속한 것 이외에는 자신의 내면적인 것으로 인하여서는 전혀 노력하지 않은 자들이 있었습니다. 저 세상에서 이런 부류의 작자들의 영기에 관해서는 이미 언급된 것을 참조하십시오. 그들이 다른 자들을 설득하는데 얼마나 효율적인지는 내가 미친놈이라고 다른 자들을 설득할 때의 그런 짓에서 아주 명백합니다. 그들의 도피(逃避)에 관해서 내게 입증된 것은, 그들은, 그것들을 점유하기 위하여 애쓰고, 열망했던 육신에 속한 내면적인 것들을 통하여 아래로 빠져나갔습니다. 왜냐하면 그들은 역시 혼인애에 속해 있는 내면적인 것들에 자기 자신들을 안내하려고 열망하였기 때문이고, 그리고 다른 자들과 함께 그 술책에 의하여 그것을 파괴하려고 하였기 때문입니다. 그러므로 그들은 그 길에 의하여 내면적인 것들을 통하여 아래로 내려왔지만, 밥통 속으로 들어오지는 않았습니다. 그들은 마치 심장에 속한 길에 의해서는 아래로 내려오는 것 같은 것을 느끼지만, 그러나 위를 통해서는 그렇게 느끼지는 않습니다. 이것이 바로 내려옴의 길이요, 방법입니다. 그들은, 혼인애의 영역들이라고 하는 허리의 영역을 통과하였다고 생각하지만, 그러나 거기에는 배설물들의 영역들이 있기 때문에, 그들은 배설물의 영역을 통해서 내려갈 뿐입니다. 종국에 그들은 그들의 셋방이 있는 오른발 뒤꿈치에 머물게 됩니다.

2773. 나에게 일러진 것은, 오른쪽 발뒤꿈치에 있는 그들의 머무름(=셋방)은 먼지나 쓰레기들 외에는 아무것도 있지 않는 그저 더러운 것들만 있는 곳에 있다는 것이고, 종국에는 거기에서 그들이 산다는 것입니다. 그들의 다종다양한 삶은 온갖 종류의 배설물들이나 그 밖의 수많은 더러운 것들과 짝을 하고 있습니다. 왜냐하면 이런 것들이 저 세상에 있는 삶이나 생명에 대응하는 것이기 때문입니다.
1748년 8월 9일

이런 것들은 이 세상에서의 미미한 삶에까지 대응하는데, 그런 삶은 자기나 세상에 염두를 둔 내면적인 술책들과 결합되어 있기 때문입니다. 거기에는 가장 칭찬받는 그들의 생애나 또는 다른 자들에 비하여 존경받고 산 남자나 여자들의 생애가 지나갔습니다. 그들의 한 생애에 속한 삶은 수많은 종과 유에 일치하여 서로 상이한 더러운 것의 냄새가 거기에 널리 퍼져 있습니다.

육신을 입은 삶으로부터 한 사회를 형성한 자들에 관하여

2774. 육신을 입은 삶에서 하나의 공동체를 형성한 자들은 저 세상에서도 서로 만나고, 그리고 비록 마음에서는 서로 닮지 않았지만, 서로 제휴하기를 원하지만, 그러나 그 때 그들의 생각들은 분명하게 드러나고, 그리고 그들의 성품에 따라서 활동을 합니다. 그러므로 육신을 입은 삶에서 제휴한 공동체들은, 마음이 서로 같지 않고, 그리고 다종다양한 목적 때문에, 성가시게 되고, 그리고 그들의 내면적인 생각들에 일치하여 행동합니다. 이 세상에서 이 세상적인 목적 때문에 비록 겉으로 서로 속이고, 마음 속에서는 미워했던 자들도 저 세상에서는 서로 제휴한 그들의 공동체는 그들끼리도 매우 심한 고통을 줍니다. 그래서 때로는 오랜 기간 동안 그것으로 인하여 거의 서로 헤어질 수가 없습니다. 따라서 여러 가지 결론들을 이끌어 낼 수 있겠습니다. 이런 것들이 생생한 경험에 의하여 나에게 입증되었고, 그리고 나에게 일러졌습니다. 1748년 8월 9일

2775. 저 세상에서 육신을 입은 그들의 삶에 맞는 상태에 보내졌을 때 그들은, 그들이 생각하는 것 이외의 다른 것을 말하지 못하기 때문에, 유사한 마음을 가지고, 그리고 서로 아주 유사한 것들을, 그리고 아주 닮은 방법으로 말을 합니다. 서로 함께 어울려 말하는 자들은 그 때 그들이 저 세상에 있다는 것도 전혀 알지 못하지만, 그러나 오늘과 꼭 같이, 전에도 나는 그것을 경험을 통하여 지각한 바 있습니다. 그 때 내면적인 영기에 속한 영들은, 그들의 생각들이 그들의 언어와 어떻게 일치하지 않는지를 분명하게 관찰하고, 그리고

그것으로 인하여 그의 성품에 따라서 그들의 됨됨이가 어떠한지도 능히 결론을 짓습니다. 이런 일은 전에도 자주 있었던 것이지만, 그들은 지금 그 때 육신을 입은 삶에 있었던 것 이상으로 결코 알지 못한다고 고백하였습니다. 그리고 또한 그들의 생각들이 밝히 드러나고 일치하지 않기 때문에, 다른 자들이 그들의 생각들을 어떻게 잘 알고 있는지도 알지 못한다고 고백하였습니다. 1748년 8월 9일

악은 본질적으로 자신의 형벌을, 사실은 보복(報復)의 형벌을 가지고 있다는 것에 관하여

2776. 어떤 악이 자신들에게 생겨났을 때 영들이 생각한 것은 그들이 그 악을 악의 근원이 되는 그의 탓으로 돌려야 하지 다른 영들의 탓으로 돌려서는 안 된다고 하는 것이 수도 없이 생각되었습니다. 그들에게 내가 일갈(一喝)하는 것이 허락되었는데, 그들이 그 악의 근원들이라는 것입니다. 그들은 이 사실을 이해하지 못하였습니다. 그 이유는 그들이, 마치 원인에서와 같이, 악이 다른 자에게서 솟아나고, 그리고 그들에게 일어나는 것이라고 보았기 때문입니다. 오늘 그들에게 아래의 일이 입증되었습니다. 즉, 어느 누구가 행동 가운데 악을 의도하게 되면, 그 때 그것과 닮은 것이 내게로부터 반사적으로 돌아왔습니다. 그가 나에게 그것을 전가(轉嫁)시켰을 때 마찬가지로 그에게 말하는 것이 허락되었는데, 내가 아니고, 당신 자신이 당신 자신에게 그 악을 가져온 것이다는 것입니다. 비록 이런 일이 겉보기에 달리 나타나 보인다고 해도, 그 때 영적인 개념에 의하여 그에게 보여진 것입니다. 다시 말하면 실제적으로 어느 누구가 의도한 그의 악은, 주위에 있는 영들을 통하여, 그리고 그에게서 더 멀리 떨어져 있는 자들을 통하여, 그리고 종국에는 나와 함께 있는 자들로부터, 마치 반사적으로 뛰쳐나오는 것과 같이 보여졌습니다. 이런 사실이 영적인 개념 가운데 그들에게 보여졌습니다. 그들이 모두 한 목소리로 말한 것은 그런 것이 그들에게는 매우 분명하게 행

해졌기 때문에, 그리고 충분하게 지각된 것은, 따라서 악은 실제적으로 악을 의도한 그 사람에게 되돌아간다는 것입니다. 왜냐하면 내가 나 자신에 관해서 잘 알 수 있는 것과 같이, 나는 다른 자들을 뒤따른다는 것 이외에는 아무것도 할 수 없기 때문입니다. 따라서 마치 나에게서 비롯된 것처럼 보여졌습니다. 1748년 8월 9일

예배를 외적인 것들 안에 두고, 그리고 그래서 편안하게 살아가는 자들에 관하여

2777. 가장 나쁜 자들 가운데 있었던 어떤 영들이 있었습니다. 그 이유는 그들의 내면적인 영기, 즉 의도들이나 또는 목적들에 속한 영기는 이 세상이나 자기 자신에만 오직 관심을 두고 있었기 때문입니다. 이런 자들에 관한 종지적인 영기(persuasive sphere)에 관해서는 이미 앞에서 다루었습니다. 다시 말하면 그들은 오직 자신들만을 목적해서 살았고, 그리고 자기 자신과 비교하여 다른 자들을 경멸하는 성향에 빠져 있고, 그리고 다른 사람에게 있는 선한 것은 무엇이나 이해하려고 하지 않거나, 또는 무가치한 것으로 멸시하였습니다. 그들의 삶이 점검되었을 때 발견된 사실은, 그들의 육신을 입은 삶에서 그들은, 예배에 관해서 보면, 외적인 것들 안에서 살았고, 그래서 그들은 비난 따위를 받지 않았습니다. 다시 말하면 그들은 자주 예배 자리에 참석하였고, 그리고 수차에 걸쳐 언급한 것과 같이, 성찬예배에도 참석하였습니다. 그리고 그들이 성찬예배에 참석하는 경우, 그들은 그 전날 저녁이나 낮에는 외적인 것들에서 보면 세상적인 것들로부터 멀리 하였습니다.

2778. 그들은 그 뒤에도 앞에서와 꼭 같이 하였습니다. 그러므로 그들은, 그들이 이런 일을 하였기 때문에, 그리고 그들이 예배자리에서 배운 것들의 측면에서 그렇지 않은 것에 대해서는 생각조차 하지 않았기 때문에, 그리고 성찬에서 적용된 것들이나, 그리고 외적인 예전에서 배운 것들 외에는 생각도 하지 않기 때문에 그들은

만족스럽게 살았습니다. 그럼에도 불구하고 이런 부류의 작자들은 저 세상에서 가장 사악한 자들 가운데 있었습니다. 왜냐하면 그들의 의도들이나 목적에 속한 영기는 앞에서 언급한 그런 부류의 것들이기 때문입니다. 따라서 여기서 얻을 수 있는 결론은, 단지 관습에 일치하는 그들의 모습을 갖추기 위해서 설교를 경청(傾聽)하고, 그리고 성찬에 참여하는 것에 의하여 그 어떤 것이 생겨날 수 있을까 하는 것입니다. 다시 말하면 그것은 그런 부류의 다른 사람을 안심시키게 하고, 따라서 그와 같이 그들은 더 평안한 마음으로 살 수 있었고, 그래서 그들은 아주 고약한 삶을 살고 있다는 것을 확증시키고 있다고 하겠습니다.

2779. 나는 그들에게 이런 것들을 물을 수 있었습니다. 만약에 그대들이 저 세상에서 경건한 명상도 없이, 예배자리에 참석하고, 성찬에 참여하는 것은 무가치한 것이다 라고 경건한 자비로부터 당신들을 훈계했던 자들을 만나게 된다면, 그리고 만약에 누군가가 그와 같이 그들을 훈계한다면, 그들의 마음에서의 느낌은 어떠하였을까 입니다. 그들은 마음 속에서부터 이와 같이 대답하였습니다. 그들은 그들이 단순한 자들이고, 우울증 환자라고 여기고, 그들을 경멸할 것이고, 미친 사람이라고 여기고, 그리고 그들을 용서하지 않을 것이다 라고 마음 속에서 대답하였습니다. 1748년 8월 10일

다른 자들에게 품었던 인상은 저 세상에서 쉽게 근절(根絶)되지 않는다는 것에 관하여

2780. 아주 오랜 기간의 경험을 통해서 내가 배울 수 있었던 것은 다른 사람들에 대해서 가졌던 인상은, 그것이 증오·경멸·동정이나 그 밖의 어떤 것이든, 육신을 입은 삶을 보내는 동안 그 어떤 원인에서 비롯된 것은, 그 사람이 훗날 천계에 들어오고, 그리고 주님에 의하여 관능적이고 물질적인 것들이 씻어 버려지지 않는다면, 저 세상에서 쉽게 없어지지 않는다는 것입니다. 1748년 8월 10일

영적인 진리들이나 천적인 진리들을 터득하려고 하는 뒤바뀐 질서(倒置秩序)에 관하여

2781. 물질적이고, 육체적이고, 관능적인 것으로부터는 믿음에 속한 것들을 볼 수 없고, 지각할 수도 없기 때문에, 육신을 입은 삶을 살 때 영들의 존재를 부인하고, 결과적으로는 주님의 영적인 진리들의 존재를 부인하고, 따라서 믿음을 부인하는 그런 영들이 있었습니다. 저 세상에서도 이런 부류의 영들은 꼭 같이 부정적인 개념들 안에 있습니다. 이런 생각들은, 그들이 자신들은 사람이다고 생각할 때, 따라서 그들이 영들이다는 것을 알지 못하고 있는 동안, 또는 그들이 이런 것을 알고 있다고 해도 그런 생각이나 관념은 그들에게 밀착되어 있습니다. 그들에게 일갈(一喝)하는 것이 허락되었는데, 그것은 결코 그들에게 입증될 수 없는 그런 것이다는 것입니다. 내가 일러준 것은, 그것은 마치 어느 누구가 의지가 삶 안에서 드러내는 많은 근육(筋肉)들로부터 의지가 어떤 것인지를 알려고 하는 것과 꼭 같습니다. 자연과학들은, 믿음에 속한 것들의 측면에서 보면, 그와 꼭 같습니다.

2782. 더욱이 우리들은, 마음에 속한 것들을 가리키는 육신의 섬유들에 유입하는 그런 것들의 입류(入流)에 관해서 말할 수 있는 사실은, 만약에 일반적인 인체 안에 보다 순수한 섬유들에 속한 어떤 대응(對應)이 존재하지 않는다면 머리에 있는 원리들 안에 자리잡고 있는 생각이나 사상 따위는 존재하지 않는다는 것입니다. 사실 대응은, 이런 것들에 대한 납득이 존재할 때, 주어집니다. 따라서 육체에 속한 모든 것들은 그것들을 확증할 때 대응은 존재합니다. 그러므로 왜곡된 사람은 자신의 보편적인 조직 자체도 왜곡되어 있습니다. 그러나 만약에 지식이나 내면적인 신념이나 종지가 왜곡되어 있다면 사태는 다릅니다. 1748년 8월 10일

이웃사랑에 관하여

2783. 어떤 영에게 말하는 것이 허락되었고, 그리고 영적인 개념에서 내가 지각한 것은, 그는 사람 안에 존재하는 선을 사랑하여야만 한다는 것, 따라서 그 사람을 사랑하여야만 한다는 것입니다. 그리고 그 선이 바로 이웃이다는 것입니다. 왜냐하면 선은 주님에게 속한 것이고, 그러므로 그는 어느 누구 안에 있는 믿음에 속한 것은 무엇이나 사랑하여야 하기 때문입니다. 따라서 그는 믿음 안에 있는 자를 사랑하여야만 한다는 것입니다. 왜냐하면 그는 주님을 사랑하기 때문입니다. 그 이유는 주님의 것이 아닌 선은 아무것도 없고, 또한 믿음에 속하지 않은 주님의 것은 아무것도 없기 때문입니다. 따라서 주님께서는 이웃을 통하여 사랑을 받습니다. 비록 사랑은 주님의 것이지만, 사랑이 자기 자신의 것이다고 여기는 것도 결코 잘못된 것은 아닙니다. 1748년 8월 10일

눈에 속한 대상물은 수천이 있고, 서로 크게 다르지만, 그러나 그것들은 주님에 의하여 시리즈로, 그리고 일종의 연속적인 것으로 질서 정연하게 조정된다는 것에 관하여

2784. 앞에서 언급한 것과 같이, 이 사실이 오늘 나에게 입증되었습니다. 그것은 큰 길들에 있는 눈의 대상물들은 주님에 의하여 선한 영들이나 천사들의 안전(眼前)에 연속적인 시리즈로 조정되고 있는 것입니다. 그리고 그 대상물들은 매우 다종다기하고, 그리고 엄청나게 많다는 것입니다. 내게 일러진 것은 그들은 그것들에 관해서 아무것도 보지 못하지만, 그럼에도 불구하고 그것들의 어떤 의미와 내용은 거기에서부터 계속해서 그들에게 오고 있고, 사실은 어떤 방법이나 길을 통해서 그 세계의 표징들이 가지고 있는 영적인 것들에게 오고 있다는 것입니다. 내가 이런 사실을 매우 놀라운 것으로 여길 때 내게 일러진 것은, 현재 문제시 되고 있는 것에 대하여 주님에 의하여 적용될 수 있는 그런 어떤 것을 지니지 않는 것은 그

어떤 대상물도 주어질 수 없다는 것입니다. 다시 말하면 대상물 안에, 또는 수많은 대상물들 안에 있는 것들을 제거하는 것에 의하여 주님에 의하여 적용되는 어떤 것들을 지니고 있지 않은 것은 있을 수 없다는 것입니다. 그것들은 어떤 것을 표징하고 있고, 따라서 가까운 방법으로 또는 먼 방법을 통해서 어떤 내용이나 뜻을 표징하고 있을 뿐입니다. 그것들을 어떻게 적용하느냐는 것은 오직 주님에게만 속해 있습니다. 예를 들면, 선은 기름진 것들이나, 또는 감미로운 것에 의하여, 그리고 대상물 주위에 있는 여러 부분이나 종류들 안에 있는 유쾌하고 즐거운 것에 의하여 표징될 수 있겠습니다. 사실 유쾌한 것들이나 선한 것들은 심히 슬픈 것들에게서도 이끌어낼 수 있습니다.

2785. 그것에서부터 어떤 영들이 상상한 것은, 따라서 주님의 말씀도 다른 작품(other writing) 이외의 다른 것이 아니다는 것이고, 그리고 이런 것들의 연속적인 시리즈는 모든 작품들로부터 뜻대로 이끌어낼 수 있다고 여겼습니다. 그리고 그것은 참된 것이다 라고 생각하였습니다. 그러나 주님의 말씀은, 그 안에 있는 뜻을 가리키는 가장 가까운 것들을 내포하고 있는 가장 가까운 그릇에서 담고 있는 그런 성질의 것입니다. 나에게 이것이 사실이다는 것을 이런 것에서 알 수 있도록 허락되었습니다. 그것은, 이런 것들이 신령한 것이든, 따라서 이것들이 영적인 것들이든, 천적인 것들이든, 그릇으로서 내포하고 있든지 아니든지, 주님에 의하여 빛을 받는 자들에게 즉시 드러난다는 것입니다. 그런데 다른 작품들에게서는 그런 경우가 결코 존재하지 않는다는 것입니다. 1748년 8월 10일

주님께서는 인격적으로 천계에 있는 천사들과 말씀하시고, 그리고 다양하게 상이한 자들과 말씀하시고, 동시에 많은 자들과 말씀하신다는 것에 관하여

2786. 주님께서는 당신 친히 수많은 사람들과 그리고 특별하게는,

또는 개별적으로는 개개인과 각자의 마음에 따라서 말씀하십니다. 그리고 사실은 동시에 수많은 사람들과 말씀하시는데, 이것은 진리입니다. 이런 사실은 내가 그것을 깨달은 것처럼 보였습니다. 이것은 천계적인 진리입니다. 비록 사람은 어느 누구도 추론에 의하여 깨달을 수 없지만, 그런 경우는, 그럼에도 불구하고 각자가 가지고 있는 주님의 무소부재(無所不在)에 속한 결과입니다. 다시 말하면 이 세상에 있는 모두에게 있는 주님의 신령보호(His Divine auspices)로 말미암아 결과적으로 일어나는 것입니다. 1748년 8월 10일

신념이나 종지(宗旨)들이 저 세상에서 근절된다는 것은 매우 큰 어려움이 수반(隨伴)된다는 것, 그리고 그 큰 어려움은 그런 것들이 매우 깊게, 그리고 널리 뿌리를 박고 있는 것에 일치한다는 것에 관하여

2787. 경험을 통해서 내가 배우도록 허락된 것은, 그것들이 어떤 것이든 매우 깊이 각인(刻印)된 거짓들은, 사실 신령한 것이나 인간적인 것, 또는 자연법적인 것에 반대되는 심각한 것들도 저 세상에서 거의 근절될 수 없다는 것입니다. 그 이유는 그것들이 깊이 뿌리를 박고 있고, 그리고 모든 측면에서 전 인간에게 침투, 물들이고 있기 때문입니다. 아주 치명적인 일이 생겨났는데, 그것은 어떤 영이 한 짓입니다. 그가 온전히 설득된 것은 그런 일은 모두에게 잘 알려진 것이다는 것입니다. 그러므로 그가 그런 생각에 빠지자, 그의 신념이나 종지는 그 즉시 매우 널리 퍼져나갔고, 따라서 내 주위에 있는 자 누구도 그것이 매우 큰 범죄이다는 것을 생각하지 않는 자가 거의 없었습니다. 그 영이 밝히 드러났고, 그리고 그는, 그런 일은 누구에게나 잘 알려진 것이고, 그리고 거기에는 전혀 악이 없다고 말하였습니다. 따라서 그 자는 그런 종지나 신념에 빠져 있었습니다. 이와 꼭 같은 영에 관해서, 또는 어떤 다른 점에서는 공손하고, 다른 자에게 위해를 가하지는 않지만, 그러나 그는 이와 같은

아주 큰 범죄의 상태에 빠져 있다는 것입니다. 육신을 입은 삶에서 소위 미친 사람과 같은 몇몇이 있었는데, 그들은, 사실 그것들은 치명적인 것이지만, 어떤 거짓들 가운데서 자신들이 설득되는 것을 감수하지 않는다는 일종의 광기(狂氣) 아래에서 고생하였습니다. 1748년 8월 11일

2788. 결번입니다.

2789. 따라서 잘 알 수 있는 사실은, 이런 신념이나 종지가 맺는 결과는 그들은 수많은 상태들에서 다른 영들과 함께 있을 수 없다는 것입니다. 그 이유는 그들은 역시 다른 자들과 동일한 광기에 빠질 수밖에 없기 때문입니다. 그리고 신념이나 종지에 의하여 뿌리를 박고 있는 이런 상태는, 비록 크든 작든, 다른 자들에게 퍼져나가기 때문입니다.

2790. 내가 말하도록 내 안에 침투된 각인(刻印)들은, 쉽게 내쫓을 수 있다고 여기는 미친 사람들에게 있는 이 세상에서 만연된 그런 광기들이나, 또는 수많은 추론들에 의하여 자기 스스로 확증된 그런 광기들이나, 따라서 그런 부류의 신념이나 종지에 이른 그런 것들은, 자기 스스로 확증한 자들의 성품들에 일치하여 그와 같이 남아 있다는 것입니다. 1748년 8월 11일

2791. 따라서 여기에서 명확하게 얻는 결론은, 수많은 영혼들에 속한 거짓들이나 범죄들이 저 세상에서 매우 쉽게 드러난다는 것입니다. 왜냐하면 그것은 모두가 그것에 의해서 범죄라고 생각하는 주위에 있는 영들이 내 속으로 침투, 퍼져나갔기 때문이고, 그리고 모두가 아마도 그것은 저자일 것이다고 생각하기 시작하였기 때문입니다. 왜냐하면 그 때 내가 그가 수건에 물을 적셔, 벤하대드를 질식(窒息)시키고 있다는 하사엘(Hasael)에 관해서 읽고 있었기 때문입니다(열왕기 하 8 : 15).

2792. 만약에 주님께서 그들의 각인된 거짓들이나 치명적인 범죄들로부터 영혼들이나 영들을 지켜주시지 않는다면, 저 세상에서 그

들은 어느 사회에도 결코 있을 수 없습니다. 그런데 하물며 선한 자들 가운데 어떻게 있을 수 있겠습니까? 왜냐하면 이런 사실은, 그가 다른 면에서도 건전한 이성에 속해 있기 때문에, 선한 자들과 함께 있다고 일러졌기 때문입니다.

저 세상에서 형벌에 의해 어떤 결과가 생기는가에 관하여

2793. 저 세상에는 육신을 입은 삶에서 몸에 밴 각자의 기질에 속한 본성에 따라서 매우 처참하고, 그리고 길게 이어지는 수많은 형벌들이 있습니다. 그러나 그런 형벌들이 빚는 결과는 이러합니다. 잠시 동안 그것들은 두려움들·부끄러움들이나 공포 따위들을 주입, 그런 것들을 품게 합니다. 왜냐하면 이런 것들이 바로 그들의 본성을 만족시키고, 그리고 침투되기 때문입니다. 따라서 그들이 선량한 사람들 사이에 있게 되면, 그 때에도 그들의 성품에 속한 동일한 일이 생겨나게 되면 그들은 이미 품게 된 두려움·부끄러움·공포들에 의하여 깨우침을 받게 됩니다. 그리고 그들은 거기에서 물러나게 됩니다. 그럼에도 불구하고 그들은 그런 본성을 바꾸거나 수정(修正)하려고 하지 않고, 그리고 육신을 입은 삶에서 몸에 밴 그런 성질은 영원히 남아 있습니다. 그러나 부과된 형벌들에 의하여 그들은 그런 악들로부터 뒤로 물러날 수 있습니다. 1748년 8월 11일

2794. 모두의 관능적이고, 자연적인 영혼은 육신을 입은 삶에서 형성되는데, 따라서 각자는 자신의 영혼을 자기 자신에 의하여 육신에 속한 삶에서 취합니다. 그러나 영적이고, 천적인 영혼은 주님에 의하여 형성되는데, 그것은 보다 더 내면적이고, 극내적입니다. 이런 영혼은 사람에 의하여 육신의 삶에서 형성될 수 없습니다. 이것으로 인하여 각자의 영혼에 일치하여 다종다양하게 변화된 영적인 것은 자연적이고 관능적인 영혼과의 투쟁이 생기게 됩니다. 1748년 8월 11일

진리들이 거짓 안에 있는 자들에게 어떤 성질로 나타나느냐
에 관하여

2795. 만약에 그들의 거짓들이 진리들이다고 설득된다면, 내가 말할 수 있도록 허락된 것은 거짓들 안에 있는 자들에게는 진리들이 거짓들이다고 나타난다는 것입니다. 이런 사실은 생생한 경험으로 말미암아 그 즉시 입증되었습니다. 그리고 또한 사실은 진리들에 속한 일반적인 개념에 의하여 입증되었습니다. 그런데 그런 일반적인 개념은, 그가 진리처럼 여기는 그릇된 개념 안에 있는 그에게는 천박한 거짓들과 같이 나타납니다. 더욱이 영적인 개념에 의하여 나에게 입증된 것은 그 진리들이 결코 그런 영기 안에 들어갈 수 없다는 것입니다. 그러나 다만 그것도 단순한 거짓들이나 또는 단순한 가설들(假設·mere hypotheses)로서 부분적으로 고려된다는 것입니다. 1748년 8월 11일

야심(野心·ambition)에 관하여

2796. 나는 이 세상에 있는 사람들이 위대한 것들을 위해서 노력하기 때문에 얻게 되는 것에 관해서 여러 영들과 이야기를 하였습니다. 그들에게 말하는 것이 허락된 것은, 이 세상에는 이른바 이웃사랑이 주어지지 않았고, 그것 대신에 다양한 방법으로 뛰어난 인물이 되겠다는 야심(野心)이 자리를 잡고 있다는 것입니다. 왜냐하면 이웃을 위한 사랑, 즉 이웃사랑은 선을 행하도록 사람을 자극하는 것이지만, 그러나 거기에는 더 이상 그 어떤 것도 존재하지 않기 때문에, 그리고 그 대신에 보다 큰 것들을 행한다는 것에 속한 야심이 존재하기 때문에, 사람은 그것을 위해 주님에 의하여 이웃, 사회들, 그리고 공통의 이익에 대하여 선을 행하려는 일에 기울어져 있기 때문입니다. 1748년 8월 12일

영들에 속한 내면적 세계에 존재하는 선한 영들에 관하여

2797. 앞에서 본 바와 같이, 영들에 속한 내면적인 세계에는 악령들이 존재합니다. 그리고 또한 거기에는 선한 영들도 있습니다. 그러나 만약에 그것이 주님을 기쁘게 하는 것이 아니라면, 그들은 서로 교류나 내왕은 하지 않습니다. 이들이 함께 대화를 하게 되었을 때, 나는 아무것도 이해할 수 없었습니다. 그러나 나에게는 그들이 서로 대화를 하고 있다는 지각과 함께 하는 즐거운 침묵(a pleasant silence)만 있었습니다. 꿈 속에서 영들에 속한 내면적 세계의 악령들이 거짓된 것을 야기시키고 있을 때 선한 영들은, 나에게서 비롯된 것 이외의 다른 것은 알지 못하여야 하기 때문에 무척 고통을 받았습니다. 악령들에게서 온 것이 어떤 것인지, 그리고 그것이 무엇인지 그들이 알게 하기 위하여 그 때 나는 잠에서 깨어났는데, 그 때 나는 침묵의 상태에서 그들과 이야기를 하였습니다. 그래서 나는, 주님의 기쁨이 아니었다면, 악령들의 영기에서 비롯된 어떤 것도 그들에게 당도(當到)하지 않았을 것입니다. 1748년 8월 12일

2798. 결번입니다.

사람의 언어는 영들을 통해서 어떻게 지시되는가에 관하여

2799. 내가 가끔 이상하게 생각하는 것은, 나의 언어가 마치 내 생각처럼, 영들을 통해서 좌우되는 것을 내가 지각하지 못한다는 것입니다. 오늘 그것을 아는 것이 내게 허락되었습니다. 다시 말하면 사람의 생각이나 의지는 영들을 통하여 주님께서 지배하신다는 것이고, 그리고 언어도, 사상들에 속한 개념들에 따라서 생각에서 뒤이어지고 있다는 것이고, 그리고 언어는 자연적인 귀결(歸結·a natural consequence)로서, 그것은 질서에 일치하는 질서에 순응(順應)한다는 것입니다. 이러한 일은 생각들이나 의지에서와 같이, 영들을 통해서 직접적으로 일어나는 것은 아닙니다.

2800. 그럼에도 불구하고, 독자들이 알 수 있듯이, 기관(氣管)이나 폐장에서와 같이, 그리고 혀(舌)에도, 언어에 속한 기관의 모든 영역

에도 영들이 할당(割當)되어 있다는 것입니다. 그러나 그들의 노력(conatus)은, 질서 가운데 있는 모든 자연적인 것과 같이, 그런 일을 수행합니다. 그러나 이들 영들은 그것에 대해서 전혀 알지 못합니다. 1748년 8월 12일

오늘날 이 세상에서 당도한 영들의 성품에 관하여

2801. 수많은 그리고 오랜 경험으로부터 내게 입증된 것은, 이 세상에서 온 영들은, 그들이 결코 존속할 수 없을 정도의 매우 사악한 영들에 의하여 사로잡혀 있다는 것인데, 이런 일이 오늘 입증되었습니다. 눈을 감고 있는 시각 앞에 아름답고 순진무구한 어린 것이 나타났습니다. 그 때 그들의 성품이 드러나게 하기 위하여 영들에게 하찮은 용서가 허락되었습니다. 그러자 그 때 분명하게 지각된 것은, 이 어린 것을 죽이려고, 발로 짓밟으려고, 그리고 아주 파렴치한 방법으로 다루려고 하는 그런 부류의 무리가 나타났고, 그리고 그들은 이런 저런 방법으로 그 일을 자행하려고 하였습니다. 이와 같이 순진무구(純眞無垢)한 자들에 대하여 이런 수많은 방법으로 자행하였습니다. 이런 것들이 바로 그들의 생각들이고, 내면적인 애씀(interior conatus)입니다. 내가 말할 수 있는 것은 이러한 일들은 일상적인 삶에서는 결코 나타나지 않는다는 것입니다. 일러진 것은, 만약에 시민법적인 구속들로 사로잡지 않는다면, 그들이 마치 온갖 범죄들 속으로 돌진할 것이고, 그리고 또한 자신들의 이익이나 명예들, 결과적으로 그들의 명성에 관심이 없다면, 양심조차도 오늘날에는 무기력하고, 어떤 일도 수행하지 못한다는, 그들의 내면적인 것들이 이런 성품이라는 것이 드러나기 시작한다는 것입니다. 그러므로 이 세상의 종말의 때가 임박했습니다. 어떤 영들은, 앞에서 입증한 것과 같이, 이런 것들에 대하여 비웃었습니다. 그들은 자신들이 그런 인물이다는 것을 조소(嘲笑)하였고, 그리고 마지막 때가 임박하였다는 것도 비웃었습니다. 1748년 8월 12일

성인이라고 불리우고, 성인으로 존경받고, 숭배되는 자들이 지금뿐만 아니라, 옛날(古代)에도 저 세상에 있는 어느 누구에게도 도움을 주지 못한다는 것에 관하여

2802. 사람들이 성인들로 여기고 있고, 존경하는 그런 부류의 어떤 자들과 대화하는 일이 자주 나에게 허락되었습니다. 그러나 내가 입증할 수 있는 것, 그리고 그들의 입으로, 그리고 또한 생생한 경험으로부터 내가 알고 있는 것들로부터 내가 입증할 수 있는 것은 그들이 성인들이다고 해도 아무것도 아니다는 것이고, 그리고 그들은 지극히 작은 일들에서도 누구를 도울 수 없다는 것입니다. 그런데 하물며 어느 누구가 무엇을 할 수 있겠습니까? 기도나 중재(仲裁·intercession)에 의해서도 도울 수 없다는 것입니다. 왜냐하면 저 세상에서 어느 누구를 대신한 그들의 기도들 따위는 존재하지 않기 때문이고, 그리고 사실 저 세상에는 자기들을 위한 기도 역시 존재하지 않기 때문입니다. 사실 다른 목적으로, 또는 성인들의 목적 때문에 주님에 의하여 어느 누구가 사랑을 받는다는 소견(所見·reflection)에 의한 특별대우조차도 존재하지 않기 때문입니다. 오히려 그 반대의 일이 있을 수 있습니다. 내가 입증할 수 있는 사실은 그들이 어느 누구도, 그리고 자신들을 위해서도 전혀 도움을 줄 수 없다는 것입니다. 그들은 이런 사실을 생생한 음성으로 말하였고, 그리고 이 사실을 천명하기 위하여 나에게 왔다고 하였습니다. 1748년 8월 12일

육신을 입은 삶에서 인간성품의 변화에 관하여

2803. 육신의 삶 사후 사람은, 육신을 입은 삶에서 자기 자신에게 터득된 그의 모든 본성이나, 자연적인 기질을 모두 그대로 지니고 있다는 것입니다. 그리고 이런 일은 진리입니다. 육신의 삶 사후에도 이것은 바뀌지 않는다는 것, 그러나 그 사람이 더욱 좋은 사회에

있게 하고, 따라서 천적인 것들 가운데 있게 하려는 것들이 주님에 의하여 부가된다는 것도 진리입니다.

2804. 그러나 사람의 본성에 관해서 살펴보면, 그가 육신으로, 몸으로 사는 오랜 동안 유아기부터 터득된 모든 것들은, 그리고 이와 같이 형성된 모든 것들은 그대로 보존, 남아 있습니다. 그러나 그의 생애의 마지막 때까지 그것은 다양하게 변합니다. 다시 말하면, 일반적인 개념들을 분리시킨 수많은 것들이 첨가되는 것에 의하여, 그리고 그 밖의 다른 것에서 비롯된 것들을, 따라서 선한 것이나 참된 것으로 굽게 하는 것들에 의해서도 다양하게 변합니다. 왜냐하면 사람이 계속해서 살아가는 동안 그의 개념들이나 생각들은, 악한 것들이나 선한 것도 부유하게 되고, 그리고 따라서 고여 있는 물과 같이, 더욱 불어나든지, 아니면 말라버립니다. 1748년 8월 13일

2805. 사후의 상태의 변화는 이런 것으로 생각할 수밖에 없는데, 그것은 최후 그의 영혼이 좋은 사회들 안에 있게 하는 그런 것들이 바깥 것들로부터 그런 생각들에 부가될 수 있지만, 그러나 육신을 입은 삶에서 그것들은 개념들 안에 심어진다는 것입니다. 1748년 8월 13일

따라서 여기서 얻는 것은, 주님의 성언 안에 수도 없이 경고된 이른바 문이 닫혀지기 전에 잔치에 초대된 자들은 등에 기름을 왜 가지고 와야 하는지, 그리고 쓰러진 나무가 그대로 남아 있다는 말의 뜻이 무엇인지 분명합니다.

천사들의 언어에 관하여

2806. 나는, 비록 그것을 깨닫지는 못하지만, 천사들의 언어를 들었습니다. 어떤 영이 자신들의 말을 가지고 말을 하였는데, 그의 말은, 내가 이해하지는 못하지만, 말의 흐름과 같이 매우 온화하였습니다. 나는 그 흐름을 들었고, 그것 안에 수많은 것들이 내재해 있다는 것을 깨달았습니다. 말하는 사람의 단 하나의 낱말 안에 내재

한 것들은 말하는 천사들의 수많은 개념들과 같았습니다. 이런 것들이 이해되지 않고, 그러나 거기에 이런 것들이 내재해 있다는 것이 지각되었기 때문에, 거기에는 대량의 개념들로 가득 찬 이른바 하나의 강물과 같다고 하겠습니다. 그러므로 내게 일러진 것은 이것이 바로 천사들의 언어이다는 것, 그리고 영들의 언어는, 천사들의 대화 안에 담겨 있는 어떤 일반적인 원리이다는 것 등입니다. 그것은, 만약에 어떤 조잡한 것이 나타나지 않는다면, 소위 일반적인 일치(一致)라고 할 수 있는 모든 조화들 안에 있는 그런 것입니다.

2807. 사실 명확하게 구별되는 단일적인 것은 존재하지 않는데, 그런 것은 마치 모든 악기들이나, 육체에 속한 언어 또는 감관들에 속한 개념적인 여러 활동들에게서도 마찬가지입니다. 이와 같은 일반적인 것들은 아직까지 학계에서도 잘 알려지지 않고 있지만, 그럼에도 불구하고 여전히 현존하고 있습니다. 내장·근육·기관에 속한 모든 유기적인 엷은 피막(皮膜)까지도 일반적인 것이고, 그리고 그 중에서나 또는 그것과 함께 하는 개별적인 것도 명확하게 존재하고 있습니다. 이러한 부류는 영들의 언어이기도 합니다. 그리고 사실 나는, 영이 일반적으로 말하고 있는 것과 꼭 같은 것을 천사들이 말하고 있는지는, 잘 알지 못합니다. 왜냐하면 일반적인 것 안에 있는 이외의 다른 것, 즉 일반적인 것 안에, 그리고 일반적인 것과 함께 하는 것만 주어지기 때문이지만, 그러나 화합되지 않은 것은 결코 주어지지 않기 때문입니다. 1748년 8월 13일

　만약에 이 세상에서 사랑에 속한 사상들의 영기 안에, 그리고 재물에 속한 사랑이 존재하지 않는다면, 모두는 미친 존재가 될 것이다는 것에 관하여

2808. 나는 큰 길에서 어느 미친 여자를 보았습니다. 그래서 나는 영들에게 그것에 대해서 내가 생각한 것을 말하게 되었습니다. 따라서 내가 깨달은 것을 영들에게 말할 수 있었습니다. 만약에 사람 안

에, 외적인 것들, 말하자면, 자기사랑이나 재물에 속한 사랑으로 이루어진 외적인 것들이 존재하지 않는다면, 결과적으로는 그런 것들에 관심이 있는 것들로 형성된 외적인 것들이 없다면, 그 때 그들은 모두가, 자기 자신으로 터득된 각자의 본성에 일치하는 다종다양한 광기(狂氣)의 측면에서 비슷한 존재가 될 것입니다. 이런 생각들은 그 미친 여자의 것과 꼭 같다고 하겠습니다. 다만 그 여자의 경우는 그런 것들이 그대로 남아 있지 않았습니다. 그 이유는 그녀가 가난하였고, 그리고 누더기 옷을 걸치었기 때문입니다. 그러므로 그런 외적인 것들이 제거되는, 또는 생각만이 판을 치는 저 세상의 영들의 성품이 어떤 존재인지 명확하게 드러납니다. 다시 말하면 만약에 오직 주님께서 그들을 다스리시지 않는다면, 따라서 지혜나 총명에 의하여 다스려지지 않는다면, 그들은 모두가 미친 존재들이 되고 말 것입니다. 1748년 8월 13일

영원한 생명(永生) 또는 사후의 삶은 반드시 목적이 되어야 한다는 것에 관하여

2809. 나는 영들과 더불어서, 육신을 입은 삶에서 모든 인간의 생각들이나 행동들의 목적은 사후의 생명, 즉 영생에 관계를 가지고 있다는 것에 관해서 대화를 하였습니다. 왜냐하면 영원한 것이 존재하는 것이고, 육신을 입은 삶에서 존재하는 것은, 목적으로서 영생에 관계되는 것을 제외하면, 존재하는 것이 아니기 때문입니다. 그러므로 사람에 속한 모든 사상들은 반드시 그것에 순응(順應)하여야만 합니다. 이런 가르침은 영적인 개념 안에서 지각되었고, 그리고 변함없는 진리로서 영들에 의하여 확증된 영적인 개념으로 널리 공포되었기 때문입니다. 1748년 8월 13일

영들의 세계나 천계에 있는 영적인 것들이나 천적인 것들은 대기(大氣)나 물(水)에 비교되었다는 것에 관하여

2810. 영들의 세계나 천계에 있는 모든 것들은 그것들의 성질이나 기질에 일치하여 자신들의 처소들이나 위치(位置)들을 얻게 됩니다. 따라서 지극히 작은 것까지도 빠져 있는 것은 아무것도 없습니다. 이와 마찬가지로 천적인 형체들(celestial forms)에 일치하는 모든 것들에 속한 회전(回轉·나선형·gyration)이 있습니다. 다시 말하면, 이해되지 않기 때문에 무엇이라고 표현할 수 없는 것이기는 하지만 주님에게서 비롯된 모든 영적인 것들이나 천적인 것들에 속한 하나의 회전(回轉)이 있습니다. 그것으로 인하여, 개별적인 것이든 전체적인 것이든, 모든 것들은 최대인간(最大人間·the Grand Man) 안에서 자신들의 위치를 차지합니다. 앞에서 언급한 것과 같이, 자신들의 환상들 속에서 일어나는 영적인 것들의 활동들의 측면에서 자신들의 변화에 따라서 자신들의 위치에서 다른 것들의 위치에로 옮겨지는 것도 경험하였습니다. 그 때 그들은 일종의 방랑자들이 된 것입니다. 그럼에도 불구하고 그들은 자신들의 성질이나 기질에 적합한 그들의 위치에 되돌려졌습니다. 비유(=비교)나 표징에 의한 것이지만, 거의 유사한 것들이 액체의 측면에서 사람의 인체 안에 존재합니다. 그리고 또한 그런 것들은, 모양이나 자신들의 본성에 속한 남은 것들의 밝음에 일치한 그들의 장소에의 회전이나 순환에 의하여 변함없이 물이나 대기 안에 있는 자신들의 위치에 되돌려집니다. 1748년 8월 13일

저 세상에서 밝히 드러나는 온갖 종류의 도적에 관하여

2811. 사실은 사람의 마음을 훔쳐가는 비밀스러운 도둑질들이 있습니다. 그래서 그들은 수많은 방법으로 사람의 마음에 자기 자신을 침투시켜서 재물을 얻고자 시도합니다. 이것이 바로 일종의 도둑질입니다. 다시 말하면 그것에 의하여 다른 사람에게는 즐겁고, 그리고 기분 좋게 하는 것이 몸에 배었고, 그리고 그들 속에 자기 자신을 침투시키는데, 육신을 입은 삶에서 그들은 현실에 의하여 이런

종류의 도둑질을 터득하였습니다. 이런 도둑질에는 여러 종과 유가 있습니다. 그런 종류의 도둑질이 몸에 익숙해 있을 때에는 각자의 행위는 현실에서 터득된 자신의 본성에 따라서 결정됩니다. 어떤 자는 자기자만(自己自慢)이나 자기 자신의 쾌락 또는 칭찬 따위 이외의 다른 목적은 거의 결정되지 않습니다. 그들은 다른 자들에게서 이런 것들을 취하지만, 그러나 이런 것들은 유해(有害)한 것들은 아닙니다. 그러나 다른 자들도 비슷한 것을 생각하고, 교묘하게 행동합니다. 종국에는 그것들과는 종류가 다른 목적들을 위하여 그 본연의 것을 터득하게 됩니다. 예를 들면 어떤 방법으로 다른 자들의 재물이나 명예들을 갈취(喝取)하는데, 그런 부류의 인물들은 아주 고약한 자들입니다. 거기에는 역시 다른 자들의 마음을 사로잡는 여러 종과 유가 있듯이, 그리고 여러 목적들에 속한 종과 유가 있듯이, 여러 종류가 있고, 그리고 그것의 중간적인 종류도 있습니다. 그들이 그런 것을 열망하고 있기 때문에, 따라서 그들이 애쓰고 노력하는 그 일에도 여러 종류들이 있습니다. 그런 종류에는 사람의 눈에 밝히 드러나는 종류도 있고, 드러나지 않는 그런 종류의 것들도 있습니다. 이러한 사실들은, 생전에 내가 잘 알고 있었던 두 영들을 통한 생생한 경험으로 입증되었습니다. 1748년 8월 14일

그리고 마음을 사로잡는 그런 종류의 것들도 있습니다. 그들은 간음을 목적한 그런 인물들이기 때문에, 그들은 음란스러운 도둑들입니다. 이러한 것은 역시 음란의 목적의 측면에서 본 하나의 종류일 뿐입니다.

2812. 생생한 경험에 의하여 나에게 입증된 것은 다른 사람의 재산이나 명예를 빼앗을 목적으로 다른 사람의 마음을 사로잡으려고 하는 그런 부류의 인물이 있었는데, 이런 인물이 저 세상에서 자기 마음 속에서 이런 일을 하려고 계획하고, 그리고 여러 사람들을 지배하려고 했을 때, 그 때 머리의 내면적인 보다 높은 영역에서부터 그 때 마음 안에 밀착된 그들의 욕망이나 종지 안에 일어난 것은

누군가의 재산이나 명예 따위를 어떻게 하면 그것의 전부를 빼앗을까 하는 생각과 그리고 그들을 어떻게 지배할 것인가 하는 생각이 치솟았습니다. 그러한 일은 머리의 위 부위에 있는 일종의 아치형을 한 길에서 후부 쪽으로 뻗어 있는 소뇌 아래의 후두부 속으로 들어가는 경추골(頸椎骨) 위부분의 공동(空洞)에서 일어납니다. 한 영이 아치형의 길로 옮겨졌을 때 다른 영이 말하였습니다. 즉ㅡ.

2813. 나는 그 때 보지도 못하고, 깨닫지도 못하였지만, 그들은 치명적이고 소름이 끼치는 것들을 지각하였다고 말하였습니다. 그런 뒤에 그들이 후두부의 공동 안에 있을 때 나는 명료하게 그들의 투덜대는 불만을 깨닫고, 들었습니다. 그것은 그 뒤에 영들에 의하여 잘 알게 되었는데, 다시 말하면 검정색의 여러 종류의 사람의 형상을 보았던 것입니다. 한마디로 그것은 보기에도 흉측스러웠고, 불길하였고, 그리고 일러진 것은 더럽고 불길한 장소들 안에서 시간을 보내는 것처럼 자신들에게 보였다는 것입니다. 그런 성질을 지닌 한 여인이 있었는데, 나는 그 여인을 이미 본 적이 있었습니다. 나는 내가 거기를 지나고 있다고 생각했을 때 옆에 있는 다른 문이 나에게 열렸습니다. 거기에는 불길한 것이 없는 텅 빈 곳이었습니다.

2814. 이런 부류의 자들은 이른바 매춘부 집단(trulldom)을 형성합니다. 왜냐하면 그들은, 자신들의 목적을 위해서 어떻게 하면 다른 사람의 마음을 사로잡고, 유혹할 수 있을까 하는 다종다양한 기교(技巧)를 날조(捏造)하기 때문입니다. 그래서 그들은, 기회가 주어져서 그들이 매춘부집단의 기교를 터득한다면 아무것도 하지 않을 것입니다.

2815. 이런 무리는 저 세상에서 영적인 것들이나, 사후의 삶에 관계되는 것 등은 전혀 아무것도 깨닫지 못합니다. 그들이 이런 것들에 관해서 듣고, 또는 기술하고, 말한다고 해도, 그런 것들은 여전히 그들에게는 별 효험(效驗)이 없습니다. 그 이유는 이런 것들에 대한 깊은 생각이 그들에게 주어지지 않기 때문입니다. 왜냐하면 그들은,

어디에서나 그들을 사로잡는 세속적인 것들이나 관능적인 것들 안에 밀착되어 있기 때문입니다.

2816. 이런 부류의 자들은, 그들이 자신들의 이런 본성에 흠뻑 물들어 있어서, 반대하고, 반증(反證)하는 모든 것을 멀리하는 것을 통해서 어떤 생각에 속한 종지(宗旨)나 신념 안에 있을 수 있고, 그래서 거기에는 종지나 신념적인 원칙 이외에는 아무것도 나타나지 않습니다. 다시 말하면 그들은, 그런 것이 아니다고 충고하는 것들을 멀리합니다. 따라서 거기에는 의심에 속한 것은 전무(全無)하고, 더욱이 부정적인 원칙은 아무것도 없습니다.

2817. 이런 종류의 사람들을 나는 전혀 알지 못합니다. 그러나 내가 그런 부류의 영들과 말하고 있을 때 내가 지각한 것은 일반적인 삶에서는 매우 유해한 작자들이다는 것입니다. 1748년 8월 14일

2818. 이런 일도 알게 되었습니다. 그들은 오른쪽 발 밑에 있었는데, 마치 그 곳에 관해서 앞서 언급한 것과 같이, 홀로 불안한 상태에서 고독하게 살아가고 있다는 것입니다.

2819. 또 이런 일도 알게 되었습니다. 그 때 그들은 오른쪽 발 밑에 더럽고 배설물적인 것들 안에 있었는데, 그 배설물들은 자신들이 옮기는 것으로 그들은 생각하였습니다. 그럼에도 불구하고 그들은 자신들이 머리보다 높은 곳에 있는 대응하는 자들과 꼭 같다고 생각하였습니다. 그리고 그 뒤에 나는 그들과 대화를 하였지만, 자신들에게 대응하는 머리의 높은 후두부의 공동(空洞)에 있었습니다. 그들이 한 말은, 그들의 거처인 오른쪽 발과 직선을 이루는 머리의 높은 부위에 있는 자들은 영들의 세계에 있을 때 그들과 함께 행동한다는 것입니다. 그래서 그들은 동일한 본성을 지니고 있다고 하였습니다. 1748년 8월 14일

2820. 머리 위에 있는 동일한 욕심을 가지고 있는 자들이 한 말은, 그들은, 그들의 재물을 그들에게서 빼앗고, 그리고 명령하기를 열망하기 때문에, 그들과 함께 있을 수 없다는 것입니다. 그래서 그들은

그들로부터 여러 곳으로 옮겼고, 그리고 거기에서 그들은 여기저기를 떠돌아다녔습니다. 이것이 바로 영들의 세계에서 이런 무리가 여기저기를 방황하는 이유입니다. 오른쪽 발의 직선에 있는 머리 위에 있는 자들은, 내가 보기에는, 다른 자의 재물을 빼앗기를 열망하는 그런 자들처럼 나쁜 자로 보이지 않았지만, 그러나 그들은 다른 자들을, 그리고 비슷한 성품의 자들을 다스리기를 열망하였습니다. 다시 말하면 다른 자들을 다스리는 동시에, 그들의 재물이나 명예를 기묘한 술책과 간계로 빼앗기를 열망하였는데, 그런 술책이나 간계들은 자신들에게 복종하지 않는 자들을 복종시키기 위하여 그들이 채택한 온갖 수단들입니다. 그러므로 그들은 이들과 교제하기를 원하지 않았습니다. 오히려 그들을 자신들에게서 멀리 떼어 놓으려고 하였고, 그리고 다스리는 것을 가리키는 자신들의 목적을 얻기 위하여 그들을 여기저기로 멀리 쫓아 보냈습니다. 머리 위에 있는 그런 부류의 많은 자들은 이런 일에 관심이 많습니다. 1748영 8월 14일

어떤 꿈이나, 깨었을 때의 환상에 관하여

2821. 꿈에 육신을 입은 삶에서의 나의 아버지 모습이 내게 보였습니다. 그리고 그 꿈에서 내가 한 말은, 아들은 자기 자신이 주인이 된 후에는 아버지로서 자신의 부친을 인식할 필요가 없다는 것입니다. 그러므로 아버지 집에서 아버지에 의하여 교육을 받는 동안 그 때 그의 아버지는 아버지로서 인식될 뿐인데, 그 이유는 그 때는 아버지는 주님의 자리에 있기 때문입니다. 그 때 그 아들은 아버지에 의하여 주어지는 교훈이나 지도에서 비롯된 것을 제외하면 행하여야 할 것이 무엇인지 알지 못합니다. 그러나 그가 자신의 아버지 집에서 독립하고, 자기 자신의 마음에서부터 자기 자신을 안내할 정도로 자유롭게 행동하게 되었을 때에는 주님께서 그의 아버지가 되십니다. 이런 내용을 꿈에서 말하고, 깨었습니다. 그 때 거기에는 긴 것이 나를 감고 있는 것 같이 보여졌는데, 그것은 천계로부터 길

게 뻗어 있었습니다. 그것은 서로 원형을 그리며, 아래로 뻗은 긴 가지들로 이루어졌으며, 그리고 그것들은 다양한 색깔의 가장 아름다운 천으로 묶여졌는데, 밝은 푸른색이었습니다.

2822. 그것은 그들의 섞어 짠 것(intertexture)에 속한 것입니다. 그 아름다움은 무엇이라고 묘사할 수 없었습니다. 왜냐하면 천계에 속한 것들을 표징하는 그런 것들은 필설로 표현할 수 없는 것이기 때문입니다. 내게 일러진 것은 천사들은, 그들이 주님을 기쁘게 해 드릴 때 그런 선물들을 받는다는 것입니다. 그리고 내가 깨달은 것은 이런 것들은 내면적인 천계로부터 내면적인 천계의 천사들에게 내려온다는 것이고, 그리고 이런 것들이 이해되는 천계에 있는 표징들이다는 것도 알게 되었습니다. 왜냐하면, 무엇인가를 뜻하는 것 이외에는 천계적인 묶음 안에는 아무것도 없기 때문입니다. 그리고 그들은 자신들의 목전에서 그려지는 것과 동시에 그것이 뜻하는 것이 무엇인지도 깨닫기 때문입니다. 그러므로 낱말들로는 표현할 수 없는 수많은 것들을 단 한 번에 깨닫게 됩니다. 1748년 8월 14일

천계로부터 천사들의 떨어짐(fall)에 관하여

2823. 말하자면, 그들이 거짓들에 들어가게 되었을 때 천사들이 어떻게 천계로 떨어지는지 영들의 눈에 보여졌습니다. 그러한 일은 그 사회가 천계로부터 그가 일으키는 거짓에 의하여 감염되는 것을 막기 위해서입니다. 이런 일은 자주 자주 일어나는데, 그러나 그가 영들의 세계에서 가르침을 받을 때, 따라서 그가 진리의 상태에 있게 되면, 또는 그의 자연적인 것들이 복종의 상태에 있게 되면, 또는 진리의 측면에서 자연적인 것들이 평온의 상태에 있게 되면, 그들은 다시 천계적인 사회에 영접됩니다.

2824. 그 떨어짐에 관해서 살펴보면 그것은 이런 내용을 드러내고 있습니다. 처음에는 먼 곳에서 머리 위의 주변을 빙빙 도는 일종의 베일(veil)의 굴곡(屈曲·circumblexion)이 나타납니다. 그것은 마치 내

가 어디인가 그림 속에서 본 것과 같은, 물 위에 떠 있는 베일(a floating veil)과 같았습니다. 그리고 그 굴곡은 점점 더 빠르게 움직였고, 그러자 그 베일은 위의 모습과 같이 보였습니다. 그러나 신속하게 회전(回轉)하는 것에 의하여 선회(旋回)하는 대기의 회전 모양으로 보였습니다. 그리고 이와 같이 빙빙 도는 공 모양(球體)의 회전은 오른쪽에서 왼쪽으로 움직였는데, 그것은 거짓에 속한 환상의 결과였습니다. 이와 같이 그 회전은 그의 주위를 빙빙 돌았는데, 그것으로 인하여 그 어떤 표징이 나타났습니다. 떨어지는 천사에게는, 그가 영들의 세계에 떨어지게 되면 그의 자연적인 마음의 광기가 이렇게 드러나는 것이지만, 그에게 그렇게 보이는지 아닌지는, 나는 알지 못합니다. 이것이 그 선회나 선회의 모양이 드러나는 것입니다.

2825. 그 베일이 이런 둥근 모양(球體)으로 만들어지게 되면, 그 때 또 다른 자가 조금 떨어져서 그에게 다가와서, 그 베일을 끌어당기는데, 반대방향으로 그를 회전시키고 있습니다. 그래서 그 베일은 다시 돌돌 말려져서, 자그마한 것이 됩니다. 그러나 이런 일은 원주(圓周)로부터 그가 있는 원심(圓心)으로 오랜 시간 계속되고, 그가 그에게 가까이 이르게 되면 그는 아래로 떨어지게 됩니다. 사실 그는 검고, 더러운 호수에 떨어지는데, 그는 주님에 의하여 해방될 때까지 거기에 머물러 있습니다. 그 물은 거의 표현할 수 없을 정도로 검고, 더러웠습니다. 이런 떨어짐은 자주 일어납니다. 왜냐하면 이와 같이 천계는 거짓들로부터 자유하게 되기 때문입니다. 그러나 그들이 영들의 세계에서 교육을 받을 때, 그리고 보다 양호한 상태가 되었을 때 그들은 다시 영접됩니다. 이런 일은 전방 먼 곳에서 일어났지만, 그리고 수많은 자들의 떨어짐도 역시 목격되었습니다.

2826. 지옥에 관해서, 그리고 거기에 있는 다종다양한 형벌들이나 박탈에 관한 말이 천계에서 있었습니다. 거기의 어떤 자는 지옥의 형벌은 영원히 지속되고, 그 끝이 없고, 더욱이 주님에 의한 지옥의 형벌은 속량(贖良)에 의한 지옥으로부터의 구출될 때까지 계속된다

고 생각합니다. 그렇지만 그에게 이런 일이 일어났습니다. 즉 저 세상에서는 특별한 목적이 없이 그 어떤 형벌도 주어지지 않는다는 것입니다. 하물며 목적이 없는 형벌이 어떤 것이라고 생각할 수 있겠습니까? 다시 말하면 형벌이나 고통이나 고문 따위에 의하여 그를 보다 낮은 사회에 있게 하는 목적 없이는 그 어떤 그런 것들은 주어지지 않는다는 것입니다. 주님 안에 선에 이르게 하는 목적이 없다면 그 어떤 형벌이 주어지지 않는다는 것입니다. 신령존재나 신령진혜는 선에 속한 목적이고, 또한 선에 이르게 하는 것이 목적입니다. 그러므로 한 영혼이 선한 목적이 없이 영원히 고통을 받는다는 것은 신령지혜에 정반대되는 것이고, 또한 신령존재에 전적으로 위배(違背)되는 것입니다. 이러한 사실은 이 세상에 잘 알려진 규칙에 의하여 설명될 수 있겠습니다.

2827. 최대의 정의도 불의가 될 수 있습니다. 사람은 이런 응분의 가치가 있습니다. 즉, 이런 존재가 사람이고, 따라서 영원히 선언되고 있습니다. 그러나 주님의 중재(仲裁·intercession), 또는 주님의 속량(贖良·redemption)은 사이에 끼어들고, 자유하게 하고, 또한 지옥으로부터 구출합니다. 왜냐하면 만약에 영원에 이르는 형벌이 주어진다면, 영벌을 면할 수 있는 인간은 하나도 존재하지 않기 때문입니다. 그 이유는 그 인간 안에는 악 이외의 그 어떤 것이 존재하지 않기 때문입니다. 그러므로 어느 누구나 영벌을 받아야 하겠지만, 그럼에도 불구하고 주님에 의하여 구출됩니다. 나와 같이 있는 그 영이 검은 호수(the black lake)에서 구출되었고, 그리고 내가 깨달은 것은 어떤 거짓이 그에게 밀착되어 있었지만 그럼에도 불구하고 그는 거기에서 신령수단들에 의하여 자유하게 되었다는 것입니다. 왜냐하면 천계의 사회들은 주님께서 누구도 잃어버리지 않는다는 자신들의 열망을 가지고 있기 때문입니다. 그리고 또한 그 사회들은 어느 누구도 배척하지 않지만, 오히려 그가 자신을 물리칠 뿐입니다. 따라서 그것은 그의 망상일 뿐입니다. 1748년 8월 14일

생명 자체는 사람에게 속한 것이 아니고, 주님의 것이다는 천사들이나 영들에 의한 정교한 제의에 관하여

2828. 나는, 여느 때와 같이, 깨어 있을 때 천사들과 이야기를 하였습니다. 그 때 거기에 어떤 사람이 있었는데, 그는, 사람·영·천사의 생명은 오직 주님의 것이다는 것과 그리고 이들은 모두가 생명의 수용그릇들에 불과하다는 것을 생각하였습니다. 그리고 또한 우리는 우리가 살아 있다고 생각하는데 지나지 않으며, 그리고 그와 같이 생각하는 것까지도 주님에 의하여 주어진 것이고, 따라서 생명을 우리들 자신의 것으로 여기지만, 이렇게 여기는 것 또한 오류이다고 생각하였습니다. 왜냐하면 우리는 우리의 것이 아닌 것을 우리의 것이라고 생각하기 때문입니다. 사실 본다는 것은 눈에 속한 것이고, 듣는다는 것은 귀에 속한 것이다고 생각합니다. 그럼에도 불구하고 그 때 그것은 눈이나 귀에 속한 것이 아니고, 오히려 그것들은 시각이나 청각의 수용기관일 뿐입니다. 이와 마찬가지로 만약에 그 오류가 제거되지 않는다면 우리는 역시 손들과 발들도 그것들 자신들이 그것들을 움직인다고 생각할 것입니다. 그럼에도 불구하고 그 때 그것은 손이나 발에 속한 것이 아니고, 오히려 내부에서 작용하는 영(靈)에 속한 것인데, 이런 사실은 어느 누구에게도 잘 알려져 있습니다. 이런 주제(主題)는 만약에 이런 것을 깨닫고, 느끼는 수용그릇 안에 생명이 없다면, 어떤 것이 자신의 것이고, 자기 스스로 무엇을 행한다고 보이겠지만, 사람이나 영 그리고 천사가 그렇게 생각할 수 없다는, 그런 성질의 것이고, 그런 신념에 물든 그런 것입니다. 이런 주제는 그렇게 보이는 신념과 더불어 잠시 계속되었지만 그러나 나는, 생명은 오직 주님의 것이다는 것이 진정한 진리이다는 신념에 요지부동으로 갇혀 있었습니다.

2829. 이 진리는 나에게 내류(內流)된 그릇의 신념 안에 고정되어 있기 때문에 나는 그런 신념에서 풀려날 수 없었고, 오히려 비록 내

가 그 상태에서 풀려날 수 없지만, 그럼에도 불구하고, 어느 누구가 원인, 또는 그 원인에서 비롯된 추론들로 터득하지 못하기 때문에 그의 목전에 있는 명료한 진리로부터 뒤로 물러나야 한다는 것과 꼭 같이, 따라서 그 진리는 물러나서는 안 된다는 신념에 사로잡혀 있었습니다. 그러나 그들에게 알려진 사실은 인간의 영혼의 생명은, 다시 말하면 그의 극내적인 생명이나 보다 더 내면적인 마음에 속한 생명은 사람의 것이 아니고, 오직 주님의 것이다는 것입니다. 마음에 속한 것들은 생명을 수용하는 그런 것이고, 그리고 이런 것들에 의하여 자연적인 마음이나 관능적인 마음에 인식이나 지각이 전달됩니다. 그리고 또한 사람이나 영이 자신의 자연적인 원칙이나 물질적인 원칙 안에서 살고 있기 때문에, 그는, 주님에게 속한 생명이 마치 시각·청각·촉각이 눈·귀·신체에 속한 것이라고 생각하는 것처럼, 자기 자신의 것이라고 생각하는 것처럼, 자기 자신의 것이다고 생각합니다. 여기에 더 이상 부연 설명할 필요는 없겠습니다. 왜냐하면, 보다 더 내면적인 것들과 극내적인 것들의 관계나, 또는 내면적인 것들과 보다 더 내면적인 것들의 관계나, 따라서 외면적인 것들과의 관계 등이 이와 같이 잘 드러났기 때문입니다. 그리고 또한 인체의 기관들에서 보면 그것 안에 있는 그들의 외면적인 것들은 보다 내면적인 것들이나, 극내적인 것들에서부터 계속되는 가장 순수한 원칙들(most pure principles)에 의하여 보다 내면적인 것들이나 극내적인 것들에 그런 식으로 의존되어 있습니다. 1748년 8월 15일

> 동물계나 식물계는, 사람이 한쪽만 생각할 때, 영들이나 천사들은 동시에 다른 쪽에 관해서 생각하고 말한다는 그런 방법에 대응된다는 것에 관하여

2830. 나는, 어떤 진리를 증명하기 위하여, 다시 말하면 비록 해결될 수 없는 의문들이 일어난다고 해서 진리가 부인될 수 없다는 진

리를 입증하기 위하여, 그리고 또한 그 의문이 해결된다고 해서 진리가 파괴된다는 진리를 입증하기 위하여 어떤 식물에 관해서 말하였습니다. 내 생각이 그 진리를 입증할 목적 때문에 그 식물에 고정되어 있을 때, 그리고 그 뒤에는 동물에 고정되어 있을 때, 그 때 내가 깨달은 것은, 다른 때와 같이 내 생각은, 연결되어 있지 않고, 말하자면 연속적이다는 것입니다. 내게 일러진 것은 내 생각을 식물에 두면, 그들의 것들은 동물에 있고, 그리고 내 마음이 동물에 두면 그들의 것들은 식물에 둔다는 것입니다. 왜냐하면 그런 것이 바로 대응이다는 것이기 때문입니다. 그러므로 그것이 마치 하나(the one)인 것처럼, 전자로부터 후자에 관해서 생각되어지기 때문입니다. 1748년 8월 15일

온갖 환상들이 점유한 영역에 관하여

2831. 천사들이, 추론에 의하여 확증된 환상들 안에 들어와 방황할 때, 그런 식으로 떨어진다는 것을 위해서 언급되었습니다. 이러한 떨어짐은 매우 많이 일어나고, 거의 매 순간마다 일어나고 있습니다. 그렇지 않다면 천계는 존속될 수 없을 것입니다. 왜냐하면 어느 누구도 영원에 이르기까지 환상들로부터 결코 깨끗해질 수 없고, 그리고 사실은 단 하나의 환상으로부터도 충분하게 깨끗해질 수 없기 때문입니다. 그들이 떨어지게 되면 그 때 그들은 그 환상들에 따라서, 어떤 자는 이런 식으로, 어떤 자는 저런 식으로, 어떤 자는 이런 영역에, 어떤 자는 저런 영역에, 어떤 자는 거꾸로, 어떤 자는 다른 식으로, 각가지 방법으로 처분될 것이기 때문입니다. 따라서 지옥이나 영들의 세계에서 아무런 목적이 없이 갖가지 일들이 행해지고 있다고 생각하는 자들은 이런 떨어짐은 거꾸로 호수 속으로 떨어진다고 생각합니다. 그런데 그 호수는 생명에 속한 것은 전무(全無)하기 때문에 검은 흙탕물입니다. 단지 살아 있는 원리(the living principle)만 사물들의 목적 안에 존재하는데, 그 이유는 주님께서 그

목적이시기 때문입니다.

2832. 그러나 사람이 자기 스스로 산다고 하는 거짓 안에 있는 자들은 게헨나를 향해 정면에 있는 경사진 곳에 있는데, 거기에는 지금 나에게 보여 주고 있는 것과 같은 활활 타오르는 불꽃처럼 보이는 원리가 있는데, 그 환상은 그들을 거기에까지 옮겨놓았고, 그리고 그들이 경사진 길을 따라서 옮겨질 때, 그들은 우주의 어느 끝에 옮겨졌다고 말하였습니다. 1748년 8월 15일

히브리어에 관하여

2833. 하나 안에 수많은 개념들로 이루어진 복합체를 담고 있는 히브리어에는 반대되는 것에서 반대되는 것에 이르는 여러 낱말들이 내재해 있습니다. 그러므로 그 뜻은 연속적인 것을 제외하면 쉽게 이해되지 않습니다. 그리고 그러한 내용은 다른 언어와 달리 내면적인 것에서 비롯됩니다. 그리고 그것들이 표징적인 것으로 존재하기 때문에, 따라서 하나의 조잡한 개념 안에는 수많은 것들이 있을 수 있습니다. 그리고 그것들이 이런 성질을 가지고 있기 때문에 그것들은 내면적인 것들에 들어올 수가 없습니다. 1748년 8월 15일

주님을 믿는 믿음 안에 있는 자의 모든 욕망들이나 그 사람 안에 있는 거짓들은 그 사람에 의하여 자극을 받지 않고, 오히려 영들에 의하여 자극을 받고, 따라서 그것들은 그 사람에게 전가(轉嫁)되지 않는다는 것에 관하여

2834. 이러한 명제는 이미 어떤 곳에서 언급된 것들에게서 비롯되는 결론입니다. 1748년 8월 15일

분명하게 구분되는 능력들(=기능들)이나 삶들은 서로 다른 것 안에 존재한다는 것에 관하여

2835. 천계로부터 내게 입증된 것은, 삶에 속한 분명한 기능들이

나 능력들이 서로 다른 것 안에 존재한다는 것입니다. 가장 외적인 것은 인체와 인체에 속한 것들에 속해 있습니다. 이런 가장 외적인 능력은 본질적으로 내면적인 것과 구분되고, 그리고 분리되어 있다는 것은 인체가 벗겨졌을 때 사람의 생명에서 명확합니다. 그러므로 인체가 죽었을 때에도 그의 영은 살아 있습니다. 이러한 것은 만약에 그것이 명확하게 분별되는 것이 아니라면 결코 그런 일은 있을 수 없습니다. 왜냐하면 그것은 분리될 수 있고, 그리고 분리되기 때문입니다. 그러나 영은 이른바 내면적인 능력들이 새로운 그릇(a new continent)으로 그 이유는 영들의 내면적인 능력을 가리키는 내면적인 영기 안에 영들이 존재한다는 것을 내가 분명하게 알고 있기 때문입니다. 그리고 외면적인 것들이 벗겨지고, 따라서 그 영이 내면적인 것에 들어가고, 그리고 내면적인 것에서 외면적인 것에 들어갈 수 있기 때문입니다. 이러한 사실은 수많은 경험으로 말미암아 나에게는 아주 명확합니다. 그리고 보다 더 내면적인 능력이 있다는 것은 천사들에게서부터 명확한데, 천사들은 보다 더 내면적인 능력 안에 있습니다.

2836. 더욱이 보다 내면적인 것과 극내적인 것이 또한 주어집니다. 사람 안에 있는 이런 능력들은 하나처럼 나타납니다. 그리고 무지한 사람은 그것을 육신의 공으로 돌리고, 그리고 또한 그들은 그것들이 서로 분명하게 구분, 다르지 않다고, 그리고 그것으로 인하여 분리되지 않는다고 생각합니다. 그럼에도 불구하고 그 때 내가 시인할 수 있는 것은 몇 번의 경험을 통해서 그것이 사실이다는 것을 알았다는 것입니다. 그리고 외면적인 것들에 속한 생명은 내면적인 것들의 질서로 말미암아 존재하고, 내면적인 생명은 보다 내면적인 생명들로 인하여 존재한다는 것이고, 그리고 사람의 생명은 오직 주님으로 말미암아 존재한다는 것 등입니다. 따라서 사람은 마치 그의 내면적인 영이 육신 안에서 살고 있다고 생각하는 것과 같이, 그는 자기 스스로 사는 것이라고 생각합니다. 1748년 8월 16일

모두는 육신을 입은 삶을 사는 동안 자신을 위한 영혼을 형성한다는 것에 관하여

2837. 사실은 영적인 개념으로 나는 영들과 더불어 이야기를 하였는데, 그 내용은 각자 사람은 자신의 자연적인 영혼을 형성한다는 것, 결과적으로는 이른바 하나의 자연적인 본성(a certain natural instinct)을 형성한다는 것입니다. 왜냐하면 육신의 삶 뒤 영혼들이나 영들은 어떤 본능에 의하여 악에 속한 범행을 저지르기 때문입니다. 왜냐하면 그들의 영혼 안에는 실제적인 것들에 의하여 터득된 여러 가지 것들로부터 동물 속에 있는 본성과 다르지 않은 자연적인 본성이 존재한다는 것과, 그리고 다만 차이가 있다면, 영적인 것들이나 천적인 것들에 관해서 추론할 수 있다는 것이 존재하기 때문입니다. 사람이 자기 자신을 위하여 형성한 영혼은 자연적인 마음(the natural mind)을 가리키는데, 그것은 자신들의 영적인 마음을 지배하는 통치권을 잡고 있습니다. 따라서 그들의 영적인 것은 자연적인 마음에 이른바 종속(從屬)되어 있습니다.

2838. 육신을 입은 삶에서 모든 것들을 자신(自我)의 공으로 돌리고 자신들이 자신들을 인도한다고 생각하는 자들이 있습니다. 그리고 그들 중에서는 그것과 달리 주님에 의하여 자신들이 인도된다고 생각하는 자들도 있습니다. 나는 이런 사실에 관해서 이야기하였습니다. 왜냐하면 어떤 작자들은, 그들이 육신을 입은 삶에 비하여 보다 더 약삭빠르고, 더 교활한 자들이기 때문입니다. 그러나 그 교활함은 그들이 터득한 자연적인 원칙입니다. 따라서 그것은 일종의 본성인데, 그들은 그것을 용인(容認)하지 않으려고 합니다. 그 이유는 그들은 자신들이 그들의 육신들 안에 여전히 남아 있다고 생각하기 때문이고, 그리고 그들은 그런 사안이 일반적인 것과 비슷하다는 것 이외에 다른 것을 알지 못하기 때문입니다. 그들이 그 때 어떤 자연적인 능력 안에 있기 때문에, 그들은 그것이 이것에서 비롯된 것인

지, 또는 어째서 그런 것이 있는지를 깊이 생각하지 않기 때문입니다. 그들은 단지 그것은 그러하다고만 생각할 뿐입니다. 1748년 8월 16일

2839. 악이 증대하고, 그리고 오늘날도 악이 증대하기 때문에 사람은 질서에 점점 더 어긋나고 있고, 그리고 사람의 행위는, 처음의 것에 비하여 실제적인 것들에 의하여 더욱 더 사악하게 되었습니다. 그 이유는 악이 유전(遺傳)에 의하여 더 크게 증대되었기 때문입니다. 그러므로 사람이 더욱 더 질서에 어긋나게 행동하기 때문에, 그리고 그것은 믿음에, 또는 믿음에 속한 진리들에 어긋나는 것이기 때문에, 그러므로 거기에는 더욱 더 주님의 도움이 필요했습니다. 사람이 질서에 어긋나게 행동하면 할수록 그가 개혁하기 위해서는 더 큰 힘이 요청되었습니다. 결과적으로 그들은 더 많은 영들을 필요로 하였습니다. 더욱이 질서에 따라서 자신을 인도하는 자들은 그들에게는 영들을 더 필요로 하였습니다. 이와 마찬가지로, 육신 안에 있는 모든 것들은 질서에 일치하여 순응합니다. 예를 들면 자연적인 것이라고 일컫는 내장(內臟)들의 활동들은, 그것들이 질서에 따라서 나아가기 때문에, 영들이 직접적인 도움을 요구하지 않습니다. 1748년 8월 16일

악령들은 자신들이 많은 것들을 행할 수 있다고 생각하는 것에 관하여

2840. 악령들이 자주 떠벌리는 소리는, 자신들은 어떤 일도 수행할 수 있고, 그리고 막강한 힘을 가지고 있다는 것 등입니다. 따라서 그들은 어디에서나 자신들에 대해서 뽐내고, 자랑합니다. 왜냐하면 그들은 자신들이 그런 존재다고 생각하고 있기 때문입니다. 이러한 사실은, 자신들은 아무것도 수행할 수 없고, 다만 주님만이, 개별적인 것이든 전체적인 것이든 모든 것들을 수행할 수 있는 것이 영들이나 천사들과 크게 다른 점입니다. 이런 악한 영들에게 그들은

아무것도 수행할 수 없는 존재이다는 대답이 주어졌습니다. 그 때 그들은 이것에 대하여 이상하게 생각하였고, 그리고 그들은 그 일로 인하여 분노하고, 성깔을 부렸습니다. 믿음 안에 있지 않기 때문에, 그들은 그 밖의 다른 것을 전혀 알 수 없기 때문에, 그들에게 역시 일러진 것은, 그들에 관해서 그들은 생명을 전혀 가지고 있지 않은 오직 그릇에 불과하고, 따라서 그들 자신들로만 본다면 죽은 송장과 같다는 것입니다. 그러나 역시 오늘날에도 그들에게 일러진 것은 그들이 그렇게 생각하는 것이 허용되지 않았다는 것이고, 그리고 그렇게 생각한다면 그들은 모두 그들의 생명을 빼앗긴다는 것이고, 그리고 다만 그들이 생명 안에 있다고 여기기 위하여 그들이 그렇게 생각하는 것이 허용되었다는 것입니다. 그래서 그들은 또한 개과천선(改過遷善)할 수 있다는 것입니다. 사실은 긍정적인 것들은, 그들을 통해서 생성된 결과들을 통해서, 그들에게 주어진 것입니다. 그러므로 만약에 그들이 그런 견해 안에서 살았다면 그들이 그런 소견 가운데 머물러 있을 수 있습니다. 만약에 그들이 이런 소견 가운데 사로잡혀 있다면 그것은 그들이 그와 같이 살았기 때문입니다. 1748년 8월 17일

영적인 것들이나, 천적인 것에게서 자연적인 것들이나 현세적(=관능적)인 것들이 분리되면, 부패(腐敗)한다는 것에 관하여

2841. 영들에게 허락된 말은, 영적인 것들이나 천적인 것들에게서 분리된 세속적인 것들이나 관능적인 것들인 이 세상의 기쁨들이나 즐거움들은 이런 상태에 놓인 것들과 비슷한데, 그것은 피의 일혈(溢血·內出血)이나, 그리고 일상적인 상처들이나 피부의 물집(水疱)들이나 이와 비슷한 것들에서 생기는 그것 안에 있는 임파액이나 내출혈에서 볼 수 있듯이, 결국에는 그와 같이 부패하고 맙니다. 왜냐하면 그것은, 마치 육신에 속한 기쁨이나 자연적인 즐거움이 영적

인 원칙들이나 천적인 원칙들에게서 분리되었을 때와 같이, 섬유들에게서 분리되었기 때문입니다. 이런 사실이 영적인 개념에 의하여 드러났고, 그리고 그들에 의하여 시인되었습니다. 1748년 8월 17일

사람·영·천사가 생각하고, 말하고, 행한 것은 그들의 것이 아니다는 것에 관하여

2842. 어떤 악령들이 있었는데, 그들은, 자신들로 인한 것보다는 다른 자들에 의하여 생각하고, 말하고, 행동한다는 것에 대하여 집요하게 부인하였습니다. 그래서 네다섯 여섯 번 경험들에 의하여 그들에게 그들의 사실적인 삶을 보여 주었는데, 그것은 내가 나 자신에 의한 것도 아니고, 그리고 그것들이 그들 자신에 의하여 행한 것도 아니었습니다. 그러나 그것이 어디에서 왔는지 그는 여전히 알지 못하였습니다. 그러므로 종국에 그는, 자기 자신 밖에서 온 것을 제외하면 유입되는 것은 아무것도 없다는 것을 고백하였고, 그리고 그가 생각한 것은, 그것이 바로 다른 자들이 생각한 것이고, 말하고, 행한 것이다는 것입니다. 그리고 그가 생각하고, 말하고, 행한 것도 자기 자신에 의한 것이라고 여기지만, 그것은 매우 큰 잘못이다는 것도 고백하였습니다. 이것은 경험에 대한 민감한 상태에 있을 때 악령들의 고백이었습니다. 1748년 8월 17일

잔악한 영들이나 간통자들은 오물이나 배설물 이외의 다른 것들을 더 사랑하지 않는다는 것에 관하여

2843. 이런 사실, 즉 더럽고, 배설물들이 이런 영들에게는 매우 즐겁고, 유쾌한 것이다는 것은 이미 언급하였습니다. 그래서 그들은 모든 다른 즐거움에 비하여 이런 것들을 소유하는 즐거움을 매우 선호하고, 그리고 불결한 것들이나 배설물들뿐만 아니라 구역질나고, 메스꺼운 것들이나, 짐승들의 지겨운 것들까지도 사랑하고 선호한다는 것도 언급하였습니다. 그들은 어느 정도까지 그들이 사람을 통해

서 활동할 경우 그들은, 예컨대 시각에서와 같이, 그의 내면적인 시각을 모두 그 정도까지 사로잡으려고 합니다. 그 이유는 그런 것들이 그들을 매우 유쾌하게 하기 때문입니다. 이런 사실도 역시 명확한 경험을 통하여 내게 잘 드러났습니다. 내가 길을 걷고 있을 때 그들이 나의 시각을 그런 것들에 주목하게 하였습니다. 거기에는 어디에선가 온 오물·배설물·내장에 있는 것들이 있었는데, 비록 내가 그런 것들이 거기에 있다는 것을 느끼지 못하였지만, 그리고 내가 그것을 믿지 못하였기 때문에 그들은 나의 눈을 그것에 향하게 하였습니다. 내가 그런 것들에 대해서 전혀 눈치를 채지 못하였지만, 그들은 그런 것들을 여전히 보고 있었습니다. 그들은 거기에 나의 눈을, 또는 나의 옆구리에, 또는 나의 발 주위에, 또는 가까이에, 또는 멀리 향하게 하였습니다. 그리고 그들은 나의 눈을 다른 것들에 향하지 않게 하였습니다. 내게 일러진 것은, 이런 무리들은 잔악한 자들이고, 음란스러운 자들이며, 그리고 오른발 아래에서 사는 자들이다는 것입니다. 따라서 나는, 이런 무리들은 그런 것들의 쾌락에 의하여 빼앗기기 때문에, 사람을 통해서 그런 것들 이외에 어떤 것도 볼 수 없다고 결론을 지을 수 있었습니다. 그리고 사람이 이런 성품일 때 그 사람은 그들에 의하여 인도되었지만, 그러나 이런 성격이 아닌 자는 그런 것들로부터 멀리 떨어지게 됩니다. 1748년 8월 17일

어린 것들이 여러 물건들을 가지고 놀 때 그들은 그것들이 살아 있다고 생각한다는 것에 관하여

2844. 어린 것들이 여러 가지 물건들, 조약돌, 상자들을 가지고 놀 때 어린 것들의 생각들이 어떤 성질인지 생생하게 나에게 보여졌습니다. 왜냐하면 그 때 어린 것들은 나를 인도하였기 때문입니다. 내가 이런 장난감들을 준비하였을 때, 그 때, 말하자면, 그것들이 보고 있다는 것이고, 그리고 그것들이 살아 있다는 것 등을 내가 생각하

였습니다. 따라서 내가 이런 것들을 그들 앞에 놓았을 때 그들은 이런 것들을 그들의 마음에 관심을 두지 않는다고 나는 생각하였습니다. 왜냐하면 그들은 이런 것들의 생명이 없는 것들이다는 사실에 대하여 깊이 생각하지 않기 때문입니다. 1748년 8월 17일

사후 영혼들이나 영들은, 사람의 생각들 모두를 본다는 것, 그리고 사람이 생각했던 그의 의도들을 보고 있지만, 그럼에도 불구하고 그들이 사람들이다는 것 이외의 다른 것은 알지 못한다는 것에 관하여

2845. 영혼이나 영들은, 그들이 사람의 내면적인 생각들을 지각하고 보는, 그리고 동시에 그 생각들이나 개념들 안에 있는 수많은 것들을 지각하고 보는, 그런 상태에 있습니다. 그들은, 육신을 벗자마자 곧 저 세상에 이르러, 그런 능력 안에 있게 됩니다. 사실 그들의 상태는 만약에 육신을 입고 있을 때 잠시 동안이라도 이런 생각 안에 있었다면, 그들은 미치광이들이 되었을 그런 상태입니다. 영들은 이런 상태에 있는 그들의 상태에 대해서 전혀 알지 못합니다. 그들은, 그들이 육신을 입은 상태에서 생각할 때 자신들의 상태가 이런 상태와 전혀 다르지 않은 상태에 있다고 생각합니다. 그러므로 그가 살아 있을 때 재판관이었던 어떤 영에게 말하도록 허락된 것은, 그가 나의 것을 알고 있는 것과 같이, 그 여러 가지 생각들을 그것에 결합시키고 있는 모든 것들과 함께 알 수 있게 되었다면, 문제가 되는 것이 그런 것인지 아닌지 조사나 심문(審問)의 과정이나 논쟁 따위를 가질 필요가 전혀 없을 것입니다. 왜냐하면 그들은, 사람이 어떤 사안에 대하여 깊이 숙고할 때, 그가 사람이었을 때에 비하여 보다 더 완전한 상태에서 알 수 있는 것에 비하여, 더 많은 것들을 볼 수 있기 때문입니다. 왜냐하면 모든 사람은, 그가 현재 처해 있는 상태나, 그리고 자신이 잘 알고 있는 자신의 상태에 관해서 전혀 알지 못하기 때문입니다. 그리고 그는 그런 것에 관해서 거의 생각하

지 않기 때문입니다. 영들에게서도 그러하고, 그리고 사람들로서도 마찬가지로 그러합니다. 1748년 8월 17일

  영혼들이 저급의 땅(the inferior earth)에서 영들의 세계(the world of spirits)로 올라간다는 것에 관하여

2846. 아직까지는 이러저러한 방법으로 위로 올라가는 자가 목격되지는 않았지만, 그러나 그들이 영들의 세계에 들어갈 때, 어떤 자들은 머리를 향해 등 쪽 가까이에서 오르고, 어떤 자들은 목이나 머리 외부에 오르고, 내가 생각하기에, 어떤 자들은 머리의 내면적인 것을 통해서 오르고, 어떤 자들은 신체의 내면적인 것을 통해서 오른다고 생각합니다. 어쨌든 다양한 길을 통해서 올라갔습니다. 수차에 걸쳐 그들을 관찰하는 일이 내게 허락되었습니다. 어떤 자들은, 그들이 허리의 영역에 이르렀을 때, 허리들 가운데로 올려졌습니다. 나는 분명하게 이런 사실을 지각하는 일이 내게 허락되었습니다. 내가 생각하기에는 처음부터 나와 함께 있었던, 그러나 저 세상에서 어떤 위치는 별로 중요한 것이 아니고, 오히려 그들의 성품에 일치하여 위치가 바뀌어 생성하고 있기 때문에, 그러므로 이때의 위치는 수천리 수만리 영들의 세계에로 옮겨졌다고 느껴지고, 그리고 심지어 낮은 땅에서 옮겨졌다고 해도 동일하게 느껴집니다. 어떤 자가, 내 느낌으로는, 나의 왼쪽 발을 통해서 올려졌습니다. 머리의 보다 윗부분에, 사실은 머리의 중앙 윗부분에 올리워졌는데, 사실은 나선형으로 오른 자들은 거기에서 최상의 처지를 향유합니다.

2847. 또한 그들은 여러 가지 길로 떨어지기도 합니다. 그러나 나는, 등 가까이를 통해서 떨어진다는 것 이외에는 다른 것을 기억하지 못합니다. 이와 같이 어떤 자들은 땅의 낮은 영역에 떨어지기도 했습니다. 그러나 내가 목격한 것은, 그들이 종전에 의한 길과는 전혀 다른 길로 영들의 세계를 향해 던져지기도 하였습니다. 1748년 8월 17일

사기꾼에 관하여

2848. 사기성이 농후한 영들이, 만약에 그들의 유해한 독성이 그들에게서 나오지 않고, 그래서 그들은 어느 누구도 해칠 수가 없도록 또한 조절되지 않는다면 영들의 세계에 들어오는 것이 허락되지 않습니다. 그러나 본래의 성질에서 악을 자행하는 자들은, 또는 비슷하거나, 원래의 본성에서 여전히 악을 범하는 자들은 모두가 제외되었습니다. 그러나 고의적으로 악을 행하고, 그리고 자신들의 독기를 숨기고, 따라서 사기적으로 악을 행하는 자들은 용서받을 수 없습니다. 본성으로서의 속임과 미리 계획된 사기 사이에는 엄연한 분별이 있었습니다. 1748년 8월 17일

2849. 이 세상에서, 즉 육신을 입은 그들의 삶에서, 그들이 비록 사람들에 의하여 식별되지 않는다고 해도 사기꾼은 극명하게 분별됩니다. 왜냐하면 관습으로 뿌리를 내리고, 현실적으로 어떤 자가 미리 속임수들을 계획하지 않는다고 해도, 그러나 어디서나 기회가 주어진다면 사기적인 수법으로 비슷한 결과를 가져온다면, 따라서 미리 계획된 방법이 아니라고 해도 극명하게 분별됩니다. 이런 부류의 작자들은 용서를 받습니다. 왜냐하면 그들의 본성이 알려졌기 때문입니다. 그러나 이 세상에는 미리 계획을 하고, 마음 속에는 자신들의 속임수를 숨기고, 친절한 모습을 드러내지만, 그럼에도 불구하고 친절한 모습에도 해치려는 기회들을 장시간 획책하는 자들도 있습니다. 이런 무리들은 용서받을 수 없는 작자들이고, 그리고 이런 작자들은 방심할 수 없는 살무사들 같은 무리입니다. 나는 영들과 이런 작자들에 관해서 이야기한 적이 있습니다. 왜냐하면 어떤 작자는 매우 가볍기는 하지만 나를 해하였기 때문입니다. 그러나 그는 본성으로부터 그와 같이 행할 수 있는 그런 성격의 소유자이기 때문입니다. 그러므로 이런 것들에 관해서 생각하기도 하고, 이야기하는 기회가 나에게 허락되었습니다. 1748년 8월 17일

사람은 경이로운 방법으로 인도받고 있지만, 그러나 그가 속해 있는 상태나, 그가 처해 있는 상태에 있는 그 어떤 것 이외에는 깊이 생각하지 않는다는 것에 관하여

2850. 앞에서 이미 목격된 것들로부터 얻은 사실은, 더러운 영들이나 악한 영들은 배설물, 불결한 것이나 내장 속에 있는 것들 이외에는 아무것도 깊이 생각하지 않는다는 것입니다. 그 이유는 그들이 그런 상태에 빠져 있기 때문이고, 그리고 그들은 그런 것들로부터 자신들의 쾌락이나 즐거움을 취하기 때문이고, 그리고 또한 그들이 가옥들이나 눈에 드러난 대상물과 같은 것만을 중하게 여기는 그런 상태에 있기 때문에 그런 것들 주위에 있는 것은 보지 않기 때문입니다. 결과적으로 그들은 자신들의 눈에 드러난 그런 것들을 보기 때문입니다. 사실은, 그들은 냄새에 의한 것을 제외하면 알 수 없는 그와 같은 것들은 숨겨져 있기 때문입니다. 여기저기 숨겨져 있는 것들을 본다는 것에서 알 수 있는 것, 즉 그러한 것에서부터 사람의 성품·그가 처해 있는 상태·그가 집중하고 있는 시선의 방향 그리고 그가 듣지 않으려고 하는 것이나, 말하고, 생각하는 것이 무엇인지 잘 알 수 있다는 것입니다. 그럼에도 불구하고 그는 자신의 쾌락이나 열망하는 것 이외에는 다른 것에 대해서 전혀 깊이 생각하지 않습니다. 그에게 마치 그늘 같은 것, 말하자면 그는 그런 것들을 내치고, 그래서 그는 보지도 않고, 듣지도 않으며, 또한 보거나 들으려고도 하지 않습니다. 1748년 8월 18일

2851. 여기에서 악령들이 나의 기억의 개념들로부터 각자의 상태나 성질에 따라서 합성(合成)된 개념 가운데 있는 것에서 그들에게 일치된 것들을 어떻게 취하는지를 알 수 있겠습니다. 어떤 자들은 그 개념의 측면에서 보면 좀 떨어진 것을 취하기도 하고, 또 어떤 자들은 아주 멀리 떨어진 것을 취하기도 합니다. 그리고 또한 생각하고, 듣고, 보는 모든 대상물로부터 그들에게 취해집니다. 왜냐하면

기옥에 속한 수많은 개념들도, 그리고 심지어 유사하지 않은 것까지도 계속해서 제휴(提携)하는 그런 것이기 때문입니다. 수많은 영역에서와 같이, 감각들이나 사상의 대상물들로부터 구성된 수많은 개념들은 이와 같이 서로 제휴되어 있습니다. 말하자면 그것들은 수많은 것들의 동료관계라고 하겠습니다. 보다 단순한 개념들이 어떤 방법으로 제휴하고, 서로 결합되는지 알 수 있고, 그리고 그들의 성품도 알 수 있는데, 이런 사실이 바로 그 개념에 관해서 보면, 사람이 그런 존재이다는 것입니다. 그리고 육신이 죽은 뒤 사람들은 이런 부류의 영들 가운데 있다는 것입니다.

2852. 그 때 모든 영은 자기 자신의 본성에 따라서 자신의 기질에 속한 것들을 빼앗깁니다. 따라서 사람은 찢기고, 고통을 겪고, 어려움을 당하고, 그리고 고뇌·고통·어려움 등과 같은 수많은 종류의 고통들 하에 지내게 됩니다. 한마디로 말하면 나와 같이 있던 악령들은 내가 형성한 개념들로부터 그 개념의 중심에서 아주 멀리 떨어져 있는 것들을 취하였는데, 그런 일이 여러 번 있었습니다. 나는 이런 일에 대하여 정말로 아주 크게 놀랐습니다. 그럼에도 불구하고 그 경우는 대상물들에게서 취한 것의 측면에서 보면 비슷합니다. 불결한 영들은 내가 보지 못한 것을 보고, 그리고 그들은 나의 시선을 불결한 것에 향하게 하였습니다. 그 불결한 것이 내 발 가까이에서, 내 옆구리에서 멀리 떨어져 있다고 해도 내 시선을 그것에 향하게 하였습니다. 그리고 나는 그것에 관해서, 그런 부류의 영들이 알고, 느끼고, 따라서 본 것이 아니라면, 나는 전혀 알 수가 없었습니다. 1748년 8월 18일

그 이유는, 그들이 볼 수 없도록 모든 것을 멀리 옮겨 놓기 때문이고, 그리고 어떤 자들은 자신들의 불쾌감에 일치하지 않는 것을 혐오(嫌惡)하기도 하였습니다. 따라서 그들은 동의하지 않는 것들은 무엇이나 옆으로 물리칩니다. 그래서 이런 것들은 그들에게는 늘 그늘이 될 뿐만 아니라 어둠이요, 한기(寒氣)요, 말하자면 죽음일 뿐입니

다.

2853. 내가 목격한 것은, 눈에 밝히 드러나지 않는 것들 안에는, 그리고 그래서 내가 그것이 무엇인지 알 수 없었던 것 안에는, 그들이 보기 싫어하고 혐오하는 유사한 것들의 환상들을 이런 영들이 유발할 수 있다는 것입니다. 따라서 그들이 보지 못한 모든 것 안에 있는 그들의 환상들이 이런 불결한 것들 안에 밀착되어 있기 때문에, 그러므로 그들이 보게 되면 시각에 의하여 식별하기 전에 불영명한 것들 안에 있는 것들을 그런 부류의 불결한 것들로 만들어 버립니다. 1748년 8월 16일

목적들의 직관이나 지각적인 정동은 사람을 금수(禽獸)들에게서 분별하게 한다는 것에 관하여

2854. 나는 여러 영들과 사람 안에 있는 목적들이 바로 그 사람을 인도하는 것이고, 사람이 무엇을 얻기 위하여 행동하는 것이고, 그리고 목적들에 속한 직관(直觀・intuition)은 사람을 금수에게서 분별하는 것이다는 것에 대해서 대화를 하였습니다. 금수들은 목적들에 관해서 아무것도 모릅니다. 그 이유는 그의 영혼이 이런 본성에 속한 영혼이기 때문입니다. 그러나 사람은 목적들을 반드시 알아야 하고, 그것들에 대하여 갈망하고, 그리고 그것들을 잘 살펴야 하고, 그리고 목적들에 의하여 감동되기 때문입니다. 따라서 사람의 처음과 마지막 목적은 영원한 생명이고, 그리고 그 사람은 그가 목적들을 관조(觀照)할 수 있는 그런 성품의 인물이기 때문에, 그러므로 사람은 만약에 참된 목적이나, 또는 자신의 영원한 상태를 관조할 수 없다면, 그래서 주님을 볼 수 없다면, 그는 진정한 사람이 아닙니다. 1748년 8월 17일

계획된 속임수로 행동한 자들이나, 그런 성품이 몸에 밴 자들의 지옥에 관하여

2855. 아주 교묘한 속임수로 사람들을 속이는 일에 아주 능숙한 영들이 내게 나타났습니다. 그런 속임수란 좋은 얼굴 표정을 짓고, 그리고 자신들의 지독한 속임수들을 감추고, 이런 저런 언변을 늘어놓는 그런 것들입니다. 따라서 그들은 사로잡고, 멸망시키고 죽이는 일을 무척 갈망하고, 그리고 그런 것들에 자신들의 삶의 쾌락을 두는 무리입니다. 이들에게 그들의 사기적인 술책들을 살피고, 궁리하는 일이 허락되었는데, 이러한 일은, 내면적인 세계의 영들조차도 그것을 알 수 없는 아주 교활한 것들로 행해졌습니다. 이런 자들이 실제적으로 그런 술책을 부렸을 때 갑자기 그 내면적인 세계가 닫혀졌는데, 이런 사실을 나는 갑작스러운 침묵에 의하여 인지할 수 있었습니다.

2856. 그러므로 내가 길을 걷고 있는 동안, 군중들의 소란스러운 소리가 갑자기 들리지 않았는데, 이것이 바로 내면적인 영들의 세계가 닫혔다는 것을 입증하는 것입니다. 이것이 갑작스러운 침묵이라고 하는 것입니다. 그 때 그들은 면전의 영역을 향해서 나에게서 멀리 떠났고, 그리고 나와 이야기를 하였습니다. 다른 자들에 의하여 내게 일러졌고, 그리고 암시된 것은 이런 부류가 이웃을 몰락(沒落)시키는 것 이외에는 아무것도 생각하지 않으면서, 미리 계획적으로 교묘한 사기적인 것들을 날조하는 자들이고, 그리고 그래서 우정 어린 표정 하에서 속이는 자들이다는 것입니다. 그들은 또 내가 비겁한 어떤 것을 생각한 것과 같은 불결한 것을 보는 것이 허락되었고, 그리고 그러한 것을 수집, 대단히 예리하게 관찰하기도 하였지만, 선한 것은 하나도 보지 못하였습니다. 왜냐하면 그들은 우정 어린 모습 하에서 사기할 목적이 아니라면 그런 것들을 물리치고, 그리고 또한 그것을 영접, 수용할 수 없기 때문입니다.

2857. 그들의 지옥에 관해서 살펴보겠습니다. 그들의 지옥은 다른 자들의 지옥에 비하여 더 공포적이고, 증오로 말미암아 사람을 죽인 자들의 지옥에 비하여 더 무섭고, 그리고 미리 계획된 것 없이 속이

는 행동을 하는 자들의 지옥에 비하여 더 몸서리쳐집니다. 그 지옥은 경계들 가까이, 정면에 있습니다. 그들이 거기에 던져졌는데, 아마도 그들은 전에도 거기에 있었을 것이지만, 거기에서 그들이 이끌려 나오게 되면 그 때 일러진 말은 그들이 뱀들 사이에서 살게 되고, 그들의 사기의 독이 많으면 그럴수록 뱀들은 더 교활하고, 그리고 그들을 감싸고 있고 또 괴롭히는 것들의 숫자도 많아지게 됩니다. 따라서 그것은 그것을 말하는 것만으로도 공포를 자아냅니다. 이런 지옥이 이런 성격의 사람들을 기다리고 있습니다. 이런 원칙에서 그들의 속임수는 불타고 있습니다. 1748년 8월 19일

2858. 이런 부류의 영들은 본성에 의하여 사기성이 농후하고, 그리고 거기에 영특함을 두는 자들과는 같지가 않습니다. 왜냐하면 이들이 거기에 나타나게 되면, 조용하게 귀에 대고 속삭이려고 하는 그들의 열망으로 말미암아 즉시 알려지게 되고, 그리고 그의 처음 음성뿐만 아니라 그들의 생각도 곧 밝혀지게 되고, 그리고 그런 생각은 저 세상에서 명료하게 지각되기도 합니다. 이런 속임수가 능한 영들은 방금 기술한 것과 같은 지옥에는 떨어지지 않고, 다른 지옥에 떨어지게 됩니다. 그러나 이런 부류의 작자들에 관해서 일러진 것은, 그들이 소리나 언어에서 익숙한 자들을 제외하면 지각될 수 없고, 그리고 그럼에도 불구하고 해치고 파괴하려는 마음을 숨기고 있다는 것입니다.

2859. 이런 작자들은 내면적인 영들을 속일 수 있습니다.

다른 인물을 표징하는 영들은, 그들이 표징하는 인물이 동일한 인물이다는 것을 믿게 할 수 있다는 것, 그리고 다른 영들에게 심지어 알려진 영은, 다른 영이 그가 표징하는 영과 동일한 영이다는 것 이외에는 알 수 없다는 것에 관하여

2860. 수도 없이 나에게 입증된 사실은, 나와 이야기를 나누고 있는 영들은 자신이 내가 생각하고 있는 그 자이다라고 생각하는 것

이외에는 생각하지 않으며, 다른 영들도 역시 그와 같이 생각한다는 것입니다. 예를 들면, 내가 삶 속에서 알고 있는 어떤 영은 어제나 오늘 나와 이야기를 나눈 영에게 모든 면에서 내가 알고 있는 어떤 것 하나도, 그 이상 닮을 수 없을 만큼, 바로 그의 것이다고 여긴다는 것입니다. 그러므로 영들과 말을 한 자들은, 영들이 자신을 말한 자들에게 잘 알려져 있는 자이고, 그리고 그들이 자기는 죽었다고 말할 때 속지 않도록 조심하여야 한다는 것입니다.

2861. 왜냐하면 유사한 능력의 영들에게는 여러 종류의 영들이 있고, 그리고 유사한 영들이 사람의 기억에 호출되었을 때, 그리고 따라서 그들에게 표징되었을 때, 그들은 자신들이 그와 같은 존재이다고 생각하기 때문입니다. 그 때 그들은, 그들이 드러내고 있는 모든 것들이나, 낱말·언어·음성·몸동작이나 그 밖의 수많은 것들을 기억으로부터 만들어 냅니다. 더욱이 그들은 다른 영들이 사상이나 감정과 같은 것이 주입될 때 그와 같이 생각하는 것이 유발됩니다. 왜냐하면 그 때 그들은 다른 영들의 환상 속에 있기 때문이고, 그리고 그들은 그들과 꼭 같다고 생각하기 때문입니다. 1748년 8월 19일

다른 영들이 그에게서 멀리 날아간다는 영들의 여행에 관하여
2862. 나는 영들이 작은 종들(bells)을 울리는 소리 같은 것을 들었습니다. 이런 것은 영국에서 짐차나 짐을 끄는 말에게 부착하는 관습이 있습니다. 거기에는 아주 동일한 종소리가 있었습니다. 따라서 이른바 동일한 보조의 걸음걸이로 그 거리를 걸었습니다. 그래서 긴 시간을 걸었기 때문에 나는, 그들이 바로 그들이다는 것 이외의 것은 생각할 수 없었습니다. 그러나 내가 깨달은 것은, 마치 짐차를 끄는 말들이 느릿느릿 걸으면서, 자신들은 나그네들이다는 것을 풍기면서 이와 같은 소리를 내는 영들이다는 것입니다. 그들은 머리의 뒤 부위에서 왔고, 그리고 천천히 앞으로 나아갔습니다. 그것은, 마치 그들이 머리의 앞 부위 쪽으로 나아가는 것처럼 보였습니다. 그

러나 그런 모습은 자신들의 환상에서 비롯된 겉꾸민 드러냄이었는데, 그런 환상은 마치 동일한 장소에 있지만, 그들이 어디에나 다 있다는 것을 드러내기 위한 위장일 뿐입니다. 따라서 그들은, 자신들이 마치 어디에나 현존해 있다는 것을 다른 자들에게 들려주기 위한 짓입니다.

2863. 그들의 음성이 다른 영들에게 들려졌을 때 다른 영들은 도망칩니다. 나는, 동풍에 관해서 앞에서 언급하였지만, 그 소리가 동풍(東風)에 유사하다고 생각하였습니다. 왜냐하면 영들을 쫓아버리는 이런 종류의 것들이 있기 때문입니다. 거기에서 도망친 영들은, 이들이 바로 다른 자들의 물건을 나르는, 따라서 다른 자들의 물건을 도둑질하는 그런 성품의 인물이라고 말하였습니다. 그래서 그들은 도망친 것입니다. 나는, 저 세상에서 그들이 훔친 물건들이 무엇인지를 물었는데, 그들은, 어느 누구나 잃고 싶지 않은 어떤 것인가를 가지고 있다고 대답하였습니다. 그러므로 나는 이런 영들은 재물의 소유의 환상으로 애쓰고 있다고 이해하였습니다. 다시 말하면 다소의 금·은·옷가지들이나 이와 비슷한 것들을 소유하고자 하는 환상으로 고생하는 영들은 다른 영들에 의하여 흩어져 도망한다는 것을 이해할 수 있었습니다. 남의 것을 훔치려고 하는 다른 자들의 환상이 유입되면, 그 때 그들은 멀리 도망치고, 산산이 흩어집니다. 1748년 8월 19일

요술(妖術)을 부리는 자들, 또는 매춘부들에 관하여

2864. 나는 잠에 빠져 있을 때, 요술을 부리는 자들, 또는 매춘부의 집단에 의하여 몹시 시달림을 겪었습니다. 그러나 그들이 어떤 식으로 나를 괴롭혔는지는 기억하지 못합니다. 한밤 잠에서 깨었을 때 나는, 그런 영들이 내 주위에 있다는 것을 깨달았는데, 사실 그들은 내 머리의 살갗에 있었습니다. 왜냐하면 내가 잠에서 깨었을 때, 수많은 자들이 도망을 쳤기 때문입니다. 그러나 사실은 가벼운

치찰음(齒擦音·hissing sound)을 내면서 도망을 쳤습니다. 그것은 마치 조그마한 구멍이 뚫릴 때 나는 그런 소리였습니다. 그런 소리는 매우 빠르게 움직일 때 나는 소리와 같고, 또는 머리의 극외 영역에서, 다시 말하면 머리의 살갗에서 사는 수많은 뱀들이 내는 소리와 같습니다.

2865. 내가 잠에서 깨었을 때 그들은 아주 고요한 태풍을, 그리고 지각할 정도로, 후두부(後頭部)의 강(腔)으로 불어넣었습니다. 그러나 나는, 그들이 거기에 음란의 바람을 불어 넣고 있다고 생각하였습니다. 그리고 나는 이것이 어떤 식으로든 나를 죽이거나, 해칠 것이다고 생각하였습니다. 따라서 역시 그들은 그 영역을 점령하였습니다.

2866. 나는 그 다음에 일종의 정원을 기어 다니는 수많은 뱀들을 보았습니다. 그래서 그 정원은 옅은 황색깔의 돌들로 덮여 있듯이, 그런 뱀들로 가득 채워 있었습니다. 일러진 것은 이런 영들도 그런 뱀들 사이에서 살고 있다는 것과 그리고 그런 것들을 애지중지하지만, 그러나 이런 뱀들은 독이 없다는 것이었습니다. 1748년 8월 20일

모든 것들을 공유한다는 원칙을 가지고 있는 자들에 관하여

2867. 모든 것들을 공유(共有)한다는 원칙에 사로잡힌 자들이 있었습니다. 심지어 아내들까지도 공유한다고 하였습니다. 그러므로 내가 앞에서 언급하였듯이, 나는 그들은 별의 별 잡다한 성교(性交)를 한다고 생각합니다. 이들은 정면 높은, 멀리 떨어진 곳에 있습니다. 그들은, 마치 그들이 선한 자라고 떠벌이지만, 그러나 그들은 사기꾼처럼 사악합니다. 그러므로 그들에게 주어지는 형벌은 뱀에 속한 그런 것이었습니다. 그들은 뱀들에 의하여 하나의 뭉치로 꽁꽁 묶여 있었습니다. 그리고 말하자면 하나의 공처럼 뭉쳐 있었습니다. 그리고 그들은 거기에서 쫓겨났습니다. 1748년 8월 20일

생각(思想)은, 마치 발산기(發散器)처럼, 영들에 의하여 인식되고, 인도된다는 것에 관하여

2868. 나는 여러 가지 방법으로 영들과 이야기를 계속하였습니다. 그 하나는 사람의 언어와 매우 닮은 것이 있었는데, 그것은 혀와 언어의 기관들이 분명하게 작용하는 말과 유사한 언어와 말이 있었습니다. 그 다음으로는 사고적인 언어(a cogitative speech)가 있고, 그리고 말하자면 내면적인 생각에 속한 보다 순수한 것을 말하는 생각(思考)이 있었습니다. 그 생각에 관해서 나는, 일종의 발산기(發散器) 이외의, 즉 내면적인 것에서 발산하는 일종의 사고에 의한 것 이외에는 아무것도 인지하지 못하였습니다. 따라서 언어에는 수많은 중간적인 언어에 속한 다양함의 언어가 있는데, 나는 그런 많은 것들에 의하여 대화를 하였습니다.

2869. 이 언어에 관해서, 다시 말하면 발산기(發散器)적인 언어에 관해서 언급하겠습니다. 머리 위의 높은 곳에 있는 영들은 명확하게 그것을 지각하고, 그리고 그와 같이 생각되는 여러 가지 것들을 말하는데, 나는 이것에 대해서 이상하게 생각해서 잠시 동안 어리둥절하였습니다. 역시 그들은, 나와 같이, 언어의 발산기(an exhalative)같은 것이 있다는 것을 지각하였습니다. 그리고 내가 안 것은 영들은 그런 것에 의하여 말하도록 인도 받고 있지만, 그러므로 그렇지 않다면 그들은 말을 할 수 없다는 것입니다. 그들이 이 사실을 알았을 때 그리고 내가 그들에게 그들이 말하도록 인도되는 것을 제외하면 아무것도 말하지 못한다고, 그러므로 자기 스스로는 전혀 말할 수 없다는 것을 일러주었을 때, 그들은 몹시 분노하였습니다. 역시 이런 일이 일어났고, 그리고 그것은 그들에게 입증되었고, 그리고 그런 일은 수도 없이 목격되었습니다. 1748년 8월 21일

천사들은 자기들 스스로는 생각할 수 없는 지각에서 매우 감미로움을 느낀다는 것에 관하여

2870. 내게 갑자기 이런 일을 깨닫는 것이 허락되었는데, 그것은 바로 천사들이 지각에서 얻는 감미로움 때문에 그들은 자기 스스로 생각하지 못하고, 결과적으로 말도 하지 못하고, 행동도 하지 못한다는 것입니다. 왜냐하면 그것으로 그들은 평안이나 쉼, 그리고 신뢰는 물론 수많은 즐거움을 얻기 때문입니다. 1748년 8월 21일

2871. 그러나 천사들은 물론 아니고 선한 영들 가운데 있는 자들도 감미로움 대신에 권태(倦怠)나 고뇌(苦惱) 따위를 느낄 것입니다. 그래서 그들은 분노하고 성낼 것인데, 내가 이런 일을 목격하는 것이 자주 허락되었습니다. 1748년 8월 21일

악한 영들은 선한 자를 공격하는 일을 단념할 수밖에 없다는 것에 관하여

2872. 악령들은 속임수들·교활·악의·무분별 따위의 다종다양한 방법으로 계속해서 선한 자나 참된 믿음에 속한 것들을 공격합니다. 이러한 것은 내가 계속해서 목격한 것인데, 선한 영들은 자신들을 방어(防禦)하는 일 외에는 결코 공격하지 않습니다. 내가 기술한 것들에 대하여 모호하게 만들고, 경멸하기도 했는데, 그런 악령들에게 그런 짓거리를 단념할 수 없느냐고 질문을 하자, 그들은 일언지하에 "아니오"라고 대답하였습니다. 그러므로 그들에게 일러진 것은, 만약에 그들의 꼬락서니가 느슨해지면 공격을 단념할 수 없겠지만, 그러나 만약에 그들이 구속의 상태에 있게 되면 그들은 능히 할 수 있다는 것입니다. 그들은 비록 그 경우가 사실이다는 것을 잘 알고 있지만, 그들은 이런 사실을 알려고 하지 않습니다. 한마디로, 그들의 구속의 상태가 느슨해지면 그 즉시 그들은 온갖 속임수들·교활함·악의·잔혹이나 지독한 것들 속으로 돌진합니다. 이런 일은 수많은 경험으로부터 알 수 있도록 내게 허락된 것들입니다. 1748년 8월 21일

유대 사람이 그들의 불신(不信) 때문에 영벌을 받았는데, 그들이 내어난, 그리고 그들이 그렇게 산 이유에 관해서 아브라함과 대화하였다는 것에 관하여

2873. 아브라함이 오늘 나타나서 내가 기술한 것들을 수많은 것들로 방해하였고, 그리고 그것들을 헐뜯었습니다. 나는 아브라함과 더불어 가끔씩 이런 일에 관해서 대화를 했는데, 즉 그가 유대 사람으로 태어나서, 자손이 증대하고, 그리고 정죄되었기 때문에 그가 주님을 비난한 이유인지, 그리고 태어나지 않았으면 더 좋았을 것인지, 그리고 자기 자신이 그런 성품의 사람이고, 그리고 오랜 동안 그렇게 살았기 때문에, 주님을 비난한 이유인지 대화를 하였습니다. 그러므로 그를 믿는 유대 사람들을 그가 수용하기 위하여 그리고 그래서 그들이 그 망상에서 물러나게 하기 위하여, 그런 성품이 되어서 주님을 비난한 이유에 대해서 대화하였습니다. 그러나 그가 믿은 대답은, 그들이 그것의 원인이고, 그가 원인이지만, 주님은 결코 원인이 아니다는 것인데, 그 이유는 주님께서는 모든 선으로 모두를 감화시키고, 또 모두를 구원하시기를 원하시기 때문입니다. 이러한 사실은 오랜 동안 주님과 함께 있었던 자에게 아주 잘 알려져 있습니다.

2874. 그러므로 그들이 이런 성경의 인물들이고, 그리고 그가 이런 성품이다는 것은 자신들의 탓으로 돌려져야 합니다. 그리고 그들이 불신의 유대인으로 태어났을 뿐만 아니라, 사악한 온 세계에서와 꼭 같이, 믿지 않는 대부분의 기독교인들이 생겨났습니다. 이러한 것은 이미 언급되었습니다. 그리고 그들이 이런 부류의 자들이기 때문에 그들은 다른 자들을 위한 구제책(救濟策)이 되기 위하여 태어났습니다. 왜냐하면 온갖 시험들에게서 잘 알려져 있듯이 악은 악이 치료하기 때문입니다. 그리고 이런 비슷한 것들은 여럿 있습니다. 그 이유는 그것이 미리 예견되지만, 그러나 이런 일은 다른 방법으로 생겨날 수는 없기 때문입니다. 이 세상이 이런 성격을 가지고 있

기 때문에, 그리고 그것이 마지막 목적이고, 최상의 목적이기 때문에 거기에서 얻는 사실은 그와 달리 말하고 또 느끼는 자는 신령한 것에 거슬러 말을 합니다. 이러한 내용들은 신령한 개념들을 통하여 더 잘 이해될 수 있겠습니다. 그리고 역시 그것은 그 때 내게 영감되었고, 천계로 말미암아 확증되었습니다. 1748년 8월 21일

아브라함은 오래 전에 그에게 온 유대 사람들이 어디서 왔는지 알지 못한다는 것에 관하여
2875. 아브라함이 유대인들의 시중도 없이 나와 수차에 걸쳐 함께 있었습니다. 그리고 나는, 그가 살아 있을 때부터 수많은 유대인들이 그에게 왔는데, 그들이 있었던 곳이 어디인지 그에게 물었습니다. 그가 한 대답은, 그들이 어디에 있었는지 알지 못한다는 것이고, 그리고 계속해서 내 곁을 떠나 보이지 않는 것을 이상하게 생각한다는 것들입니다. 그래서 그는 알지 못하지만, 그럼에도 불구하고 그는, 그 더럽혀진 예루살렘 안에 있는 자들을 모두 불러 모을 수 있다고 말하였습니다. 그러나 이러한 일은 주님의 허락이 없으면 불가능하였습니다. 그 곳에 있는 자들은 망상 하에서 여전히 노동을 하고, 불결함 가운데서 시간을 보냈습니다. 1748년 8월 21일

아브람과 어울려 어떤 사기적인 영과의 대화에 관하여
2876. 아브람이 떠나자, 그에 의하여 어떤 영이 보내졌습니다. 아브람이 그 영에 관하여 그는 악마까지도 속일 수 있다고 말하였습니다. 그 영은 아주 교묘하게 자신의 온갖 속임수들을 침투시켰습니다. 그래서 모든 생명은 주님에게서 오기 때문에 어떻게 저런 자가 거기에 있을 수 있는지를 주장하였습니다. 따라서 아무도 주님께서 그 작자를 온갖 속임수에 보낸 것이다고 생각하였습니다. 그러나 주어진 대답은, 각자는 누구 자신의 삶을 영위하도록 영원 전부터 정해져 있고, 그리고 삶을 빼앗기지 않는다는 것입니다. 그러므로 심

지어 속임수가 농후한 영도 역시 주님으로부터 생명을 취한다는 것입니다. 그러나 그에게서 그것은, 마치 태양의 빛이 여러 색깔들로 바뀌듯이, 즉 갈색이나 흑색이나 그 밖의 슬픈 색들로 바뀌는 태양에 의하여 비춰지는 투명한 대상물과 같습니다. 태양의 빛은 대상물에 의하여 아주 불쾌한 빛으로 변화됩니다. 따라서 그가 생명에 속한 대상물이기 때문에 그에게 있어서도 마찬가지입니다. 그가 이런 성품이고, 그리고 그가 자기 자신에 이런 형체를 취하였기 때문에, 그것은 바로 본성입니다. 따라서 그의 생명(=삶)은 그에 의하여 형성되었고, 그리고 그것은 지속됩니다. 1748년 8월 21일

영들에게 나타나지 않지만, 내면적인 것들은 그의 모두이다 는 것에 관한 영들과의 대화에 관하여

2877. 표징적인 교회(the representative church)에 관해서, 즉 거기에 있는 외적인 것들은 거룩한 내적인 것들을 표징한다는 것에 관해서 어떤 사기적인 영들이 기술하게 되었습니다. 그는, 비록 그가 이해할 수 있다고 해도, 자신은 이해할 수 없다고 말하였습니다. 그러나 개념들이 영적인 표징들이나 가시적인 표징들에 의하여 그에게 주어진 대답은 우리가 보는 것은 무엇이나 다만 겉봉투들에 지나지 않고, 그리고 극외적인 덮개들에 지나지 않는데, 그 때 거기에는 그것들에 속한 모든 것들을 가리키는 내면적인 것들이 있다는 것입니다. 그리고 표징하는 것이 허락되었는데, 나뭇잎들이 있는 한 나무가 나타났습니다. 그리고 그 때 우리가 다만 그것의 겉만 보는 사과가 나타났지만, 그러나 그 때, 만약에 그것들이 밝혀진다면 그것 안에 있는 나무들과 같은 섬유질이 있고, 그리고 거기에는 씨들을 감싸고 있는 보다 순수한 수액이 있고, 그리고 그것의 가장 순수한 본질이나 근원이 되는 모든 내면적인 것들을 내적으로 저장하고 있는 씨들이 있습니다. 그러나 이러한 것들은 우리가 볼 수 없습니다. 이것이, 다만 어떤 외적인 표피(表皮)에 불과하지만, 그의 생각이었습

니다. 1748년 8월 21일

가나안 땅에 관한 어떤 유대 사람과의 대화에 관하여

2878. 나는 하나님 메시아(God the Messiah)에 관해서 어떤 조예(造詣)가 깊은 유대 사람들과 이야기를 하였는데, 그분은 희생제물이 표징하고, 그리고 그분은 장차 오시기로 한 이스라엘의 여호와 하나님(Jehovah God of Israel)이시다고 주장하였습니다. 그리고 가나안 땅에 관해서는 그분은 신실한 자를 그 땅으로 안내할 것인데, 그 땅은 천계 이외의 그 어떤 땅으로도 이해될 수 없다고 말하였습니다. 왜냐하면, 그들이 고작 40년이나 50년 밖에 살지 못하고 죽을 것이다고 한 그 어떤 땅에 인도되는 것이 그들에게 무슨 대수가 되겠기 때문입니다. 따라서 가나안 땅은 영원한 생명이 존재하는 천계로 이해되어야 합니다. 사실 그대들이 있는 영원에 비하면 4-50년이라는 것은 한 점에 지나지 않고, 또한 일각(一刻)에 지나지 않습니다. 그 때 그의 말에 내가 부언한 것은, 그 땅에서 죽은 자들은 산 자들에 비하면 비교할 수 없을 만큼 수억, 수천이지만, 그런 자들이 그 땅에 무슨 필요가 있겠습니까? 그들은 이런 말을 듣자, 그대는 이런 내용을 어디에서 들었는가 라고 말하였습니다. 그들은, 마치 그들이 이런 것에 주의를 하는 것처럼 보였습니다. 그들에게 허락된 대답은, 이러한 내용이나 사실은 예언서의 모든 곳에 있고, 그리고 그들이 이런 것을 이해한다면 그런 사실들은 매우 분명하다는 것입니다. 예를 들어 보겠습니다. 예언자들은 이런 것들에 관해서 말씀하셨습니다. 내가 오류를 범하는 것이 아니라면, 선지 에스겔은 새 예루살렘과 새 성전에 관해서 기술하는 것이 허락되었습니다. 이러한 것들은, 만약에 이런 것들이 뜻하는 천계의 본성이 무엇인지 이해되지 않는다면, 전혀 이해될 수 없습니다. 1748년 8월 21일

주님에 관해서 아브라함이 말한 것에 관하여

2879. 저 세상에 오랜 동안 있었던 아브라함이 말한 내용이 어떤 유대 사람에게 일러졌을 때, 그가 말한 것은, 그는 주님께서 천계를 다스리시며, 그리고 천계에 있는 모든 것들을 성취하신다는 것 등등을 매우 잘 알고 있다는 것이고, 그리고 또한 다른 누구에 비하여 그것을 더 잘 알아야 한다고 말하였습니다. 1748년 8월 21일

악령들도, 만약에 그들이 온갖 시험들이나 형벌이나 그와 같은 것들에 도움이 되고, 그리고 그런 것에서 선한 것이 생겨 나오지 않으면, 살 수 없다는 것에 관하여

2880. 악한 영들의 삶은 악을 생각하고, 그것을 행하는데 존재하기 때문에, 그리고 그들의 사랑에 속한 것이나, 그들의 삶에 속한 것은 삶의 쾌락이나 즐거움을 그들이 이런 것들에 두기 때문에, 그러므로 그들이 이런 것들 안에 억제되고, 그리고 강제적으로 선에 얽매이게 되면, 그 때 그들은 살 수 없을 뿐만 아니라 개혁될 수 없습니다. 다시 말하면 선에 기울 수 없습니다. 그러므로 그것들이 허용된 것입니다. 즉 악한 자가 교정되고, 바로잡기 위한 목적에 이런 것들이 도움이 되기 위하여 그런 것들이 허용된 것입니다. 다시 말하면, 예를 들면 온갖 형벌들, 온갖 흔들림들, 시험들을 통해서 교정할 목적으로 이런 것들이 허용된다는 것입니다. 그들이 이런 것들을 떠나서 살 수 없다는 것, 그리고 이런 것들에게서, 또는 그들의 사악한 짓거리들이 이런 것에서 제거된다면, 삶은 그들에게서 제거된다는 것입니다. 수차에 걸쳐 이런 내용들이 그들에게 일러졌기 때문에 그들은 그것을 부인할 수 없고, 시인할 것입니다. 마찬가지로 오늘도 그들은 희망에서 비롯된 그들의 위안을 받습니다. 다시 말하면 그들이 사기적인 것을 계획하고, 악을 행하는 것에 대하여 열망하고, 또 희망을 가질 때 그들은 위안을 받고, 또 평온해진다는 사실도 오늘 나에게 입증되었습니다. 그러므로 그들은 그런 희망에서 비롯된 조용한 삶을 얻을 수 있었습니다. 1748년 8월 22일

매우 건전한 마음을 가진 유대 사람에 관하여

2881. 나와 함께 유대 사람이 있었습니다. 그는 기독교인들에 관해서 이런 견해로 물들어 있었습니다. 그들에 대해서 그들은, 천계적인 예루살렘에 관해서, 그리고 다윗이나, 천계적인 솔로몬이나, 이와 비슷한 것들에 대하여 매우 심오한 내면적인 것들을 말한다는 소견을 가지고 있었습니다. 따라서 유대 사람은, 비록 다른 사람들처럼 멸시를 하지 않지만, 삶을 사는 동안에 기독교인들을 비웃었고, 따라서 그들이 말하는 그런 심오한 내면적인 것에 대하여 비웃었고, 그런 것들을 시인하지 않았습니다. 그런 생각에 젖어 있는 유대 사람들이 나와 2-3일 함께 있었습니다. 그들 중 하나는 분별력이 있었습니다. 왜냐하면 그는 그런 가르침받기를 스스로 원하였기 때문입니다. 그는 아마도 사는 동안에 메시야에 관해서 그 어떤 의미 있는 생각을 가졌던 것 같습니다. 그리고 그는 역시 사후의 삶에 관해서도 생각을 했던 것 같이 보였고, 또한 아주 선한 삶에 인도되었고, 또는 육신을 입은 삶에서 인애의 삶을 소유한 것 같이 보였습니다. 이런 부류의 인물은 저 세상에서 아주 쉽게 천계에 인도됩니다.

종지나 신념을 자연에다 두고, 그것으로 인하여 그런 종지나 신념을 가지고 있는 자들은 거기에서 떨어질 수 없다는 것에 무지(無知)한 외적인 영들에 관하여

2882. 악령들은 자신들의 거짓들을 선한 자에게 계속해서 설득, 침투시키려고 하였지만, 그럼에도 불구하고 이런 것이 본성에 거슬러서 싸우는 것이고, 그런 그것을 변화시키는 것이 불가능한 것이다는 사실을 그들은 알지 못하였습니다. 내가 생각한 것은 참된 것이나 선한 것의 신념이나 종지에 한번 물든 자는, 그리고 주님에 의하여 그것이 확증된 자는, 그래서 그런 신념이나 종지에 사로잡힌 자는 결코 거기에서부터 끌어낼 수 없습니다. 악령들은 이런 사실을

알지 못하였습니다. 그들은, 사람을 지극히 작은 추론에 의하여 왜곡시킬 수 있다고 생각하였고, 따라서 선량한 유대 사람도 그렇게 될 것이라고 여겼지만, 그럼에도 불구하고 이런 일은 전적으로 불가능하였습니다. 1748년 8월 22일

오늘날의 세상은 어린 것들을 살해하기를 열망하는 그런 성질이다는 것에 관하여

2883. 한 번은 내가 길들을 지나갈 때 내게 교류된 어떤 자의 가혹한 욕망들을 통해서 일러진 것은 그들은 어디에서나 그들이 보이기만 하면 어린 것들을 살해하기를 열망한다는 것입니다. 이런 일은 자주 일어났습니다. 오늘은 그에게 이런 것이 있으리라고 생각하지도 않았는데, 그는 그런 생각을 품고 있었습니다. 영들의 세계에서 어떤 것에 의하여 그에게 유아들이 갑자기 나타나자, 다시 말하면 나를 통해서 유아의 이노센스가 드러나자 그의 성품이 갑자기 나타났습니다. 그런 현실에 대하여 그가 놀랐고, 그래서 그는, 자기 자신도 내면적으로 괴롭고, 고통스럽다고 말하였습니다. 그러므로 그는 내게 가까이 와서 내 등 뒤에 있지만 말할 수가 없었다고 말하였습니다. 그 이유는 이른바 영이라고 하는 것을 그에게 빼앗겼기 때문입니다. 이런 사실에서 오늘날 이 세상의 됨됨이가 어떤 것인지 알 수 있고, 그리고 그런 것이 있으리라고 상상조차 할 수 없는 자들이 있다는 것도 알 수 있겠습니다. 그는, 죽음에 의한 형벌들의 광경이 실제로 자신에게 매우 즐거운 것이다고 말하였습니다. 1748년 8월 22일

주님의 전반적인 생명이 우주에 입류한다는 것에 관하여

2884. 주님의 생명이 우주에 입류한다는 것은 가장 일반적인 계율(cannon)입니다. 따라서 거기에서 삼라만상의 생명은 나오고, 모든 것의 질서도 존재하고, 그리고 자신이 터득한 각각의 형체에 일치하

여 모두의 생명도 그것에서 비롯됩니다. 나는 이것에 관해서 오늘 가르침을 받았습니다. 이러한 사실은, 전체적이든 개별적이든, 모든 것들에게서 얻을 수 있는 것입니다. 그 이유는 유일한 사랑, 그리고 유일한 생명이 존재하기 때문입니다. 1748년 8월 22일

관능적인 영들(corporeal spirits)은 성언에 속한 내면적인 것들을 이해할 수 없다는 것에 관하여

2885. 내가 성언의 내면적인 것들에 관해서 급히 읽고 있을 때, 다시 말하면 이름들이나 표현들이 뜻하는 것을 읽고 있을 때, 그 때 그런 영들의 지각이 교류되었습니다. 그런 것에서 밝히 드러난 것은 그들이 자각하지 못할 뿐만 아니라, 그것이 마치 불합리하고, 어리석은 것처럼 보잘것없는 것으로 평가하고, 배척(排斥)한다는 것입니다. 이런 사실에 관해서 그들은 그 뒤 나에게 말하였습니다. 비유에 의하여 그들에게 일러주는 답이 주어졌습니다. 즉 새가 사람의 말을 들었을 때, 언어의 진정한 뜻 밖에 있는 단순한 소리 이외에 아무것도 알 수 없고, 또한 어떤 것에 관한 생각이 있다는 것을 그들이 알지 못한다고 믿을 수 있는지 아닌지에 대한 질문이 있었습니다. 이 물음에 대하여 그들은 아무런 대답을 할 수 없었습니다. 1748년 8월 22일. 그리고 여기에 더 부연된 것은, 그것은 마치 주님의 성언 시편서의 말씀이나, 그 밖의 여러 곳을 읽는 것과 같다는 것입니다. 그것들 안에 있는 매우 큰 빛을 그것의 각각의 것들에서 보고, 기뻐하는 자들이 있고, 그리고 한마디 낱말도 이해하지 못하는 자들도 있다는 것입니다.

그들이 가까이 오게 되면 그들에게 주님의 현존(現存)이 있다고 여기는 영들이나 천사들에 관하여

2886. 내가 가끔 인식된 사실은, 영들이나 천사들이 영들의 상태에 들어가 있는 상태에서 그들이 말할 때, 말하고 있는 것은 주님

당신이라고 주장하였습니다. 그래서 그들은 영들 가운데, 그리고 주입되었고, 그리고 말하자면 주님 당신이 현존하신다는 신념에 물들어 있었습니다. 그럼에도 불구하고 그들이 말한 뒤에 내가 여러 증표들에서 알 수 있었던 것은, 그들이 이와 같이 주장한다는 것은 곧 그들에게 이것을 주장하도록 허락되어졌고, 그리고 이 사실을 주장하는 것이 용인되었다는 것입니다. 지금은 얼추 저녁때가 되었는데, 영이나 또는 천사와 비슷한 자가, 사실은 내 머리 위에 있었던 나와 함께 있었던, 영에게 들어왔습니다. 이런 일은 일어날 수 있는 일이기는 하지만, 그 때 내 주위에 있었던 악령들은 나를 해치고 괴롭히지 못하였고, 그들에게서 어떤 유입도 없었습니다. 왜냐하면 그의 현존에 의하여 이런 일이 그들에게서 차단되었기 때문입니다. 그러나 그 뒤 그가 한 말은, 자신은 다른 자가 되었다는 것입니다. 이런 영들을 통해서 거기에 천사들의 현존이 있고, 그리고 그들과 더불어 주님께서는 현존하시는 것으로 지각되었고, 그리고 그런 것으로 말미암아 주님의 현존이나 임재는 지각되었습니다. 1748년 8월 22일

영들이 나타나는 장소 안에 있다는 것 보다는 영들이 어디에나 존재한다는 것은 바보스러운 것이다고 여기는 어떤 영에 관하여

2887. 하나의 영이 내 가까이에 오고, 그리고 거기에 나타나고 있는데, 그 곳이 아니고 다른 곳에 있다고 말하는 것은 바보 같은 짓이다고 다른 자를 설득하려고 했지만, 그러나 그런 것이 어떻게 가능한지 설명하는 것이 허락되었습니다. 다시 말하면 나에게서 수마일 떨어진 곳에 묻혀 있는 자도 동일한 장소에 나와 함께 있다는 것은 그의 장소에서 그 때 내가 있는 곳인 어느 장소나 또는 다른 나라에 옮겨진다는 것은 확실하지 않습니다. 이것에 대하여 그는 아무런 대답을 할 수 없었습니다. 1748년 8월 22일

폭행을 가지고 악한 자들에게 저항하는 능력이 주어졌다고 하는 영들의 내면적인 것에 속한 악령들에 관하여

2888. 앞에서 자주 언급한 것과 같이, 사람은 그 사실을 전혀 알지 못하지만, 따라서 그런 일이 거기에 있다는 것도 믿을 수 없고, 또한 그런 영들이 와서 나를 계속해서 괴롭힌다는 것, 사실 그런 일은 나를 매우 유쾌한 상태에 두는 일이지만, 그것을 믿을 수 없었습니다. 그러므로 이러한 것은 미리 계획된 것에서 행동하는 부류에 속한 자들인데, 그러나 그런 자들은 영들이고, 더 사악한 악마들은 아닙니다. 이러한 자들은 사람의 명확한 생각 속에 들어오지 않고, 다만 결과로서 사람의 생각의 관념 속에 들어온 이른바 내면적인 생각 안에서 생성된 이외의 것은 아무것도 행하지 않습니다. 그러므로 사람은, 이런 부류의 영들에 의하여 그들의 생각 속에 전해져 있다는 사실을 알지 못합니다. 왜냐하면 사람이 알지 못한다면서, 결과 안에 있는 한, 결과로부터 어떤 결론을 짓는다는 것은 불가능하기 때문입니다. 이런 자들이 바로 영들의 내면적인 세계에 있는 사기적인 존재이고, 악한 존재입니다. 다시 말하면 사람이 관심을 두고 있는, 사람에게 있는 생각들에 속한 지극히 작은 관념들이고, 그리고 생각들에 속한 단순한 관념들이라고 부르는 그들의 결과들을 가리킵니다. 이러한 것이 중요하고, 생생한 경험으로부터 내가 알도록 허락된 것입니다. 사람이 비록 이런 성품이라고 해도, 그가 한 사람으로 사는 한, 그 사람은 여전히 이런 내면적인 것들, 즉 자연적인 생각들이 주어졌다는 것을 알지 못합니다. 그러나 그가 저 세상에서 영의 존재가 되었을 때 그는 자신이 그런 존재이다는 것을 알게 됩니다. 왜냐하면 어떤 악한 영이나 속임수에 능한 영들은 여전히 그런 상태에 있기 때문입니다. 그 이유는 그 때 그들은 이런 생각들에 속한 명확한 실천의 상태에 들어오고, 그리고 그것을 알기 때문입니다.

2889. 이런 부류의 것들이, 계획된 속임수에서 나온 나의 보다 즐거운 상태들 안에 나를 붙들어 두는 것에 의하여 나를 오랜 동안 괴롭히고 있을 때, 그리고 내가 이런 사실을 알도록 허락되었을 때 그 때 어떤 모양새로든지 내가 생각한 것은, 비록 이런 일은 나에게는 불가능하지만, 그러나 나는 이른바 나 자신으로 말미암아 그런 일을 할 수 있다고 생각하고, 그들과 싸워서 그들에게 그 악을 되돌려 보내고, 저항할 수 있다고 생각하였습니다. 나와 함께 어떤 영이 대화를 하였는데, 그 영은, 악이 악으로 저항하는 것과 같이, 그와 같이 행동한다는 것은 허락되지 않는다고 말하였습니다. 그들이 생각하는 것은 그들은 전적으로 순종하여야만 하고, 그리고 주님으로부터 직접적인 도움을 기대하여야만 된다는 것입니다. 왜냐하면 그들은, 자신들은 결코 악에 저항할 수 없고 다만 모든 악들이 자신들에게 초대되었다고 감수(甘受)하여야 하고, 그리고 그래서 주님으로 말미암은 직접적인 해방을 기대하여야 한다는 지극히 조잡한 원칙에서 비롯된 그런 견해에 빠져 있기 때문입니다. 그러나 그들에게 일러진 것은, 한마디로 그것은 그와 같이 이해되어서는 결코 안 된다는 것입니다. 만약에 어느 누구가 한 인생의 생애에서, 만약에 도둑·강도·악인이 누군가의 생명을 빼앗고, 속여서 도적질을 하려고, 그리고 공공연한 폭력으로 그에게는 가장 귀한 것이고, 필수적인 것을 불태워 버리려고 한다면, 그 때 그런 일을 당하는 자는 그런 일을 감수하여야 하고, 그리고 주님으로부터 오는 직접적인 도움을 기대하여야 한다는 것과 같기 때문입니다.

2890. 그리고 그가 그런 직접적인 도움을 받지 못한다면 그는 주님을 원망하고, 비난할 것입니다. 이런 경우는 결코 일반적인 법칙으로 이해되는 것이 아니고, 오히려 어느 누구가 악에 저항하는 것은 매우 합법적인 것입니다. 만약에 거기에 직접적인 도움이 없이, 악에 저항한다는 것은 합법적입니다. 다시 말하면 그 악을 행하는 자를 증오하는 마음을 가지고 저항할 뿐만 아니라 복수하려는 마음

을 가지지 않고 악에 저항하는 것도 역시 합법적입니다. 왜냐하면 그 때 주님께서는 그런 때에 적절한 방법으로 그에게 저항할 수 있는 힘과 마음을 주시는데, 그런 저항은 주님에 의하여 규정, 조절되고 있기 때문입니다. 그 때 그들은 그것을 이해하지 못하고, 또는 이것을 이해하려고도 하지 않을 것입니다. 왜냐하면 그들은 저항한다는 것이 무엇인지, 그리고 증오나 복수심 없이 어느 누구에게 악을 되돌려 보낸다는 것이 무엇인지 이해할 수 없기 때문입니다. 그리고 그 때 그들은 나를 논쟁 속으로 끌고 들어가려고 했지만, 그들에게 일러진 것은, 이것이 진정한 진리이다는 것이고, 그리고 그것에 저항하는 것은 일반적인 법칙이다는 것입니다. 만약에 그런 논쟁이 형성된다면 그 법칙이나 진리에 관해서 결코 아무것도 이해되지 않을 것입니다. 그러나 거기에는 다만 온갖 논쟁들의 논쟁들만 있을 것이고, 그리고 그것으로 인하여 마음의 흑암만 있을 것입니다. 1748년 8월 23일

2891. 여기에 부연하면, 거기에는 증오나 복수심 따위는 존재하지 않습니다. 왜냐하면 그런 것들이 사라지면 즉시 그 어떤 악도 그들에게는 일어나지 않고, 오히려 그들은 잘 수용될 것이고, 그리고 친구들이 될 것입니다. 그 때 그들에게 일러진 것입니다. 그것은 증오나 복수 따위가 없이 주님의 손에 의하여 행해지는 일이다는 것을 그들이 알게 하기 위한 것이다는 것입니다. 왜냐하면 그것이 바로 평형(平衡)을 가리키기 때문입니다. 다시 말하면 주님의 종인 사람은 분노에서부터 저항하는 것이라고 자신에게 생각되어도 거기에는, 소위 그 사람 자신 안에서 하는 것과 같이, 그것을 그 사람에게 작용하는 그런 성품의 영들이 있고, 그리고 그런 영들은 어떤 즐거움이나 증오, 또는 복수심에서 그것을 마치 그 사람 안에서와 같이 역사하기 때문입니다. 그러므로 그런 일이 자기 자신에게서 비롯된 것이라고 생각하기 때문에, 따라서 그는 자기 자신에게서 비롯된 것이다는 것 이외의 다른 것은 알지 못합니다. 그럼에도 불구하고 그 때

그것은, 자신들의 능력으로 말미암아 그것을 이룰 수 있다고 생각하는 자들에게서 나옵니다.

2892. 어떤 사람이 나와 대화를 하였는데, 그는 자신이 이런 성품이었다고 말하였습니다. 그리고 그가 부연하기를, 그는 생각에 속한 내면적인 것들을 통해서 활동하지만, 그러나 어떻게 해서 그런 성품이 될 수 있었는지 알지 못한다고 하였습니다. 육신을 입은 삶을 살 때 그는 이런 식으로 결코 생각하지 않았고, 다만 생각들에 속한 단순한 개념들만 가지고 있었고, 그리고 지금은 자신이 내면적인 영기(an interior sphere) 안에 존재한다고 지각하고 있기 때문에, 다시 말하면 자기 자신의 수많은 개념들로부터 다른 것들과 더불어 단순한 개념들을 생성하고, 그리고 그가 그것들을, 수많은 것들과 함께 어느 누구의 단순한 개념을 가득 채우기 위하여 불러 모은다고 지각하기 때문입니다. 이런 개념들만을 가지고 있는 사람이나 영은 그런 것에 관해서 아무것도 모릅니다. 1748년 8월 23일

2893. 올바른 영들, 그리고 내면적인 영들은 이런 것들에 의하여 이런 부류의 영들과 구분됩니다. 즉, 그들은 이런 내면적인 생각을 부여받고 있지만, 그러나 어느 누구를 해치기 위해서가 아니고, 오히려 자신을 깨우치기 위해서이고, 그리고 선을 실천하고, 용서하고, 그 밖의 것들을 위해서입니다. 나는 이런 사안에 관해서 지금 영들과 이야기하고 있습니다.

2894. 일반적으로 생각하는 것은, 내가 이 책에서 기술하였고, 그리고 기술된 모든 것들은, 영들이나 천사들과 함께 한 대화에서, 그리고 내게 교류된 묵시적인 언어와 같은 생각에서 비롯된 전적으로 생생한 경험에서 기술되었습니다. 그리고 또한 나는 그 때 나와 함께 한 자들에 의하여 주입된 것들에 관해서 기술하였습니다. 그들은 그 때 충분한 정도에까지 그것들을 경험하였습니다. 생각들이나 집필들, 손의 측면에서 보면 그들의 지시 하에서 행해졌고, 따라서 이들 세 권의 책들 안에 있는, 그리고 기술된 것의 어느 곳이든, 모든

것들은, 비록 가끔은 아귀가 맞지 않지만, 그럼에도 불구하고 경험에 속한 것이고, 그리고 모든 것들은 영들이나 천사들에게서 비롯된 그런 식의 것들입니다. 이것은 마찬가지로 영들에 의하여 지시되었습니다. 왜냐하면 나는 아주 자주 그들의 현존을 지각하였기 때문입니다. 1748년 8월 23일

내가 목격한 거대한 말(馬)과 빛나는 형상에 관하여

2895. 내면적인 영들에 의한 박해(迫害)가 계속해서 지속되었을 때, 그리고 내가 그들의 공격들에 대하여 대항한다고 여겼을 때, 그 때 한 마리 말(馬)이 목격되었습니다. 그것은 그들이 있는 왼쪽에서 나왔고, 그리고 진전에 의하여 마치 말의 긴 행렬이 있는 것 같았습니다. 그러므로 전 공간이 마치 말과 같을 정도로 계속적인 진전이 있었습니다. 그 다음에 목격된 것인데, 그것은 주님이시다고 생각되는 어떤 것이었습니다. 그것은 무엇이라고 기술될 수 없는 또 다른 초상(肖像)들로서 어깨 주변에서 빛났습니다. 그것은 어깨 주위에서 일어난 불꽃이었습니다. 넌지시 일러진 것은 이런 부류의 말은 올바른 영들에게서 온 자들을 뜻한다는 것입니다. 따라서 총명한 자들에게서 분리된 자들로 그들은 악에서 분리된 자들이고, 그래서 빛나는 모습을 하고 있다는 것입니다. 그리고 선한 정동들을 가지고 있는 악마들은 선에서 분리된 자들을 뜻한다는 것입니다. 왜냐하면 그런 무리들은 반드시 산산이 흩어질 수밖에 없기 때문입니다. 그것은 선한 자들이 그것 안에 있는 것을 막기 위하여 그들이 거기에서 분리되었습니다. 왜냐하면 이런 부류의 내면적인 영들이나 악마들은 쉽게 올바른 자를 유혹하고, 그래서 이들이, 그들은 자신들과 비슷한 존재이다는 것 이외의 다른 것을 알 수 없기 때문입니다. 왜냐하면 이런 것들이 교류이고, 끼워 넣기(揷入)이기 때문입니다. 그들은 그들에게서, 이른바 그들 이외의 지각이나 느낌에 속한 모든 능력을 빼앗기 때문입니다. 왜냐하면 그들은 이와 같이 활동하기 때문인데,

그리고 이러한 사실은 수많은 경험들로 말미암아 나에게는 아주 명확하기 때문입니다. 1748년 8월 23일

정교한 생각이나 그것의 개념들에 관하여

2896. 나는 어떤 자와 이야기를 나누었는데, 그가 한 말은, 그는 지금 내면적인 생각이 주어지고 있다는 것을 안다는 것입니다. 그리고 그의 개념들은 다른 자들의 단순한 개념들로 가득 채워져 있다는 것입니다. 그 이유는 그가 받을 수 있는 것에 비하여 보다 더 단순한 개념들이라고 생각하기 때문입니다. 왜냐하면 그들은, 거기에 있는 가장 정교한 개념들에 비하여 보다 더 단순한 개념은 주어지지 않는다고 생각하기 때문입니다. 그러나 그에게, 그가 가장 정교한 것이라고 생각하고, 그 이상 정교한 것은 주어지지 않는 그의 개념들의 성질이 무엇인지 설명할 질문이 주어졌을 때, 다시 말하면, 그가 이런 성품이고, 그 때 그것이 그를 매우 기쁘게 하기 때문에, 만약에 현미경을 가지고 그것들의 어떤 것을 보게 된다면, 그는 그가 본 말에 비하여 더 큰 개념을 알 것이고, 그 뒤에는 나무들이나 그 밖의 다종다양한 것들이 지니고 있는 온 땅에 비하여 더 큰 것을 볼 것이다는 그의 개념이 어떤 성질의 것인지 설명할 것을 질문 받았습니다. 그리고 그의 지극히 단순한 개념 안에는 그가 보지 못한 벌레들이나 뱀들이 내재해 있는 껍질에 지나지 않는다는 그의 개념이 어떤 성질의 것인지 설명할 것을 질문 받았습니다. 그가 그 일에 대해서 매우 놀랐습니다. 그 이유는 그것이 영적인 개념 안에서 잘 드러났기 때문입니다. 다시 말하면 그 개념은 현미경의 대상물 속에 고정된 것인데, 시각에는 가장 단순한 것들이지만, 현미경에 의하여 잘 드러나기 때문입니다.

2897. 지극히 작고, 비가시적인 것들이지만, 여전히 열린 채 계시되고 있고, 그리고 그것 안에 내재해 있는 다종다양한 것들도 열린 채 계시되어 있습니다. 예를 들면 그들의 곤충들 안에 있는 기관들

이나 헤아릴 수 없는 수많은 것들이 되겠습니다. 사람은, 그가 볼 수 없다는 것 때문에, 그것을 믿으려고 하지 않습니다. 1748년 8월 23일

  정교한 표징에 의하여 그에게 밝히 드러난 것은, 그의 지극히 작은 조개껍질에 지나지 않지만, 그것 안에는 벌레들이나 작은 뱀들이 있는데, 그것은 이른바 일상적인 간지러움 같은 흥미나 즐거움을 드러냅니다. 그 때 그는 간지러움에서 야기된 그런 부류의 즐거움과 더불어 자신의 유쾌하고, 즐거운 것들을 느끼기 시작하고, 그리고 그가 한 말은, 자신은 자신의 생애에서 이런 즐거움을 느끼지 못하였을 것이고, 또한 그런 것을 얻을 수 있다는 것조차도 믿을 수 없을 것이다는 것입니다. 1748년 8월 23일

그러나 지금 그가 고백한 것은 그가 지금 다소 불안 따위를 느낀다는 것입니다.

  2898. 현미경을 통하여 경험을 드러내는 일이 허락되었을 때 영들은 저항하였고, 그리고 그것을 용납하려고 하지 않았습니다. 그리고 그들은, 그런 것들이 신뢰할 수 있는 것들이라고 용납하기를 원하지 않는다고 말하였습니다. 왜냐하면 확신한다는 것이 두렵기 때문입니다. 1748년 8월 23일

두려움은 아무런 결과를 맺지 못한다는 것에 관하여

  2899. 생생한 경험에 의하여 입증된 것은 두려움(恐怖)은 바람직한 어떤 결과를 맺지 못하지만, 그러나 두려움 뒤에는 사람들이나 영들은 그들의 종전의 본성으로 되돌아간다는 것입니다. 만약에 그들이 나에게서 떠나게 되면 그들은 살 수 없게 된다는 매우 큰 두려움이 그들을 엄습하였습니다. 왜냐하면 그들은 나와 더불어 이 세상에 있을 때, 즉 육신을 입은 삶에서와 꼭 같이, 그 어떤 차이를 알지 못하고, 살고 있기 때문입니다. 그들이 이런 두려움에 휩싸여 있을 때 그들이 나를 찾아와서, 그리고 두려움 때문에 자기들의 두려움을 분

명하게 드러냈습니다. 그러나 그것은 잠간, 그들이 조언한 것은, 종전과 같이, 어떻게 하면 나를 죽이고, 그리고 나의 생명을 취할까 하는 것이었습니다. 그래서 그들에게는 공포 뒤에 예전과 같은 공포가 그들의 마음을 사로잡았다는 것입니다. 1748년 8월 23일

내면적인 생각(思想)에 관하여

2900. 내면적인 생각(=사상·사고)에 관해서는 위의 내용을 참조하십시오. 나는 영들과 외면적인 생각(exterior thought)에 관해서 이야기를 나누었습니다. 그것은 그것이 어떤 성질의 것인지 내가 알기 위한 것이었습니다. 그 내용은 외면적인 생각(exterior thought)이 나에게서 제거되어야 하고, 그래서 내가 대상물들로 인하여 아무것도 생각하지 않고, 뿐만 아니라 현실에 존재하는 어떤 것에 관해서 거의 생각하지 않을 정도의 상태에 있어야 했습니다. 그럼에도 불구하고 그 상태에서 나는 그들이 말하는 것을 듣기는 하였지만, 그러나 그들이 말한 것에 대하여 깊이 생각하는 일은 없었지만, 그들이 말한 것은 즉시 인식할 수 있었습니다. 그 때 내 기억에 떠오른 것은 내가 그런 상태에서 오랜 동안 있었다는 것입니다. 다시 말하면 길이나 책상에서 내가 기술한 것들에 관해서 생각하고 있을 때, 그리고 때로는 대화한 것에 관해서 생각하고 있을 때, 나는 내면적인 생각에 있었습니다. 그 때 나는 나 자신을 전혀 인지하지 못하였습니다. 그 때 내가 생각한 명확한 사실은, 그것이 나에게는 두 겹의 생각으로 인식되었고, 그리고 입증되었다는 것입니다. 다시 말하면 이해하여야 할 주제에 관한, 그리고 감관들의 대상에 관한 사안들에 관한 내면적인 생각 안에 있었습니다. 예를 들면 주님의 말씀을 읽을 때 그 때 두 겹의 생각이 인지되었는데, 그것은 오랜 동안 계속되었습니다. 이와 마찬가지로 내가 저술하고 있는 동안에도 나는 이런 상태에 있었고, 그리고 읽고 있을 때에도, 그리고 나와 말하고 있는 영들이 하는 말을 듣고 있을 때에도, 그 때 내면적인 생각은

아주 명료하게 인지되었습니다. 그리고 또한 영들에 의해서도 인지되었습니다. 1748년 8월 23일.

내면적인 생각을 가지고 있는 자들은, 역시 외면적인 생각을 가지고 있습니다. 그 뒤 그 영은 외면적인 자들이었던 자들과 꼭 같이 나와 이야기하였습니다.

불결한 것에 주위를 집중하는 자들에 관하여

2901. 나는 영들과 함께, 그들이 어디에 있든지 불결함에 관해서 생각하는 자들에 관해서 이야기를 하였는데, 나는 전에도 이런 자들에 관해서 언급한 바가 있습니다. 그들에 관해서 일러진 말은, 그들은 마치 말벌들(wasps)과 같은 성가신 존재들인데, 그들이 공중을 날고 있을 때, 시각에 의해서는 아는 바가 없지만, 냄새가 있는 곳이면 냄새에 의해서 그것을 찾아내는 그런 존재입니다. 그들은 그 냄새에 따라서 옮겨 다니는데, 그것은 그 냄새가 그들에게는 매우 상쾌한 것이기 때문입니다. 그러므로 그들은 쾌락에 의하여 몰두, 옮겨지고, 그리고 그들은 거기에 머물러 삽니다. 따라서 그런 영들은, 이른바 냄새에 의하여, 또는 냄새에 의해 표징되는 어떤 것들에 의하여 옮겨 다닙니다. 그들은 그와 같이 그런 물건들을 잘 발견하고, 압니다. 그렇지 않다면 그들은 아무것도 찾지 못할 것입니다. 1748년 8월 23일

악령들은 설득된 자들에게는 어떤 것도 행하지 않는다는 것에 관하여

2902. 나의 내면적인 생각에 일러진 것은, 마치 퀘이커 교도들이나 다른 자들에게서와 같이, 악령들은 자신들에 의하여 설득된 자들에게는 아무것도 행할 수 없다는 것입니다. 왜냐하면 설득은 어떤 영기(靈氣)를 형성한다는 그런 특성을 가지고 있기 때문입니다. 따라서 그들은 그것 안에 들어갈 수가 없기 때문입니다. 이러한 사실은

영적인 개념 가운데 내가 지각한 것입니다. 1748년 8월 23일

이 세상에서 취득한 초상(肖像)들은, 육신의 삶 뒤에도 그대로 남는다는 것에 관하여

2903. 그들이 이 세상에 사는 동안 영들에 의하여 취해진 환상들 같은 것은 저 세상에서도 여전히 남아 있고, 또한 되돌아옵니다. 그리고 또한 시각을 통해서 취해진 형상들도 역시 그와 같습니다. 예를 들면 실제로 살 때 기쁨을 만끽했던 싱그러운 녹색의 멋진 장소들인 정원들·궁정들이나 이와 비슷한 것들은 그대로 생생하게 남아 있습니다. 그리고 영혼들은 사후에도 그런 것들 속으로 인도되고, 그리고 각자의 성품에 따라서 다양하게 되는데, 종국에 그들은 보다 더 좋은 것들에게로 갑니다. 이런 사실은 경험을 통해서 나에게는 아주 명확합니다. 그리고 나와 함께 가끔 대화를 한 자들로부터도 아주 확실한데, 그들은 동일한 것에서 즐거운 삶을 영위하였습니다. 1748년 8월 23일

영적인 마음들이 곧 사람들이다는 것에 관하여

2904. 육체가 사람을 형성하는 것이 아니고, 그의 마음이 그 사람을 형성합니다. 다시 말하면, 이런 것들은 모두가 오직 주님에게 속한 것들이지만, 진리의 이해와 선의 의지가 바로 그 사람을 완성합니다. 그러므로 그들이 이런 것들을 주님에게서 취하는 정도에 따라서 그들은 사람들이 됩니다. 어떤 자가 이런 말들을 들었을 때 그 영은, 자신들은 변함없이 추론하는 능력을 가지고 있다고 주장하려고 합니다. 그리고 그가 주장하는 것은 역시, 그것으로 인하여 악령들은 사람들이지만, 또한 짐승들은 아니라고 하는 것입니다. 그러나 생각 가운데 그들에게 일러진 것은 그 능력은 바로 주님에게 속한 생명인데, 그것이 그들 속에 주입되었다는 것입니다. 왜냐하면 그들이 이런 능력을 부여받지 않았다면 그들은 생각할 수도 없고, 따라

서 짐승들과 같이 그저 사멸(死滅)할 것이기 때문입니다. 그러나 그릇된 것을 생각하고, 악한 것을 행한다는 것은 그 능력에 속한 것이 아니고 오히려 그들 자신에게 속한 것이기 때문입니다. 이러한 현상은 빛이 고르지 않은 것들(不整形・an irregular body)에 침투한 것과 같다고 하겠습니다. 1748년 8월 23일

매춘(賣春)에 관하여

2905. 어떤 사람이, 자기는 육신을 입은 삶을 사는 동안 마술적인 술책이나 매춘에 의하여 다른 자들을 해친 적이 있다고 말하였습니다. 그래서 그는 다른 자들에게 악을 행하고, 고통이나 그와 비슷한 것들로 공격, 괴롭혔으며, 그리고 저 세상에서도 이런 것들을 실제로 행한다고 말하였습니다. 그에게 일러진 것은 이런 것들에 대한 형벌이 곧 복수에 속한 하나이다는 것입니다. 따라서 악령들은 자신이 그 작자를 끌고 와서, 그들이 받은 고통과 비슷한 것들로 그 작자를 괴롭혔습니다. 나는 그 사실을 그의 울부짖음이나 애통에 의하여 인지하였습니다. 그리고 그는 비통한 말로 자신은 많은 죄를 범하였다고 울부짖었습니다. 1748년 8월 24일

생전에 사람의 눈에는 선한 사람처럼 보였지만, 그러나 내적으로는 악한 영들에 관하여

2906. 생전에 내가 잘 아는 영이 있었습니다. 그는 겉보기에, 즉 사람의 시각으로는 겸손하고, 예의바르고, 성실하게 보였습니다. 그래서 그의 의중을 알지 못하는 사람은 가장 훌륭한 기독교인이다는 것 이외의 다른 것은 생각하지 못하였습니다. 나는 오랜 동안 그를 보면서, 그리고 그의 외관에서는 어떤 나쁜 점을 알지 못하였습니다. 그러나 그는 어린 것들에게 증오하는 다른 자들과 같다는 것이 인지되었습니다. 왜냐하면 내가 어린 것을 보는 곳에서는 어디에서나 내가 지각한 것은 어떤 영들에게서 비롯된 살기(殺氣)나 잔인함으로

그들은 그들을 살해하려고 하였기 때문입니다. 그러므로 그는, 비록 겉모습으로는 별로 크게 다르게 꾸미지 않았다고 해도, 지인들·친구들·은인들에 대하여 내적으로 증오심을 가지고 있다는 것이 인지되었고, 검증되었고, 그것이 사실임이 발견되었습니다. 이와 같이 사람의 성품은 얼굴 모습에서는 전혀 알 수가 없지만, 그러나 저 세상에서 그것은 잘 알려집니다. 1748년 8월 24일

2907. 어느 누구도 어느 누구의 내면적인 것들을 전혀 알지 못합니다. 그러나 오직 주님만이 아십니다. 따라서 이런저런 자들에 관해서 그의 성품이 증오심으로 가득한지, 또는 복수심이 있는지, 질투심이 있는지, 그 밖의 다른 어떤 것들이 있는지 여부는 주님께서만 아십니다. 왜냐하면 그런 것들에도 수많은 종류의 것들이 있고, 그리고 사람의 실제적인 현실의 것에서, 그리고 그의 고유속성에서, 그리고 그 밖의 여러 것들로부터 생겨나는 아주 수많은 것들이 있다는 것을 알 수 있기 때문입니다.

사람은, 그가 입고, 먹고, 거주하고, 그리고 몸을 따뜻하게 하기 위하여 보편적인 세계나, 우주적인 것을 찾는다는 것에 관하여

2908. 영들이 있는 자리에서 일러진 것은, 사람이 삼라만상을 정복하기를 열망하고, 그리고 소유하기를 열망하는 것들에게는 네 가지가 있다는 것입니다. 그것이 영적인 개념으로 적나라하게 드러났습니다. 왜냐하면 사람이 이 세상에서 이런 것들을 소유하고 있을 때, 더욱이 사람이 그런 것들을 필요로 할 때, 그런 것들은 잘 드러나기 때문입니다. 일러진 사실은 그것들은 자기사랑(自我愛)이고, 야심이고, 또한 이 세상에서의 상류사회의 소속감이고, 잘났다는 우월감입니다. 그리고 역시 그런 것들이 충족하게 채워지는 것입니다. 1748년 8월 24일

육신을 입은 삶에서 잘 아는 지인(知人)은 저 세상에서도 서로 만난다는 것에 관하여

2909. 내가 알게 된 사실은, 동료들이고, 친구들, 또는 그가 존경하는 자들은 저 세상에서 서로 만난다는 것입니다. 그러므로 사람은 증오·복수·시샘·거짓들·존경 따위나 이와 유사한 것들을 조심하여야 합니다. 왜냐하면 그들이 모두 거기에 모이기 때문입니다. 따라서 자신들의 보호자로서 사람들을 존경한 자들은, 예를 들면 모세·아브라함·야곱이나 그 밖의 사람들은, 그리고 마호메트를 예배했던 그의 교도들은, 그들에게로 안내되고, 그들과 함께 이야기를 나눕니다. 그러므로 그들은 친구들과 함께 이야기를 하고, 그리고 그 때 우정에 속한 내면적인 것들은 적나라하게 드러납니다. 그러므로 그들은 경계하지 않으면 안 됩니다. 1748년 8월 24일

세 가지 지배애(支配愛)가 있는데, 그것은 자기사랑(自我愛)·세상사랑(世間愛)·땅에 속한 사랑(the love of the earth)이다는 것에 관하여

2910. 나는 세 가지 지배애(支配愛·主導愛)가 있다는 사실에 대하여 영들과 이야기를 나누었습니다. 이런 사랑들에게서, 그것들의 샘처럼, 그 밖의 모든 사랑들이 솟아난다는 것입니다. 그러므로 그것에서부터 모든 탐욕들·악들·거짓들이 생겨납니다. 다시 말하면 자기사랑·세상사랑과 마지막으로는 땅에 속한 사랑에서 그런 것들은 생겨납니다. 여기서 땅에 속한 사랑은 아무런 목적이 없는 금전을 위한, 금전만을 사랑하는 것인데, 사실 그런 것은 비천(卑賤)한 것입니다. 1748년 8월 24일

나는 거의 한 시간 정도 내 본래의 상태에 되돌아간 일에 관하여

2911. 내가 도로를 따라서 걷고 있을 때, 예전의 상태에 되돌아갔

던 일이 있었습니다. 영들 가운데서 말하고 생각한 것은 아닌 것 같았습니다. 그럼에도 불구하고 나는 그 상태에 머물러 있어서, 그것에 의하여 나는 선한 영들과 함께 있었지만 악한 영들과 함께 있지는 않았습니다. 나는, 선용들에게서 비롯되는 종지(=신념)를 통해서 온갖 탐욕들로부터 사람이 주님에게로 어떻게 기우는지를 깨달았습니다. 그러므로 그 상태에서 그것을 깨닫는 것이 아주 쉽기 때문에 그것을 깨닫는 일이 나에게 허락되었습니다. 악령들은 유입할 수 없지만, 그것들이 없다면 즉시 기울 수 있습니다. 1748년 8월 24일

2912. 악령들은 이와 같이 자신들이 나에게서 분리되어 있다면 그들은 아무것도 할 수 없다고 말하였는데, 그것은 그 때 그들이 쫓겨났다고 생각하기 때문입니다.

저 세상에는 보복의 법칙이 있고, 그리고 악행은 본질적으로 이 법칙을 내포하고 있다는 것에 관하여

2913. 다른 자들을 공격, 괴롭히는 영들에게 이런 일을 일러주는 것이 가끔 허락됩니다. 그들에게 일러진 것은, 그들은 악의 원인이고, 악행이나 악은 본질적으로 이런 것을 내포하고 있다는 것이고, 또한 악 안에는 경이로운 방법으로 자신에 대하여 되돌아보는 그런 원칙이 있다는 것 등입니다. 왜냐하면 이런 것이 바로 악에 속한 속성이고, 자신에게 악을 허용한 그런 성격이고, 그리고 그런 것이 자신을 뒤돌아보고, 그리고 악이 그에게 되돌아오는 것입니다. 비록 그런 일이 수많은 방법이나 모양 가운데서 일어나지만, 이런 사실이 어떤 것인지 지극히 간단한 예 하나를 들어보겠습니다. 어떤 영들은 잠 속에서 나를 괴롭히려고 하였고, 또는 나에게서 그 잠까지도 빼앗으려고 하였습니다. 그러므로 거기에는 그들을 밤새도록 괴롭히는 자들이 있었지만, 나는 잠들어 있었습니다. 따라서 그들은 그들에게 느끼게 한 이 악의 원인이었습니다. 그리고 보복의 악으로서, 자신들에 대하여 뒤돌아보게 하였습니다. 이런 사실은 악에 따라서, 그

리고 악이 괴롭힌 그 사람에 따라서 다릅니다. 1748년 8월 25일

나의 직관(直觀·intuition)에 의하여 드러나고, 감동된 영들에 관하여

2914. 이것은 항존하는 공통된 일반적인 원칙입니다. 즉, 영들이 말하고, 지시하고, 보복하려는 자극을 받게 되면, 드러나는 어떤 일은 직관을 통해서 일어난다는 것이고, 그리고 그 직관들은 그들에게 놀랍게도 지시된다는 것이고, 그리고 그것들은 차례차례 계속적으로 드러난다는 것 등입니다. 때로는 마치 광선에 의한 것과 같이, 그것들은 직관에 의하여 분리되고, 그리고 매우 많은 변화에 의하여 감동을 받기도 합니다. 경우가 이와 같기 때문에, 그러므로 직관의 차이점이나 그것들의 방향은 그것들의 수많은 차이 때문에 여기서는 다 기술할 수는 없겠습니다. 1748년 8월 25일

2915. 한편, 영들은 내 속에 있는 직관들에 의하여 내 기억으로부터 공통된 일반적인 직관을 취하였습니다. 비록 그들은 그것이 어디에서 왔는지, 그리고 그것이 누구의 영기에 있었던 것인지 알지 못하였습니다. 그러므로 그것은 그들의 고유한 것은 아니었습니다. 그것이 그들의 고유한 영기일 때에는 나는 여러 가지 다양한 방법들 가운데 감동을 받게 됩니다. 말하자면, 대뇌의 내면적인 것이나 그것의 피막(皮膜), 머리에 속한 뼈들, 피부의 여러 가지 것들이나, 그 밖의 여러 것들을 잡아끄는 끌어당김(引力)에 의하여 영향을 받게 되었습니다. 왜냐하면 나는, 이런 일은 매우 고통스러운 것이지만, 즉시 회복된다는 것을 목격하였기 때문입니다.

2916. 어제 목격한 것인데, 그것은 나의 전의 상태가 거의 한 시간 가까이 걸려서 거의 회복되었습니다. 다시 말하면 그 이유는 일반적인 직관에 속한 영기는 악령들에게 영향을 끼치지 못하기 때문입니다.

영들의 몸들에 관하여

2917. 나는 신참 영들과 이야기를 나누었습니다. 역시 그들의 몸들에 관한 것이었습니다. 다른 자들과 마찬가지로, 그들은 꼭 같은 인간적인 몸(a similar human body)을 입고 있다고 생각하였습니다. 왜냐하면 그들의 형상이나 내면적인 사람이 그것들, 즉 몸이라고 하는 질서의 궁극적인 것에 그들을 인도하기 때문입니다. 그러나 그들에게 대답하도록 허락된 것은, 나는 그들의 몸이 어떤 성질인지 알지 못하지만, 그러나 그것들은 모든 선용을 위해서 고도로 완성된 형체들이다는 것입니다. 그러므로 그들은 영적인 형체들(spiritual forms)이나 천적인 형체들이라고 불릴 수 있다는 것입니다. 그러한 사실은 작은 벌레들에 의하여 표징적으로 확증되겠습니다. 다시 말하면 그것이 새롭게 형성되어 날개를 달게 되면, 그 때 그것들은 몸의 또다른 형체를 취하는데, 그것들은 그들의 다른 삶 안에 태어난 세상의 모든 선용에 맞게 적응합니다. 1748년 8월 25일

사람은 어떻게 좋은 목적들에, 심지어 악한 자에 의해서 인도되는지에 관하여

2918. 내가 오늘 만족한 것은, 여러 생각들을 지배하는 악한 영들이 악을 위해서 자신들 안에 있는 것들에게 목적들이나 쏨쏨이를 주입하지만, 그러나 그것은 주님에 의하여 선한 것으로 바뀌고, 그래서 악들에 속한 의도는 거의 나타나지 않는다는 것입니다. 왜냐하면 그들은 역시 이것을 갈망하고 있기 때문입니다. 다시 말하면 악한 목적에서 비롯된 이런저런 쏨쏨이를 열망하기 때문입니다. 그럼에도 불구하고 주님께서는 그 쏨쏨이를 좋은 목적에 사용하도록 결정하십니다. 그러므로 온갖 악들에 속한 의도나 목적은 거의 지각되지 않습니다. 따라서 사람은 주님에 의하여 악령들을 통해서 선 쪽으로 향하게 됩니다. 1748년 8월 25일

두려움(恐怖)에서 야기되는 성실(=정직·誠實·probity)에 관하여

2919. 아브람이라고 하는 어떤 사람이 있었는데, 그는 두려움에 빠져 있다가 내 등 쪽으로 도망하여 거기에 자신을 숨겼고, 그리고 올바른 사람이 되었습니다. 그 때 나는 그 사람과 성실에 관해서 이야기를 나누었는데, 한마디로 그의 성실은 두려움이었습니다. 더욱이 그들이 자신들의 생명이나 명예들의 상실(喪失)에 대한 두려움을 느낄 때, 그들은 일종의 성실에 빠지게 되었는데, 그것은 하나의 두려움이었습니다. 그리고 그가 이런 성품이었고, 그리고 이런 성질의 상태에 있게 되었을 때 그는, 자신은 정직하고 성실한 사람이라고 생각하였지만, 그러나 나는, 그가 선을 원하고, 의도한다는 것을 지각하지 못하였습니다. 진정한 성실(=정직·probity)이나 선은 주님에게 속한 것입니다. 그러한 사실은 모두에게 잘되기를 원한다는 것에 의하여 잘 입증되고 있습니다. 그들은 공포에 속한 성실에 사로잡힐 수 있고, 그리고 사실은 그 공포에 속한 성실은 심지어 주님을 경배하는 데까지 증진될 수 있습니다. 그러나 그들이 그런 공포의 느낌 뒤에 있게 되면, 그 즉시 그들은 악의(惡意)에로 급변합니다. 이런 사실은 그의 현존에서 기술되었고, 그리고 확증된 것입니다. 왜냐하면 참된 성실이나 정직, 또는 선은 결코 두려움의 상태에 있을 수 없기 때문입니다. 1748년 8월 24일

일반적인 회전(回轉)은 결코 반복되지 않는다는 것에 관하여

2920. 저 세상에서 삼천년부터 사천년에 이르는 어떤 사람이 있었습니다. 그가 한 말은, 자신은 회전운동(=소용돌이) 상태에, 즉 어떤 것들의 회전상태 또는 다시 제자리에 돌아오는 복귀(復歸) 상태에 있었다는 것입니다. 왜냐하면 거기에 있는 것들은 모두가 회전 운동을 가지고 있었고, 그래서 그것은 그것을 통해서 다시 회전이 반복되고 있었기 때문입니다. 이 사실이 나에게 암시되었는데, 그 이유는 그 회전운동 상태에 있는 사람은 어느 누구도 파멸되어서는 안

되기 때문입니다. 그러나 그 때 각인된 변화들은 서서히 다른 상태로 바뀌고, 그리고 그들은 다른 상태로 태어날 때까지 지속됩니다. 따라서 그들은 해를 입지 않게 됩니다. 왜냐하면 어떤 상태에서 다른 상태로 급속하게 떨어진다는 것은 파멸을 가져오기 때문입니다. 이런 이유에서 회전운동은 존재합니다. 그러나 아브람이라고 하는 옛사람은, 자기는 경험을 통해서 알고 있는데, 일반적인 회전운동은 다양하게 변하고, 계속해서 이어지지만 결코 원래의 상태로 돌아오지 않는다고 말하였습니다. 그러므로 내 생각에 삽입된 것은 그 다종다양한 변화들은 영속적이고 영원한 것이고, 따라서 그들은 결코 본래의 상태로 되돌아올 수 없다는 것입니다. 일반적인 회전운동이 더 조잡한 회전운동에 들어오고, 그리고 그런 것들이 개별적인 회전운동에 들어오는데, 이것으로 인하여 그 각각의 것은 그것의 성질에 따라서 그것 자신의 다종다양함을 취하게 됩니다. 거기에는 상태들에 속한 회전운동이 있습니다. 1748년 8월 24일

예배 받던 자들 대신에 다른 자들이 올리워진다는 것에 관하여

2921. 아브람이 겸비(謙卑)의 상태에 있을 때, 말하자면 두려움에서 야기된 도피(逃避)의 상태에 있을 때, 그는, 그 회전운동은 잠시 후에 다시 되돌아온다고 생각하였지만, 그러나 그에게 일러지도록 허락된 말은, 비록 며칠 뒤에 생긴 일이기는 하지만, 그 자신의 자리에 다른 영들이 들어왔는데 그들은 그 사람과 거의 꼭 같이 닮았기 때문에, 그들은 그 사람과 분별될 수 없다는 것이고, 그리고 그는 아브람이다는 것 이외에는 다른 것들을 알지 못하였다는 것입니다. 이러한 일은 영들의 세계에서 쉽게 일어나는 것입니다. 다시 말하면 그는, 더 이상 그를 예배했던 자들의 지각을 더 이상 가지고 있지 않고, 그런 말을 더 이상 듣지도 못하는 그런 상태에 떨어져 있었습니다. 그런 일이 역시 적나라하게 입증되었습니다. 왜냐하면

다른 자들이 그의 자리를 승계하였고, 그리고 또한 그의 역할을 충분하게 연출하였고, 그는 말하자면 아브람이 아니었기 때문입니다. 이런 일 역시 나로 하여금 바르게 깨닫도록 나에게 허락된 것입니다. 이런 것들을 아브람이 듣게 되었는데, 그는 지금 왼쪽 발 주변에 있습니다. 1748년 8월 24일

무서운 계략(計略)들이나, 어떤 내면적인 영들의 음모(陰謀)나 간계(奸計)에 관하여

2922. 다른 자들을 통해서 듣고, 깨달은 것은 그들이 나를 죽이든지, 또는 나의 내면적인 것을 파괴하려고 서로 의논하였다는 것입니다. 그들은 이런 일을 칼을 든 자들은 나를 죽이려고 하였고, 호출된 관념들 속에는 잔학함을 불러 일으켜 나의 내면적인 것을 파괴하려고 하였습니다. 이런 일은 미리 획책된 것에서 비롯된 사기적인 내면적인 영들의 모의(謀議)였습니다. 그들은 머리의 정면, 조금 높게, 약간 오른쪽에 치우친 곳에 있었습니다. 다른 자들을 통해서 듣고, 깨달은 것인데, 그러나 나를 통해서는 아니었습니다. 그들은 자신들의 대상을 아브람으로 삼았습니다. 이런 일에 관해서 그들은, 종전에 그와 같이 무서운 계략을 획책한 일은 없었다고 말하였습니다. 그런 계략은 이런 일을 통해서 적발, 인지되었습니다. 그들은 표징으로 뜻하는 어떤 순진무구(純眞無垢)한 어린 아이를 잔인하게 칼을 가지고 살해하였는데, 이 일에서 드러난 것은 그들의 상담자들이 아브람이었다는 것입니다. 그러므로 그런 강도들의 패거리나 또는 목을 베는 패거리들은 아브람에게서 자유로웠고, 그를 아주 무자비하게 다루었습니다. 그래서 그런 일을 관습적으로 할 수는 없었습니다. 이것이 그가 도망쳐야 했던 이유였습니다. 왜냐하면 그는 그들에 의하여 무자비하게 다루어졌기 때문입니다. 그런 일이 있은 뒤 그 계략들은 폭로되었습니다. 왜냐하면 다른 영들에 의하여 그것이 인지되었기 때문입니다. 그리고 허용되었던 칼들을 든 강도 패거리

가 나타났고, 그 뒤에는 이런 사기적인 계략을 꾸민 자들이 나타났기 때문입니다. 그 때 그들이 한 말은, 그들은 그런 일로부터 자유로울 수 없었다는 것입니다. 비록 그들은, 처음에는 그들이 모든 것들을 수행할 수 있고, 그리고 그들에게 결코 해를 끼칠 수 없다고 생각하였습니다. 왜냐하면 그들은 이와 같이 자신들의 술책이나 잔꾀나, 속임수를 신뢰하였기 때문입니다.

2921[B]. 내가 전에 그들에게 말한 것인데, 거기에 수만 수천의 무리가 있다고 해도, 마치 단 한 마리 파리가 모두를 살해할 수 있는 것처럼, 그 한 마리의 파리 앞에서 도망할 그런 부류의 능력이 그들의 힘이다는 것입니다. 이런 내용은 영적인 개념으로 인지된 것이고, 따라서 그들에게서도 그러하다고 인식되었는데, 나는 그 사실을 인지할 수 있었습니다. 1748년 8월 24일

어느 누구도 선용 이외에는 활동할 수 없으며, 심지어 악령들까지도 그들이 증오하는 원수들에게도 선용을 성취하기 위하여 행동한다는 것에 관하여

2922[B]. 나는, 종교를 가지고 있지 않는 자(不信者)들을 원수들이라고 부르며, 모두 미워하는 어떤 영에게, 나는 악을 의도하고, 위해를 가하려고 하는 것을 알고 있기 때문에 그대가 쓸쓸이를 행할 것이 틀림이 없습니다 라고 말하였습니다. 그리고 또한 그것이 바로 질서의 법칙이다는 것과 그리고 심지어 악한 자까지도 원수들에게 쓸쓸이를 수행한다는 것은 틀림이 없다는 것도 말하였습니다. 그러한 사실은 영적인 개념 가운데서 인지되었는데, 다시 말하면 온갖 박해들이나 형벌을 통하여 그것에서부터 수많은 선들이 나오고, 그리고 원수들이 더 잘된다고 하는 영적인 개념으로 인지되었습니다. 그가 심지어 원수들에게도 선용은 도움이 되는 것이다는 말을 듣자, 그는 분노하였습니다. 1748년 8월 24일

모든 악들은, 심지어 사람에게 우발적인 것으로 보이는 모든
악들도 모두가 악령들에게서 나온다는 것에 관하여

2923. 나는 발을 헛디뎌서 거의 넘어질 뻔하였고, 아주 크게 다칠 뻔하였습니다. 나는 영들과 대화를 하였는데, 그 때 그들이 그런 일의 원인이다고 말하였습니다. 그리고 그 원인은, 나는 보지도 못하는 불결함을 더러운 영들이 알려주는 때의 그것과 매우 비슷하다는 것과 그리고 비록 내가 그들을 보지 못한다고 해도 그런 것들이 그들의 목적들이다는 것을 말하였습니다. 따라서 불행한 것들이나 우연한 사고들처럼 보이는 넘어지는 것들이나 그 밖의 불행 따위들도 그것의 원인이다고 하였습니다. 1748년 8월 24일

모든 악령들은, 자신들이 사람이다는 것을 제외하면, 사람을
아주 비참한 노예로 생각한다는 것에 관하여

2924. 내가 말할 수 있는 것은 그들이 수도 없이, 그리고 어떤 방법으로든, 나를 지배하려고 하였고, 또한 나를 그들의 노예로 삼으려고 하였다는 것입니다. 왜냐하면 모든 악령들은 이것을 목적하고 있기 때문입니다. 그러나 그들은, 자신들과 함께 있는 사람들 그들이 그들의 노예라고 여기는 것은, 그들이 거기에 수도 없이 많이 있다고 해도 자신들은 사람이다고 생각하기 때문입니다. 그러므로 그들은 자신들을 미워할 수 없고, 또한 그 때 사람이 하나의 영이다는 것도 알지 못하고, 또한 그의 영에 접합된 몸을 가지고 있다는 것도 알지 못합니다. 그들은, 그들이 어느 누구도 해치지 못하게 하기 위하여, 그리고 그들을 치명적인 죽음에 처넣으려는 것을 막기 위하여 이런 무지(無知)의 상태에서 살고 있습니다. 그러나 나의 경우는 전적으로 달랐습니다. 왜냐하면 그들은 그들이 분리된 존재라는 것을 알고 있었기 때문입니다. 그러므로 그들은 수도 없이 나를 죽이려고 하였지만 모두가 허사였습니다. 지금도 꼭 같은 일이 일어났습니다. 그것은 그들이 자신들은 나와 같은 존재라고 생각하는 원인 바로

그것이었습니다. 그것은 아주 쉽게 행해졌습니다. 왜냐하면 그들은 그런 소견에 빠져 있을 때 내게 일러지는 것이 허락되었는데, 그것은 그들이 노예들인지 아닌지, 또는 내가 노예인지 아닌지, 또는 내가 주인인지 아닌지 말하는 것이었습니다. 그들은, 그들이 자신들이 다는 것을 생각하였기 때문에, 그러하였다고 대답하였습니다. 그런 뒤에 그들은 몹시 분노하였습니다. 1748년 8월 24일

자신들의 성품에 일치하여 영들이나 악마들은 거기에 있는 사람들과 결합한다는 것에 관하여

2925. 모든 사람은 자신의 주위에 있는 영들과 비슷한 성품을 지닙니다. 다시 말하면 영들의 성질이나 그런 부류의 영들에 의하여 둘러싸여 있습니다. 그것은 나에게 보여진 사실입니다. 1748년 8월 24일

신념들은 사람의 성품을 드러낸다는 것 ; 그리고 그런 부류의 사람과 제휴한다는 것에 관하여

2926. 지식이 아니고, 그리고 뿌리를 내리지 않은 신념들(=종지·설득)이 자신의 본성을 드러낸다는 것은 역시 명확한 사실입니다. 다른 곳에서 신념에 의하여 일어난 결과들을 참조하십시오. 1748년 8월 24일

영들은, 비록 생애를 보내는 동안 교육을 받지 않았다고 해도, 마치 그들이 교육을 받은 것처럼 사람에 속한 학문 모두를 자신들에게 전유(專有)한다는 것에 관하여

2927. 한 예를 들어서 단순하게 설명한다면, 가끔 일어나는 일이지만, 나의 머리 속에서는 이른바 산술적인 계산을 하고 있을 때 그때 영들은 자신들이 그것을 행할 수 있다고 말하였습니다. 이런 일은 내가 경험을 통해서 안 것입니다. 다른 학문에 관해서도 이와 같

습니다. 그 학문이 어떤 것이든, 사람은 실제적인 실습을 통해서만 전문가가 됩니다. 그러나 영은 그의 생애에서 그것에 관해서 전혀 들은 바도 없지만, 마치 자기 자신의 것인 양 그것들을 소유하고 있습니다.

2928. 수차에 걸쳐 그들에게 나의 기억에서 호출한 것들이 드러나 보여졌는데, 따라서 그들은 전에는 그들이 들은 적도 없었다는 것입니다. 그럼에도 불구하고 자신들이 나이다고 생각하는 나와 함께 하는 영들은, 어떤 자들처럼 여러 번 시인한 바와 같이, 이런 것들을 불러내어 마치 그것들이 자기 자신의 것들처럼, 아직은 그들의 사회 안에 살고 있지 않는 다른 자들에게 그것들을 말하였습니다. 1748년 8월 24일

2929. 결번입니다.

> 그들이 그것의 성질을 알지 못하고, 그리고 이해하지 못하기 때문에 그들이 영적인 것들, 천적인 것들이나 영혼, 그리고 사후의 삶에 관해서 그들이 믿는 그런 것들에 관하여

2930. 이 세상에는, 그들이 오관들에 의하여 파악되지 않기 때문에, 따라서 육신이 죽으면 마치 구름이나 연기 같이 사라져 버리는 것으로 여기기 때문에 영적인 것들을 일축(一蹴)해 버리는 수많은 자들이 있습니다. 이런 부류의 자들이 나와 같이 온 밤을 지냈는데, 그들은 이른바 거기에 정착하고 있는 몇몇 자들이 있는 약간 높은, 정면, 머리 위에 있었습니다. 그들은 내가 온 밤을 깨어 있도록 사로잡고 있었습니다. 그것은 나에게 벌을 주는 일이었습니다. 그 이유는, 영적인 것들에 관해서, 영적인 것들은 그런 것들을 수용하는 육체의 감관에 관계되는 그런 것들에 속할 수 없는 것들이다고 말하고, 기술하였기 때문입니다. 거기에 정착하고 있는 영들은 잠자는 상태보다는 깨어 있는 상태에 치우친 중간적인 상태에다 그 밤의 많은 시간 나를 사로잡고, 그리고 나를 괴롭혔습니다. 그들의 망상

들은 내가 그것을 도저히 기술할 수가 없을 만큼, 매우 단순하고 어리석었습니다. 이것이 그들의 영기였습니다. 더욱이 주님에 의하여 내가 자유스럽게 할 수 없도록 하기 위하여 그 영기는 바로 그들의 어리석은 영기에서 비롯된 것입니다.

2931. 나는 어떤 영적인 생각에도 들어갈 수가 없었습니다. 그런 어리석은 영기에 의하여 그들의 마음 안에 내재해 있는 그들의 성품에 관한 그들의 영적인 본질이 드러났습니다. 이런 일이 있은 뒤 나는 잠에 빠져 들었는데, 그리고 내가 잠에서 깨어났을 때 그들의 영적인 본질이, 그것 안에는 영적인 것들이나 총명적인 것들은 전혀 있을 수 없는, 하나의 나무 잎과 같은, 그리고 보잘것없는 한조각 구름처럼 그들에 의하여 드러났습니다. 그들의 이해서 비롯된 그 구름은 전혀 아무것도 느낄 수도 없고, 지각될 수도 없었습니다. 그래서 그들의 영적인 본질은 짐승들이 가지고 있는 것과 같은 지극히 자연적인 것이었습니다. 한마디로 말하면 그들의 이런 본질은 결코 영적인 것이 아니다는 것이 그들의 이해에서 나왔습니다. 그러므로 그들에게 드러내 보여 주는 것이 허락된 것은, 우리가 영적으로 생각하는 것, 그리고 거기에는 이런 이해력을 부여하는 영들이 있다는 것, 그럼에도 불구하고 그들은 구름들로 드러난다는 것 등등은 참된 것이다는 것입니다. 그들이 어떻게 해서 그런 표징에서 그것을 지각할 수 있다는 것, 그리고 이런 것이 진리이다는 것, 그럼에도 불구하고 이런 것이 표징이다는 것은 놀라운 일입니다. 이런 자연적인 영들은, 내가 표징에서 단념해야 할 것을 찾았기 때문에 필설로 표현할 수 없을 정도로 놀라워했고, 그리고 감화 감동되었습니다. 다시 말하면 그들은 일종의 불안과 자신의 무가치한 존재에 **빠졌습니다**. 이것이 바로 그들의 형벌입니다. 그리고 나는, 그들의 이와 같은 불평에서, 그것이 그들에게 그 얼마나 비참한 것인가를 깨달았습니다. 1748년 8월 26일

2932. 위엄 있는 말로 그들에게 말하는 것이 허락된 것은 사람이

알고 있는 것은 결코 아무것도 없다는 것입니다. 예를 들면, 근육이 어떻게 해서 활동하는지 사람은 알지 못한다는 것입니다. 그럼에도 불구하고 그 때 거기에는 인체에 관계되는 측면에서 보면 모든 것들이 내재해 있는데, 거기에는 우리가 알지 못하는 무수한 것들이 있습니다. 그리고 오직 인체 안에는 모든 학문이나 과학에 관계되는 가장 심오한 것들이 있지만 그럼에도 불구하고 그들은 그것의 최소의 것까지도 알지 못합니다. 뿐만 아니라 그들이 알 수 없으면 그러한 것이다고 생각합니다. 다시 말하면 그들은 오관들에 의하여 그런 영역 안에 있는 영적인 것들이 이해되지 않고, 거기에 여전히 무한한 것들이 존재하는 곳이 이해되지 않는다면, 그런 영적인 본질이 없다고 여겨, 그것에 관해서 전혀 아는 바가 없다고 말합니다. 그러므로 거기에서부터 부정하는 것 이외에는 어떤 것도 존재하지 않는다는 것입니다. 따라서 일종의 구름 같은 희미한 것들만 생겨날 뿐입니다. 그런 원리나 본질 안에는 아무것도 존재하지 않고, 그리고 그들은 이른바 무(無)로 변형되고 맙니다. 그 이유는 그들이 자신들의 개념들이나 망상들에 일치되었기 때문입니다. 1748년 8월 26일

2933. 그 때 그들은 육신을 입은 삶에서 안 것 이외에는 다른 것을 전혀 알지 못하는 상태 안에 빠져 있습니다. 그러나 그들에게 밝히 입증된 것은 그들이 지금은 저 세상 살고 있다는 것이고, 따라서 그들은 영적인 존재로 살고 있다는 것을 믿게 되었다는 것입니다. 그 때 그들은, 만약에 그것이 그러하다면 자신들은 결코 무엇이라고 언급하지 못할 정도로 속은 것이다 라고 말하였습니다. 왜냐하면 이런 부류의 망상으로 말미암아 그들은 육신의 죽음 뒤에도 그들이 영원히 산다는 것까지도 믿을 수 없기 때문입니다.

2934. 그들이 지금 시인할 수 있는 것은, 내가 영적인 것들에 관해서 기술한 내용 안에 있는 것을 결코 깨달을 수 없다는 것이고, 그리고 그들은 그 결과들만 파악할 뿐이다는 것입니다. 그리고 그들은 육신의 오관에 의하여 결과들을 파악할 뿐이고, 그 밖의 다른 것

은 아무것도 아니라고 생각한다는 것을 시인하였습니다. 그들의 어리석은 상태는 바로 이런 성질의 것이지만, 그럼에도 불구하고 그들은 다른 자들과 같이 말할 수 있고, 다른 자들과 같이 이해할 수도 있습니다.

천사들은 자신들에 비하여 다른 자들이 더 행복하기를 열망하고, 그러므로 자신들에 비하여 다른 자들을 더 사랑한다는 것에 관하여

2935. 어떤 사람에게서 이런 질문을 받았습니다. 유대 사람에 관한 대화 중에, 유대 사람은 다른 사람들에 비하여 월등한 특권을 가지고 있는지의 여부였습니다. 그 대답이 내게 허락된 것은, 그 특권에 관해서 천사들의 생각은 결코 아니고, 오히려 각자는 자기 자신에 비하여 다른 사람이 더 행복하기를 원하는 것이고, 그리고 거기에 영복(永福)이 있다는 것이었습니다. 그는 이 사실을 이해할 수 없었습니다. 즉, 무엇을 받을지 이해되지 않았을 때 넌지시 알게 된 것은 남편과 아내 사이에, 부모와 자녀들, 친구들, 때로는 사회적인 생활 가운데, 또는 문화나 예의 따위로부터 무엇인가 주어진다는 그런 것이 있다는 것입니다. 따라서 밝히 알 수 있는 것은 무엇인가 받을 수 있는 것이 있다는 것입니다. 그러므로 결론지을 수 있는 것은, 천계적인 지복(heavenly felicity)을 향유(享有)하기 위해서는, 사랑이 바로 반드시 존재하여야 하는 것이다는 것입니다. 1748년 8월 26일

사기꾼이 피술자(被術者·subject)들로 보내졌고, 그들에 의하여 그들이 속임수를 단행하였고, 그래서 그들은 숨길 수 있었고, 그리고 피술자들이 대신 쓰여진다는 것에 관하여

2936. 지금 막 일어난 일입니다. 거의 나를 무시하는 상태에서 나를 사로잡고 있는 잘 아는 어떤 자들이 사기꾼에 의하여 내게 보내

졌습니다. 그들은 속임수에 의하여 그들의 온갖 사기적인 것을 성취하였습니다. 다시 말하면 그들은, 내가 지금까지 저술한 선한 것들이나 참된 것들 모두에 대해서 악담을 하였고, 따라서 애매모호(曖昧模糊)하게 만들었습니다. 이런 일로 또 다른 일이 생겨났습니다. 즉, 매우 가치가 있는 것들도 무가치한 것으로 여겨, 거의가 배척되었는데, 나에게 그런 일이 생겨 난 것은 그런 무리의 영들이 있다는 것을 목격하게 하기 위한 것이고, 그리고 동시에 사기꾼 영들이 그들을 피술자로 사용하고 있다는 것을 깨닫게 하기 위한 것이었습니다. 사기꾼 영들은 나를 경멸하였고, 그리고 나의 저술들을 애매하게 만들기 위하여, 그리고 그것들을 무가치한 것으로 여기게 하였습니다. 그런 사실이 발각되었기 때문에 나는 그 일에 관해서 그들과 대화를 하였고, 그들은 역시 고백하였습니다. 따라서 사기꾼들의 성품이 어떤 것인지 그 일로 인하여 밝히 드러났습니다.

2936[A]. 내가 그들과의 대화에 의하여 확증된 사실은, 그들이 육신을 입은 삶을 사는 동안에 동일한 일이 일반적인 삶 속에 일어난다는 것이고, 따라서 저 세상에서도 동일한 일이 존재한다는 것입니다. 그러나 저 세상에서는 서로 다른 수많은 상태들에게 알맞게 매우 약삭빠르고 빈틈없는 방법들이나, 적응 따위가 있습니다. 그러므로 저 세상에서 영들의 상태들이 알려지게 되면 육신을 입은 삶의 성품 역시 잘 알려질 수 있습니다. 왜냐하면 동일한 일이 다른 상태들과 생명의 차이를 가지고 그대로 일어나기 때문입니다.

영들의 언어(言語)는 생각의 언어(a speech of thoughts)이고, 따라서 내면적인 것들의 언어(a speech of interiors)이다는 것에 관하여

2937. 내가 지금도, 그 밖의 다른 많은 때에 영들과 더불어 이야기 한 것은 육신을 입은 삶과 사후의 삶 사이의 특별한 차이는, 육신을 입은 삶에서 사람은 말한 것이나 느끼는 것을 생각할 수 있고,

또한 달리 생각한 것을 말할 수 있다는 것입니다. 이러한 사실은 그들이 말한 내용에서 그리고 다양한 저술들에게서 비롯된 문체들에게서 명확합니다. 그 때 생각은 전적으로 일치하지 않았는데, 때로는 정반대이다는 것도 알 수 있지만, 그럼에도 불구하고 그들은 단언하기도 합니다. 그러나 저 세상에서 그런 일은 결코 허용되지 않습니다. 거기에서는 생각이 말합니다. 결과적으로는 내면적인 사람(the interior man)이 말을 합니다. 예를 들어 보겠습니다. 아마도 수삼년이 넘는 지금까지의 긴 세월 동안 나의 생각이 말을 하였습니다. 만약에 단 한마디의 말이라도 생각에 일치하지 않는 것이 발설되었다면, 그것은 그 즉시, 특히 내면적인 영들(interior spirits)에 의하여 인지될 것인데, 그들은 항상 내면적인 언어를, 다시 말하면 의도들에 속한 언어를 가지고 있습니다. 그러므로 육신을 입은 삶에서 그들의 생각들이 밝혀지는 것을 원하지 않는 어떤 자들은 몹시 분노하고, 그것으로 인하여 증오·시샘 따위나 그와 비슷한 것들이 일시에 까발려지는 일이 뒤따르게 됩니다. 그러므로 이 세상에서 마음 속으로는 원수이지만 얼굴에서는 친구들인 그들의 사회의 본성이 어떤 것인지 여기서 잘 알 수 있겠습니다. 1748년 8월 27일

사람이 가지고 있는 종지(宗旨·信念)들을 영들은 그것들을 공격할 수 없다는 것에 관하여

2938. 이런 예를 들어보겠습니다. 나는, 성령(=거룩한 영)은 제 3인격(the third person)이시고, 영원 전부터 여러 성령들이 존재하였다고 확신되었을 때, 그리고 그런 영이 안에 있었을 때, 만약에 어떤 영들에 대하여 거스르는 단 한마디의 말을 하였다면 그들은 대단히 괴로울 것이고, 그리고 내가 성령에 관해서 거의 생각하지 않을 만큼 나를 그 정도에 이르게 할 만큼 놀라게 할 것입니다. 왜냐하면 거기에는 자신들이 성령이다고 생각하는 자들이 많이 있었기 때문입니다. 그러나 그 뒤에, 나는 주께서 홀로 거룩하신 분이시다는 것

을, 그리고 천사들이나 영들 모두는 본질적으로 더럽혀진 자들이고, 그리고 주님에게 속한 것들에서 비롯된 선한 것들이나 참된 것들로 말미암아 거룩한 존재라고 불리운다는 것을 확신하게 되었을 때, 그 때 나는, 비록 내가 생각한 동일한 영들이 거기에 현존한다고 할지라도, 더 이상 괴롭을 겪지 않았습니다. 왜냐하면 지금 그들은 전혀 나를 공격, 괴롭히지 않기 때문입니다. 그 이유는 나는 확신(=종지)의 상태에 있었고, 그리고 그 확신이나 종지는, 이른바 기질적인 측면에서 거의 비슷한 그런 본성이었기 때문입니다. 그러므로 이런 예에서 명확한 것은 종지(=신념)가 어떤 것이고, 그리고 그것의 성질이 어떤 것인지, 그것은 그 본성을 잘 드러내 보여 주고 있고, 그리고 영들은 이런 종지에 거슬러서는 아무것도 이룰 수 없다는 것이고, 그리고 영들은 인간들에게서와 같이 동일한 종지 안에 있다는 것 등입니다. 왜냐하면 그들은, 자신의 기억을 가리키는, 자기 자신의 종지들(=신념들)을 잘 드러내기 때문입니다. 그 이유는 총명적인 것들로부터 그것들이 발출하고 있기 때문입니다. 1748년 8월 26일

어떤 영들은 사람들의 기억을 직접적으로 드러내지 않지만, 어떤 영들은 그것의 전부를 드러낸다는 것에 관하여

2939. 내게 수차에 걸쳐 인지된 것들입니다. 내가 알고 있는 것과 같이, 내 안에 있는 것들에 관해서 자기 자신에 허락한 영들이 도착하였고, 그리고 다른 영들은 그들을 가르치고, 따라서 몇몇은 이방인들이고, 몇몇은 내국인들이었습니다. 그런 일로부터 원인이 생겨났는데, 그것이 바로 어떤 자들은 사람에 속한 기억을 직접적으로 드러내지 않는 원인이다는 것입니다. 지금 나에게 그런 일이 일어났습니다. 다시 말하면 그들은 내국인들의 사회에 들어가는 것이 허락되지 않은 자들이다는 것입니다. 그리고 그들이 그 사회에 들어가자 그 즉시 그들은 그들이 가지고 있는 것들과 더불어 각자의 내통(內通)이나 교류(交流)가 바로 그런 것이고, 따라서 그들은 차이를 알지

못하기 때문입니다. 뿐만 아니라 매우 멀리 떨어진 영들이 있었는데 그들에 관해서 나는 주님께서 값있는 것으로 여기신다면, 적절한 곳에서 다루겠습니다. 1748년 8월 26일

성령에 관한 어떤 영들과의 대화에 관하여

2940. 나에게서 아주 멀리 떨어진 곳에 어떤 영들이 있었습니다. 그들은 오른쪽 관자놀이 반대쪽 가까이 전면에 있었습니다. 그들은, 주님에게서 발출하는 거룩함을 제외하면 성령은 결코 허락되지 않으며, 그리고 천사들이나 선한 영들 가운데 나타나지도 못한다는 말을 듣자 몹시 분노하였습니다. 그는, 성령이 허락되었다는 것을 보여 주려고 한다고 말하였습니다. 그러나 그 때 그에게 말하도록 허락된 것은, 아론의 거룩함이 어디에서 온 것인지, 그리고 제단·희생제물·성막·아론의 법복의 거룩함이 어디에서 온 것인지, 만약에 그런 것들이 어느 누구에게 접촉된다면 그것들은 모두가 거룩하게 된다는 그 거룩함이 어디에서 온 것인가 라는 것입니다. 그리고 이런 것들의 거룩함은 어떤 것으로 설명될 수 있는가 라는 것입니다. 이에 대한 대답은 전혀 없었습니다. 더욱이 영들이나 천사들은 사람들이었으며, 그리고 그들 안에는 죄 이외에는 아무것도 없는데, 그들의 거룩함은 어디에서 온 것인가가 일러졌습니다. 이에 대해서 그는 대답할 수가 없었습니다. 더욱이 광신자들이나 퀘이커 교도들이 주장하는 것은 그들은 성령에 의하여 인도된다는 것이고, 그리고 그와 같이 확신한다고 하였습니다. 따라서 성령은 그들에게 이런 사실들을 확신시키는지 여부에 대해서도 언급하였습니다. 내가 지금 깨달은 것은, 그가 말하려고 한다는 것과, 그리고 성령이 사도들이나 예언자들을 통해서 말씀하신다는 것 등등입니다.

2941. 답하는 것이 허락되었습니다. 즉, 성령께서 말씀하실 때 그는 자신이 한 말을 전혀 알지 못한다는 것이고, 그리고 자기 자신으로 말미암아 말하지 않을 때 그의 거룩함이나 신성한 감정은 어디

에서 온 것인가, 그러므로 거룩함은 자신의 속성을 단정할 수 있는지, 그가 밝힐 수 있는 거룩함은 그 누구에게서 즉, 자기 자신에게서 또는 주님에게서 오는지 등등의 것이 언급되었습니다. 그가 한 말은, 그것은 내면적인 천계에서 온 것이다는 것, 그리고 그럼에도 불구하고 천사들이 고백한 것은 그들은 자신에게 거룩한 것은 아무 것도 없다는 것입니다. 더욱이 거기에는 주님에게 속한 영들만 있었습니다. 그리고 자신들이 거룩하다고 뽐내는 자들은 어디에서 온 것일까? 그 때 주님에게서 온 자들은 자신들이 거룩한 존재라고 결코 부르지 않습니다. 여기에 부연할 것이 허락되었는데, 구약의 성언에서 말씀한 영들은 가끔 자신들을 여호와라고 불렀다는 것입니다. 더욱이 주님께서는 내면적인 영들에 관해서 아무것도 알지 못하는 사람의 외현에 따라서 그 밖의 다른 것들에 관해서 언급하였듯이, 성령에 관해서 말씀하셨습니다. 만약에 그분이 다르게 말씀하셨다면, 어느 누구도 결코 믿지 못할 것입니다. 이러한 사실은 오늘날도 내면적인 사람이 어떤 존재인지를 알지 못하는 것과 동일합니다. 1748년 8월 26일

그들은 천사나 영이 영원 전부터 존재한 것은 전무(全無)하다는 것이고, 그러나 주님께서는 영원 전부터 계셨다는 것입니다. 그래서 그들은, 천사들이나 영들이 모두가 사람들이었고, 따라서 지음 받은 존재이기 때문에 부인할 수 없다고 말하였습니다.

내면적인 영들은, 내게 교류되었던, 정교한 지각을 가지고 있다는 것에 관하여

2942. 이런 일을 깨닫는 것이 허락되었습니다. 그들이 어떤 일을 꾸밀 때에는 그들이 대상물로서 누구를 사용할 것인지, 그 자를 잘 알고 있다는 것입니다. 그들은 그 인물을 나에게 보냈고, 그들은 그를 자신들이 상주하는 거점으로 삼으려고 하였습니다. 더욱이 내가 지금 깨달은 사실은, 그들은 나와 함께 있는 자가 누구인지를 알고

있으며, 그리고 그 자를 나에게서 교활한 방법으로 떼어 놓으려고 한다는 것 등입니다. 뿐만 아니라 내가 그런 것에 관해서 알지 못하고 있을 때, 그리고 허락만 된다면 내 기억에서 영들이 수많은 것들을 가져가려고 한다는 것도 알지 못하였습니다. 따라서 내가 자든, 깨어 있든 내 기억 속에 있는 것들을, 말하자면, 읽고 있었습니다. 결과적으로는 내가 알지 못하는 수많은 것들도 읽고 있었습니다. 이런 사실에서 결론지을 수 있는 것은, 허용만 된다면 그들은 그와 같이 다른 기억들에게서 수많은 것을 빼낼 수 있지만, 기억에서 빼앗기는 자들은 그 사실을 알지 못한다는 것입니다. 1748년 8월 26일

악령들이나 다른 영들은 구금(拘禁)되어 있을 때, 그들은 자신들이 정직한 자들이다고 생각한다는 것에 관하여

2943. 많은 경험에서 알게 된 것입니다. 악령들은 영적인 구금상태에 사로잡혀 있다는 것, 다시 말하면 주님에 의하여 성실에 속한 영향 하에 갇혀 있다는 것입니다. 그리고 그들이 그런 상태에 갇혀 있게 되면, 그 때 그들이 알지 못하고 있는 것은 그들이 이와 같이 악으로 말미암아 갇혀 있다는 것입니다. 그리고 비록 나로 하여금 깨닫도록 허락된 것이지만, 그들은 그와 같이 구금되어 있지만, 그럼에도 불구하고 그들은 그들이 자유의 상태에 있다는 것 이외의 다른 것들을 알지 못하였습니다. 그리고 그 어떤 구금이나 구속에 전혀 있지 않다고만 알고 있습니다. 그러므로 그들이 자유하기 때문에, 그리고 또한 구속받고 있지 않기 때문에 그들은, 그들이 자신들에 대하여 정직한 자라고 생각하지만, 그럼에도 불구하고 성실이나 선함에 속한 영기는 주님에게서 옵니다. 그들은 그런 상태에 있기 때문에 그런 것에 관해서 아주 무지(無知)합니다. 그러므로 그들은 좋은 일은 모두 자신의 공으로 돌립니다. 그러나 이런 영적인 구금의 상태가 풀리게 되면, 다시 말해 선에 속한 영기의 공덕이 감퇴하게 되면, 그것이 자기 자신들에게서 오는 것이 아니다는 것을 곧바

로 깨닫게 됩니다. 그 때 구금의 상태가 느슨해지면 그것에 비례하여 그들은 악으로 돌진하고, 그리고 결코 어떤 수단에 의해서도 자기 자신을 억제하지 못합니다. 이러한 사실은 수많은 경험에 의하여 능히 입증될 수 있습니다. 이와 마찬가지로 천사들은 주님의 선함에 속한 영기 안에 머물러 있습니다. 1748년 8월 26일

악은 주님을 믿는 믿음 안에 있는 자에게는 전가(轉嫁)되지 않고, 그리고 그가 행한 선도 그의 공로가 아니다는 것에 관하여

2944. 나는 영들과 더불어 이런 사안들에 관해서 대화를 가졌습니다. 이 사안은 예전에 다양한 경험들에 의하여 입증된 바 있습니다. 그리고 지금은 이런 경험으로 입증할 수 있고, 그리고 또한 그 사안이 사실이다는 것도 목전(目前)에서 밝히 드러내졌습니다. 왜냐하면 어떤 영이, 자신들은 나를 아주 무가치한 존재로 만들고 싶다고 말하였기 때문입니다. 이에 따라서 그들에게 일러진 대답은 그들이 그런 일은 전혀 있지 않을 것이다는 것을 그들이 솔직히 시인하여야 할 것이다는 것입니다. 그러므로 나는, 무가치한 것으로 만든다는 이런 말에 관해서, 그리고 전에도 자주 언급한 바 있습니다. 밝히 입증된 사실은 어느 누구에 의하여 악이 행해질 때 그 때 그 사람은 그들과 함께 그 악 안에 있지 않습니다. 그 이유는 그 사람은 그들에 의하여 악을 범하도록 꾀드겨지고 있을 뿐이기 때문입니다. 사실 이런 일은 자주 일어나는 것이지만, 그들은 자신들의 술책으로 그 사람이 죄를 범하게 할 목적으로 악을 말하고, 느끼고, 행하도록 강요하는 것입니다. 이런 일은 자주 일어납니다. 그러므로 영들이 어느 누구로 하여금 악을 생각하게 하고, 말하고, 행하도록 강요할 수 있을 경우, 그 때 그들은 악을 그 사람의 탓으로 돌리지는 않습니다.

2945. 그러나 그런 것 때문에 징계하고, 벌하고, 그리고 그에게 고

통을 주기를 열망합니다. 그러므로 그가 다른 자들에 의하여 움직이기 때문에, 그리고 자신이 죄인이다고 하는 것이 진리이기 때문에, 그가 진리 안에 있을 때에는 악이 그 사람에게 허입되지 않지만, 그러나 그가 주님을 믿는 믿음 안에 있지 않다면 그 사람은 그 진리 안에 있을 수 없습니다. 왜냐하면 주님께서는 다른 생각들 안에 있게 하시고, 그리고 시험의 순기능적인 목적을 위해서, 즉 그가 선한 사람으로 변화하기 위해서 악령이 그런 짓을 하도록 허락하시기도 합니다. 그러므로 주님 안에 있지 않은 자들은, 그들이 해방자를 가지고 있지 않기 때문에 이 사실을 말할 수 없습니다. 그들은 자신을 자유하게 할 수도 없습니다. 따라서 악은 전가되지 않습니다.

2946. 이것이 역시 믿음에 속한 진리인데, 그것은 역시 선도 그 사람의 공으로 돌려지지 않는다는 것입니다. 왜냐하면 선을 역사하시는 분이 바로 주님이시기 때문에, 따라서 선이 사람의 공으로 돌려질 수 없기 때문입니다. 왜냐하면 선을 자신의 공으로 요구하는 자들은, 비록 그들이 자신으로 말미암아서는 아무것도 할 수 없지만, 자신들의 고유한 공로사상으로부터 구원받기를 열망하기 때문입니다. 선을 행하는 자에게 약속된 보상이나 상급에 관해서 살펴보면, 이것은 주님께서 인도하신 자들에 대한 순수한 자비(pure mercy)에서 오는 것입니다. 왜냐하면 주님께서 그 사람 자신을 통해서 그 사람에게 주는 것을 제외하면 어느 누구도 자기 자신으로 말미암아서는 어떤 선도 공로에 따라서 보상받을 수 없기 때문입니다. 그것은 주님께서 자비 자체이시기 때문이고, 그리고 그분의 자비 때문이고, 그리고 그분의 목적 때문입니다. 1748년 8월 27일

이러한 내용들은, 이 믿음의 교리에 있지만, 내면적인 신념 안에 있지 않는 자들의 면전에서 기술되었습니다. 그러므로 그들은, 자신들이 교리에서 부정할 수 없기 때문에, 이런 사실을 부인할 수가 없었습니다. 그러나 만약에 그들이 내면적인 신념으로 감히 말하려고 했다면 그 때 그들은 반대에 부딪쳤을 것입니다. 이상에서 사람이 오

직 교리로부터, 또는 학문적인 신앙(scientific faith)에서 진리에 관해서 어떻게 믿게 되고, 신념을 가지게 되는지 명확하게 드러났습니다. 뿐만 아니라, 내가 짐작할 수 있는 것은 현재 그런 부류에 속한 자들은 총명적인 믿음에 속한 자들이다는 사실입니다.

믿음에 속한 네 계도(階度)들에 관하여

2947. 나는 지금, 믿음에는 네 계도가 있다는 믿음의 네 계도에 관해서 설명하고자 합니다. 그 첫째는 과학적인 믿음(scientific faith)인데, 그것은, 믿음에 속한 것들을 단지 지식의 사안으로서, 단지 과학적으로 아는 것에, 그리고 그것들을 내 기억 안에 간직하는 것에, 그리고 기억으로 말미암아 다른 사람들에게, 또는 명예를 목적해서 말하고, 설교하는 그것에, 또는 사회에서 무엇인가를 알고, 배우고, 그리고 공헌한다는 것을 말하고 가르치는 것에 존재합니다. 따라서 과학적인 믿음은 기억에 속한 일이다 라고 하겠습니다. 나는 그것을 믿음이라고 부르지만, 그러나 믿지 않습니다. 심지어 편린(片鱗)만큼도 믿지 않습니다. 이런 부류는 악한 목자들이고, 사악한 설교자들입니다. 다른 계도는 이해 안에 있는 믿음, 또는 총명적인 믿음(intellectual faith)입니다. 다시 말하면 그것은 수많은 사물들의 관계에서 또는 자연적이든 영적이든 수많은 것들에 속한 확증으로 말미암아 내가 총명적으로 확신되었을 때의 믿음입니다. 그러므로 그 때 나는 총명적으로 설득, 확신을 가졌지만, 그럼에도 불구하고 기억 안에 간직되었는데, 그 이유는 삶 가운데는 나타나지 않고 있기 때문입니다. 그리고 자신의 명성이나 명예, 그리고 그런 부류의 것들이 그것을 자극할 때를 제외하면 삶이 그런 것들에 일치하여 그런 식으로 나타나지 않는다면 그런 믿음이 총명적인 믿음이고, 과학적인 믿음입니다. 그러므로 그것은, 핵(核), 즉 정동(情動)과 전혀 연계되어 있지 않는, 또는 그것에 연계되지 않는 껍질(shell)에 지나지 않습니다. 셋째 계도는 최초의 신념(=종지·宗旨)이라고 하는데, 다시

말하면 주님에 의하여 누군가가 확신하는 것을 가리킵니다. 그 때 그가 한 사물이 그러하다고 일깨워 줄 때 일어나는 것인데, 그는 달리 행동하려고 하지 않습니다. 따라서 그는 양심이 지시하는 대로, 즉 그는 믿음에 일치하여 행동하는 믿음을 가리킵니다. 넷째 계도는 확신(宗旨)을 가리킵니다. 그 때 그는 그가 믿은 것에서부터 달리 행동할 수 없습니다. 왜냐하면 그 때 그는 주님에 의하여 자신이 인도 받고 있다는 것을 지각하고 있기 때문입니다. 그러므로 이런 신념이나 종지는 지각과 결합하고 있습니다. 이것에 관해서 예전에 이미 다루었습니다. 1748년 8월 27일

화합에 속한 본성이나 이와 비슷한 것, 따라서 천계에 있는 지복(至福)의 본성을 안다는 것이 지복 그 자체에 아무것도 도움이 되지 않는다는 것에 관하여

2948. 나는 영적인 개념으로 다른 것들과 함께 깨닫는 것이 허락되었는데, 그것은 화합의 본성(和合本性)을 알고, 그리고 그것으로 인하여 천계에 있는 지복(至福)의 성질을 아는 것이 지복에 보탬이 되지 않는다는 것입니다. 그러나 지식이 현존할 경우, 그것은 오히려 지복을 빼앗아 가버린다는 것입니다. 왜냐하면 아무것도 모르는 사람은 여전히 화합이나 조화 속에 있고, 그것으로 인하여 지복의 상태 안에 있기 때문입니다. 왜냐하면 주님께서는 천사도 그것을 알지 못하는 사이에 역사하시기 때문입니다. 그러나 그가 알고, 그리고 동시에, 마치 그 때 가르침을 받은 것처럼 지식으로 말미암아 그것 안에 있기를 원한다면, 그 때 그는 자기 자신으로 말미암아 활동하고, 그래서 자기 자신 안에 있는, 그리고 교제 가운데 있는 자들에게 있는 화합을 깨뜨리고, 어지럽힐 것입니다. 이러한 사실은 수많은 것들에서 아주 분명합니다. 그 이유는 그 때 그의 생각은 안다는 것(知識)에 관해서, 그리고 자신에 관해서 깊이 생각하고, 되새기는 그런 성질의 것이기 때문입니다. 그리고 자신의 동료로부터 멀리 피

하기 때문입니다. 결과적으로는 주님에게서 멀리 피하기 때문입니다. 그러므로 알지 못하지만, 변함없이 거기에 있는 자들은 매우 더 좋은 상태에 있습니다.

2949. 이러한 내용은 생각이나 언어의 모든 핵심(point)에 의하여 설명될 수 있겠습니다. 사람은 분석적으로 생각하고 말합니다. 즉 사람은 분석적인 철학에 속한 가장 심오한 것들에 일치하여 생각하고, 말을 합니다. 그럼에도 불구하고 그가 말하고 행동하는 그것을 알지 못합니다. 그러나 그가 그 사안이 어떠한 것인지 알려고 하고, 그리고 그래서 지식에 따라서 그가 생각하고, 말하고 행동하려고 하는 그 때, 그는 그를 인도하고, 그리고 자기 자신을 에워싸고 있는 가장 심오한 것들로부터 자기 자신을 도피(逃避)시킵니다. 그리고 이런 것들이 현존하고, 지배하는 것에 비례하여 그는 미치게 되고, 우둔하게 됩니다. 그가 자기 자신이 아니고, 가장 심오한 이끌림에 의해 인도되는 것에 비례하여 그는 이해에 속한 능력의 상태에 있게 되고, 그리고 그런 것들에 따라서 그는 감동받는 상태에 놓이게 됩니다. 1748년 8월 27일
이러한 사실은 근육들에 의하여 더욱 더 잘 확증됩니다. 만약에 사람이 의지로 말미암아 행동할 때, 만약에 그가 근육이나 섬유들이 어떤 작용을 하는지 안다면, 그리고 그의 마음을 근육이나 섬유에 돌리게 한다면, 따라서 그가 그와 같이 그것을 지배하기를 원한다면, 그리고 그가 그런 행동을 의도한다면, 그 때 근육은 활동할 수 없고, 만약에 그 일을 멈춘다면 근육은 활동할 것입니다.

사람의 타락(墮落·fall)에 관하여

2950. 나와 다른 자들, 즉 나와 같이 있는 영들이나 천사에게 사람의 타락이 어떻게 해서 일어났는지 영적인 개념으로 깨닫는 것이 허락되었습니다. 다시 말하면 태고교회(太古敎會·the most ancient church)가 믿음 안에 있었고, 따라서 영들이나 천사들과의 교제 상태

에 있었고, 그래서 이른바 천계에 존재한다고 할 만큼 결합의 상태에 있었습니다. 그들은, 이미 그들에 관해서 언급한 바 있는 다른 지구에 있는 가장 선량한 자들과 닮았습니다. 그러나 그들은 뒤로 후퇴하였고, 그래서 내면적인 것들이나 직관(直觀)들은 사람에게서 점점 더 멀어졌고, 오늘날에 이르러서는 그런 것들은 오직 외적인 것들 안에 남아 있습니다. 1748년 8월 27일

사람이 영들을 통해서 다스려진다는 것을 사람이 확신을 가지고 믿는다는 것이 얼마나 난해(難解)한 것인지에 관하여

2951. 내 마음이 열리기 전이었습니다. 그리고 영들과 대화할 수 있기 전이었습니다. 다만 생생한 경험을 통해서 알게 되었을 뿐입니다. 앞서 수년 동안 내가 지금 놀라고 있는 이런 부류의 입증들이 나에게 확실하게 존재했습니다. 그럼에도 불구하고 아직 나는, 영들을 통한 주님의 통치에 관해서 확실한 신념 상태에 들어가지 못하였습니다. 수년 동안 내가 기술한 것들에 관해서 내게 알려주는 꿈들이 있었을 뿐만 아니라 내가 글을 쓰고 있을 때 상태의 변화들 역시 있었습니다. 그리고 또한 기술된 것들 안에도 어떤 평범하지 않은 빛(光)이 있었습니다. 나중에는 눈을 감고 있을 때 역시 수많은 환상들이 있었고, 기적적인 빛이 있었고, 그리고 영들이 분명하게 입류하였습니다. 그것은 육체적인 감관들에게서와 같이 지각이 분명하였습니다. 시험들에 있을 때에는 악령들에 의하여 여러 가지 모양들을 통하여 괴롭히는 일이 수도 없이 일어나기도 하였습니다. 이런 일이 있은 뒤, 악령들이 꺼리는 것들을 기술하고 있을 때 나는 공포로 거의 압도당할 정도로 괴롭을 겪었습니다. 불꽃같은 빛이 보였습니다. 아침에는 말씀이 들렸고, 그리고 그 밖에 수많은 것들이 일어났습니다. 그런 일은 어떤 영이 몇 마디 말로 일러질 때까지 일어났습니다. 내가 무척 놀란 것은 그 영이 내 생각들을 모두 알고 있었다는 것이고, 그 뒤에 더욱 놀란 것은 내 마음이 열려졌고, 그

래서 내가 영들과 대화할 수 있었다는 것입니다. 마찬가지로 그 영도 놀랐는데, 그것은 내가 놀라워했다는 것입니다. 이런 것들로부터 결론을 지을 수 있는 것은, 주님께서 영들을 통하여 다스리시고 있다는 것을 믿기 위하여 매우 어려운 고난을 겪는다는 것이고, 그리고 또한 사람이 영들에게서 떠나, 자기 자신으로 말미암아 그가 자기 자신의 삶을 산다는 견해로부터 멀리 떠나는 것은 매우 큰 곤란을 겪는다는 것 등입니다. 1748년 8월 27일

나는 종전에 몇 달 동안 영들과 대화를 한 뒤, 만약에 내가 나의 종전의 상태에 되돌려진다면, 이런 것들이 모두 환상들이다는 소견에 빠져들 수 있다는 것을 지각하였습니다.

영들은, 마치 사람들과 같이, 서로 모여서 함께 말한다는 것에 관하여

2952. 나는 예전에 영들이 모여서 함께 말한다는 것을 자주 들었습니다. 지금 나는 동일한 것을 또한 듣고 있습니다. 사실 영들의 세계에 있는, 또는 천계에 있는 사안들에 관해서, 그리고 그 밖의 다종다양한 사안들에 관해서 마치 사람들이 말하듯이, 서로 대화를 들었습니다. 선한 영들은, 어떤 사안들에 대해서 무지한 자들을 가르치는 것을 좋아합니다. 내가 지금 듣고 있는 것은 무언(無言)으로 가르치고 있는 것입니다. 그리고 전에도 들은 바이지만 그들의 삶은, 차이가 있기는 하지만, 이 세상에 있는 사회적인 삶과 같다고 하겠습니다. 그 삶에 관해서는 여기저기에 이미 기술하였습니다. 1748년 8월 27일

해적들(=바다 강도들)에 관하여

2953. 어떤 해적이 나에게 왔습니다. 사실은 나의 머리 오른쪽 영역에 접근하였고, 그리고 그는 교묘한 방법으로 머리 오른쪽 영역에 어느 정도 자기 자신을 주입시키려고 하였습니다. 왜냐하면 그가 한

말에서 내가 깨달은 것은, 그가 악을 도모하고, 그리고 그가 찾아낸 것은 무엇이나 탈취할 것이다는 것을 개달았기 때문입니다. 그 때 그 자 안에 있는 격자(格子) 모양의 이빨들이 나타났습니다. 그래서 그의 얼굴 전체는 격자 모양의 이빨과 같이 보였습니다. 따라서 그 자는 매우 흉물스럽게 보였습니다. 그는 주위를 빙빙 돌았습니다. 그것은 마치 고기 모양 안에 있는 두루마리(=뭉치)와 같았는데, 그의 꼬리 또는 뒤 부위는 둘둘 말려 있었습니다. 따라서 그는 자신이 보다 높이 오를 수 있고, 그리고 해적질을 잘 수행할 수 있다고 생각하였습니다. 그 다음에 내가 가르침을 받은 것은, 그는 양심의 찔림도 없이 해적질을 자행하는 해적이라는 것이고, 그리고 물고기 모양의 두루마리 같은 이빨들은 그의 본성적인 것들을 뜻한다는 것 등입니다. 그 때 베일에 싸여서 어떤 선량한 사람이 나에게로 내려오는 것이 보였습니다. 그는, 그가 애원하기 전에는, 그 베일에서 풀려날 수가 없었습니다. 그는 머리 위에 있는 해적들에 의하여, 마치 포로처럼, 밑으로 내려왔습니다. 왜냐하면 나와 같이 있는 해적은 그들의 피술자(被述者)였기 때문입니다. 그는, 그가 아무것도 이룰 수 없다는 것을 깨달았을 때, 뒤로 물러났습니다. 1748년 8월 27일

사람은 알지 못하고, 그리고 영들로부터 떠나서 자기 스스로 지시, 통제한다고 생각하는 사람과 같이 하는 영들의 상태에 관하여

2954. 내가 연고를 구입하려고 어떤 점포에 있었습니다. 그 때 내가 그것을 구입하고 있을 때, 영들은 내가 이것을 또는 저것을 사야 한다고, 그리고 이것이 저것에 좋으니, 이것을 선정하고, 마음을 바꾸고, 또 살 물건을 바꾸는 열성을 주입시켰습니다. 나는 이것을 전혀 알지 못하였습니다. 일상적인 것처럼 나는 영들에 관해서 깊이 생각하지 않았습니다. 이런 일이 있을 때 즉, 그들이 나로 하여금 이것이나 저 물건을 사게 하고, 그리고 마음을 이렇게 저렇게 바꾸

게 할 때 그들의 상태에 관해서 깊이 생각하는 것이 영들에게 주어졌습니다. 그 때 자기들은 마치 자기 자신들이 그 일을 행했던 것처럼, 전적으로 그들이 행하였다고 말하였습니다. 나는 마음에 속한 외면적인 기관에 유입된 그들의 입류에 의하여 사실을 깨닫게 되었고, 그러므로 영들은, 마치 그들이 사람인 것처럼, 사람들 안에 있는 생명을 가지고 있었고, 행동하고, 열망하는 것은 그들이었습니다. 1748년 8월 27일

나의 저술들이 사람들에 의하여 어떻게 수용되는가에 관하여

2955. 나는, 나의 저술들이 공개되었을 때 그러한 것들을 어떻게 수용하는가에 관해서 영들과 서로 대화를 가졌습니다. 왜냐하면 악령들은 자주 어느 누구도 그런 것들을 수용하지 않고, 오히려 사람들은 그것들을 물리칠 것이다는 것을 주입시키기 때문입니다. 지금 내가 길을 걸으면서 영들과 이야기하는 동안, 거기에는 다섯 종류의 수용방법이 있다는 것이 지각되었습니다. 그 중 첫째는 전적으로 물리치는 자들인데, 이런 자들은 다른 신념 안에 있고, 그리고 그들은 믿음의 원수들입니다. 이런 부류는 배척합니다. 왜냐하면 그것이 그들의 마음 안에 침투할 수 없기 때문입니다. 또 다른 부류는 과학적인 것들을 수용하고, 그리고 과학적이라는 것 때문에, 그리고 기이(奇異)한 것이다는 것으로서 기쁨을 만끽하는 자들입니다. 세 번째 부류는 총명적으로 수용하고, 그래서 그들은 매우 예민하게 수용하겠지만, 그러나 여전히 생명에 관해서는 이전의 그대로 남아 있었습니다. 넷째 부류는 신념적으로 수용하는데, 그래서 그것은 그들의 삶에서 개선(改善)에 침투합니다. 그들은 어떤 상태에 반복해서 있게 하고 그리고 그것들의 선용을 완성합니다. 다섯 번째 부류는 기쁨으로 수용하고, 확증됩니다. 1748년 8월 27일

영들은 능력을 가지고 있지 않고, 그럼에도 불구하고 그들의

삶은 행복하다는 것에 관하여

2956. 전에도 여러 번 있었던 일이지만, 일반적인 영적 개념에 의하여 내가 분명하게 지각한 사실을 영들에게 일러주는 일이 허락되었습니다. 그것은 영들이 자기 자신으로 말미암아서는 아무것도 할 수 없다는 것입니다. 그리고 또한 그들의 삶은 여전히 행복하다는 것입니다. 나는 이런 사실들을 일반적인 영적 개념으로 모두 깨달았습니다. 그러나 그들은 이 말을 듣고 몹시 분노하였습니다. 그것은, 그들이 사람에 비하여 월등하게 산다고 생각하였는데, 이런 지각에 따르면 그들은 자기들 스스로는 생각도 할 수 없고, 또한 말도 할 수 없기 때문입니다. 내게 넌지시 암시된 것은, 그들이 지난 과거사를 기억할 수 없다는 것이고, 그래서 장차 일에 대해서도 깊이 생각할 수도, 평가할 수도 없다는 것입니다. 그러므로 주님께서 다스리신다는 것도 알지 못합니다. 그러므로 나는, 그들의 삶이 행복한 삶이다고 말하였지만, 그러나 그들은 분노하였습니다. 1748년 8월 27일

그들은 자신들이 전적으로 나라고 생각하지만, 영들은 나를 통해서 말을 한다는 것에 관하여

2957. 아주 자주 일어난 일입니다. 어느 누구가 나와 이야기를 하고 있을 때 영들은 나를 통해서 말을 하였습니다. 영들은 그런 일을 나를 통해서 명확하게 듣기도 하고, 깨닫기도 하였습니다. 그것은 마치 내가 나를 통해서 다른 사람이 하는 말을 깨닫는 것과 같았습니다. 이러한 일은 음성을 통해서, 명확한 지각을 통해서, 그리고 그가 나를 통해서 말을 했다는 그 자신의 고백에서, 그리고 그가 나의 몸이었다는 것 이외에 다른 것을 알고 있지 않다는 고백에서 알 수 있겠습니다. 이런 일은 수도 없이 일어났습니다. 예를 들어 보겠습니다. 오늘은 두 번 일어났습니다. 나는 그 횟수를 헤아릴 수 없습니다. 왜냐하면 그런 일은 너무나도 많았기 때문이고, 또 그런 일은

역시 나에게는 매우 친숙한 것이 되었기 때문입니다. 그래서 나는, 이런 일을 언급하는 일이 거의 무가치한 것이라고 생각했습니다. 더욱이 그들은 나를 통해서 웃기도 했고, 수많은 것들을 행하였습니다. 1748년 8월 27일

가끔 내면적인 영들의 천계의 명료한 소통 ; 결과적으로는 천사적 천계와의 교류가 닫혀진다는 것에 관하여

2958. 한번은, 내면적인 영들의 천계, 따라서 내면적인 천사적 천계의 교류가 갑자기 닫힌 적이 있었습니다. 이 사실은 더 이상 무엇이라고 말할 수 없을 만큼 아주 명료하게 지각되었습니다. 아마도 나는 앞에서 이런 일에 관해서 언급한 것 같습니다. 오늘도 역시 명료하게 깨닫는 것으로 그런 교류가 닫혔습니다. 따라서 수많은 이유 때문에 주님께서 좋게 여기시면 그런 교류가 자주 닫혀집니다. 1748년 8월 27일

사람이 선을 지각할 때, 그것은 박탈(剝奪)을 통해서도 뚫고 나간다는 것에 관하여

2959. 내게 이런 지각이 허락되었는데, 그것은 기꺼이 사랑하는 사람은 박탈을 통해서도 뚫고 나간다는 것입니다. 그런 일은 일종의 적당한 고통과 일종의 절망 따위를 야기시킵니다. 왜냐하면 그 때 나는 개혁과 지복 가운데서 계속해서 내 마음을 보존하기 때문입니다. 그것은 박탈에 뒤이어 계속해서 일어났습니다. 그러므로 목적은 늘 마음 안에 존재했습니다. 그것은 마음 안에 자유가 있을 것이다는 확신을 알고 있기 때문입니다. 1748년 8월 28일

사람에게서 주님에 유입하는 외관적인 입류에 관하여

2960. 마치 사람이나 영에게서 발출하는 사람의 생각들이 주님을 감동시키는 것처럼 보이지만, 그럼에도 불구하고 그 때, 개별적이든

전체적인 것이든, 모든 것들은 사람에게서가 아니고, 주님으로부터 사람에게 유입하는 것입니다. 내가 가르침을 받은 것은, 주님의 생명이 생명을 영접, 수용하도록 조절된 주체(主體)에 유입할 때 사안은 그와 같이 보이는 것입니다. 그리고 그래서 천계의 질서는 완전한 것이기 때문에, 그리고 거기에 이른바 영접, 수용을 위한 적절한 수용용기가 있기 때문에 천계는 감동됩니다. 적절한 수용그릇이 존재하지 않는다면 경우는 크게 다릅니다. 그 때 입류하는 것들은 역사(役事)할 수 없습니다. 1748년 8월 28일

머리 위로 올리워진 자들은 낱말들에 의한 방해 없이 낱말들의 뜻을 지각한다는 것에 관하여

2961. 이런 것은 내가 전에 깨달은 것이지만, 지금 역시 깨달은 사실은 자기 자신에 의한 것이 아니고 환상을 통해서, 또는 환상에 의하여 그리고 또한 주님의 허락에 의하여 머리 위 높은 곳에 올리워진 자들은, 악령들이 주입한 낱말들로 인한 어떤 방해도 없이 내 안에 있는 것들인, 저술들·생각들·언어를 간파(看破)한다는 것입니다. 그들에게서 낱말을 이해하는 일이 이미 갖추어진 것이 일상적이며 그래서 그 뜻을 이해하지 못하지만, 그러나 어떤 자는 성품 때문에, 어떤 자는 교활함이나 속임수 때문에, 그것을 잘못 구별하기도 합니다. 1748년 8월 28일

내 저술의 문체(文體)는 나와 제휴된 영들에 따라서 다양하게 변한다는 것에 관하여

2962. 내게서 명확한 것은, 과거 수년 동안에 있었던 수많은 것들이나, 그리고 또한 현재의 것들로부터 나의 문체가 변한다는 것, 그리고 나의 저서의 단순한 문체로부터 나는 그것들이 어떻게 어울리고, 조리(條理)적인지 잘 알 수 있다는 것입니다. 나는 전에도 수차례 이 사실을 깨달은 바가 있습니다. 지금 나는 그 이유를 알았습니

다. 그것은 이런 일이 거기에 존재한 영들의 사회에 일치하여 일어나기 때문입니다. 1748년 8월 28일

요정들(妖精·sirens)에 관하여

2963. 나는 도대체 요정들이 어떤 존재인지에 관해서 알려고 영들과 이야기를 하였습니다. 그리고 천사들에 의하여 알게 된 사실은, 요정들은 자기 자신들을 다른 사람의 욕망들·쾌락들이나 애정 따위에 주입시키는 자들이고, 그리고 그들이 이런 주입의 상태에 있을 때 그들은 악이나 속임수가 그 밑에 깔려 있다는 사실을 알지 못합니다. 그래서 그들은, 그들과 함께 있는 다른 자들의 쾌락에 의하여 사로잡히고 맙니다. 그러나 비록 그들이 그 때 이런 것을 생각하지 않지만, 그럼에도 불구하고 기회가 주어진다면, 악한 의도가 밝히 드러나고, 그리고 다른 자의 재물을 빼앗고, 그들을 속이고, 그들을 죽이고, 또는 이와 비슷한 짓을 하려고 하는 음모 따위가 밝히 드러납니다. 그러나 그들이 자신들을 다른 자들에게 주입시킬 때 속임수들에 관해서 생각하고, 그리고 또한 열정을 가지고 행동하고, 또한 악한 목적을 위해서 열심히 자기 자신을 주입시키는 자들인데, 이들은 요정들이 아니고, 사기적인 자들입니다. 1748년 8월 28일

영들을 구속하는 속박들에 관하여

2964. 나는 영들이 사로잡혀 있는 속박들에 관해서 이야기를 하였습니다. 그들은 이 사실을 모르고 있기 때문에 그들이 온갖 속박들에 의하여 구속되어 있다는 것을 시인하지 않았습니다. 그들이 속박들의 개념을 알게 하기 위하여 사람들이 일반적인 삶에서 그것에 사로잡히는데 익숙한 하나의 속박이 그들에게 제시되었습니다. 그것은 사람들이 상호간에 주고받으면서도, 되돌려주기를 요구하지 않을 때 일어나는 것인데, 그 때 한쪽은 상대에 대해서 좋게 생각하고, 좋게 말하려고 하는, 그리고 그를 보다 높게 평가하려는 속박 안에

있습니다.

2965. 영들의 세계에서 거기에 영들이 사로잡혀 있는 속박들에 관해서 보면, 그들은 지금 막 언급한 비슷한 것들에서 잘 알 수 있는 것들인데, 그들의 탐욕들에 일치하여 행하는 자유(自由)는 그들에게 주어지지만, 그럼에도 불구하고 그들은 그들이 열망하는 것에는 시인, 그리로 인도되고, 다음에는 소위 제한에 인도됩니다. 이와 같이 비록 그들이 이런 사실을 알지 못하지만, 그들의 탐욕에 반대되는 것에서 계속해서 유입됩니다. 그러므로 그들은 자신들이 자신의 고유한 삶을 산다고 생각하고, 그리고 자유의 상태에 있다고 생각합니다. 왜냐하면 그들의 탐욕에 속한 일련의 것들에 의하여 인도되기 때문입니다. 그러나 그들은 제한을 넘어서까지 가는 것은 아니고, 그것으로 인하여 선이 그들이나 그 밖의 자들에게 존재하기 위한 그런 방법 안에서 그들은 인도됩니다. 1748년 8월 28일

영들은 그들 자신으로부터는 말하지 못한다는 것에 관하여

2966. 영들은 이런 일 때문에 자주 분노하였습니다. 그것은, 그들이 자기 자신으로 말미암아서는 말하지 못하고, 다른 자로 인하여 말한다고 나는 생각한다고 말하였기 때문입니다. 그리고 나는, 다른 자들의 생각들이 연속적으로 그의 기호(嗜好 · taste)에 유입되고, 그래서 영들은 생각들의 측면에서 결합되어 말한다고 말하였습니다. 이러한 사실은 그의 생각들이 유입한 자들에게도 비슷합니다. 그러므로 거기에는 이들과 비슷한 자들이 많이 있었습니다. 나는 그런 자들과 수차에 걸쳐 말하였는데, 나는 그들에게 있어서도 사안은 틀리지 않는다고 말하였습니다. 이들 역시 분노하였고, 그리고 짜증거리로 반응하였습니다. 그러므로 주님으로부터 천계를 거쳐 나오는 것과 같이 어느 누구의 생각들이 다른 자에게 유입하는 일종의 연결고리(chain)가 있다고 하겠습니다. 그러므로 거기에는 계속적인 매개체 또는 계속적인 입류가 있다고 하겠습니다. 1748년 8월 28일

내면적인 영의 형체로 변한 용(龍)에 관하여

2967. 용은 변함없이 아주 고약한 악의(惡意)를 가지고, 그리고 신실한 자들에 대하여 속임수들을 꾸미고 있습니다. 약 이틀 전에는 다른 자들과 새로운 속임수를 날조했습니다. 그것은 그가 살인을 열망하였기 때문입니다. 그러므로 그는 나의 등 뒤로 도망하였고, 그리고 살인자들에 의하여 비참하게 다루어졌고, 하루 동안 거기에 있어야 했습니다. 오늘 그는, 순진한 자들을 속이기 위하여 또 다른 사기를 날조, 그들을 끌고 가려고 하였습니다. 다시 말하면 그는 자기 자신을 내면적인 영의 모습으로 탈바꿈하였는데, 그런 일은 아주 쉽게 행해졌고, 그래서 그런 모습 하에서 속였습니다. 그러므로 허용으로 말미암아 그는 그런 모습으로 바뀌었는데, 그것은 그가 전에 있던 그런 모습이 아니라고 그들은 말하였습니다. 그리고 그래서 또 다른 영역으로 높이 날아갔습니다. 그러는 사이에 그는 내면적인 것을 통해서 나와 대화를 하였습니다. 그러나 그런 수천수만이 모두가 악하기 때문에, 그는 그들 가운데 보내졌고, 혹독하게 다루어졌지만, 그러나 주님에 의하여 자유하게 되었습니다. 따라서 그는 자기 자신이었던, 그리고 그 때 있었던 대로 외면적인 영의 본래의 모습이 되었고, 그리고 내면적이었던 자들이 외면적인 모습을 입게 되었을 때 그 상태를 나로 하여금 알게 하기 위하여 그는 자기 자신의 모습에서 나와 이야기하였습니다. 그러나 그는, 내면적인 영의 모습에서 그에게 일어났던 그런 일들을 전혀 기억하지 못하였습니다. 따라서 그는 모든 것을 잊었습니다. 만약에 그가 자신이 그런 상태의 사람이었고, 그리고 그런 영들 사이에 있었던 일이나, 그 밖의 여러 가지 일들을 나로 말미암아 알지 못하였다면 그 때 그가 행했던 일들을 알지 못하였을 것입니다. 이렇게 볼 때 여기에서 얻는 명확한 사실은, 그들이 영들이 되었을 때 내면적인 영들이나 천사들은 천계에서 행해진 것을 알지 못합니다. 아니, 사실은 그들이 영들이었고 천

사들이었다는 것도 알지 못한다는 것입니다.

2968. 이런 사실은 주지하여야 하겠습니다. 그가 종전의 모습, 즉 외면적인 모습으로 되돌아왔을 때 그는 그런 부류의 인물이었고, 그리고 내면적인 영의 모습으로 바뀌었을 때에는 그의 됨됨이에 완전히 닮는다는 것입니다. 비록 그가 내면적인 모습에서 회개하였다고 해도, 그리고 사실 주님께서 그를 해방시키셨다는 것을 알고 있다고 해도, 그는 계속해서 여전히 그의 속임수를 꾀하였을 것입니다. 그리고 그가 하는 수작은 그가 하나의 천사였다는 것 이외에는 말할 수 없는 것이고, 그리고 또한 그를 미워하고, 박해를 하는 자에게 친절한 일을 행하였다는 것에도 화를 치밀게 한다고 하였습니다.
1748년 8월 28일

영들이 스스로 말하고 그리고 구속되어 있는 것이 아니다고 왜, 그리고 그렇게 생각하는지에 관하여

2969. 영들이 자신들은 다른 존재로 말미암지 않고 자기 자신들로부터 말한다고 생각하는 영들이 그 원인이 어디에서 왔는지를 말하는 영들로부터 깨닫는 것이 허락되었습니다. 다시 말하면 영들은 다른 자들에 의하여 정동이나 종지(=신념)가 주입될 뿐만 아니라, 그 주입이 매우 교묘하고, 그리고 생생하게 행해지기 때문에 영이나 사람 역시 그것이 자신에게서 비롯된 것이다는 것 이외에는 전혀 모르기 때문에 그들은 자기 자신으로 말미암아 말한다고 생각한다는 것입니다. 이러한 사실은 수많은 경험을 통해서, 나로 하여금 알도록 허락된 일입니다. 그 때는 적절한 말이 계속 이어지고, 때로는 그들이 한 낱말은 말하는 자의 생각의 본성에 일치하여 생겨나오는데, 그것의 차이는 결코 그 뜻을 가로막지는 않습니다. 그러나 지금 일어난 일이지만, 어떤 영이 다른 자들에 의하여 어떤 것을 말하려고 하는 일이 일어나면 그 때 사실은 그는 그것을 말하지만, 그러나 그 때 그것이 자기 자신에게서 비롯된 것이 아니다는 것을 알지 못

합니다. 왜냐하면 낱말이 탐욕이나 또는 정동에서 나오는 것은 자유이기 때문입니다. 1748년 8월 28일

2970. 그 일은 지금 다른 영들에 의하여 입증되었는데, 그 다른 영들은 그것이 자신들에게서 나왔고, 그리고 그들이 홀로 말한다고 생각했던 자들과 서로 함께 대화를 하였습니다. 그 때 다른 영들은 자신들이 동일한 것을 말하는 자들이다고 고백하였습니다.

2971. 영들은, 다른 자들이 다른 자들에게서 발출한 것을 아는 만큼 다른 자들이 어떤 것을 유발(誘發)하는 것에 관대하지 않습니다. 그들은, 비록 그들이 알지 못한다면 그들은 동일한 것을 원한다 해도 그들은 자유하지 않다고 생각할 것입니다. 이 일은 지금 일어난 것이지만, 그 영은 이 사실을 시인하였습니다. 1748년 8월 28일

방울을 단 영들에 관하여

2972. 나는 어제 들었고, 그리고 지금도 듣는데, 영들은, 방울을 단 소가 방울소리를 내듯이 소리를 낸다고 생각합니다. 그들은 왼쪽 눈 영역으로부터 멀리 전방을 향해 나아갔습니다. 그들은 그들이 가는 곳에서는 공포를 야기시켰습니다. 나로서는 그들에게서 나오는 공포를 느꼈습니다. 의심의 여지도 없이 영들은 더 큰 공포를 느낍니다. 그들이 가는 곳에서는 어디에서나 영들의 세계의 영역을 악들로부터 영들을 쫓아내고, 흩어지게 하는 것으로 깨끗하게 정화합니다. 따라서 그와 같은 것은 일종의 동풍(東風)이라고 하겠는데, 그것은 서로 제휴(提携)된 나쁜 사회들을 쫓아 버리고, 그리고 해체시키기 때문입니다. 1748년 8월 28일

2973. 그런 뒤에 나는 한 여인과 함께 있는 검은 소(黑牛)를 보았습니다. 그 암소는 그의 혀로 그 여자를 핥기도 하고, 또한 그녀와 입을 맞추기도 하였습니다. 그들은, 그것이 방울을 단 영들이 그들을 해치지 말아 달라고 하는 하나의 표라고 말하였습니다. 따라서 내가 배워 알고 있는 것은 검은 암소들이 방울을 단 영들을 뜻한다

는 것입니다. 거기에 그들을 두려워하는 몇몇이 있었습니다. 왜냐하면 범죄를 저지르는 것에 대하여 상담을 하였기 때문입니다. 따라서 그들은 처음에는 그들과 우정관계에 들어가는데, 그와 같은 일은 검은 암소를 애무(愛撫)하는 것으로, 그리고 그들이 상호 애무하는 것에 의하여 나에게 보여졌기 때문입니다. 암소는 뒷발로 서서 그녀의 얼굴을 핥기도 하였습니다.

살인자들에 관하여

2974. 그들이 계획한 범죄는 내가 밤에 자고 있는 동안에 나를 죽이려고 나에게 살인자들을 보내는 것이었습니다. 그것도 이와 같이 잠자고 있을 때에 시도하는 것이었습니다. 나는 꿈 속이다고 생각되는데, 내가 알고 있는 어떤 친구가 내 가까이에 누워있었는데, 나는 그를 알지 못하였고, 그래서 나는 그를 친구라고 생각하였습니다. 그리고 나는 전혀 두려움 따위는 느끼지 않았습니다. 그 이유는 나는 나 자신이 매우 안전하다고 생각하였고, 그리고 그와 같이 누워있었기 때문입니다. 그런데 그는 갑자기 자기 자신을 내 머리에 던졌고, 그리고 또 그의 머리와 그의 입을 내 목 뒤에 바싹 대고서, 그리고 그의 입으로 나를 물어뜯고, 피를 빨려고 하였습니다. 이런 일은 마치 호랑이가 하는 짓이었고, 그리고 거머리처럼 내 피를 빠는 것으로 나를 죽이려고 했습니다. 그러나 그 밖의 일을 시도하였지만, 그는 아무것도 이룰 수 없었습니다. 왜냐하면 내가 잠에서 깨었기 때문입니다. 나는 또 잠들었을 때 내 손에 칼이 있는 것을 깨달았지만, 그러나 그 때 나는 그 칼을 던지려고 하였지만, 그러나 그를 해치려는 것은 결코 아니었습니다. 나는 잠에서 깨었습니다. 그리고 내 뒤에 있는 한 마리 큰 새를 보았습니다. 그 새는 개로 변하였습니다. 그 개가 점점 큰 개가 되자, 그 놈은 자신의 입을 나를 향해 크게 벌리더니, 그리고는 곧 사라졌습니다. 그러므로 살인자들은, 그들이 칼들을 사용할 수 없을 경우에는 그들은 자신들의 이빨

을 가지고 물어뜯는 그런 성품이었는데, 그런 성질의 자들을 바로 개들이 뜻한다는 것을 알았습니다. 그 뒤에 그 범죄자가 누구인지 질문하였지만, 그러나 그가 누구인지 찾지는 못하였습니다. 다시 말하면 나와 함께 있는 자에게 그런 일을 시도하도록 그에게 그런 생각을 주입시킨 자를 찾지 못하였습니다. 그것을 주입한 자는 그가 알고 있는 모든 순진무구한 자에게 죄를 씌우려고 하는 그런 부류의 인물이었습니다. 1748년 8월 29일

저 세상에서는 무한히 다종다양함이 주어진다는 것에 대하여 이상하게 여기는 어떤 자에 관하여

2975. 어떤 사람이 나타났는데, 그는 정직한 사람이었지만, 그러나 천계에 속한 생각은 전혀 가지고 있지 않았습니다. 그는 다른 자들과 꼭 같이 천계는 단순한 것(a simple thing)이다고 생각하였습니다. 그러나 그 때 그들에게 일러진 것은, 이 세상에 있는 것에 비하여 저 세상에는 모든 것들의 다종다양함이 없는 것인지 여부를 상상해 보라는 것이었고, 그리고 또한 사람이 상상하는 것에 비하여 거기에는 사회들이 있는지, 그리고 더 많은 것들이 있는지 여부를 상상해 보라는 것이었습니다. 그 때 그들에게 깊이 숙고하는 것이 주어졌고, 그래서 그들이 이상하게 생각하기 시작하였습니다. 그것은 그들이 즐거움들 이외에는 아무것도 생각하지 않았고, 그리고 또한 그들은 수많은 사회들에게서 비롯되는 무한한 다종다양함에 대한 생각은 전혀 가지고 있지 않았다는 사실이었습니다. 1748년 8월 29일

일반적인 영기(靈氣·spheres)에 관하여

2976. 일반적으로 믿음의 영기는 네 가지가 있습니다. 즉, 과학(=지식)의 영기(the sphere of science(knowledge)·총명적인 영기(the intellectual sphere)·종지의 영기(=신념의 영기·the sphere of persuasion)·종지의 내면적인 영기(the interior sphere of persuasion)

등입니다. 그리고 마찬가지로 이것과 반대되는 것도 일반적으로 넷이 있습니다.

2977. 영기는 지각을 가진 자를 제외하면 전적으로 알려질 수 없고, 따라서 이해될 수 없는 영기가 있다고 나는 생각합니다. 왜냐하면 그것들은 영들이나 천사들의 영기이기 때문입니다. 영들에 의한 것과 꼭 같이, 그들은 나에 의하여 아주 명료하게 지각되었습니다. 그리고 그들과 더불어 나는 이런 영기들에 관하여 충분한 범위에 이르기까지 대화를 하였습니다. 그 때 그것이 어떤 성질의 것인지 생생한 경험을 통하여 그들에게, 그리고 나에게도 입증되었습니다.

2978. 과학(=지식)의 영기는 믿음에 속한 것들을 수용하지 않습니다. 그리고 총명적인 영기는 보다 더 수용적이고, 내면적인 종지의 영기는 그것들 중에서 가장 수용적입니다. 이러한 사실은 믿음에 속한 것들에 관해서 그것이 어떻게 저항하고 있는지를 모든 생각 안에서 명확하게 지각되고 있습니다. 다시 말하면, 비록 그들이 부정은 하지 않지만, 그들은 수용하거나 용인하려고 하지는 않습니다. 그러나 이 뒤 너머에 있는 영기는, 따라서 기술될 수 없습니다. 왜냐하면 지각 밖에 일이라면 그것들은 이해될 수 없기 때문입니다.

2979. 더 자세하게 밝혀졌습니다. 그것은 하나의 일반적인 영기는 다른 일반적인 영기들을 내포하고 있다는 것입니다. 그 중의 어떤 것은 지각을 위해 주어집니다. 왜냐하면 일반적인 것은 수많은 개별적인 것으로 구성되었기 때문입니다. 그 일반적인 영기 안에는 이런 개별적인 것들이 존재하고, 그리고 이런 개별적인 것들로 일반적인 것들을 형성하기 위하여 서로 협력합니다. 왜냐하면 일반적인 영기는 그런 개별적인 것들로 말미암아 형성되기 때문입니다.

2980. 어떤 개별적인 것들이 있었는데, 그것들은 아주 쉽게 서로 협력하지만, 어떤 것들은 그렇지 않기도 합니다. 길가에 있는 시각의 대상물들에 대하여 개별적인 것이 어떻게 마음을 지시하고 있는지 역시 잘 드러내 보여 주었습니다. 그 영기에 동의하든, 또는 그

영기의 본연의 것이든, 이런 것들은 시각이나 생각들(ideas)을 자극합니다. 나머지는 드러나 보여지지 않았습니다.

2981. 하나의 영기는 다른 것에 뒤이어 계속됩니다. 그런 사실도 입증되었습니다. 모든 영기들은 주님께서 섭리하십니다. 일반적인 것이 없다면 개별적인 것도 존재할 수 없습니다. 이러한 사실은 현악기(絃樂器)에 의하여 입증되겠습니다. 만약에 거기에 그것의 일반적인 원리나 본질이 주어지지 않았다면, 다시 말해서 개별적인 것들인 주체(主體)가 주어지지 않았다면 소리는 전혀 존재할 수 없었습니다. 지극히 작은 **것까지도** 주어질 수 없습니다. 다른 모든 사안에서도 꼭 같습니다.

2982. 뿐만 아니라, 어떤 한 영이 동일한 장소에 있을 수 있듯이, 각자는 서로 다른 영기 안에 있을 수 있습니다. 왜냐하면 장소들의 수단에 의한 결합은 저 세상에 비하여 이 세상에서 더 이상의 것을 결실하지 못하기 때문입니다.

2983. 더욱이 관능적인 영기, 또는 육체의 오관들에 속한 외면적인 영기가 있습니다. 나는 역시 그 안에 빠진 적이 있습니다. 그러나 영기들에 속한 다양다종함은 지각되지 않았습니다. 그리고 관능적인 영기 안에는 언제나 변하기 쉬운 것과 동일하지 않은 것(不同)이 있기 때문에, 이것 역시 이해될 수 없습니다. 왜냐하면 이런 것들이 영기들이고, 그리고 그것들에 의하여 사람은 주님에 의하여 다스려지는 것이기 때문입니다. 그러나 다만 그런 다스림은 내면적인 영기들을 통해서 지배됩니다.

2984. 나는 이런 것들에 관해서 영들이나 천사들과 길에서 거의 끊임없이 계속해서 말하였습니다. 그리고 이런 모든 것은 경험들에 의하여 드러내졌습니다. 과학(=지식)의 영기에 속한 영들이 어떻게 말하였는지 내가 언급하는 것은 허락되지 않았습니다. 1748년 8월 29일

그들은 자신들로 말미암아 살아가는 것이다고 생각하지만, 그러나 그들은 자신들로 말미암아 살아가는 것이 아니다 라고 입증된 사실에 관하여

2985. 나는 어떤 영들과 대화를 하였습니다. 그들은, 마차에 의하여 옮겨지고 있다는 것, 그리고 그것이 사실이다는 것 이외의 다른 것은 믿지 않는다고 생각하는 것 같았습니다. 특히 그들이 마차들 안에 있을 때 그들에게 일러진 사실은 그것은 하나의 환상이다는 것입니다. 더욱이 그들은, 그들이 촉각(觸覺)을 가지고 있기 때문에 하나의 육신과 그리고 손들을 가지고 있다 라고 생각하였습니다. 그 때 어떤 자는, 이것은 환상이 아니라고 하였는데, 그 이유는 그의 손이 그것을 만지고 있다는 것을 그가 느끼고 있을 뿐이라고 말하였습니다. 그 때 나는 깨달았습니다. 그러나 그의 손은 그에게서 제거되었고, 그 자에게 새로운 손이 이어졌습니다. 사실은 그에게 많은 손들이 부가되었습니다. 그는 그 차이를 알지 못하였습니다. 그리고 그는, 그가 그것을 보고 만지고 있기 때문에, 그것이 하나의 환상이다는 것을 부인할 수 있었습니다. 이런 사실에서 얻는 결론은, 그와 비슷한 경우가 되겠지만, 그들이 자신들은 자기들의 고유한 생명으로 말미암아 살아가고 있다고 생각할 때, 더욱이 그것은 만족도 불만도 아닌데, 그 이유는 그들은 다르게 알지도 못하고, 생각하지도 않기 때문이다는 것입니다. 1748년 8월 29일

일반적인 영기들과 개별적인 영기들에 관하여

2986. 일반적인 것들 안에 개별적인 것들이 어떻게 해서 존재할 수 있는지 현악기들로부터 어떤 내용이 설명될 수 있겠습니다. 현악기에서 보면 그 본체가 일반적인 소리를 내고 있는데, 그 소리로 인하여, 그리고 그 소리 안에는 개별적인 것들이 존재하고, 그리고 그것들의 소리들은 일반적인 본체에 일치합니다. 이러한 사실은 누구에게나 알 수 있는 것입니다. 그러므로 그들의 개별적인 차이들과

더불어 무한한 개별적인 것들이 존재하는 것입니다. 다시 말하면 모든 음조(音調·tones)들이 존재하는 것입니다. 그럼에도 불구하고 모든 소리는 일반적인 본체에 따라서 그들의 수많은 차이들 안에 존재하지만, 그것으로 인하여 거기에는 감미로운 음, 큰소리, 예리한 음 등등이 있습니다. 그러므로 역시 사람의 말(言語)은, 일반적인 본질에서 파생된 그들의 낱말들에 속한 온갖 변화들과 차이들이 있습니다. 그리고 또한 일반적인 정동으로 말미암아 즐거움이나 불쾌함이 파생되는 것이고, 그리고 그 소리도 뼈들이나 본체로 구성된 조화된 모든 시스템으로부터 계속되는 것들의 친화성(親和性)들에 일치하여 존재합니다. 이러한 사실은 생각(思想)에 있어서도 마찬가지입니다. 그리고 또한 육신의 모든 운동에서 또는 모든 행위에서도 꼭 같습니다. 뿐만 아니라 만약에 폐장을 통한, 그리고 그 폐장의 정동을 통한 모든 근육의 일반적인 기질이나 성질 따위가 존재하지 않는다면 거기에는 개별적인 움직임들이나 행위들도 존재할 수 없습니다. 다른 모든 것에서도 역시 그러합니다.

2987. 조금 떨어진 위의 정면 영역에 몇몇 영들이 있었습니다. 그들은 신념을 가지고 이런 것들에 반대되는 것들이나 의문 따위를 주입시켰습니다. 그것으로 인하여 그것은 마치 예리(銳利)하게 보였는데, 이것은 전에 내가 들은 바가 없는 그런 것이었습니다. 따라서 그들은 말하지 못하도록 제지를 받았습니다. 왜냐하면 예리한 추론과 종지(宗旨·신념)가 있었기 때문입니다.

종지(=신념·宗旨)는 시간적인 간격이나 계도에 의한 것이 아니라면 주입(注入)될 수 없다는 것에 관하여

2988. 내면적인 영들이 있었는데, 그들은 총명적인 믿음을 가지고 있었습니다. 그들은 그들이 달리 변할 수 없다는 불만을 토로하였습니다. 왜냐하면 그들은 그런 것들에 대해서 자신들의 이성(理性)에 조언을 구하려고 하였습니다. 그렇게 해서 그들은 의문에 빠져 들고

말았습니다. 그러나 그들에게 일러진 대답은 사실 그들에게 종지나 신념에 속한 것이 주어지며, 그래서 그런 의문 따위는 존재하지 않을 것이다는 것입니다. 그러나 어떤 상태나 한 순간을 위해서 주어지는 종지나 신념으로는 충분하지 않습니다. 왜냐하면 그 때 상태는 바뀌고, 그리고 한 순간에 다음의 것이 이어지게 되면, 그들은 예전과 꼭 같은 그런 인물들이 되고 말기 때문입니다. 그러므로 종지나 신념은 수많은 확증된 것들에 의하여, 그리고 점진적으로, 즉 계도들을 통해서 주어집니다. 따라서 그것은 주님에 의하여 질서에 맞춰서, 그리고 그들의 본성이나 기질에 따라서 주입되고, 그렇게 해서 뿌리를 내리게 됩니다. 이와 같이 그들은 천사들처럼 확신을 가지게 됩니다. 그리고 또한 그들은 주님에 의하여 신념의 상태에 올리워집니다. 왜냐하면 신념이나 확신의 모든 상태들은 주님으로 말미암아 존재하기 때문입니다. 1748년 8월 29일

만약에 영들이 관능적인 기억을 향유(享有)한다면 그들은 영적인 상태 안에 있을 수 없다는 것에 관하여

2989. 설명될 수 있는 또 다른 사실들이 있습니다. 내용인즉슨 이러합니다. 영들은 자신들의 관능적인 기억을 모두 빼앗기는데, 그 이유는 그것이 그들에게 어울리는 본연적인 것이기 때문입니다. 그런 것들에서부터 그들은 자신들이 자신들의 삶을 영위해 간다고 생각합니다. 더욱이 만약에 그들이 그들의 기억을 향유한다면, 이것에 관해서 설명된 곳을 참조하시고, 그것에 관한 영들의 보다 더 완벽한 상태들은 거의 주어지지 않기 때문입니다. 다시 말하면 영적인 개념 안에 있는 생각들을 지각한다는 것이 허락되지 않기 때문입니다. 그리고 그 밖의 수많은 다른 것들도 발생하기 때문입니다. 그러므로 사람들은 살과 뼈들과 그 기억에 속한 선용을 제외하면 아무것도 잃지 않습니다. 그들은 그 기억을 모두 가지고 있지만, 그럼에도 불구하고 그것을 사용하는 것은 그들에게 허락되지 않고, 다만

내면적인 기억을 사용하는 것만 허락되는데, 그것은 이른바 관능적인 기억에 속한 개별적인 것들을 취하고 관조(觀照)하는 내면적인 기능을 가리킵니다. 1748년 8월 29일

주님께서는 저 세상에서 수많은 자들에게 그들에게 적절한 모습으로 자신을 드러내신다는 것에 관하여

2990. 나에게는 수차례 일어난 일입니다. 그러나 나는, 다른 자들에게서와 같이, 주님께서는 스스로 임재하시고 말씀하신다는 것 이외의 다른 것을 생각하지 않습니다. 그러나 그 사안은 이러합니다. 그 때 다른 자들을 통하여 여기에 나타나신 분은 주님이시고, 그리고 그 경우 다른 자들은 자신들이 아니지만, 그와 꼭 같이 자신들은 자신들이 주님이시다고 상상할 뿐입니다. 이런 생각은 그분과 함께 하는 그 사람의 생각에 유입합니다. 그 이유는 그는 그 때 아무것도 아니고, 그 사람을 통해서 나타나신 주님께서는 그 때 그 사람의 모습 안에 나타나시기 때문입니다. 왜냐하면. 내가 오늘 이 사실을 명확하게 인식할 수 있었던 일이기는 하지만, 그 사람의 모습은 여전히 남아 있기 때문입니다. 왜냐하면 주님께서 다른 자의 모습이나 기질(氣質)을 전적으로 바꾸시는 것을 원하시지 않기 때문입니다. 그리고 그래서 다른 존재를 통해서 나타나시기를 원하시기 때문입니다. 따라서 역시 주님께서는 다른 자를 통해서 말씀하십니다. 1748년 8월 30일

사회들로부터의 분리(分離)에 관하여

2991. 그들이 있었던 사회들로부터 분리하게 되었을 때, 그들이 이 사실에 동의하지 않았기 때문에 영들의 눈에는 아래의 내용이 드러나 보여졌습니다. 그것은 마치 온전한 한 사람 자체가 주위에 남김없이 자신을 되쏘는 것 같이 보였고, 그리고 그 사회로부터 그 사회의 둘레에 따라 그 자신을 비틀어 떨어지는 것처럼 보였습니다.

그래서 그 자신은 그런 식으로 움직였습니다. 이런 일은 사실 그대로 보이게 일어났습니다. 그들은 또한, 아래쪽으로는 아니지만, 변두리 쪽으로 마치 되쏘듯이 던져졌습니다. 이런 던짐(projection)이 오른쪽에서 왼쪽으로 보여 졌을 때 내게 일러진 것은 그는 그의 사회로부터 그가 분리되기를 원하였다는 것입니다. 왼쪽에서 오른쪽으로 분리되는 것이 보여 졌을 때 그들은 그를 거기에 그냥 남겨두려고 하였고, 그래서 그들이 힘을 합해서 그를 거기에 남겨두려고 붙들었습니다. 그러나 그와 같이 지금은 이쪽으로 그리고 지금은 저쪽으로, 그리고 동일하지 않은 움직임이 있게 되면, 특히 머리로부터의 움직임이 나타나게 되면, 그 때 그것은 중간적인 것으로 그의 분리도, 그들의 분리도 아닌 것을 가리킵니다. 이러한 일도 실제로 나에게 나타났습니다. 1748년 8월 30일

어린 것들의 실제 행동에 속한 영기에 관하여

2992. 나는 어린 것들에 속해 있는 활동의 영기를 지각하였습니다. 의도된 활동에, 그리고 동시에 그런 능력이나 힘에 대해서는 도저히 저항할 수 없는 그런 힘이 있었고, 그리고 다른 것들은 그것에 들어올 수도 없었습니다. 그리고 또한 그 의도 안에는 그들을 뛰어넘는 월등한 힘이 있었습니다. 이것이 바로 그들의 활동에 속한 영기입니다. 1748년 8월 30일

서로 상이한 문체의 효과에 관하여

2993. 이런 일들이 아주 생생하게 나에게 드러났습니다. 어떤 자들은 단지 수려하고 멋진 문체만을 탐구하고, 그리고 계속해서 멋진 문체에만 마음을 두고 있고, 그래서 칭찬을 이끌어 내는데 관심을 둡니다. 그럼에도 불구하고 내용에는 관심도 없고, 오직 작가로서 유명해지려는 것이 목적일 뿐입니다. 그 이유는 그가 아주 고상한 주제들을 다루기 때문에, 따라서 그 때 그는 계속해서 그의 명성이

나 칭찬에만 심사숙고하고, 그리고 문장으로부터 탁월해지려는 것에 만 관심을 집중하고 있습니다. 그런데 그런 문체나 저술은 내면적인 사람들 사이에서는 별 효과를 얻지 못하고, 그리고 이런 부류의 작가들은 다른 작가들이나 또는 그들의 문체들을 경멸합니다. 그러나 그 문장이나 문체에는 그 사안을 이해에 맞게 충분하게 해설하고 있고, 그리고 그의 문체는 이웃의 바로잡음이나 그의 교육을 가리키는 마음의 선에서부터 비롯된 그런 성질의 것입니다. 이런 경우에서 보면 다루고 있는 사안들은 그의 천부적인 자질에 따라서 각자 각자의 문체를 형성합니다. 그러나 문체가 내용을 만들고, 그리고 문체로 인하여 내용이 문제가 되는 자들에게는 아무런 효과가 없고, 그리고 내용은 그 문체를 지배하지 못합니다. 1748년 8월 30일

끈질김이나 집요함(pertinacity)에 관하여

2994. 나는 영들과 더불어 끈기나 집요함에 관해서 대화를 하였습니다. 내용은, 심상(心像·imagination)에 속한 것이고, 그리고 탐욕·신념에 속한 것이며, 그리고 끈질김이나 집요함은 한 지도자에 비교될 수 있다는 것이었습니다. 나에게 드러내 보여진 것은 사람이 주님에 의하여 인도받기 위해서는 그 사람 안에는 최소의 고집과 같은 그런 것이 반드시 있으면 안 된다는 것입니다. 그러나 사람이 끈질김이나 집요함 따위를 가지고 있는 것만큼 그는 자기 자신의 고유속성(=自我·proprium)을 가지고 있다고 하겠습니다. 주님에 의하여 인도받는 그런 자들 안에 있는 그것은 주님에 의하여 제거되는데, 그것은 파괴에 의한 것이 아니고, 오히려 끝 간 데 없는 다종다양의 변화에 의하여 휘는 것뿐입니다. 1748년 8월 30일

선을 열망하는 자들은 과학적인 것들(=과학지들·기억지들)에는 관심이 없고, 다시 말하면 그것들에 속한 부인(否認) 따위에는 관심이 없다는 것에 관하여

2995. 나는 나와 함께 있었던 마호메트 교도들에게서 이런 사실을 깨달았습니다. 내용인즉슨, 주님을 믿는 믿음에 속한 것들을 확증하는데 도움이 되는 회귀한 사실들이나 수많은 것들을 그들이 지각하였을 때 처음에는 그들이 그런 것들에 대하여 관심이 없었다는 것이고, 그 때 그들은 이른바 어떤 불쾌감을 가지고 그것들을 토해 버렸는데, 그 이유는 만약에 그들이 선을 수용한다면 그것으로 충분한 자격이 있다고 생각하였기 때문이고, 그리고 그 때 그들은 확증하는 것은 무엇이나 선으로 말미암아 알 수 있고, 그리고 그런 것들이 유용한 것이라면 무수한 것들을 그들이 알 수 있을 것이다고 생각하였기 때문입니다. 다른 방법으로 확증을 얻으려는 자는 그들에게 이런 것들이 무슨 소용이 있을까라고 생각하기 때문입니다. 1748년 8월 30일

왜냐하면 천계적인 관념은, 그것이 선 안에 있다면, 일어나는 모든 것들의 빛 안에 있기 때문입니다.

천사들은 사람의 성품을 알 수 있다는 것에 관하여 ; 그리고 마호메트에 관하여

2996. 천사들은 사람 안에 있는 것은 무엇이든 갓 낳았을 때의 유아기로부터 가지고 있는 것이나, 그 후 그가 생각했던 것을 모조리 주님으로 말미암아 알고 있습니다. 이런 사실을 나는 천계에 오른 자들을 통해서 지금 배웠습니다. 나는 그들이 마호메트와 마호메트 교도들이라고 믿는데, 그들은 이런 것들을 나의 생각 속에 주입시켰고, 그리고 그런 것들을 증명하였습니다. 그리고 내가 그것에 관해서 알지 못하고 있는 동안에도 나의 손으로 하여금 이와 같이 기술하도록 이끌었습니다. 1748년 8월 30일

생기는 것들이 무엇이든 그것에서 그들은 부지기의 것들을 관찰하였습니다. 그런 부지기의 것들은 사람의 개념에 의해서는 결코 파악될 수 없는 것들입니다. 따라서 기술된 단 하나의 낱말에도 역시 헤

아릴 수 없는 것들이 내재해 있습니다. 이런 낱말들 역시 그들에게서 온 것들입니다. 그들에게 일러진 것은, 그들이 관찰한 이런 것들이나 내용은, 그들이 예전에 본 것들 안에서 관찰할 수 있는 것에 비교하면, 거의 아무것도 아닌, 무가치한 것들이다는 것이었습니다. 그러므로 그들은 보다 더 내면적인 천계로 올리워졌고, 거기에서부터 다시 나와 이야기를 하였습니다. 그들은 그들이 종전에 본 예전의 것들은 어떤 것에 비교, 거의 계수할 수 없을 정도로 매우 조잡한 것들이라고 말하였습니다. 1748년 8월 30일

그들은, 어린 것들이 있는 곳인 더 위로 올리워졌습니다. 그들은 어린 것들이 다른 자들이 알지 못하는 것들을 알고 있다는 사실에 매우 놀랐습니다. 그것으로 인하여 역시 그들은, 그들이 본 것들은 무엇이나 거의 보잘 것 없는 것들이 있다는 것과 하나의 개념은 수권의 책으로도 다 기술할 수 없는 것이다는 등등을 말하였습니다. 1748년 8월 30일

다양한 것들이 유입되었습니다. 나는 그런 다양한 것들에 인도되었습니다. 그리고 나는 내가 무엇이라고 설명할 수 없는 다양한 것들에 의하여 움직여졌습니다. 그것에서 내가 안 것은, 원인(原因)들을 보고 있는 자들이다는 것과 그래서 열등(劣等)의 세계가 어떻게 유입하는지를 알고 있는 자들이다는 것 등을 알았습니다. 1748년 8월 30일

2997. 이들 중에서 몇몇은 조금 떨어진 곳에 옮겨져 내려왔습니다. 그리고 유입되고, 내가 본 것들과, 그리고 그들이 보았던 것들에 관해서 질문하였고, 그리고 그 때 육신을 입은 삶에서 그들이 있었던 거의 유사한 상태로 인도되었고, 그리고 그것은, 다양한 원인에서 비롯된 수많은 경우에서와 같이, 그들이 느낀 것 이외의 다른 것들을 말하기 위한 것이고, 그리고 또한 그들이 아무것도 기억하지 못한다는 것을 말하기 위해서입니다. 이것은 그들이 두 번씩이나 말을 하였는데, 그것에 대하여 나는 이상하게 생각하였습니다. 왜냐하면

다른 자들에게서와 같이 나에게도 그들이 그것들을 기억하고 있다고 생각되었기 때문입니다. 그러므로 그들이, 필연적인 것에서가 아니고, 삶 속에서의 관습으로 말미암아 그들이 알고 있는 이외의 다른 것들을 말하였을 때 그들은 내던져졌습니다. 즉 그들의 장소들에게로 떨어졌습니다. 그들의 장소에서 비슷한 상태에 안내되었는데, 그들은 자기들이 이런 것들을 말한다는 것이 자신들에게는 적합한 것이 아니다라고 말하였습니다.

2998. 그러므로 인지된 사실은, 그들은, 마지막 결정적인 필연에서 비롯된 것을 제외하면 그들이 생각했던 다른 것을 결코 말해서는 안 된다는 것입니다. 이런 일이 생겨나는 것은, 그들이 생각하는 것을 말하기 위하여 주님의 입류가 그들에게 역사하는 그런 성품이 아직은 아니기 때문입니다. 1748년 8월 30일
따라서 여기에서 얻는 결론은 이러한 자는 천계에 들어갈 수 있지만, 그러나 거기에서 오래도록 머물러 있지는 못한다는 것입니다. 심지어 외면적인 뜰에도 머물러 있을 수 없습니다. 그들이 외면적인 마당에 머물러 있을 수 없기 때문에, 따라서 내가 생각하기에는 외면적인 것과 내면적인 것의 대응도 받을 수 없다는 것입니다.

인간적인 과학적인 것들에 의한 천적인 진리들의 확증에 관하여

2999. 천계적인 진리들에 관해서 비롯된 발언이 어떤 일반적인 파동(波動)에 의하여 나를 사로잡았습니다. 따라서 이것의 결과에 대한 수많은 것들의 일치된 동의에 의하여, 처음에는 분석적으로 생각하는 철학적인 것들이 필요치 않은 것과 같이, 그리고 행위들을 수행하기 위하여 근육에 속한 과학지(=기억지)들이 필요치 않은 것과 같이, 그들이 안에 있을 때에는 천계적인 것들을 확증하기 위하여 그들은 확증하는 것들을 필요치 않았습니다. 그러나 그들은 이런 모든 것들을 주님에게서 취합니다. 확증하는 것들에 관해서 살펴보면, 이

러한 것은, 진리들은 과학적인 방법에 의하여 확증된다는 이런 성격의 인간들 때문에 이 세상에서 묵인될 수 있었습니다. 그럼에도 불구하고 비록 그가 진리들을 확증할 수 없다고 해도 여전히 진리들을 믿는 그 자에게만 오직 묵인되었습니다. 다른 한편 몇몇 자들이 있었는데, 그들은 사람의 이해를 불영명하게 하였습니다. 그리고 다른 자들에게는 진리들에 관해서 의심을 야기 시키기도 하였고, 어떤 자들에게는 진리들에 대한 부인을 일으키기도 하였습니다. 나는 그 밖에 뒤이어지는 것에 대해서는 기억을 하지 못합니다. 영들의 세계에게는 그들이 지금 행하고 있는 것들로 덮어버리는 일이 허락되지 않았습니다. 1748년 8월 30일

천사들이 모든 확증하는 것들에 속한 지식 안에 있다는 것은 이미 앞에서 나열한 수많은 차이들에 관한 예에서 명확하게 알 수 있습니다.

자기 자신의 능력으로 선을 행하려고 했던 자들에 관하여

3000. 내가 주님의 기도를 간절하게 기도하고 있을 때 어떤 자들이 나에게서 그들 자신들에 모든 뜻을 유린(蹂躪)하였습니다. 그래서 나는 지각 안에 있을 수 없었습니다. 결과적으로는 다른 때들과 같이 그 기도에 속한 것들의 지각 안에 있을 수 없었습니다. 그러므로 나는 자주 그 기도문의 시작 부분이나 중간 부분에서 멈추고는 하였습니다. 왜냐하면 그 뜻을 자신들에게로 유린한 자들은, 노예나 도구처럼, 내가 그들을 섬기고 돕기를 원하였고, 그리고 또 그들이 주인들이 돼서, 그들의 수단들에 의하여 그렇게 기도하기를 원하고, 오히려 선량한 사회에서 기도하는 것을 원하지 않았습니다. 그런 사회에서 내가 기도하는 일은 자주 있었는데, 그와 같은 일은 선한 영들이나 천사적인 영들과 내가 기도드릴 때 일어나고는 하였습니다. 내가 전에도 언급한 것과 같이, 내가 기도할 때 내가 주님께 가까이 끌리는 것을 지각하였는데, 이런 끌림은 주님에게서 비롯된 것이었

습니다. 그러나 이런 일은 매우 다양하였습니다. 다시 말하면, 그들은, 그들이 선량하였기 때문에 기도하는 사회에 영접, 수용되었습니다. 사실은 그 일도 허락으로 말미암아 그와 같이 인식된 것뿐입니다. 그러나 그 때 그와 같은 일은, 천사적인 영들이 기도드릴 때 일어나는 일로서 감관적인 수용이 없는 상태에서, 일어났습니다. 왜냐하면 천사적인 영들과 동시에 기도드려졌고, 그 때 거기에는 기도에 속한 하나의 올림(上昇·elevation)이 있었기 때문입니다.

3001. 그러나 그것을 자기 자신에게 전적으로 유린한 자들에 대해서, 그래서 나는 그들과 함께 있을 수 없었습니다. 이들은 선한 자들이 아니었습니다. 그들은 나를 생명이 없는 도구로서 생각하고, 자신들만이 오직 살아 있는 존재로 여겼습니다. 그러므로 그들이 모든 의미와 내용을 분리하여 추상적으로 생각하기 때문에 나는 기도를 자주 멈추고, 중도에 그만 두기도 하였습니다. 이들 중에 몇몇은, 그들이 기도하기를 원하였기 때문에, 나쁜 마음에서 이런 짓을 행하였습니다. 오늘 그들은 그런 생각을 하지 않고, 오히려 나에게 기도를 허락하였습니다. 그래서 그들은 나와 함께 있을 수 있었습니다. 이러한 일은 모두 지각된 사실이지만, 그들은 자신들로부터 선을 행하기를 원하였기 때문에, 뿐만 아니라 나는 기도를 멈출 수밖에 없었습니다. 이런 여러 가지 것들에서 명확한 사실은, 사람이나 영들이 자기 자신으로부터 선을 행하기를 원할 때 그들이 선을 행할 수 없다는 것이 분명하게 되었고, 그리고 이런 것들로 말미암아 분명하게 되었고, 그리고 그와 같은 시도에도 아무런 효과가 없다는 것도 분명하게 되었습니다. 수많은 것들이 고유속성에 밀착되어 있습니다. 1748년 8월 31일

저 세상에서 직관(直觀·intuition)의 능력에 관하여 ; 따라서 믿음을 통한 직관의 능력과 그리고 믿음에 속한 것들의 신념 (信念·확신·宗旨)에 관하여

3002. 오늘 밤 깨어 있을 때, 즉 새벽녘에 저 세상에서 신념(=확신·종지)과 더불어 직관(直觀)이 어떤 힘을 지니고 있는지 나에게 입증되었습니다. 거기에 그는 다른 자들에 대해 지시된 직관에 의하여 그가 원하는 곳으로 그들을 인도할 수 있고, 그리고 이끌 수 있다고 생각하는 어떤 인물이 있었습니다. 이러한 일은 저 세상에서 일상적인 것입니다. 그들은 직관에 의하여 다른 자들을 자신들에게로 유혹, 끌어들이고, 그들의 생각을 자신들의 생각에 결합시키고, 그리고 이렇게 해서 수많은 자들을 불러 모았습니다. 거기에는 직관이 수행한 헤아릴 수 없는 것들이 있었습니다. 이 일이 바로 용이 악행자들을 불러 모을 때의 용의 짓입니다. 그리고 이런 일이 거기에 모이도록 다른 자들을 자극하는 자들의 짓이기도 합니다. 그러므로 여기에서 저 세상에는 가장 일반적인 일로 마술(魔術·magic)이 있다는 것을 알 수 있겠습니다. 그리고 또한 영들은, 그들만이 이런 직관에 의하여 모든 것들을 행할 수 있다고 상상합니다. 이런 것에 관해서는 수많은 것들을 언급할 수 있습니다.

3003. 어떤 영이 설득된 것은, 이런 것들이 허락으로 말미암아 존재하기 때문에, 그는 이런 비슷한 직관들에 의하여 모든 것들을 능히 수행할 수 있다는 것입니다. 그러므로 그는 이런 부류의 직관에 의하여 다른 영들을 자기 자신에 불러내고, 그리고 그들을 자신에게 매료시키는데, 매우 능숙한 관습에 익숙해 버렸기 때문에 그는 그 관습으로부터 다른 사람의 인격 안에 자기 자신을 전적으로 둘 수 있습니다. 말하자면 다른 자가 바로 자신이다는 것을 믿게 할 수 있는데, 따라서 이런 일은 이 세상에서 미치게 하고 발광하게 하고, 그리고 그래서 인간 사회로부터 시키게 되는 자들에게 흔히 일어나는 일입니다. 그는 지금 자기 자신은 다른 인물이다는 것을, 이른바 확신할 정도로 매우 강한 지각에 의하여 행동하고, 더욱이 그것은 변화를 불러왔고, 그리고 그 직관은 많은 자들에게 지시되었고, 그래서 그들은 뒤로 물러서기에는 불가능할 정도로 그와 결합되었고,

그리고 그들에게는 그가 비록 가장 낮은 땅에 있는 장소에 그와 함께 있다고 생각하였습니다. 역시 거기에는 그의 직관과 확실하게 결합된 자들에게 나타났습니다. 그러므로 그의 확신적인 직관이 나에게 인식되었고, 따라서 그는 이 세상의 광인(狂人)과 비슷하였습니다. 그래서 이와 같이 그가 매료시킨 자들은 그들이 자유하게 될 수 없다고 불평하였습니다. 그는 참된 믿음 안에 있는 자들에게는 결코 아무런 결과를 역사할 수 없었습니다.

3004. 따라서 여기서 얻는 결론은, 마술적인 직관을 가리키는 직관은, 또는 고대인들에 의하여 실제적으로 행해졌던 마술은, 특히 악마에 접신된 자들(the pythons)에 의하여 행해졌던 마술은 어떤 효력을 가지고 있었다는 것입니다.

3005. 따라서 여기서 우리는 믿음을 통해서 역사하는 직관이 무엇인지, 그리고 믿음이 무엇인지 잘 알 수 있겠습니다. 왜냐하면 믿음은 무가치한 것이지만, 그럼에도 불구하고 믿음에 의한 직관은 모든 것들을 수행할 수 있다고 생각하는 자들이 몇몇이 있기 때문입니다. 그리고 신념(=종지)과 더불어 믿음에 속한 모든 것들의 직관이 또한 있다고 생각하기 때문입니다. 그러나 믿음은, 사람이나 자아(自我)에서 오는 것에 비례하여 주님에게서 멀리 떨어져 버리고, 그리고 아무런 효과도 없다고 하면서도 그것이 주님으로부터 오는 것에 비례하여 효과가 있다고 하는 그런 성질의 것입니다. 믿음에 속한 신념(=종지)이라는 것도 이와 비슷합니다. 그렇지 않다면 그들은 미친 사람(狂人)과 같을 것이고, 그것은 자신이 하나님 아버지이고, 하나님 아들이다고 하는 광적인 신념에서 생각하는 자들의 광기(狂氣)와 닮은 광기이며, 그리고 자신이 찰스 12세(Charles XII)라고 상상하는 자들과 닮았습니다. 이런 자들은 미친 자들 사이에 존재합니다. 그들은 역시 자기 자신의 능력으로 자신들의 믿음으로 취하기를 열망하는 자들과 동일합니다. 1748년 8월 31일

3006. 내가 위에서 그 미친 영에 관해서 말하였는데, 그것은 내가

잠들었을 때 그와 비슷한 자들을 불러들여서 나를 공격, 괴롭히려고 하였기 때문입니다. 그런 일은 전적으로 금지되어 있었습니다. 다시 말하면 사람이 잠들도록 기다렸다가 높은 곳에서 낮은 데로, 또는 땅의 가장 낮은 영역으로 내동댕이쳐졌습니다. 그는 거기서 쇠막대기에, 즉 고정된 축(軸)에 결박되었습니다. 거기에서 빙빙 도는 것에 결박되었는데, 그래서 그는 마치 영이 아니고 하나의 축처럼 회전, 쭉 뻗고 말았습니다. 역시 나는 또 이런 설득에 빠지고 말았습니다. 그 때 그는 거기에서 자신의 곳으로 되돌려졌습니다. 그래서 그는 다른 자들의 사회로부터 격리되어, 꼭 같은 환상을 가지고 있는 자들과 함께 살 수 있었습니다. 따라서 각자는 비슷한 환상이나 설득력이 있는 직관에 의하여 다른 자들을 공격, 괴롭혔습니다. 따라서 그들이 쓸모없는 것이 되기까지 거기에서 겪는 그의 고통이 어떤 것인지 결론을 지을 수 있겠습니다. 1748년 8월 31일

사람은 실제적인 악을 행동으로 범한다는 것에 관하여

3007. 영들의 세계에, 그들의 삶을 사는 가운데 다른 사람을 미워하는 생각을 마음에 간직하고 있으면서, 그럼에도 불구하고 겉으로는 공손하고 얌전한 척하는 자들이 있었습니다. 그들의 미움들이 지금 폭발하였습니다. 그들이 대수롭지 않게 여기는 것에 비례하여 그 증오의 폭발이 매우 심하다는 것이 지각되었고, 그리고 그것은 전 생애에서 자신들에게는 지각된 바가 결코 없었던 그런 것이다는 것을 깨달았습니다.

3008. 종국에 그들은 자신들의 증오에 대한 책임을, 주님께서 그들을 지배하셨기 때문에 자신들은 달리 할 수가 없었다고, 주님의 탓으로 돌리려고 하였습니다. 그런 일에 대하여 어떤 자는 큰 소리로, 어떤 자는 작은 소리로 떠벌렸습니다. 그 이유는 거기에서 서로 공모(共謀)한 자들이 많이 있었기 때문입니다. 그들에게 일러진 말은, 모든 실제적인 악은 그들 자신에게서 생겨나왔다는 것이고, 그

리고 모든 실제적인 선은 주님에게서 온 것이다는 것입니다. 그러나 그들은 여전히, 자신들이 이런 성품인 것은 자신들에게서 온 것이 아니고, 다만 주님에게서 온 것이다는 것을 완강하게 주장하였습니다. 영적인 개념으로 그들에게 일갈(一喝)하는 것이 허락되었는데, 이런 것들에 관해서는 수천 권의 책들을 집필할 수 있다는 것이고, 말하자면 그것들에 관해서 확증할 수 있다는 것입니다. 그러나 변함없는 것은 궁극적인 것들 안에 각인(刻印)되어 있다는 것이고, 그리고 모든 실제적인 악은 그들 자신들에게서 발출하고, 모든 선은 주님으로부터 존재한다는 것입니다. 그들이 대수롭지 않게 방임(放任)하는 것에 비례하여 그들이 악이나 증오 따위를 가지고 있다는 것이 입증되었습니다. 이러한 경우는 그들이 영들이었을 때의 사실입니다. 육신을 입은 삶에서는 그렇지는 않습니다. 따라서 얻는 결론은, 이와 같이 그들이 실제적으로 악을 행하는 것은, 주님에 의하여 예견(豫見)된다는 것이고, 그리고 그들이 자기 자신들을 최악의 죽음으로 밀고 치닫지 않게 하도록 주님께서 섭리하신다는 것입니다.

사람의 환상들이 저 세상에서 수종의 동물이나 그런 것으로 변화하게 된다는 이유에 관하여

3009. 나에게 그 이유가 넌지시 일러졌습니다. 그것은 육신을 입은 삶에서 가지고 있던 수많은 환상들이 동물들의 모양들이나, 그것과 비슷한 수많은 것들로 변하고, 그래서 그것들이 천계로부터 검증받을 때, 또는 입류가 있을 때, 그 때 이런 환상들은 그런 부류의 동물들이나 그런 모양으로 변화하지만 그것은 영들의 세계에서 일어나는 것과 다르지 않으며, 그리고 그것은 예언적인 것들이나 꿈속에 있었던 것과 다르지 않습니다. 환상들은 질서의 궁극적인 것들과 같은 그런 형체들로 바뀝니다. 그리고 그런 것들은 이 땅에 존재하고, 그리고 그것들은 표징에 속한 궁극적인 것들이 됩니다. 예를 들어 보겠습니다. 여성 마술사들이 점검되었을 때 그들은 뱀들의 똬

리 모양으로 바뀌었습니다. 왜냐하면 대응은, 관능적인 삶에서 비롯된 질서를 통해서 생겨난 것은 그 외의 다른 것으로 존재할 수 없다는 그런 것이기 때문입니다. 그것은 그들의 환상이 그와 같이 나타나는 처음 안에 남아 있고, 그리고 여전히 위로 상승합니다. 그렇지 않다면 환상들은 그들에게서 제거될 수 없고, 그리고 그것들은 재구성됩니다. 1748년 8월 31일

자신들이 주님이다고 믿게 하기를 원하는 영들에 관하여
3010. 어떤 영이 나와 함께 있었습니다. 그 영은 한 시간 가량 내 머리에 서 있었습니다. 그가 선하다는 것 이외에는 처음에 지각되는 것은 아무것도 없었습니다. 그는 거의 말을 하지 않았지만, 그러나 그것도 그의 생각으로 하였고, 그리고 그는 전혀 나쁜 자는 아니었습니다. 드디어 그가 말을 하였을 때 그는 가끔 자기가 주님이었다고 나의 지각에 인식되었습니다. 그와 같은 일은 처음에 있었던 지극히 적은 것들에서 내가 지각할 수 있었습니다. 그 이유는 그가 내 머리 위에 서 있었기 때문입니다. 그리고 또한 그와 같은 일은 주님에게 속한 자들에게 있는 일상적인 일이기 때문입니다. 그리고 주님께서는 그들을 통해서 말씀하시기 때문에 그런 식으로 주님의 현존이나 임재의 지각이 암시되기 때문입니다. 그런 이 영은 그 일을 기묘한 방법으로 꾸몄습니다. 사실인즉슨, 그와 같이 그는 자신 안에 그런 신념을 유발시켰고, 그래서 그는 자기 자신이 주님이다고 생각할 수 있었습니다. 그러나 종전에 나와 함께 있었고, 그들 자신 안에 비슷하지 않고 정반대되는 지각을 가지고 있었기 때문에, 그리고 명확하게 깨닫는 것이 나에게 허락되지 않았고, 그럼에도 불구하고 이 작자가 악한 존재이다는 것을 아는 것이 허락되었기 때문에, 그러므로 나는 하나의 악령과 하듯이, 그와 말을 하였습니다. 이런 것 때문에 분노했고, 분노해서 말하였습니다.

3011. 그는, 이러한 기묘한 방법이나 이런 설득력을 가지고 전에

는 선한 영들을 자기 자신에 끌어들일 수 있었고, 그리고 자신이 주님께서 보낸 자이고, 따라서 자신은 주님의 천사라고 설득할 수 있었다고 말하였습니다. 그는 동일한 설득력을 가지고 이런 짓을 나에게 시도하려고 하였지만, 허사였습니다. 왜냐하면 이런 사실이 발각되었기 때문입니다. 이런 사실들로부터 확실한 것은 자신들은 주님에게서 왔고, 그리고 정체를 알지 못하는 수많은 영들을 속이고, 자기 자신들과 교제하는 수많은 영들의 패거리가 있다는 것입니다. 그럼에도 불구하고 이런 무리는 사악합니다. 아니, 사실은 미친 자들입니다. 이런 사실을 그들에게 내가 말할 수 있는 것이 허락되었습니다. 그것은, 더 이상 미칠 수 없을 정도의 미친 신념을 가지고 자기가 바로 주님이다는 것을 상상하고 있다는 것입니다. 지금 내 마음에 일어난 것은, 그런 무리가 일종의 열광주의자들이나 퀘이커 교도들인데, 그들은, 사후 성령이 자신들과 서로 대화하고 있다는 신념에 빠져 있는 부류의 무리들입니다. 그 이유는 자기 자신은 주님으로 말미암아 존재하고 있으며, 그리고 자신이 주님이다는 것을 자신에게 설득하고 있기 때문입니다. 그럼에도 불구하고 이것은 주님의 현존의 입증은 아니지만, 주님에 관한 일종의 믿음에 속한 진리이기는 합니다.

3012. 자신이 발각되었다는 것을 지각하였을 때 동일한 영과 그 영의 주위에 있는 영들이 믿음에 속한 진리에 관해서 교육을 받고 있을 때 자기 자신을 그들의 사회로부터 이탈시키기를 원하였는데, 그것은 그가 능숙한 전문적인 사람이 되기 위하여 자기 자신의 몸에 속한 다양한 투영(投影·projections)들을 통한 자기 자신의 방법들에 의하여 배웠고, 그리고 오른쪽, 왼쪽, 곧장 앞으로, 옆으로 다양한 방법으로 방향을 바꾸는 것을 통해서 배웠습니다. 그 때 그에게 일러진 것은 그와 같은 일은 그가 자기 자신을 그들의 사회로부터 구출하기를 원하였다는 것을 뜻한다는 것이었습니다. 왜냐하면 그는, 주님에게서 발출한 영으로 그가 시인되지 않는 자들에게 작용할 수

없었기 때문입니다. 그리고 동일한 영은, 자기 자신과 교제 가운데 있는 자들을 쫓아 버리고, 그런 뒤에 그런 성격의 소유자라고 믿는 선한 영들을 불러 모으려고 할 때 그렇게 한다는 것을 배웠다고 고백하였습니다. 다른 관점에서 보면 그는 매우 지능적으로 예민하고, 겉보기에도 총명스럽게 보였습니다. 그래서 내가 그에게 그는 자기 자신에 대하여 매우 총명스럽다고 여기면 그럴수록 그가 더 미친 사람 같다고 하였을 때 그는 몹시 분노하였습니다. 1748년 9월 1일

3013. 그가 나에게 한 말은, 그러므로 자기는 영들이 사람과 대화한다는 것을 이상하게 생각하지 않는다는 것입니다. 그 이유는 자기도 역시 그런 성품의 인물이지만, 그러나 나의 경우와 같이, 그런 말이 거기에 있다고 믿지 않기 때문이라고 하였습니다. 역시 여기에서 그가 하나의 퀘이커 교도이고, 또한 퀘이커 교도의 영이다는 것을 알 수 있었습니다. 그들은 오직 영들과 말한다는 것, 그리고 또한 천사들과 같이 이야기한다는 것을 지금 원하고 있다고 생각하였습니다. 1748년 8월 31일

그들이 원하는 것들이 허락되지 않는다면 영들은 생명을 가지고 있지 않다는 것에 관하여

3014. 내가 이런 사실에 관해서 그들 자신들과 서로 의논하는 가운데 깨달은 것입니다. 즉, 영들의 생명은 그들의 탐욕들 안에 존재하고, 그것 밖에서는 그들은 살 수 없고, 따라서 다른 자들과 함께 존재할 수도 없다는 것입니다. 그런 사실은, 나의 지각에는 매우 불영명한 다종다양한 것들에 의하여 그들에게 입증되었습니다. 그리고 그들은, 만약에 각자가 자신의 탐욕에 일치하는 그런 것이 허락되지 않는다면 그들은 다른 자들과 함께 공존할 수 없고, 따라서 함께 살 수 없다는 것을 시인하였습니다. 여기에서 얻을 수 있는 결론은 주님께서는 그의 온갖 탐욕들이나 욕망에 의하여 모두를 다른 쪽으로 방향을 바꾸게 하신다는 것입니다. 나는 예전에 다른 경우이지만 이

런 사안에 관해서 그들과 이야기한 적이 있습니다. 다시 말하면 그들의 생명이나 삶은 허용된 이런 것들 안에 존재한다는 것, 그리고 그렇지 않고, 만약에 온갖 환상들에 일치하는 것이 허락되지 않는다면, 그들이 살 수 없다는 것 등입니다. 1748년 9월 2일

수면에 속한 관념적인 언어에 관하여 ; 퀘이커 교도들에 관한 표징적인 환상에 관하여

3015. 잠든 상태와 깨어 있는 상태의 중간 상태에 내가 사로잡혀 있을 때, 전혀 표현할 수 없는 그런 개념들에 의한 언어가 있었습니다. 왜냐하면 내가 다른 때에 내가 들었던 것과 꼭 같이 그들이 자신들의 언어를 그 어떤 것에 결속시켜서, 비록 그 상태에서 내가 그것을 명료하게 지각한다고 해도, 그것을 그 뒤에 기술할 수 없었기 때문입니다. 수면에 속한 언어는 내면적인 세계의 악령들에게 속해 있습니다. 또는 잠자고 있는 내면적인 악령들에 속해 있습니다. 그러므로 그것은 역시 표현할 수 없는 것이지만 그러나 그것은 자신 안에 어떤 것을 결코 내포하고 있지 않습니다. 그러므로 그것은 나중에 어떤 그릇에서 쏟아져 나온 것과 같은 하찮은 수많은 것들에 의하여 나에게 드러내졌습니다. 왜냐하면 비록 그 언어가 표현될 수 없는 것이라고 해도 그것들은 고약하게 결속되어 있고, 그리고 아무것도 아닌 것에 관계를 맺고 있기 때문입니다. 이 언어에 있는 그것들의 총명적인 본질은, 내가 명확하게 본 것이지만, 한 마리의 말(馬)의 뒷부분들에 의하여 역시 표징되었습니다. 왜냐하면 한 마리가 왔는데 그의 앞부분은 보이지 않았지만, 그러나 그 말이 그의 뒷부분을 돌렸을 때 이런 것들은 나에게 명료하게 드러났기 때문입니다. 그리고 지각되고 일러진 것은, 이런 관념적인 잠의 언어 안에 있는 자들의 총명적인 것들은 이와 같이 표징적으로 나타난다는 것입니다. 왜냐하면 그들은 진정한 총명적인 본질을 가지고 있지 않기 때문입니다. 아마도 이런 부류의 것이 퀘이커 교도들이나 그리고 자

신들만이 성령에 의하여 인도받는다고 상상하는 영들의 총명적인 원칙일 것입니다.

3016. 잠든 때에 나에게 하나의 표징적인 것이 보여졌습니다. 내가 생각하기에는 내가 천정(天井) 위에 올려졌고, 그리고 거기에서 머리가 밀착되어 있고, 그래서 평온한 휴식을 가졌다는 것입니다. 그 뒤에는 아래로 내려졌고, 그리고 도중에는 거의 완전하게 주위를 빙빙 도는 것처럼 생각되었습니다. 이와 같은 회전(=돌림)에서 나는 아래에 있는 책상 위에로 내려졌는데, 거기에는 어떤 여인이 앉아서, 접시에 있는 것을 먹고 있었습니다. 도는 일(=회전)이 일어났고, 그 뒤에는 그것이 접시로 변하였고, 거기에는 이렇게 만들어진 음식이 있었고, 그리고 그것을 먹었습니다. 나는, 그들이 기적적인 먹거리를 가진 것을 이와 같이 이해하였다라고 생각하였습니다. 그러나 그 접시가 사라져 버렸을 때, 이 일은 또 다른 여인에 의하여 행해졌지만, 그들은 그것이 새로운 접시이다는 것을 깨닫지 못하고, 그리고 또한 음식도 거기에서 기적적으로 만들어진 것이다는 것을 알지 못하고 공급되었습니다. 나는 그것을 이상히 여겼고, 그녀가 거기에서 그것을 가져왔을 때 나는 그것이 어떤 것인지 맛을 보았습니다. 그것은 완두콩(peas)이었습니다. 여기에서 그들의 표징에 속한 성질이 어떤 것인지 밝혀지게 되었습니다. 그러나 잠의 환상이 뜻하는 것이 무엇인지 그 때까지 나는 알지 못하였습니다. 그것이 퀘이커 교도에 관계된 것이다는 것도 깨달았습니다. 다시 말하면 그들은, 어떤 것도 주님에 의하여 기적적으로 주입된다는 것을 그들이 알지 못한다는 것을 나는 깨달았습니다. 그리고 비록 그들이 그것을 깨닫지 못한다고 해도, 그럼에도 불구하고 그들에게 주어진다는 것, 다시 말하면 생명의 고결함(probity of life)이 주어진다는 것입니다.

3017. 내면적인 영들의 표현될 수 없는 언어가 다른 영들의 언어와 어떻게 다른지를 내가 알게 하기 위하여 내게 일러졌습니다. 그것은 내면적인 선한 영들에게 온 언어와 그리고 천계로부터 내면적

으로 악한 영들에게서 온 언어와는 전적으로 다르다는 것과 그리고 그것은 천계를 통해서 내면적인 선에게 온 언어의 성질이 어떤 것인지 알게 하기 위한 것이다는 것 등이 내게 일러진 것입니다. 내가 잠에서 깨었을 때 어떤 처녀가 다른 인물, 즉 내가 본 적이 없는 남자와 함께 걷고 있었습니다. 그 사람이 그녀의 애인이다는 것을 나는 깨달았습니다. 그 처녀는 오직 등(=뒷모습)만 보였습니다. 그녀는 엷은 노란색의 일상적인 옷을 입었습니다. 이 옷은 그녀의 앞가슴에 잘 맞았습니다. 그래서 옷은 몸에 잘 어울렸지만, 그러나 뒷모습만 보는 것이 나에게 허락되었습니다. 그런 것들이 천계를 통해서 내면적인 선한 영들에게 유입된 것들이다는 것을 이와 같이 드러내고 있습니다. 1748년 9월 1일

3018. 나는, 내가 잠을 자고 있는 동안에 나로 말미암아 영들이 하는 말을 들었습니다. 그것은, 깨어 있을 때에 속한 개념들을 가지고 있지 않은 내가 깨어 있을 때의 말과 거의 다르지 않았습니다. 그것은 낮은 땅에서 나로 말미암아 어떤 영이 무엇인가 선언했던 그것과 꼭 닮았습니다. 그들은 이런 방법으로 말을 하지만, 그럼에도 불구하고 그 말에는 수면이 존재하고, 그래서 그것은 아무런 효과는 없습니다. 1748녀 9월 1일

영들은 사람이 되기를 심히 열망한다는 것에 관하여

3019. 나와 함께 있을 때 일반적으로 영들은 그들이 사람이다는 것 이외의 다른 것을 알지 못합니다. 그러나 거기에는 사람이 되기를 열망하는 다른 자들도 있습니다. 그래서 그의 신체를 모두 점령하고, 따라서 그와 함께 있는 사람을 무가치한 존재로 여깁니다. 이런 부류의 영들은 수도 없이 나와 함께 있었는데, 그들은 수많은 것들을 나에게 시도하였습니다. 어떤 자들은 아주 순하게 행동하기도 하였습니다. 뿐만 아니라 그들은 여러 가지 방법들로 수치심을 느끼기도 하였습니다. 왜냐하면 그들은 거울 속에 있는 자신들의 얼굴들

을 본다고 생각하였고, 그리고 그 밖의 다른 많은 것들을 본다고 생각하였기 때문입니다. 이런 식으로 그들은 그런 욕망에서 뒤로 물러났습니다. 1748년 9월 1일

영들의 입류가 사람에게 어떻게 해서 일어나는가 ; 그리고 일반적인 것 안에 있는 입류에 관하여

3020. 나는 이런 경우도 가르침을 받았습니다. 주님께서는 보편적인 천계에, 그리고 영들의 세계에 직접적으로 입류하실 뿐만 아니라 간접적으로는 천사들을 통해서 낮은 영들에게 입류하시고, 낮은 영들에 입류한 이런 자들을 통해서 사람에게 입류하신다는 것입니다. 이것이 일반적인 입류입니다.

3021. 더욱이 선이나 진리에 속한 모든 입류는 그들의 형태, 즉 그들의 본성에 일치하여 영들에 의해 영접, 수용됩니다. 선하고 참된 입류는 선한 영에 의하여 수용됩니다. 악한 자에 의해서는 선한 입류는 악으로 바뀌고, 참된 입류는 거짓된 것으로 바뀝니다. 이러한 것은 그들의 기질이나 상태에 따라서 모든 차이가 있고, 다종다양한 변화가 있습니다.

3022. 더욱이 사람이 질서의 궁극적인 것이기 때문에, 그러므로 사람의 개념들은 그의 기억에서 종결되고, 또는 그의 기억에 속한 물질적인 개념들 안에 종결됩니다. 그리고 모든 개념들이 거기에 종결되기 때문에, 심지어 영적인 것들의 개념들도 거기에서 종결되기 때문에, 따라서 이런 개념들은 영들에 속한 개념들의 수용그릇이고, 그리고 질서에 속한 계속적인 유대는 그 점에까지 이어지고 있으므로 하나의 영은, 개념들이 자신 안에서, 그리고 자신으로 말미암아 시작된 것 이외에는 다른 것을 생각할 수도 없습니다. 그러나 그 영의 개념들은 사람에 속한 개념들 안에 존재하고, 그리고 그것들은 거기에서 종결됩니다. 이러한 내용은, 개별적이든, 전체적이든 사람에 속한 모든 것들은 자기 자신의 것으로 만드는 자신들의 전유(專

有)에서 잘 알 수 있습니다. 그리고 그들이 자신의 언어를, 마치 자기 자신의 것인 양, 말한다는 것에서, 그리고 그들이 다른 것을 생각하지 못한다는 것에도 명료합니다.

3023. 이런 사실에서 다음의 것이 이어지겠습니다. 즉, 이와 같은 여러 개념들은 사람의 기억에 속한 개념들 안에 들어오고, 그리고 사람의 개념들은 각각 무수한 것들로 결합된 그의 모든 개념에 다종다양하게 채워지는데, 그것은 근사(近似)하고, 근접해 있고, 거리의 측면에서 보면, 보다 멀리 떨어져 있고, 그러므로 그것은 의존(依存)적입니다. 그리고 이런 개념들은 상태들에 따라서 모든 다양함에 존재하고, 각자 각자의 환상에 따라서 모든 사람 안에 서로 상이하게 존재합니다. 그리고 거기에는 열거될 수 없는 수많은 그 밖의 것들이 있습니다.

3024. 따라서 뒤이어지는 것입니다. 수많은 영들, 다시 말하면 서로 성품이나 기질이 다른 영들이 있기 때문에, 어떤 영이나 어떤 종류의 영들은, 그것 자체에 일치하는 이것을 그 개념 안에서 취하고, 다른 종류의 영들은 자체에 일치하는 것들을 취합니다. 그럼에도 불구하고 다른 종류의 것은 멀리 떨어져 있는 것을 취합니다. 그리고 그것은 마치 배설물들을 보고, 그 밖의 것은 보지 못하는 자들의 경우에서와 같이, 그리고 그것으로 인하여 마술 이외에는 아무것도 배우기를 원하지 않고, 그리고 모든 선을 악으로 둔갑(遁甲)시키는 자들의 경우에서와 같이, 그것은 그 일에만 의존하고 있다는 것을 내가 잘 알고 있듯이 그것의 경험에서 잘 알 수 있기 때문입니다.

3024[A]. 개념들이 사람에게서 닫혀지면 그럴수록 오직 그 사람은 단지 한 가지 일만을 보게 되는데, 그러한 일은 신념(=종지)이나 탐욕에서 일어나고, 그리고 그 사람 자신이나 세상적인 것들로부터 발생합니다. 왜냐하면 이와 같이 개념들은 사람에게서 닫혀지고, 그리고 닫혀지면 그럴수록 위험이 수반(隨伴)됩니다. 왜냐하면 그 때 영들의 개념들은 수많은 것들에 확산될 수 없고, 그리고 그러므로 사

람이 자신에게 요구되는 악에 점점 더 추가해서 악을 주입시키고 있기 때문입니다. 그러나 믿음 안에 있는 사람에게는, 모든 점에 적용할 수 있게 하기 위하여 개념은 한 가지 것에 종결되는 일이 점점 줄게 됩니다. 내가 말할 수 있는 데, 그것이 유동(流動)적이면 그럴수록 사람에게 있는 그것은 더욱 더 선하게 됩니다. 즉 그 사람이 고집스럽거나, 완고하지 않으면 그럴수록 보다 쉽게 그 사람은 주님에 의하여 주님께서 기뻐하시는 모든 것들 쪽으로, 그리고 선 쪽으로 향하게 됩니다. 1748년 9월 1일

3025. 사람이 살아가는 동안 그의 기억에 속한 개념들은 다종다양하게 바뀌고, 변하고, 그리고 수많은 대상물에게로 확산되고, 그리고 신념이나 종지 따위를 통해서 보다 적은 것(少數)에 대해서는 강제적이고, 제한적입니다. 한마디로 말하면 그 사람은 보다 더 선하게 되고, 심지어 죽음에 이를 때까지 선하게 됩니다. 그러나 영들의 경우에는 그와 같지는 않습니다. 뿐만 아니라 개념들에 있어서 그것들은 수많은 선들에게로 확산될 수 있고, 또 다른 유사한 것들을 지니기 위해서는 달리 결합되기도 하고, 서로 분할되기도 하고, 따라서 새로운 유사한 것들과 결속되기도 합니다. 1748년 9월 1일

자기 스스로 선을 행할 수 있고, 그리고 이웃을 사랑할 수 있다고 생각하는 어떤 자에 관하여

약간 떨어진 곳에 오른쪽을 향해 높은 곳의 어떤 영과 나는 이야기를 하였습니다. 그 자가 한 말은 자신은 능히 선을 행할 수 있고, 사실은 자기 자신으로 말미암아 선을 행할 수 있다고 말하였습니다. 그러나 그에게 일러지도록 허락된 내용은, 의지에서 비롯된 것을 제외하면 어느 누구도 어떤 일도 행할 수 없다는 것입니다. 만약에 그 의지가 현존하지 않는다면, 그 때 사실 그는 외현적인 선(外現的 善·겉꾸민 선·apparent good)을 행할 수 있을 뿐입니다. 그러나 이것은 그 즉시 그것이 의지에 속한 것이 아니다는 것이 탄로 납니다. 그는,

자신이 선을 행하려고 시도하였고, 그래서 의지를 억압하였다고 말하였습니다. 그 때 그에게 일러줄 말이 허락된 것은 그것이 바로 사랑이었다는 것이고, 이것이 의지를 다스린다는 것이었습니다.

자신은 자기 자신으로 말미암아 선을 행할 수 있고, 이웃을 사랑할 수 있다고 생각하는 어떤 자에 관하여

3026. 총명적인 믿음을 가지고 있는 어떤 영이 있었습니다. 나는 그가 자기 자신으로부터 선을 행할 수 있다고 생각한다고 믿고 있습니다. 내용인즉슨, 의지에서 비롯된 것을 제외하면 어느 누구도 그 어떤 것을 행할 수 없다는 것입니다. 다시 말하면 그가 행한 것은 모두가 의지에서 온 것이다는 것입니다. 만약에, 그리고 그럼에도 불구하고 어느 누구가 선을 행하였다면, 그리고 그것도 의지에서 비롯된 것이 아니라면, 이것은 위장(僞裝)된 선이고, 그리고 그것은 그 즉시 저 세상에서는 인지되고, 그리고 위장된 것이기 때문에, 그것은 용인되지 않습니다. 그리고 만약에 그가 여전히 어떤 선을 행한다면, 그 때 그가 행한 것은 다른 이유이지, 그러므로 사랑에서 비롯된 것이 아니다는 그 사람에 속한 밖의 어떤 일이다는 것이 관측됩니다. 이러한 사실은 영적인 개념에서 보다 더 잘 인지됩니다. 그럼에도 불구하고 그는, 사랑으로 말미암아 행동하도록 의지에게 강요하였고, 따라서 자기 자신을 사랑에 두기 위하여, 자기 자신을 뒤로 물러나게 하였고, 말하자면 의지의 명령에서부터 행동하려고 했고, 그러므로 자신은 의지 안에 있는 사랑으로 말미암아 행동하려고 하였다고 말하였습니다.

3027. 그러므로 그에게 이렇게 일러졌습니다. 즉 그가 어떻게 하면 성공하는지 시도해도 좋다는 것입니다. 그러므로 그는 그런 성질에 맞는 사회를 찾았습니다. 다시 말하면 사랑 안에 있는 사회를 찾았습니다. 최종적으로 한 사회를 찾았습니다. 그리고 그는 그것을 찾았다고 말하였고, 따라서 그는 천계에 올리워졌습니다. 나는 어떤

일이 일어날 것이다고 기대하고, 그러는 중에 남아 있는 영들에게 이렇게 말하였습니다. 만약에 그가 주님으로부터 사랑을 받을 수 있는 성품이 된다면 그는 그들과 함께 있을 수 있지만, 그렇지 않다면 함께 있지 못할 것이다는 것입니다. 무슨 일이 일어날 것인가 하고 우리들이 기대하고 있는 사이에 그가 본 것, 즉 천계로부터 자신들을 대굴대굴 굴리는 자들이 보였습니다. 그것은 그들이 거기에 머물 수 없기 때문에 자기들 스스로 그 사회에서부터 던져졌다는 것을 증명합니다. 그것은 마치 그들이 거기에 있을 수 없는 그들이 어떤 영기 안에 있는 것과 꼭 같았습니다. 그는 머리 위에 있는 영들과 지금은 같이 있습니다. 그리고 그는 그가 거기에 있었지만, 거기에서 살 수 없었다고 말하였습니다. 그러나 그는 거기에서 매우 크게 고통을 느끼었기 때문에 거기에서 해방될 수 있었다는 것이 무척 기뻤다고 말하였습니다. 1748년 9월 1일

그들이 분노할 때, 때로는 가장 사악한 자에게서 발출하는 것과 전혀 다르지 않다고 생각되는 그런 것을 갑자기 폭발시킨다는 선한 영들에 관하여

3028. 가끔씩 생기는 일입니다. 나는 치명적인 것들을 인지하였는데, 왜냐하면 그런 것들은 가장 사악한 영들에 속한 유출(流出)이라고 생각하기 때문입니다. 그러나 그것은 그것들이 선량한 영이 갑자기 분노할 때 그들에게서 나오는 것입니다. 왜냐하면 사실은 그들이 선을 행한다는 것이 허락되지 않을 때, 따라서 그 반대로 분노를 통해서 일어나기 때문입니다. 이러한 일은, 그들이 분노할 때, 선량한 사람에게서도 보통 일어나는 것입니다. 1748년 9월 1일

주님에게 광영을 돌리는 자들이 얻는 천계에서의 지복(至福)의 기쁨에 관하여

3029. 지금 선량한 자들인 수많은 자들이 주님의 강림과 지옥으로

부터의 그들의 해방 때문에 주님께 광영을 돌리고 있습니다. 그리고 매우 큰 지복의 기쁨이 있기 때문에 거기에 있는 몇몇은 그것을 도저히 견딜 수가 없다고 말하기도 하였습니다. 1748년 9월 1일
그것은 이른바 하나의 일반적인 찬미(讚美)였습니다. 그러므로 지옥에 있는 어떤 무리는 찬미를 드리기를 열망하였습니다. 이러한 내용은 내가 거기에서 나온 어떤 자들에게서 들은 것이지만, 그 무리는 지옥의 변소에서 산 자들에게서 온 자들입니다. 1748년 9월 1일. 다음날 아침 모든 것들은 고요한 상태에 있었습니다. 그래서 나는 내 주위에는 고요한 침묵 이외에는 아무것도 느끼지 못하였습니다. 그것은 계속해서 이어졌습니다. 1748년 9월 2일

주님의 교회도 악한 자에 의하여 최대한의 범위에까지 증진된다는 것에 관하여

3030. 나는 조용한 상태에 있는 어떤 자들과 그런 식으로 대화를 하였습니다. 다시 말하면 어떤 사도들(使徒)들과 그런 식으로 대화하였다고 믿습니다. 내가 들은 바는, 주님의 교회도, 악한 자에 의하여 다시 말하면 교회의 증진이나 성장 이외의 다른 목적들을 가진 자들에 의하여 가능한 한 최대의 범위까지 성장한다는 것입니다. 사실 그들은 단 하나의 목적으로서 자기사랑(自我愛)을 가지고 있을 뿐입니다. 예를 들어 보겠습니다. 교회는 우주적인 세계를 심판한다는 마음을 품고 있는 사도들에 의해서 성장합니다. 그리고 이러한 것은 스웨덴, 영국이나 그 밖의 곳에 있는 경우이지만, 자기 자신이나 다른 것들을 중요하게 여기는 여러 가지 원인들 때문에 믿음에 속한 교리들을 도입하는 이 세상에 있는 자들에 의하여 증진되기도 합니다. 더욱이 오늘날 교회는, 땅의 모든 것들이나 하늘의 모든 것들을 손에 넣을 수 있다는 이유 때문에 주님을 믿는 믿음에 속한 교리적인 것들을 보존, 유지한다는 교황(敎皇·Popes)들에게서도 증진되고 있습니다. 왜냐하면 그들은, 그들이 경배될 수 없는 존재라는 것을

알고 있기 때문입니다. 그리고 또한 만약에 경배될 수 없는 존재라면, 그들은 모든 것을 잃을 것이다는 것도 알고 있고, 주님의 대리자가 아니라, 최고의 사제로 그가 불리우지 않는다면 모든 것들을 잃게 될 것이다는 것도 잘 알고 있기 때문입니다. 이러한 것들이 허용된 것은 선이 그것에서 나온다는 이유 때문입니다. 1748년 9월 2일. 동일한 이유가 아니다는 것 때문에 마호메트 교도들의 천계나 목성에 속한 천계는 다른 주님(another Lord)을 찾기를 열망하는 자들에 의하여 개방되어 있습니다.

저 세상에서의 혈연관계에 관하여

3031. 저 세상에 있는 기질들이나 성품에 속한 교류나 그 기질이나 성품에 속한 일체의 교류는 놀라운 것이고, 그리고 그 즉시 인지된다는 것입니다. 이런 교류(=내통)나 인지(=시인)는 결코 기술될 수 없습니다. 특히 천계에서 이런 일이 일어났습니다. 교류나 시인 그리고 거기에서 비롯된 제휴(提携)는 이 세상에 있는 혈연관계와 같이 관련되어 있습니다. 다시 말하면 차이에 따라서 그들은, 부모들로서, 자녀들로서, 형제들로서 그리고 친척이나 여러 관계들로서 인지됩니다. 그 사랑은, 질서 가운데서 가깝고, 먼 것에 다른 모든 차이에 일치하는 삶 안에 있을 수 있는 그런 것입니다. 사랑에 속한 혈연관계나 친척관계, 그리고 그것의 등차(等次)들은 한정적이지 않습니다. 그리고 교류들 역시 정교하기 때문에 그것들 역시 기술될 수 없습니다. 더욱이 지상에서의 부모·자식·친척이었던 자들에게는 어떠한 것도 고려되지 않고, 그리고 또한 지상에서의 누구였든 어떤 인물이었다는 것도 고려되지 않습니다. 그러므로 세상적이고 육생(陸生)적인 것을 가리키는 고위직이나 재물들이나 그와 비슷한 것들도 결코 고려되지 않습니다. 이러한 내용들은 천사들에게서 온 자들에 의하여 확증되었습니다. 1748년 9월 2일

3032. 어떤 영들은 그들이 그들의 친척들을 잃을 것이다는 것 때

문에 슬퍼하였습니다. 이런 일은 육체적이고, 관능적인 사랑의 찌꺼기(殘滓)에서 온 것인데, 그러나 그들에게 일러진 대답은, 그들은 그들의 친척들 대신에 그들이 더 사랑하게 되고, 더 행복하게 될 수천의 자들을 받게 될 것이라는 것입니다. 더욱이 모든 자들의 부모로서 반드시 주님을 시인하여야 하고, 그리고 그러한 것은 순진무구(純眞無垢)의 본질이다는 것이고, 그러나 주님께서는 모두에게 아버지이시고, 따라서 수용에 속한 각각의 선물에 따라서 주님을 대신하는 아버지이시고, 그리고 또한 주님의 소유인 자들은 모두가 부모의 자리에 있다는 것 등등입니다.

입류(入流·influx)에 관하여

3033. 내가 각자에게 유입된 일반적인 입류나 특별한 입류에 관해서 다루고 있을 때, 그리고 어떤 존재이든 모든 영이나 천사는 입류의 중심이고, 그래서 수억의 것들이, 사람이나 영이 단순한 것이고, 개별적인 것이라고 생각하는 모든 개념 안에 유입한다는 것을 다루고 있을 때, 수용될 수 있는 자들에게 고양된, 매우 장엄한 영적인 개념에 의하여 그것이 사실이다는 것을 깨닫는 일이 허락되었습니다. 이런 자들 가운데는 마호메트교도 둘이 있었는데, 그들은 지금 이렇게 말하였습니다. 즉, 그들은 그것이 사실이다는 것을 전적으로 확신할 정도로 깨달았고, 그것은 단순한 하나의 개념에 불과하다고 생각하는 사람이든, 영이든, 그 누구도 그것을 이해할 수 없다는 것입니다. 그러므로 천계가 사람이나 영에게 열리지 않는 한, 따라서 그런 지각이 그들에게 주입되지 않는다면 누구도 이해하거나 파악할 수 없다고 하겠습니다.

3034. 천계가 닫혀졌기 때문에 그것을 이해할 수 없는 어떤 영들이 있었는데, 그들은 이런 것들을 파악할 수 없고, 그리고 그것이 사실이다는 것도 이해할 수 없다고 말하였습니다. 그들에게 허락된 답은, 마찬가지로 그대들이 단순한 것이라고 여기는 하나의 움직임

(=운동)도 수많은 근육들로 인하여 생겨나고, 그리고 헤아릴 수 없는 섬유들에 의하여 존재한다는 것도 파악하지 못한다는 것입니다. 더욱이 아주 단순한 것으로 여기는 하나의 움직임도 보다 순수한 부위들의 보편적인 체계가 놀라운 방법으로 유사한 것들이나 근접한 것들에 따라서 존재하게 합니다. 그들이 이런 이치를 알지 못하기 때문에, 그리고 만약에 그들이 그처럼 명확하고 확실한 것을 믿을 수 없다고 한다면 그들이 어떻게 해서 이런 입류가 있다는 것을 믿을 수 있겠습니까! 1748년 9월 2일

3034[A]. 그러나 여기서 깨닫는 것이 주어졌고, 나는 그것이 괴이한 것이라고 생각하였습니다. 그 때 나의 호흡은 떠나버렸고, 다시 말하면 나는 호흡을 잃고, 다만 내적으로 숨을 쉬었습니다. 따라서 나는, 어느 정도 영들도 나로부터의 방해가 없이 지각할 수 있다는 것을 개달았습니다. 왜냐하면 외적인 호흡은 제거되었고, 내적인 호흡만 주어졌기 때문입니다. 허파 안에 있는 이런 것들에 관해서 언급된 내용을, 다시 말하면 만약에 그런 일이 거기에서 다루어졌다면, 들여마심과 내뿜음에 관해서 다룬 것을 참조하십시오. 1748년 9월 2일

3035. 나는 또 그들이 영들의 세계에 있는 수많은 사회들에 속한 개념이 사람의 여러 근육들의 제휴에서 얻을 수 있다는 것, 그리고 이것들의 내류(=소통)가 섬유들에 의하여, 그리고 비한정적인 것들에 의하여, 모든 단순한 행위 안에도 유사한 것들에 일치하여 유입한다는 것에서 얻을 수 있겠습니다. 그러므로 폐장의 호흡작용도, 폐장에 관해서 이미 기술된 것들에게서 알 수 있듯이, 일반적으로 근육의 조직체에서 작용하는 것은 폐장이기 때문에, 그런 것들에 일치하여 변한다는 것도 얻을 수 있겠습니다. 1748년 9월 2일

3036. 나는 또 그들이 신체의 네 영역에 관해서 언급하고 있다는 것도 깨달았습니다. 그것은 일반적으로 분할(分割)된 것이었다는 것과, 그리고 그것들의 소통(=내류)들은 놀라운 것이다는 것도 깨달았

습니다. 다시 말하면 생식기관들의 영역, 하복부의 영역, 즉 횡경막의 하부 영역, 심장과 폐장이 있는 흉부의 영역, 위에 있는 것을 가리키는 머리의 영역이 있다는 것을 지각하였습니다. 그리고 외피에 의한 놀라운 일반적인 입류가 모든 것에게 일어나고, 그리고 가장 순수한 섬유들에 의해서는 가장 개별적인 단일한 것들에게도 유입한다는 것도 지각하였습니다. 1748년 9월 2일

악령들은 자기 자신들에게 생기는 것들이 악의 원인이다는 것에 관하여

3037. 나는 영들과 이런 일에 관해서 이야기하였습니다. 그들은, 그들이 다른 자들에게 그것을 행하는 것을 목적으로 삼을 때, 그들은 자신들에게 악을 생기게 합니다. 그러므로 거기에는 이와 같이 악에 속한 보복(報復)이 있습니다. 즉, 그들에게 되돌아오는 동일한 악이 있습니다. 왜냐하면 어떤 자에게 악을 행하려고 꾀한다면 그것이 그에게 되돌아오기 때문입니다. 그들은, 비록 그것이 자신들에게서, 또는 자아에게서 온다고 해도, 그것의 외현 때문에 그 악은 나에게서 또는 다른 자들에게서 기인한다고 말하였습니다. 그들은 설득되는 것을 원하지 않습니다. 그러므로 그것에 관해서 말하였습니다. 그리고 입증된 사실은, 만약에 어떤 사람이 자기의 머리를 벽에 주어 박으려고 한다면 그것은 벽이 저지른 책임이 아니고, 그 사람 자신의 책임이라는 것입니다. 그 때 수많은 것들에 의하여 그 사실이 밝혀졌습니다. 즉 거기에는 이러한 것들이나, 또는 신체에 속한 단 한 가지 것들에 속한 균형(均衡·a balancing)이 있기 때문에, 그러므로 모든 행동에는 그것에 대한 반작용(反作用)이 있다는 것입니다. 그러므로 그러한 것은 가장 작은 기관들이나 섬유들 안에, 동물적인 기력(the animal spirit)의 지극히 작은 분자 안에도 존재한다는 것입니다. 그리고 만약에 거기에 그러한 반작용이 존재하지 않는다면 전혀 아무것도 존재할 수 없고, 다만 거기에는 모든 것이 쇠퇴하

고, 취약해지고, 따라서 거기에는 영속적인 균형만 존재합니다. 이러한 것은 여하한 것에서도 마찬가지입니다.

3038. 예를 들어보겠습니다. 사람들 중에는 다른 것에 속한 대응(對應)을 가리키는 그런 존재가 있습니다. 만약에 겉모양 안에 있는 것이 아니라면, 그럼에도 불구하고 마음 안에 있습니다. 그러므로 사람들은 이런 사실들을 잘 알고 있고, 그리고 다른 자들이 허용하는 것 이상의 범위를 넘어가지 않습니다. 왜냐하면 그들은 그런 것들에게서 비롯되는 악의 대응에 두려움을 갖기 때문입니다. 이러한 일은, 각자에게 잘 알려질 수 있듯이, 한 사람의 상태나 본성에 따라서 무한한 변화를 가지고 일어납니다. 그러므로 이러한 사실은 본성 안에 각인되어 있습니다. 그러므로 어린 병아리들이라도, 사실은 지극히 작은 곤충들이라고 해도, 공격들이나 심성들에 따라서 저항하게 됩니다. 이런 사실들에게서 볼 때 지금 잘 드러나고 있는 사실은, 그들이 다른 자에게서 온다고 생각하는 악에 속한 형벌들은 자신들에게서 온다는 것입니다. 왜냐하면 그것이 바로 반대작용이기 때문입니다. 만약에 그것이 지극히 작은 것 안에 존재한다면, 그리고 자연에 속한 모든 것들 안에 존재한다면 왜 최대인간(最大人間) 안에 존재하지 않는 이유는 무엇일까요? 그러나 영들의 세계에는 인류 안에 일어나는 것과 같은 그런 일이 일어나고 있습니다. 그리고 거기에는 천계에 있는 것과 다른 반작용이 있습니다. 왜냐하면 어떤 자에게는 공격하는 악이 존재하지 않는 것이 아니고, 다만 그것을 선으로 바꾸기 때문입니다. 1748년 9월 2일

3039. 악한 영들은 바로 이런 성질을 가지고 있습니다. 다시 말하면 그들은 선한 영에 결코 저항하지 않고, 다만 복종할 뿐입니다. 그러므로 그들은 그들에게 모든 악을 옮겨올 수 있습니다. 그러나 그들에게 주어진 대답은, 선한 영들이 저항할 수밖에 없다면, 그리고 만약에 저항이 결코 존재하지 않는다면, 이러한 자들은 그들의 선을 악용할 것이고, 그리고 천계나 지상에 있는 모든 것을 파괴하

려고 할 것입니다. 그러므로 거기에는 저항이 있을 뿐입니다. 아니, 사실은, 그러므로 비록 선이 그들과 함께 한다고 생각될지라도, 악에 의한 그들에게의 공격, 괴롭히는 그런 존재들이 영들의 세계에는 있을 것입니다. 그럼에도 불구하고 그 때 그것은 사실이 아닙니다. 1748년 9월 2일

천사적인 형체들에 관하여

3040. 나는 아주 자주 천사적인 형체들을 보기도 하였고, 또한 나는 천사들의 합창단이 부르는 노래도 듣기도 하였습니다. 그래서 그런 일은 나에게 친숙하게 되었고, 관찰된 것들을 일일이 기록하지 않았습니다. 예를 들어 보겠습니다. 어떤 자는 그런 형체에 유입하기 위하여, 그리고 그런 뒤에는 영적인 것들이나 천적인 것들 사이에 존재하고, 그리고 거기에 가입하기 위하여 그런 형체에 유입한다는 것을 표징들이나 개념들 없이도 배워야 했습니다. 마호메트 교도들의 합창단은 그들의 음성으로 인하여 나에게 매우 친숙하게 되었고, 그래서 나는 그 합창단이 그들로 조직되었다는 것을 알 수 있었습니다. 더욱이 마치 그들이 말이 없이 입의 소리에 유입할 때와 꼭 같이 내가 기억하지 못하는 것도 여럿 있습니다.

3041. 내가 형체들(forms)에 관해서 다루고 있을 때, 그것으로 말미암아 최대인간(the Grand Man)이 구성되었고, 그리고 그것으로부터 기관들이나 영역들이 구성되었고, 그리고 하나의 존재로서 교류하고, 주님을 찬양하지 않는 자들은 최대인간 안에 있지 않다는 것을 다루고 있을 때, 나는 영들의 세계에서 비롯된 분노를 지각하였습니다. 그 이유는 그들이 역시 최대인간을 형성하는 자들 사이에 있지 않기 때문입니다. 그러나 그들에게 대답이 주어졌습니다. 그 대답은 처음에는 악한 자에게 주어졌는데, 그것은 그들이 마치 똥과 같아서 전에는 거기에 있을 수 없었고, 그리고 그들은 땅에 버려졌고, 그리고 그것은 마치 나무의 수액(樹液·sap)이나 나무를 위해 공

헌하는 것들과 같이, 그것으로 인하여 거기에 들어가고, 그 때 그들은 처음으로 교제 안에, 또는 그 나무 안에 있을 수 있습니다. 그 대답은 다른 자들에게도 주어졌습니다. 악은 위(=밥통) 안에 들어가서 영양분에 조금도 도움이 되지 않기 때문에, 또다시 배설물처럼 버려지는 것 이상의 것으로 생각되지 않습니다. 그들이 그런 합창단이나 형체들 안에 들어간다고 해도 경우는 그와 같을 것입니다. 어떤 자들이 여전히 그들이 그런 사회들 안에 있기를 주장하였습니다. 그래서 그 일이 허락되었습니다. 그러나 그들에게 일러진 것은, 그들이 너무나도 조악(粗惡)하기 때문에 그들이 거기에 있을 수 없다는 것이었습니다. 1748년 9월 2일

용(龍)에 관하여

3042. 그에게는 아주 친숙한 관습이 있었습니다. 그는 유대 사람들을 집합시키고, 그들과 함께 신실한 자들을 박해하려고 하였을 때, 그는 왼쪽에 있고, 아래에 조금은 떨어져 있는, 옛날 예루살렘(the old Jerusalem)을 향해 가는 것처럼 스스로는 생각하였지만, 그는, 그 때 아무런 일 없이, 이런 것을 말하고, 저런 것을 생각하였습니다. 그리고 그의 본성이나 사상에 속한 내면적인 수단들에 의하여 그는 유대 사람들과 대화를 하고 있지만 언어에 속한 수단에 의해서는 다른 자들과 말하였는데, 그것은 그의 사기성에 속한 증명이었습니다. 그를 알고 있는 자들에게는 그 말에서와 같이, 그리고 그가 있는 곳에서와 같이, 즉시 그것이 발각됩니다.

하나의 개념은 하나의 낱말에 붙어서 남는다는 것에 관하여

3043. 영들에게 들어온 언어에서 보면 한 낱말에 속한 하나의 개념은 매우 정교한 방법으로 인식됩니다. 이와 마찬가지로 단하나의 낱말은, 그 낱말이 즉시 변하고, 그리고 혼돈을 일으키기 때문에, 수많은 개념들로 파악하지 못합니다. 예를 들어 보겠습니다. 영들이

영들의 세계에 존재하는 자들로서, 사실은 악한 존재로 명명되었을 때, 선한 자는 어느 누구도 영들이라고 불리워지는 것을 원하지 않습니다. 그리고 그 이유는 오직 천계에는 천사들만이 있기 때문입니다. 다른 낱말들에게서도 마찬가지입니다. 그러므로 다른 개념이 한 낱말에 각인(刻印)되면, 그리고 앞서의 낱말이 변하게 되면, 영들과 말을 하게 되면, 아주 어려움이 생겨나게 되고, 그러므로 그런 낱말들은, 마치 한번 그 개념이 그들에게 각인된 것과 같이, 고정된 씀씀이를 가지게 됩니다. 1748년 9월 2일

목성의 영들은 우리 지구의 영들에 관해서 더 나쁜 존재는 있을 수 없다고 말하였다는 것에 관하여

3044. 목성의 어떤 영들이 나와 함께 있었습니다. 그들은 처음에 가까이 오려고 하지 않았습니다. 그 이유는 그들이 거기에 있는 영들이 악하다는 것을 알고 있었기 때문입니다. 어떤 영들은 거기에 여전히 있었습니다. 이 지구의 영들이 그들의 술책들에 의하여, 그리고 사기에 의하여 주입된 악들에 의하여 공개적으로 활동하는 것이 허락되었습니다. 그들의 술책들 중 어떤 것들을 나는 지각하였습니다. 왜냐하면 내면적인 영들이 활동하고 있었기 때문입니다. 나는, 이것이 그들에 대한 나의 첫 경험인지 의심하였습니다. 그 때 내면적인 악령들은 그들에게 장난질을 하였고, 그리고 이런 자들은 한동안 그것을 견디어 냈습니다. 왜냐하면 그렇게 하는 것이 주님에게서 주어졌기 때문입니다. 종국에 그들은, 이들보다 더 사악한 영들이 그들에게 결코 주어지지 않을 것이라고 생각한다고 고백하였습니다. 1748년 9월 3일. 왜냐하면 그들은, 목성의 영들이 마치 구속되어 있는 것처럼, 그래서 내가 내 안에서 지각한 것과 같이, 해방시켜줄 수 있는 것같이 그런 식으로 형상들이나 사상들을 왜곡시켰기 때문입니다.

목성의 영들에 관하여

3045. 목성의 영들이 나와 함께 있었는데, 그들은 그들의 생각에 속한 개념들을 이런 식으로 내가 기술할 수 있다는 것을 매우 이상하게 생각하였습니다. 왜냐하면 그들은, 오늘처럼 내가 그것들에 관해서 기술한 것들을 전에도 발설하였기 때문입니다. 그들에게 깊이 생각하는 일이 주어졌기 때문에 그들은, 그런 일이 생긴다는 것을 이상하게 생각하는 다른 자들에게 알려 주었습니다. 그들에게 암시된 것은, 이런 식으로 이 지구의 주민들은 알려질 수 있고, 그리고 모두는 그것을 읽고 알 수 있다는 것입니다. 이러한 사실은 내가 그들의 생각에서 깨달은 것이지 그들의 말에서 안 것은 아닙니다. 나는, 이런 생각이나 그들의 생각에 속한 지각에서부터 이런 것들을 기술하였습니다. 그들은 역시 보다 정교한 지각으로 그것을 긍정하려고 하였습니다. 1748년 9월 3일

3046. 목성의 천사적인 영들은 천적인 지각 안에 있습니다. 그래서 이 지구의 내면적인 악령들에 의해서는 도저히 이해할 수 없는 생각이지만, 그들에게 제휴하는 일이 허락되었습니다. 그러므로 그들은 몹시 분노하였고, 그리고 그들은 살 수도 없고, 그것을 이해하려고 하지도 않는다고 투덜댔지만, 그러나 이런 일은 불가능하였습니다. 그럼에도 불구하고 그들은 그 사실을 믿지 않았습니다. 그들에게 일러진 것은 그들이 그것을 이해한다는 일은 그들에게는 불가능하다는 것이었습니다. 왜냐하면 사색적인 천적 언어(cogitative celestial speech)는 주님에 의하여 주입되는 것이고, 그러나 악령들의 언어는 그것들에게서 비롯된 그것의 근원을 끌어올 뿐이기 때문입니다. 그들은, 오직 그들의 생각이나 애씀에서 그들의 성품이나 그들이 시도하려고 한 것들에 관하여 즉시 알려졌습니다.

악령들의 본성에 관하여

3047. 내면적인 악령들은 이런 본능을 지니고 있습니다. 그들의

사악함이나 사기적인 본능은 필설로 표현할 수 없습니다. 그리고 그들은 사람이 지각할 수도 없는 그런 아주 묘한 것을 지니고 있으며, 그리고 사람이 그런 기능을 가지고 악으로 변하게 하는 동안, 그들은 선이 나타나면 그 즉시 그것을 악으로 바꾸어 버리는 사악함을 가지고 있을 뿐만 아니라 선에서 나오는 이른바 냄새라도 맡게 되면 그것을 그 즉시 악취로 바꾸는 자도 있습니다.

3048. 따라서 사람은 결코 선이 무엇인지 생각조차도 할 수 없다고 내가 생각하였지만, 그러나 내게 일러진 것은, 선한 영들은 악에서 분리되고, 그래서 선한 영이 존재하는 곳에는 악한 영이 존재할 수 없다는 것입니다. 따라서 사람이 믿음의 상태에 있게 되면 주님께서는 그런 사람을 인도하시고, 그리고 모두를 인도하신다는 것입니다. 나에게 수차에 걸쳐 그런 일이 일어났지만, 그러나 내가 생각하기에는 그들의 고정된 대리자들에게 허락되었다는 것입니다. 따라서 그들은 이런 대리자들을 떠나서 그런 사악함을 가지고 유입할 수 없었습니다. 이런 일은 오늘 경험한 것입니다. 1748년 9월 3일

주님에 관한 목성의 영들에 관하여

3049. 내가 앞서의 531항의 내용들을 기술하고 있을 때 내가 지각한 것은, 그들은 내가 주님에 관해서 기술하려고 하는 내용, 즉 그는 동시에 사람이고 하나님이시다고 기술하려는 것을 원하지 않았다는 것입니다. 그 이유는 하나님의 존재에 대해서 무지(無知)하고, 그리고 지고지존자(至高至尊者)에 대해서도 무지하기 때문이고, 그리고 지고지존자이시다고 그분을 믿는 것으로 충분하다는 생각 때문입니다. 그들은 매우 주님을 사랑하고, 그리고 한 분 주님(a single Lord)에 관해서 듣는 것으로 무척 기뻐하였고, 그리고 그분은 유일한 사람(the only Man)이시고, 나머지 존재들은 그분에게서 파생되었고, 그들이 사람들이다는 것을 듣는 것만으로도 기뻐하였습니다. 1748년 9월 3일

영들의 참된 언어에 관하여

3050. 낱말들에 속한 언어는 영들에게는 특수한 언어는 아니지만, 그러나 사람들에게 또는 관능적인 기억에 속한 언어입니다. 그리고 영들의 참된 언어는 내면적인 기억에 속한 언어입니다. 그것의 성질이 어떤 것인지 오늘 나에게 드러냈습니다. 그것은 바로 생각(思想·thought)이었습니다. 사실 그것은 서로 교류하는 언어이고, 그리고 내가 지금 이것에 관해서 비록 그들은 그들이 터득했던 것을 전에는 알지 못하였지만, 그들이 이해하고, 지각한 모든 것은 그들의 과학적인 지식이다는 것에 관해서 그들과 이야기하고 있습니다. 왜냐하면 그들은 즉시 파악하고, 그리고 그들이 파악하기 때문에, 따라서 그것은 기능이나 지식은 선천적인 것일 수밖에 없기 때문입니다. 그리고 그것은 그들에 의하여 말할 수 있는 것이고, 그리고 꼭 같이 다른 자들에 의해서도 말할 수 있는 것입니다. 그러므로 그 언어는, 수많은 것들을 내포하고 있는 내면적인 언어(an interior speech)입니다. 왜냐하면 그것은 다른 자의 생각에 대하여 동시적인 직관(直觀)이기 때문이고, 그리고 그가 그런 생각 안에 있는지의 여부를 지각하기 때문입니다. 이런 생각은, 거의 잘못을 범하지 않는 그런 성질을 지니고 있습니다. 한마디 말로 하면 그들의 언어는 개념들에 속한 교류(=내통·a communication of ideas)로서, 따라서 그것에 속한 하나는 수많은 낱말들로 표현할 수 없는 그런 성질의 것입니다. 그것이 표현된다고 해도 그 내용은 지극히 조금 밖에 표현될 수 없습니다. 왜냐하면 그것은, 말하자면 본질적으로 온전한 전체적인 개념을 가지고 있지 않기 때문이고, 그리고 그것은 아주 명백하기 때문입니다. 이러한 성질이나 내용이 서로 간에 대화하는 영들의 언어입니다. 한마디로 말하면 이 언어는 낱말들이 아니고, 낱말들에 속한 여러 개념들입니다. 왜냐하면 모든 낱말은 상상할 수 없는 내용을 담고 있는 하나의 개념을 가지고 있기 때문입니다. 이러한 사실은

이런 것에서 잘 드러나고 있습니다.

3051. 단 하나의 낱말에 속한 그 개념도 수많은 낱말들에 의하여 설명될 수 있고, 일상적으로 그렇게 설명된다는 것, 그리고 그 수많은 낱말들도 사려 깊은 언어의 연속적인 관계 안에 있다는 것입니다. 이러한 사실은 매우 놀라운 것입니다. 왜냐하면 자신들과 함께 하고 있는 영들도, 거기에 그런 성질의 언어가 있는 것을 알지 못하고, 그리고 그들이 그런 언어를 통해서 자신들의 생각들을 전달하고 있다는 것도 알지 못하기 때문입니다. 그 이유는 그들은, 자신들끼리 사용하는 언어를 알지 못하고, 그리고 그들이 깊이 생각하지 않기 때문에 낱말들에 속한 언어에 대하여 깊은 생각이 없기 때문입니다. 그러므로 그것은 그저 단순한 자연적인 언어일 뿐입니다. 내가 지금 깨달은 것은 영들의 언어는 사람 안에 존재하고, 그리고 그것이 낱말들의 언어를 지배한다는 것입니다. 이러한 사실은, 내가 이런 내용들을 기술하고 있는 때에 내가 지각하였습니다. 그러나 사람은 그 이유를 알지 못하고 있습니다. 아마도 그것을 깨닫지 못하고 있을 것입니다. 그 이유는 그것이 바로, 사람이 가지고 있다는 사실을 그가 알지 못하는 자신의 영에 속한 자연적인 언어 때문입니다. 그리고 사람이 알지 못하고, 그리고 아마도 그것이 사실이다는 것을 깨닫지 못하는 이유는, 사람의 경우, 어떤 자들은 낱말에 집착하고, 어떤 자들은 관능적인 것들에, 그리고 어떤 자들은 세상적인 것들에 집착하기 때문입니다. 그 때 이해의 기능을 그것이 소멸시키기 때문입니다. 나는, 영들의 무리 가운데서 낱말들에 의해 말하는 능력과 꼭 같은 것인 영들에 속한 그런 언어가 나타낸다는 것을 깨달았습니다. 나는 이런 내용들이나 사실들을 다른 영들과 함께 있는 동안에 기술하였는데, 다른 영들도 그것을 시인하였습니다. 1748년 9월 5일

3052. 자 그렇다면, 천사적인 언어는, 마치 그것이 능력인 것과 같이, 보다 높은 계도 안에 있기는 하지만, 유사한 실정에 놓여 있습

니다. 왜냐하면 만약에 그것이 보다 더 내면적이 아니라면, 그리고 그것이 개념에 속한 단일적인 수많은 것들 안에 있는 수많은 것들을 파악하지 못한다면, 그 능력이나 기능은 주어질 수 없기 때문입니다. 내가 지각한 것은 그들이 다른 자를 가르치지만, 그러나 그가 그것을 깨달았는지 여부를 나는 알지 못하였습니다. 나는 이런 사실을 잘 알고 있는데, 거기에서 일반적인 것들이 샘솟는다는 것이고, 그리고 또한 거기에서부터 일반적인 수많은 것에 속한 정동이 솟아난다는 것입니다. 이러한 것은 수많은 것들로부터 나에게는 아주 명확합니다. 나는, 내가 천사적인 언어 안에 있을 수 없는 이유를 깨달았습니다. 다시 말하면 나의 영은 육신 안에 존재하고, 영들은 나의 관능적인 기억에 속한 모든 것을 입고 있고, 드러낸다는 그 이유를 나는 깨달았습니다. 그러므로 내가 그 안에 있는 것이 내게 허락될 수 없다는 것을 깨달았습니다. 1748년 9월 5일

3053. 천사적인 언어의 성질에 관해서 역시 지각되었습니다. 어떤 선용 때문에 그것은 의지에 유발하지만, 그러나 어떤 선용 때문에 뒤로 물러서기도 합니다. 나는 나에게 있는 선용을 지각하였습니다. 그러나 뒤로 물러났을 때 거기에는 수많은 것들이 있었습니다. 그러므로 나는 거기에 일치하는 선용을 수행할 수 없었습니다. 이러한 것들은 천사적인 언어에서는 아주 명확하지만, 그러나 나로서는 그것에 관해서 아무것도 이해할 수 없었습니다. 그러나 선하지 않은 영들은 이 언어를 멀리 피하기를 원하였습니다. 나는 이런 사실을 본성에서 깨달았습니다. 그리고 또한 내가 깨달은 것은, 그들은 천계에서 발출한 것은 그 어떤 것도 용납하지 않았다는 것입니다. 나중에 그들은 그 이유를 알 수 있었지만, 그러나 그 때에는 그 이유를 전혀 알 수 없었습니다. 왜냐하면 그들은 본성으로 말미암아 행동하였기 때문입니다. 만약에 그들이 그 이유를 밝히게 된다면, 그들은 그들이 나중에 수많은 것들에서 알게 된 선용(善用·use) 때문이다고 말할 것입니다. 그러나 이러한 것들은 그들의 원칙들을 확증

하는 오직 지어낸 것들일 뿐입니다. 1748년 9월 5일

주님께서 우주를 통치하신다는 것에 관하여

3054. 나는 영들의 개념으로 주님께서 우주를 다스리신다는 것과, 그리고 나무꾼들이나 톱질하는 자들이나 그 밖의 자들이 믿음에 속한 영기 안에 있는 경우, 그들이 자신들에게 공로사상을 두는 것에 비례하여 그들은 점차적으로 냉랭하게 되고, 그리고 온갖 환상들에게 빠지게 된다는 것을 지각하였습니다. 그리고 그들은 자신들의 온갖 환상에 일치하여 산다는 것도 지각하였습니다. 더욱이 내가 이해한 사실은, 그것이 신령한 것이기 때문에 믿음에 속한 영기, 내면적인 것에 속한 영기, 또는 보다 더 내면적인 것이나 극내적인 것들의 영기는 선이나 진리 자체에 속한 영기이다는 것입니다. 그러므로 그것은 보편적인 영기이고, 따라서 그것으로부터 존재하지 않는 어느 것 하나라도 우주에는 존재하지 않는다는 것입니다. 1748년 9월 5일

목성의 영들에 관하여

3055. 나는 목성의 영들과 함께 거의 3일 동안 있었습니다. 그들은 종전과 같이 교류를 위해 나에게 그들의 피술자(被述者)들을 두고 있었습니다. 이 피술자들은 정직하였고, 그리고 유럽의 악령들을 소개하는 일에는 거의 관심을 두지 않았습니다. 그들은 가끔 어떤 일에 대하여 놀랐는데, 그들은 그것을 그들의 영들의 사회에 말하였습니다. 그러나 조금도 물러서지 않았습니다. 그러나 나는, 그들이 말한 것을 아주 잘 이해할 수는 없었습니다. 또한 유럽의 영들이 말하는 것도 잘 이해할 수 없었습니다. 왜냐하면 그 언어는 내면적인 생각에 의한 것이기 때문입니다. 1748년 9월 5일

내가 그들과 대화를 한 것이 환상들이라고 생각하는 어떤 영들에 관하여

3056. 나에게 잘 알려진 영들이 있었습니다. 그들은 나중에 전면의 높은 곳에 올려졌는데, 나에게는 그들이 구름 뒤에 있다고 생각되었고, 왜냐하면 거기에서 내가 생각해야 할 것을 지시하고 있다고 생각되었기 때문입니다. 그래서 나는 그들이 다른 자들에 비하여 위대한 인물들이라고, 그리고 학자들보다도 더 위대하다고 생각하였습니다. 왜냐하면 그들이, 그들에 의하여 다른 자들을 지시할 수 있다고 여기는 그런 환상들이 그들에게 허용되었기 때문입니다.

3057. 이런 일이 두 번 세 번 행해졌을 때 그들은 환상들 속에 빠졌습니다. 그것은 그들이 육신을 입은 삶에서 가졌던 것인데, 바로 그것은 영들과 더불어 말하는 환상이었습니다. 그래서 그들은 어느 누구나 영들과 말할 수 있다는 것을 믿지 않았습니다. 그러므로 그 영들에게는 그런 일이 허락되지 않았고, 그리고 이것은 넌지시 암시된 것입니다. 그러므로 또한 그들이 동일한 상태에 있고, 동시에 다른 자들에게 악을 가하려고 할 때, 그들은 그 즉시 머리 위의 가장 높은 곳으로 올려졌습니다. 그리고 그들은 그들이 다른 자들에게 하려고 했던 동일한 고통을 감수하였습니다. 그것은, 마치 그들에게는 그들의 옷이 갈기갈기 찢기는 것처럼 보였습니다. 한편 그들은 자신들의 환상에 사로잡혀 있었습니다. 그들은 그 환상을 다른 자들이 끌어들이기를 바랐습니다. 그래서 다른 자들을 자신들과 함께 형벌 속으로 몰고 갔습니다. 그렇게 해서 다른 자들을 자신들의 자리에 두려고 하였는데, 그러한 일은 이웃사랑에 정반대가 되는 것입니다. 그리고 그들은 그런 상태에 빠져 있어서 그들은 자신들의 환상을 다른 자들에게 주입시켰고, 그러므로 일종의 속임수를 주입시켰습니다. 그들은 다른 자들을 위장(僞裝), 속이는 상태에 두었는데, 그들은, 하나의 비굴한 상태가 나타날 때까지 오랜 동안 그 일을 하였습니다. 다른 자들에게 주입시키는 일은 그들의 마음에 다른 자들을 사로잡아 두는 일에 의하여, 그리고 그래서 자신들과 함께 그들을 끌고 가려고 하는 그 짓에 의하여 명확하게 알려졌습니다. 그런 마

음을 가진 자는 누구든 그들은 그들을 사로잡았습니다.

3058. 종국에 나는, 나에 대하여 존경하는 아주 높은 자리에 있는 그 곳의 인물들과 대화를 하였습니다. 그 이유는 육신을 입은 상태에서 그들은 영들을 믿지 않는 그런 부류였고, 또한 어느 누구도 영들과 더불어 말하는 것은 불가능하다고 믿는 그런 부류였기 때문입니다. 그 때 그들은, 그들이 그 상태에 있었기 때문에 꼭 같은 방법으로 생각하였습니다. 나는 그들에게 우리는 반드시 오관들을, 예를 들면 시각·후각·미각·청각·촉각을 믿어야 한다는 것과 그리고 거의 삼년 반 동안 내가 경험한 수천의 온갖 사실들을 믿어야 한다는 것을 역설하였습니다. 그리고 나는 그들의 안전에서 동일한 것을 기술하고 있었는데, 내가 동시에 영들과 함께 있지 않으면 그 사실은 사람은 어느 누구도 믿을 수 없는 그런 것입니다. 왜냐하면 이와 같이 이런 것들을 기술하기 위해서는 다른 방법으로는 그 누구에 의해서도 주어질 수 없는 것이기 때문입니다. 종국에 그들은 한번은 그것이 사실이다는 것과 그리고 내가 영들과 대화하였다는 것도 고백하였습니다. 1748년 9월 5일

3059. 이런 내용에서부터 육신을 입은 삶에서 그들이 몸에 익히고, 그리고 확증한 환상들을 깨버리는 것이 한 인간에게는 무척 어려운 일이다는 것을 추측할 수 있겠습니다. 왜냐하면 그것은, 이런 자들에게 자기 자신들이 영들이다는 것은 학문의 사안으로서는 철저하게 알려져 있지 않기 때문입니다.

영들은, 다른 자들의 환상들을 통하여 그들이 표징하는 그런 곳에 자신들이 존재한다는 것 이외의 다른 것은 거의 알지 못한다는 것에 관하여

3060. 어떤 자들의 환상들이 다른 자들을 자극하게 되면, 그 때 일상적으로 일어나는 일은, 다른 자들의 환상에 의하여 자극을 받는 자는 자신이 그런 부류의 인물이다는 것, 또는 거기에 있다는 것 이

외에는 거의 알지 못한다는 것입니다. 그럼에도 불구하고 그 때 그것은 사실이 아니다는 것인데, 때로는 보다 명확하게, 때로는 보다 불영명하게, 그가 바르게 깨닫게 하기 위하여 알려주는 것이 허락됩니다. 이런 일이 역시 지금 일어났습니다. 다시 말하면 높은 곳에 있는 자들에 의하여 자극을 받은 자들은, 그 때 자극을 받은 자들은 자신들이 거기에 있는지 여부도 거의 알지 못하였지만, 그러나 그것이 그들의 환상이다는 것을 깨닫는 일이 허락되었습니다. 역시 그런 일은 나에게 수차에 걸쳐 일어났습니다. 그리고 다른 자들의 환상으로 말미암아 내가 그들과 함께 있었다는 것, 그리고 사실은 그것 때문에 그들은 내가 그들을 인도한다는 것 이외의 다른 것들도, 따라서 영들과 같은 방법으로 그들을 인도한다는 것도 알 수 있었고, 그리고 동시에 수많은 곳에 자신들을 드러낼 수 있다는 것도 알 수 있었습니다. 나는 그것이 바로 환상이다는 것을 알지 못하였고, 그 뒤에 내가 잠자리에 있었다고 그들에게 말하였습니다. 그러므로 나는, 말하자면 그들과 함께 있는 나 자신을 본 것입니다. 그럼에도 불구하고 그런 환상은 빈번하게 나에게 일어났지만, 아직까지도 어떤 원인에서 비롯되는지 나는 알지 못하고 있습니다. 1748년 9월 5일

　　이 세상의 학자들은 생명의 위험이 아니면 영들과의 대화는 허락되지 않는다고 믿는 것에 관하여

나는 이런 사안에 관해서 영들과 대화를 가졌습니다. 영적인 개념으로 그것을 깨닫도록 허락되었는데, 여러 가지 환상들로 물든 학자들이 영들과 대화할 수 있다는 것은, 또는 그들에게 어떤 계시가 밝히 열린다는 것은, 매우 위험하다는 것입니다. 이런 이유는 수많은 이유들이 있습니다.

　　아직 그들이 이웃사랑 안에 있지 않지만, 천계에 들어가기를

열망하는 자들에 관하여

3061. 믿음에 속한 사랑 안에 있지 않는 자들에게 일갈하는 일이 내게 허락되었습니다. 그것은 천사적인 천계에 들어가는 일은 마치 불꽃 속으로 뛰어드는 것처럼, 또는 매우 큰 고통 속으로 들어가는 것과 같이, 매우 위험스럽다는 것이었습니다. 비록 생각을 통해서 넌지시 일러졌다고 해도 어떤 자들은 이 사실을 믿지 않았습니다. 그들은 천사들에 의하여 점검되었고, 그리고 믿음에 속한 것들에 반대되는 것 안에 존재하는 자들은, 자기 자신들에게는 그들이 뱀의 뭉치로 변하는 것처럼 보였습니다. 따라서 그들은 치명적인 것으로 바뀌는 것처럼 생각되었습니다. 왼쪽, 높은 곳에 있는 어떤 자들은 이런 것에 전혀 관심조차 두지 않았고, 그리고 그들은 천사적인 영역은, 그들이 심지어 근접할 수도 없는 그런 성질의 것이다는 것은 생각조차 하지 않았습니다. 그래서 그들은 거기에 들어가기를 열망하였고, 그리고 그들에 관해서 생각했던 천사적인 영들이 즉시 나타났고, 그래서 그것으로 인하여 내면적인 상태에 들어갔습니다. 천사적인 영기가 그들을 감쌌습니다. 그들은 그것에 의하여 심한 매를 맞는 것 같았습니다. 그래서 그들은 후퇴하였습니다. 그리고 그들은, 육신을 입은 삶을 살 때와 같이, 거의 생명의 절망상태에 이른 것 같이, 그런 불안에 휩싸였습니다. 그런 일에서 그들이 가르침을 받은 것은 사전에 주님에 의하여 준비하지 않았다면, 천계에 근접하는 것이 매우 위험한 일이다는 것입니다. 왜냐하면 그것은 곧 믿음에 속한 정동들을 영접, 수용하는 일이기 때문입니다. 그러므로 역시 어떤 자들은, 그들이 주님에 의하여 준비되기 전에는 천계를 열망하는 것은 결코 바람직하지 않다고 고백하였습니다. 1748년 9월 5일

이 세상에서 가장 유식한 사람으로 존경받고, 세상에서는 성경말씀에 관해서 가장 뛰어나다고 여겨지는 자들이 천계에 관해서는 거짓의 개념을 품고 있다는 것에 관하여

3062. 어느 누구나 쉽게 이상하게 여길 일이기는 합니다. 다시 말하면 이 세상에서 다른 자들에 비하여 주님의 성언으로부터 빛을 받은 존재라고 존경을 받는 자가 주님의 성언으로부터 천계에 관한 그릇된 개념을 가지고 있다는 것을 이상하게 생각할 것입니다. 다시 말하면 그들은 그 때 그들이 천계에 있는 높은 곳에 있다고 생각하고, 그리고 그들은 그것으로 인하여 아래에 있는 것들을 다스릴 수 있고, 그리고 나에게도 입증된 것이지만, 그들은 다른 자에 비하여 월등한 자신의 광영이나 뛰어난 상태에 있다고 스스로 생각하는 자들이었습니다. 왜냐하면 이 세상에서 배태(胚胎)된 환상이나 망상으로부터 그들은 높은 자리에 올려졌고, 그리고 그 자리가 허락되었고, 말하자면 낮은 영역에 있는 것들을 그것으로 인하여 지배한다는 것이 허락되었다고 여겼고, 따라서 그들은 자신들의 환상에 속한 천계의 상태에 있다고 상상하였지만, 그럼에도 불구하고 그 때 그런 생각은 반대의 경우가 되겠습니다. 1748년 9월 5일

영들이 높은 곳으로 올려진다고 여겼지만, 그 때 사실은 그들이 아래로 떨어지고 있다는 이유에 관하여

3063. 영들이 위로 올리워졌지만, 그 때 사실은 일순간에 아주 깊은 곳으로 떨어지는 이유입니다. 그런 일에 대하여 그들은 매우 놀랍고, 이상하게 생각하였습니다. 내가 지금 들은 그 이유는, 다른 자들의 환상이나 망상에 의하여 서로 결합된 사회들의 그저 단순한 변화 때문이다는 것입니다. 그들이 이런 것을 단념하자 그 즉시 그들은 그들의 종전의 사회로 떨어졌습니다. 가끔, 그의 동료들과 더불어 어떤 자의 환상은 다른 자들을 강력하게 위로 올려놓기도 하고, 아래로 끌어내리기도 합니다. 그러나 이것은 다만 외현(外現)일 뿐입니다. 그럼에도 불구하고 그들의 환상이 그들과 접합하게 되면 그 때 그 변화는 그 환상에 일치하여 일어납니다. 1748년 9월 5일

한 영의 성품이 단 하나의 낱말에서 인지된다는 것에 관하여

3064. 이 사실이 나에게 밝히 입증되었습니다. 다시 말하면 한 영이 그 말이 참 말이라고 말하였지만, 그 때 나는 참된 지시들 가운데서 확신을 가졌습니다. 다시 말하면 그런 확신은 소리(=말)에서, 그리고 생각(=개념)에서 얻게 되었습니다. 소리는 마치, 사람의 언어의 소리들에서 나타나고 있듯이, 그리고 사람의 얼굴에서의 무한한 변화에서와 같이, 끝간 곳이 없는 데까지 천차만별의 차이를 가지고 있습니다. 누구나 이런 사실을 잘 알고 있습니다. 또 다른 확실한 지시는 참된 낱말의 개념이나, 또는 진리에 속해 있습니다. 그리고 그가 참된 것에 관해서 가지고 있는 일반적인 개념의 성질이 어떤 것인지 즉시 드러납니다. 다시 말하면 그것 안에 있는 그것들이 일반적이든 아니든, 또는 많든 적든 관계없이, 즉시 드러나고 그리고 일반적인 개념 안에는 단순함이 있는지, 그리고 일반적인 개념 안에는 연민의 정이 있는지, 그리고 일반적인 지시를 가리키는 그것 안에 있는 원칙은 온순하고, 유치하고, 순진무구한 것인지 그 여부가 즉시 드러납니다. 더욱이 그 개념은 폐쇄적인지 또는 개방적인지도 즉시 분명하게 드러납니다. 그리고 그것은 천계에서 비롯된 것인지, 또는 악한 자에 의하여 그 개념에 주입된 것인지, 그리고 그가 자기 자신에게서 취한 것인지 여부도 즉시 드러납니다.

3065. 또한 그 개념이 얼마만큼 충분한 것인지, 그것에 속한 지식들의 적고 많음이, 그리고 그것의 성질이 어떠한 것인지도 분명하게 드러납니다. 그리고 그것에 속한 지식의 많고 적음도 밝히 드러나고, 그리고 그 상태에서는 참된 개념에 관계되는 참된 것의 지식인지, 또는 거짓에 속한 지식인지도 그 즉시 밝혀집니다. 숫자적으로도 모든 것의 차이는 헤아릴 수가 없습니다. 더욱이 천사적인 영들은, 보다 더 내면적인 것들을 가리키는 보다 더 많은 것들을 파악하고 있습니다. 그리고 천사들은, 개별적이든 보편적이든, 아주 많은 것들을 파악합니다. 그러므로 한 영의 성품은, 주님께서 그들에게 지각하는

것을 허락하신다면, 단 하나의 낱말에서부터 즉시 깨달을 수 있는 그런 성품입니다. 왜냐하면 사람은 상태에 따라서 다종다양함을 가지고 모든 개념 안에 존재하기 때문입니다. 그리고 또한 그들은 외적인 것들이 어떠한 것인지도 잘 알고 있습니다. 다시 말하면 소리와 자연적인 개념, 또는 내면적인 것들에 일치하지 않는 외적인 개념과 어떻게 다른지도 잘 알고 있습니다. 뿐만 아니라 이 밖에도 쉽게 말할 수 없는 일반적인 것들은 더욱 많이 있습니다. 1748년 9월 6일

중국 사람에 관하여

3066. 아침에 어떤 합창단이 나에게 왔습니다. 그들이 어디에서 온 것인지 쉽게 분별할 수가 없었습니다. 그 이유는 그 합창단의 언어나 뜻하는 것들을 지각하는 것이 아직은 허락되지 않았기 때문입니다. 그러나 그 합창단은 아시아 지역에서 왔고, 그리고 중국 사람이 있는 지역에서 왔다는 것을 알게 되었습니다. 나는 그것을 이런 사실에서 깨달을 수 있었습니다. 그것은 그들이 내 앞에서 털이 많은 동물, 다시 말하면 일종의 염소 모양으로 드러났기 때문입니다. 그리고 그 때 역시 곡물로 만든 케이크 모양이 보였고, 그리고 검은 숟가락이 보였기 때문입니다. 그리고 그 때 그들의 유명한 도시들이 어떻게 형성되었는지도 알게 되었습니다. 북경이나 다른 곳에서와 같이 도시들이 세워져 있었습니다.

3067. 이런 사실에서 일반적으로 그들의 성품을 추측할 수 있겠습니다. 즉 그들은 인애에 속한 자들이고, 또한 인애에 의하여 감동된다는 것도 추측할 수 있었습니다. 이러한 사실은 이런 일련의 내용에서 지각하는 것이 허락되었기 때문입니다. 즉, 내가 그들에게 가까이 가기를 열망하자 즉시 그들은 그 열망에 의하여 움직였고, 그리고 가까이 다가왔습니다. 그리고 이런 일에서도 추측할 수 있겠습니다. 내가 바로 전에 관념에 관해서 기술한 것들을 암시한 자가 바

로 그들이다고 생각하였을 때, 그들이 그들만이 오직 그것을 주입시켜 주었다고 말하였을 때 거기에는 분노하는 많은 자들이 있었다는 것에서도 알 수 있겠습니다. 그 때 거기에는 많은 자들이 있었습니다. 그 때 그들은, 이웃에게 거스르는 나쁜 행동을 하였는지, 또는 다른 자들에게 속한 이런 것들을 자기 자신의 것으로 요구하였는지, 여부를 생각하였습니다. 그래서 나는 그들의 공통적인 것을 깨달았는데, 그것은 그들이 이웃에게 상처를 주는 것에 대한 부끄러움의 시인 같은 것이고, 그리고 내가 일일이 기술할 수 없는 것이지만, 수많은 값진 정동들에 대한 시인이었습니다. 왜냐하면 사람은 각자에게 일어나는 수많은 정동들을 분명하게 지각할 수 없기 때문입니다.

3068. 내가 그리스도로서 주님의 이름을 부르자, 즉시 그들의 생각은 큰 반감을 드러냈습니다. 그래서 나는 그것을 더 발설할 수가 없었습니다. 그 때 내가 찾은 그 이유는, 그들이 육신을 입은 삶에서 그들과 같이 있는 기독교도들이 다른 자들이 행한 것에 비하여 더 악하게 살았고, 이웃에게 이웃사랑을 주지 않았다는 것이 인지되었기 때문에, 그런 것에서부터 그들이 이런 반감이나 증오 따위를 이 세상에서 그들에게 끌어왔기 때문입니다. 여기에서 이른바 그들의 소견이나 또는 반감이나 증오 따위를 야기시킨 것입니다. 그러나 그들이 주님의 사람들의 선함을 지각하였을 때, 그 때 그들은 즉시 감동 감화되었지만, 그럼에도 불구하고 그들은 이런 소견이나 반감을 유발한 그들에 관해서, 그들이 기독교인들인지 여부에 대해서 여전히 무지(無知)하였습니다.

3069. 그들에게 일갈하는 것이 허락되었는데, 그들이 기독교인 영들이 이방인들에 대하여 그들을 배척할 것이다는 그런 소견을 가지고 있지 않다는 것을 지각하였을 때, 그리고 저 세상에서 기독교인이나, 또는 이방인이라고 하는 자들 사이에 아무런 차이가 없다는 것이 지각되었을 때, 그리고 그들이 다만 선한 존재이냐, 또는 인애

의 삶을 나누고, 그리고 그들이 다른 자들을 사랑하느냐는 것이 저 세상에서 값진 것이다는 것이었습니다. 1748년 9월 6일

일반적인 합창단에 관하여

3070. 그들은 주님께서 알도록 허락하신 자들이 누구인지 알 수 있었습니다. 다시 말하면 거기에는 합창단의 다양한 차이점들이 있고, 그들의 각각 또한 그것의 소리, 생각들이나 개념들, 또는 표징들에 의하여 분명하게 분별됩니다. 더욱이 최대인간 안에 있는 위치에 의하여 극명하게 분별되고 있습니다.

3071. 합창단은 이런 성질을 지니고 있습니다. 다시 말하면 모두가 함께 말하고, 동일한 생각을 가지고 있고, 같은 표징들을 지니고 있습니다. 그렇기 때문에 많은 자들은 하나의 인물을 이룹니다. 그것으로 인하여 그들의 소리가 존재하고, 그리고 회전(回轉)의 율동이 있습니다.

3072. 그럼에도 불구하고 말하는 피술자들의 경우는 다릅니다. 피술자는 가능한 한 한 존재처럼 말하고, 행동합니다. 그러나 다른 자들은 한 사람의 피술자에 대한 그들의 생각을 획책, 꾸밉니다. 그들은 가끔 자기 자신이 말한다고 생각하지만, 그러나 이런 일은 아주 드문 일입니다. 그리고 그들은 그 생각들에서 동의하고, 그 때 이런 자들은 전혀 반성하지 않습니다. 그들은 그 인물, 즉 동일한 피술자를 구성한다는 것 이외에는 아무것도 생각하지 않습니다. 그렇다고 해도 이것은 사실이 아닙니다. 1748년 9월 6일

3073. 나는 여러 번 말하는 이런 자들과 함께 있는 것이 허락되었습니다. 그것이 나에게는, 내가 그들을 인도하는 것처럼 보였지만, 그들은 그것을 전혀 알지 못하였습니다. 그 뒤에 그들은 그것을 알았습니다. 그러므로 한 사람이 어떻게 다른 사람들을 인도하는지, 그리고 다른 자들과 어떻게 서로 말을 하는지 알 수 있었습니다. 그리고 또한 자신 안에 생각이나 배려 따위를 품고 있는 자가 말한다

는 것 이외에는 아무것도 깨닫지 못한다는 것도 알 수 있었습니다. 1748년 9월 6일

악한 자에 관한, 그리고 용의 본성에 관한, 성실한 자의 견해에 속한 영기에 관하여

3074. 며칠 동안 나에게는 용에 관해서 생각하는 영기가 허락되었습니다. 내용인즉슨, 그는 수많은 다른 자들처럼 악하지 않다는 것입니다. 다시 말하면, 그는 사실 속이는 사기성이 농후하지만, 그러나 그것은 겉보기에 그렇다는 것입니다. 나는 자주 이런 소견이나 신념에 빠지곤 하였습니다. 그 이유는 오랫동안 그의 성품이나 다른 자들의 성품, 그리고 그의 상대적인 성품에 관해서 오랜 기간 잘 알려져 있었기 때문입니다. 그리고 내가 이런 견해나 신념에 빠져 있을 때마다, 그리고 그 영기가 그 용을 향해질 때마다, 알려진 것은 그 때 그는 그것을 참고, 견딜 수가 없었다는 것입니다. 왜냐하면 그는 선령한 자가 되는 것을 원하지 않았기 때문입니다. 그것은, 그가 모든 자에 대하여 두려운 존재가 되는 것을 좋아하였기 때문이고, 그래서 그 두려움으로 말미암아 모든 자들을 지배하는 것을 무척 좋아하였기 때문입니다. 그러므로 그가 이런 영기 안에 있게 되면, 그래서 그가 두려운 존재가 아니다고 하는 영기 안에 있게 되면, 그는 그런 상태에 있게 되는데, 그런 일에 관해서 그럴 때마다 그는 수차에 걸쳐서 이런 말을 하였습니다. 즉 자기는 이런 영기를 참을 수도, 견딜 수도 없다고 하였는데, 그 이유는 거기에는 그가 바라지도 않는 수많은 것들이 있기 때문이다는 것입니다. 예를 들면 남을 무시하는 경멸(輕蔑)이나 그 밖의 그런 다른 것들이 되겠습니다.

3075. 더욱이 그 용은 그의 악한 본성에 더 많은 악들을 부가하는 일이 허락되지 않았습니다. 그는 자주 어떤 것을 부가할 때마다, 예를 들면, 그는 잔인하게 되고, 그리고 혼인애에 반대돼는 행동을 하고 그리고 그 밖의 많은 짓들을 하게 되는 때마다, 그는 자신의 장

소에서 쫓겨나고, 그리고 벌을 받고, 그래서 그런 짓을 하는 것을 멈추게 될 것입니다. 왜냐하면 그는, 자신이 자기의 처소에서 쫓겨 나고, 그리고 자신이 통치상태에서 쫓겨나는 것을 무척 두렵게 여기 기 때문입니다. 그는, 만약에 그가 그의 본성에 속한 여러 제한(制限)들 안에 남아 있다면, 이런 일이 자신에게 생긴다는 것을 잘 알고 있습니다. 1748년 9월 6일

누구에 관해서 생각하게 되면 그 생각되는 자가 한순간에 나 탄나다는 것에 관하여

3076. 자주 관측되는 일입니다. 어느 누구에 관해서 생각하게 되면 그는 즉시 나타납니다. 사실은 멀리 있다고 해도 생각하는 자의 장소에 즉시 모습을 드러냅니다. 내가 그 이유를 깨달았는데, 그것은 그가 있던 사회로부터 곧바로 이끌려나와, 내가 그가 거기에 있을 수 있고, 거기에 있다고 생각하는 그 사회로 오게 되기 때문입니다. 그러므로 그 때 그는 그의 사회에서 다른 사회로 오게 된 것입니다. 그러나 그 생각이 사라지면 그 즉시 그는 자신의 사회로 되돌아갑니다. 그는 그것에 관해서 알지 못하고, 그리고 그가 그렇게 갑자기 거기에 있다는 것을 이상하게 생각합니다. 1748년 9월 6일

사후에도 육신을 입은 삶에 비교될 수 없는 삶이 있다는 것 에 관하여

3077. 생생한 경험에 의하여 입증된 사실입니다. 즉, 사후(死後) 영들의 생명(=삶)은, 육신을 입은 삶은 그것에 비교될 수 없는 그런 성질의 생명이다는 것입니다. 이러한 사실은 아래와 같은 일에 의하여 입증되었습니다. 하나의 개념(=생각) 안에는 수천의 것 안에 있는 것만큼의 생명과 빛이 있다는 사실입니다. 그리고 또한 육신의 생명에 속한 생명의 수많은 것에 비하면 더욱 많은 것들이 있다는 사실입니다. 따라서 이런 것에 의하여 입증된 사실은 육신의 생명이 여

러 개념들을 가지고 있지만, 비교한다면 마치 그것은 흑암에 지나지 않는다고 하겠습니다. 왜냐하면 육신의 생명은 관능적인 것이고, 불영명한 육신의 감관적인 것들이기 때문입니다. 그리고 또한 육신의 생명이 진정한 생명이다고 설득된 그런 것이기 때문입니다.

3078. 그 때 동시에 악한 영들에게 일갈하는 것이 허락되었습니다. 즉 그들의 생명은 짐승들의 생명에 비하여 결코 다른 것이 아니다는 것이었습니다. 왜냐하면 그들은 본능(本能)으로 말미암아 행동하기 때문이고, 그리고 그들은, 본능으로 말미암아 행동하는 것인, 야생 동물과 꼭 같은 삶을 살고 있다는 것 이외는 다른 것을 알지 못하고 있기 때문입니다. 악령에 속한 짐승의 삶은 이런 경우에는 더 사악하고, 더 불영명합니다. 즉 그들은 선에 거스르는 본능에 의하여 태어났고, 그리고 그것이 그들이 생겨난 근원(根源·tone)이고, 또한 사람들로서의 그들의 출생에서 그들이 얻은 진수(眞髓·soul)이기 때문입니다. 1748년 9월 6일

> 다종다양한 모습(容貌)에 관하여 ; 예컨대 공포적이고, 불에 그슬린 것 같고, 불꽃같고, 그리고 다른 모습들이지만, 천사들의 진단에서 비롯된 것과 같은, 아름다운 용모에 관하여

3079. 특히 영들의 세계에는 수많은 다종다양한 것들이 존재합니다. 그들의 용모에서 불들이나 빛들에 관해서도 그렇고, 그리고 수많은 다른 것들에 관해서 그러한데, 그것들의 근원은 믿음에 속한 지식의 교류에서 비롯된 것 이외의 다른 근원에서 취한 것은 아무 것도 없습니다. 따라서 믿음에 속한 다양한 영기에서 비롯된 것이라고 하겠습니다. 그것은 태양에서 생겨난 온갖 빛들과도 같다고 하겠습니다. 이런 빛들은 범위의 등차에서도, 그리고 서로 다른 수많은 차이들에 대해서 헤아릴 수 없을 정도로 다종다양합니다. 그러므로 이런 부류의 빛이 영들의 세계에 유입하는 경우, 그 때 참된 믿음의 상태에 있지 않고, 오히려 거짓된 믿음에 속한 자들은 모두 그들을

보는 자들에게는, 벌목꾼들이나 풀을 베는 자들로 나타납니다. 따라서 본질적으로 믿음에 속한 영기는, 오직 의(義) 자체이시고, 오직 그분에 의한 것이다고 하는 주님에 의하여 인정받는 그런 성질을 가지고 있기 때문에, 그러므로 자기 자신에게 공로를 두는 자들은 그와 같이 나타나고, 그리고 그들이 그렇게 보이기 때문에 그들은 행동하는 것이 자신이 행하는 것처럼 보일 뿐입니다.

3080. 따라서 반대적인 원칙에 속한 차이의 다양함에 일치하여 그들의 냉랭함(cold)이 생기고, 그리고 그것에서부터 불쾌한 냄새나 그 밖의 많은 다른 것들이 생깁니다. 이러한 것은 이런 사실에 명확하게 입증됩니다. 즉, 만약에 다만 사기성이 있는 영들을 조사한다면 그는 뱀들의 뭉치로 바뀔 것이고, 따라서 다른 자들에게서도 여러 가지 일들이 생겨날 것입니다. 그러나 그들의 믿음 안에 있는 자들이나, 그리고 그들의 영기에 일치하는 믿음의 진리 또는 빛 안에 있는 그들은 다양한 아름다움을 지닌 아름다운 모습으로 나타납니다. 그러므로 가장 낮은 영기 안에는 아름다운 다종의 다른 것들이 역시 존재합니다. 이런 것들 외에도 거기에는 다종다양을 삽입시키는 빛들 역시 존재합니다. 이런 사실들은 이 세상적인 것들에 의하여 예증될 수 있겠는데, 예를 들면 태양에 속한 빛이 되겠습니다. 그 빛으로부터 대상물들에 따라서 여러 가지 것들로 나타납니다. 다시 말하면 비정상적으로 광선을 받는 것들은 검정이나 단조로운 것이나 어두운 색깔들로 나타납니다. 그러나 다른 것들은 마치 무지개 색깔처럼 다양한 색채를 드러냅니다. 그리고 또한 식물들의 대상물들은, 태양의 빛을 받는 정교한 부분들의 배열에 따라서 아주 아름답게 드러냅니다. 1748년 9월 6일

하나의 영은 다른 영에 의하여 자기 자신이 지니고 있는 거의 동일한 생각에 인도된다는 것에 관하여

3081. 영들은 이른바 내 마음 속에 있는 어떤 목적에 대해서 무리

하게 생각하도록 강요되었는데, 그래서 그들은 자신들을 위해서는 어쩔 수 없었다고 여러 번 불평을 토로하였습니다. 그러나 그들에게는 각자 자신들끼리, 그리고 각각의 사회들끼리 서로 공개적으로 대화하는 것이 수도 없이 허락되었습니다. 그것은 아주 비밀스러운 방법으로 그와 같이 행하도록 허락되었습니다. 예를 들면 그들이 상담을 할 때, 그들은 내가 그것에 관해서 생각해 본 일이 없는 그런 것들을 성급하게 토로하기도 하였고, 그리고 그 밖의 다른 것들에 관해서 생각하는 것들을 수집하고, 나름대로 읽는 일 따위가 허락되기도 하였습니다. 이런 일은 수도 없이 일어났습니다. 그럼에도 불구하고 그들에게 깊이 생각하는 일이 주어졌을 때 그들은, 내 마음에서 생각한 것들에 관해서 생각하도록 강요되었다는 것을 그들이 오늘 한 것과 꼭 같이 불평을 늘어놓았습니다.

3082. 그러므로 그들에게 말하는 일이 허락되었는데, 그것은 그와 달리는 일어나지 않는다는 것입니다. 왜냐하면 이런 부류의 일들은 그 세계에서 그리고 모든 사회에서 일어나는 일이기 때문입니다. 어떤 자가 말을 하는 경우 다른 자들의 여러 생각들은 그 말한 자의 여러 생각들에 의하여 사로잡히게 되고, 그래서 그들은 마음이 동일한 것들에 가도록 지시하고, 그리고 동일한 것들을 생각하도록 지시합니다. 어느 누구가 말하는 경우 동일한 일이 큰 무리들 가운데서도 일어납니다. 그리고 사제가 설교하는 경우에도 동일한 일이 회중 가운데서도 일어납니다. 하물며 보다 더 충분한 개념들이 있는 저 세상에서도 이런 일이 없겠습니까! 거기에서 연설 따위가 있는 경우 더욱 더 그러합니다. 그 이유는 그 개념들이나 생각들이 전달되어야만 하기 때문입니다. 더욱이 말한 것이 내면적인 것들 때문이고, 그리고 다른 자들의 수많은 생각들이나 개념들을 끌어내야 하는 것들이 거기에는 많이 있기 때문입니다.

3083. 그러므로 각자들의 기질들이나 성품에 따라서 주님에게서 온 것들이나, 그리고 보다 더 충분한 개념들이 있고, 그리고 더 교

류할 수 없는 것들이 있는 천계에서의 영적인 개념들이나 천적인 개념들의 내통의 성질이 어떤 것인지 밝히 드러났다고 하겠습니다. 그리고 그와 같은 교류나 내통은, 교류하려고 하는 모든 것들이 선하고 참된 것들이기를 열망하시는 주님에 의하여 생겨납니다.

3084. 그러므로 여러 사회들의 결합들이 얼마나 정교한 것인지, 그리고 만약에 지극히 적은 불일치(不一致)라도 있게 되면, 그것이 알려지고, 그리고 거기에 있는 그런 불일치에 비례하여 그들이 서로 헤어진다는 것 등등을 알 수 있는 일이 허락되었습니다. 1748년 9월 6일

사람들이나 영들은 악에서부터 감금되어 있고, 그리고 이른 바 아래에 있는 악한 자들로부터 분리되어 있다는 것에 관하여

3085. 경험을 통해서 내가 알 수 있는 것은, 나를 공격하고 괴롭혔던 악한 자들에게서 주님에 의하여 내가 격리(隔離)되었다는 사실입니다. 그래서 만약에 지극히 작은 느슨함이나 해이(解弛)가 있게 된다면 나는 그 즉시 악의 구렁텅이에 빠지게 되고, 그리고 위험이나 생각하고 행동하는 악에 떨어지는 일이 생길 것입니다. 그래서 나는, 마치 아래에 놓여 있는 악으로부터 격리되어 있는 것 같이 생각하였습니다. 이와 같이 영들의 세계에 의하여 악이 좌우되었을 때 나는 내면적인 영기 안에 있었습니다. 이런 사실에서 내가 알 수 있었던 것은 선한 천사적인 영들이나 천사들이 어떻게 간수되고 있는지, 다시 말하면 악 위에 또는 그것 안에 간수되고 있는지, 그래서 악이 그들을 감동시키지도, 손상을 입힐 수도 없게 하는지, 아는 것이 허락되었습니다. 그러므로 사람은, 믿음에 속한 생각들 안에 사로잡혀 있을 때 악한 영들이 들어오지 않도록 사람은 간수, 지켜지고 있습니다.

주님에 의하여 인도되는 자들은, 비록 원수였다고 해도, 심지어 가장 사악한 자라고 해도, 도와야 한다는 그들의 열렬한 바람이 무엇인지에 관하여

3086. 이와 같은 선한 영들이 게헨나에서 온 일종의 사악한 영들 사이에 있었습니다. 그 사악한 영들의 패거리는 밤새도록 나를 공격, 괴롭혔습니다. 그리고 그들은 범죄적인 술책들에 의하여 나를 죽이려고 하였습니다. 그래서 나는 두 번씩이나 잠에서 깨었습니다. 그리고 나는 그들의 의도들이나 행위들을 보았고, 또 느꼈습니다. 종국에 아침이 왔을 때, 내게 알려진 선한 영들은 열렬한 소망을 불태웠습니다. 즉 그것은 그들을 가르치고, 그들이 선을 행하도록 하는 것입니다. 왜냐하면 나는, 내게 알도록 허락된 것이 무엇인지, 그리고 그들이 주님에 의하여 인도되고 있다는 것 등을 깨달았기 때문입니다. 그래서 게헨나에 있는 그들도 이 사실을 시인하였습니다. 1748년 9월 7일

천계에 의하여 점검된 어떤 자에게 내장(內臟)으로 변화되었다는 것에 관하여

3087. 내 위에 있으면서, 온밤을 나를 죽이려고 애썼던 자들의 지정된 어떤 피파견자는, 내가 갑자기 잠에서 깨어났을 때 천계에서 비롯된 점검이 있었습니다. 그것은 나를 죽이려고 했던 자들이 어디에 있고, 누구인지를 알리기 위해서입니다. 그는 불결한 내장(內臟)으로 변하였는데, 나는 그 사실을 보았고, 그 자는 그것을 시인하였습니다. 그러나 나는 그가 누구인지, 그들이 악한 영인지의 여부도 알지 못하였습니다. 그 점검에 의하여 그들의 성품이 어떠한지 속속들이 드러났습니다. 1748년 9월 7일. 따라서 그들은 사기꾼은 아니지만, 그러나 그들의 마술적인 술책을 가지고 있는 자들이다는 것이 알려졌습니다.

다양한 높이에서 천정(天頂)과 일직선상에 있는 매우 음흉한 악령들에 관하여

3088. 살아 있을 때 내게 잘 알려진 어떤 영이 있었는데, 그는, 그가 나와 같이 있을 때, 고독한 삶에서 생긴 매우 음흉하고 교활한 성질로 물들어 있었습니다. 그 영은 내면적인 선한 영들과 더불어 자신의 본성에 따라서 이야기하고, 그들을 설득시킬 수 있었습니다. 그것은 자신의 인품 하에서가 아니고, 다른 자의 인품 하에서 그렇게 하였습니다. 그래서 그들은 거의 달리 깨달을 수가 없었습니다. 왜냐하면 그것은 그와 같이 주님에 의하여 허락되었고, 허용되었기 때문입니다. 여기에서 어떤 악한 영들의 성품이 어떤 것인지 알려질 수 있었습니다. 그러나 그는 악한 것들을 목적해서 의도하려고 하는 그런 자들 사이에는 있지 않았습니다. 그 이유는 그가 그런 상태에 사로잡혀 있었기 때문입니다.

3089. 그는 자기는 모든 것의 영기 밖에 있을 정도로 예민하다고 생각하고 있으며, 그래서 어느 누구에 의해서 해를 받을 수 없다고 생각하는데, 어찌 벌을 받는다고 생각하겠습니까? 그러므로 그는 천정(天頂)과 일직선인 머리 위까지 올리워졌고, 그리고 영들은, 그에 비하여 더 사악한 자들이 있는 거기에 이르렀으며, 그리고 또한 예민한 영들이 거기에 왔습니다. 그리고 그의 생각들 속으로 들어왔고, 그리고 그것에 의하여 그를 몹시 괴롭혔습니다. 그래서 그는, 그가 이런 부류의 불안이나 황당한 상태에 빠지게 되었다고 말하였습니다. 다시 말하면 일종의 고통의 상태에 빠지게 되었는데 그 고통은 필설로는 거의 기술할 수 없었습니다. 왜냐하면 그는 동시에 거기에서 그 사람 자신을 구출하려고 하는 열망으로 불탔기 때문입니다. 그런 종류의 고통도 점점 증대되었습니다. 이와 같이 그가 배워 터득한 것은, 이와 유사한 예민함 가운데 있는 악에 속한 형벌자들 (punishers of evil)로서 그 영들은 허락되었다는 것입니다. 그러므로 그것에 의하여 그는 자기 자신이 안전하다고 여겨질 수 없었습니다.

3090. 그에게 보다 더 정교한 영들이 아주 부드러운 방법으로 유입되고, 그리고 예민함에 의하여 그를 정복하였다고 일러졌을 때, 그리고 또한 천정에 일직선으로 아주 높이 올리워졌을 때, 거기에서 그들이 그 자를 정복하였다고, 그리고 감추어진 여러 매력들을 가지고 그 사람을 유혹할 수 있다고 말한 자들과 거기에 함께 있었습니다. 말하자면 아주 적절한 성질을 지니고 있는 숨겨진 매력으로 유혹할 수 있어서, 그러므로 그는 그런 것에 의하여 이끌려갔고, 그리고 더욱이 그들이, 그것에 동의하는 것에 의하여, 따라서 악에 유혹하는 것에 의하여 사람의 모든 탐욕이나 정욕들 안에 자기 자신을 삽입하는 자들이다는 것을 알지 못하였습니다. 그들은, 그들이 자기 자신들을 안전하다고 생각하는 것을 뛰어넘는 온갖 속임수들을 주입시킬 수는 없었습니다. 그들은 생명과 허용된 자유의 사실을 매우 두려워하였습니다.

3091. 내게 일러진 것은 이런 부류의 인물들은 사람과 함께 있는 일이 허락되지 않았다는 것입니다. 그 이유는 그들이 사람을 비밀스럽고, 은밀하게 악으로 끌고 가기 때문이고, 그리고 그 사람은 그것이 사실이다는 것 이외에 다른 것은 결코 알지 못하기 때문입니다. 그러므로 그들은, 내가 생각하기에는 게헨나 가까이에 감금되어 있는 것 같았습니다. 1748년 9월 7일

3092. 그 때 천정의 높은 곳에 있는 자들에게 이런 문제를 푸는 일이 공표되었습니다. 그 문제들이란 살아 있는 존재는 누구인가? 그는 주님에 의하여 인도되는 자인가? 또는 그는 자기 자신에 의하여 인도되는 자인가? 왜냐하면 이런 부류의 영들은, 만약에 그런 일이 자기 자신에게서 온 것이 아니라면 거기에는 결코 생명이 존재하지 않으며, 따라서 주님에 의하여 인도되는 자도 생명은 결여(缺如)되었다고 생각하기 때문입니다. 그들은 이런 것 이외에는 달리 생각할 수 없었습니다. 이런 내용이 그들이 풀어야 할 문제들입니다. 그들은 자기 자신에 의하여 인도되지 않는 자가 살아 있는 자가

아니다고 생각하기 때문에, 나는, 자기 자신에 의하여 인도되는 자는 살아 있는 존재가 아니다고 믿습니다. 그들은 그것이 참된 것이다는 난제를 해결하여야만 합니다. 그들은 깊이 생각하였고, 그리고 주님께서 어떤 총명스러운 것을 허락하셨을 그 즉시 그들은, 주님에게서 온 것이 참된 생명(the true life)이다는 것과 그리고 자기 자신에게서 나온 생명은 진정한 생명이 아니다는 것을 지각하였습니다. 그 이유는 동시에 악에서부터 발출하기 때문입니다. 결론적으로 말하면 악 쪽으로 발출하는 생명은 사이비적인 생명(似而非 生命·a spurious life)이고, 그리고 선 쪽으로 발출하는 생명이 진정한 생명(a true life)이다는 것입니다. 나는, 그들이 이 사실을 깨달았다고 이해했지만, 그럼에도 불구하고 그들은 다른 생명을 추구(追求)하였고, 따라서 그들은 자기 자신을 거기에서 구출하려고 하였습니다.

저 세상에서는 어느 누구도 더 악하게 되는 것이 용납되지 않는다는 것에 관하여

3093. 저 세상에서 어느 누구도 나쁜 자가 되는 것을 허용하지 않는다는 것은 용의 경우에서 잘 알 수 있게 되었습니다. 용은 무엇인가 새로운 것을 가지고 전에는 자신에게 익숙하지 않았던 악에 대하여 자기 자신을 익숙하게 할 때마다 그는 심한 벌을 받았습니다. 그것으로 인하여 공포가 생겨났습니다. 그러므로 그는 그것을 감히, 시도할 수 없었습니다. 그러므로 어떤 제한적인 것들을 넘어서 방황하는 것으로부터 그들을 억제시키는 그런 성질의 여러 가지 구속들이 있고, 뿐만 아니라 각자에 의해 터득한 본래적인 악에 일치하는 무수한 다른 것들 또한 있다는 것입니다. 이런 것은 다른 자들에게서도 마찬가지입니다. 예컨대 게헨나에 있는 자들에게서도 마찬가지입니다. 그들은 거기에서 가끔씩 자유의 상태에 간수되는데, 그러나 그들이 범위를 넘어서 이리저리 다니게 되면, 그리고 악을 취득하기 위하여 애를 쓰면, 그리고 그것으로 인하여 자신들을 감동시키게 되

면 그 즉시 그들은 그 때 게헨나의 불꽃 속에 있게 되는데, 그것이 바로 그들의 내면적인 고통 그것입니다. 이른바 불에 속한 고통입니다. 그것에 관해서는 필설로 다 표현할 수 없겠습니다. 그들은 그것에 의하여 그와 같이 단념, 주저하게 되고, 종국에는 제한된 범위를 넘어서 방황하지 않게 하기 위하여 그런 것들의 공포에 간수, 감금됩니다. 그러나 제한된 범위를 넘어 이리저리 돌아다니려는 경향이 생기는 일순간에 그들은 공포상태에 있습니다. 1748년 9월 7일

이해의 기능은 주님에게 속한 것이다는 것에 관하여

3094. 나와 같이 어떤 영이 있었는데, 그 영은 교활한 술책을 실제적으로 행하기를 열망하였습니다. 그가 악한 존재이기 때문에 어떤 자는 악한 자와 왜 이야기하는지 그 이유를 묻기도 하였습니다. 허락된 대답은, 그가 이해의 기능(the faculty of understanding)을 가지고 있기 때문에 나는 그들과 더불어 이야기하고, 그리고 그의 이해에 속한 기능이나 능력과 말하는 것이고, 결과적으로는 주님과 이야기한다는 것입니다. 그 일로 그는 분노하였고, 그리고 멀리 떠나갔습니다. 그러므로 내가 가르침을 받은 것은 사람들이나 영들에 속한 이해의 기능은 주님의 것이다는 것입니다. 1748년 9월 7일

철학적인 진리들은 다른 어떤 것에 비하여 보다 강하게 그런 성품을 지닌 자들을 확신시킨다는 것에 관하여

3095. 나는 어떤 영들과 더불어 철학적인 진리들로 말미암아 이야기를 나누었습니다. 예를 들면 제일 원인(第一原因·the principal cause)이나 매개적인 원인(媒介的 原因·the instrumental cause)은 단일 원인(單一原因·a single cause)으로서 활동한다는 것입니다. 따라서 영적인 개념에 의하여 입증된 것은, 단순한 기관이나 또는 매개적 원인에 지나지 않는 사람들은 자신들이 살아 있다고 생각하든지, 또는 자신들은 제일원인이라고 생각하고, 그리고 능동적이고 살아 있

는 유효한 힘이라고 생각합니다. 따라서 이런 성품의 사람들은 대단한 신념에 차 있어서, 비록 그들이 악하지만 그들이 이와 같이 그런 진리에 사로잡혀 있다는 것을 나는 이상하게 생각합니다. 또 다른 관점에서 보면 보편적인 섭리(攝理 · a universal providence)에 관해서 내가 말을 할 때, 즉 보편적인 것은 가장 단일적인 것을 제외하면 형성될 수 없다는 것을 말할 때, 그들은 동일한 확신을 갖습니다. 그의 생애에서 존경받던 철학자는 형체들(形體 · forms)에 관해서 저술된 것을 깨달았을 때, 그는 확실한 신념을 가졌습니다. 이런 것에 관해서는 본서 649 · 660 · 676항을 참조하십시오. 그러나 이런 것들에 대해서 관념조차 가지고 있지 않는 자들은 그것들 자체 때문에서가 아니고, 이런 영들이 이와 같이 신념을 갖는다는 그것 때문에 기뻐합니다. 그러므로 그들은, 다른 자들이 감명을 받을 수 있도록 열심히 그 일에 협력합니다. 1748년 9월 6, 8일

입에 있는 침(唾液)에 관련된 자들에 관하여

3096. 내가 깨달은 것은 머리 위에 가까이 있는 자들은 입의 침에 관련된 자들이다는 것입니다. 그들은 일종의 무성(無聲)의 말을 하였는데, 입천장의 침이 혀의 윗부분을 움직여서 말을 하는데, 그래서 그들의 언어는 갈라짐이 있는 것입니다. 그들은, 마치 입의 침이 입에 들어온 것을 소화시키듯이, 다른 자들을 가르치는 일을 합니다. 1748년 9월 8일

낙원적인 희열(喜悅)에 관하여

3097. 오른쪽 모퉁이 정면 약간 위쪽에는 낙원적인 삶을 사는 자들이 있습니다. 그들은, 어느 누구도 결코 깨달을 수 없는 무한적인 한도에 속한 낙원적인 광경을 즐기고 있습니다. 그 광경은 무한한 다종다양함이 있고, 밝음이 찬란하게 빛났습니다. 한마디로 거기에 있던 자들은 지금 거기에 있는 자들과 같이, 그것은 전적으로 필설

로 표현할 수 없고, 그리고 나는 그것에 대해서 생각할 수조차 없는 광경으로, 그들은 도저히 말할 수 없다고 말하였습니다. 환희나 지복은 각각의 것에서 빛을 발하고 있었습니다. 한마디로 말하면 그들은 그것을 기술하기에는 낱말들이 부족하였습니다. 그것은 오직 묘사할 수 없는 것이고, 그리고 그것은 영원히 무한한 다종다양함을 가지고 나타났습니다.

3098. 나와 같이 있었던 몇몇은 그리로 올리워졌습니다. 그들은, 육신을 입은 삶에서와 같이, 저 세상에서도 빛이 주어질까 하고 의심하였습니다. 더욱이 거기의 삶이 육신에 속한 삶에 비하여 월등할 것인지 의심하였습니다. 그러므로 그들은 낙원적인 사회들에 올리워졌고, 여전히 거기에 머물러 있었습니다. 그리고 그들은 거기에서 나와 말하였습니다. 그러나 그들이 거기에 올리워지기 전에 거기에 있는 자들과 일치하기 위하여 그들은 주님에 의하여 준비되었고, 그러므로 다른 자들은 그것을 원하였지만 올리워질 수 없었습니다. 왜냐하면 그들의 개념들이나 생각들은 일치하지 않았고, 나머지 자들의 개념이나 생각은 그들을 그 쪽으로 있게 할 정도로 그들이 감동받는 것을 수용하지 않았기 때문입니다.

3099. 그들이 어떻게 해서 존재하는지 열등한 세계, 즉 영들의 세계에 속한 표징들로 말미암아 깨닫는 것이 주어졌습니다. 다시 말하면 주님께서 천계를 통하여 그들의 개념들이나, 사고의 개념들 속에 그것을 입류시키셨습니다. 그리고 그들이 최대인간 안에 있었고, 따라서 천계에 있었고, 그리고 주님께서 입류하셨기 때문에 거기에는 영원히 변화무상한 것들인 무한히 아름다운 표징들이나 표현들이 있을 수밖에 없었습니다. 그리고 이것은 모두 밝은 빛 안에 있었고, 그리고 가장 충만한 생명 가운데 나타났습니다. 그러므로 눈의 빛은, 그리고 육신 안에 있는 그것의 생명은 어떤 것과도 비교될 수 없었습니다. 1748년 9월 8일

관능적인 희열이 있는 장소에 관하여

3100. 왼쪽 아래에 있는 조금 떨어진 쪽에, 옛 예루살렘에서 왼쪽을 향해 육신을 입은 삶에서 희열을 느꼈던 그런 일들을 실제적으로 행하는 자들이 있는 한 곳이 있었습니다. 그 일은, 예컨대, 운동들이나 댄스들이나 그와 유사한 것이었습니다. 육신을 입은 삶에서 다른 삶 쪽으로 근자에 옮겨진 자들이 거기에 있었습니다. 그래서 그들은 그런 것들을 실제적으로 행할 수 있었습니다. 왜냐하면 육신을 입은 삶에서 즐겼던 이런 부류의 즐거움이나 기쁨들은, 영들이 그런 것들을 벗어버리기 위하여 되돌아오고, 그리고 그런 일이 허용되었기 때문입니다. 그들은 거기에서부터 나와 이야기 하였습니다. 그리고 그에게 일러준 것은 그런 것들은 외적인 것에 지나지 않는다는 것으로, 그것은 내적인 것들과 거의 분별되지 않는다는 것이었습니다. 그 이유는 그들은 내적인 것에 속한 지각을 즐기고 향유(享有)하고 있기 때문입니다. 왜냐하면 그런 것들의 즐거움이나 다른 것들의 즐거움 따위들은, 다른 외적인 즐거움과 꼭 같이, 혐오(嫌惡)스러운 것들이고, 그리고 사실은 잠시 뒤에는 쇠퇴, 소멸해 버리는 것이기 때문입니다. 1748년 9월 8일

유대 사람이었고, 그리고 나에게서 금화(金貨)를 빼앗을 수 있다고 생각하는 어떤 강도에 관하여

3101. 사후 악령들의 본성이 어떠한 것인지 거기에서 잘 드러나고 있는데, 그것은 가끔씩 그들은 그들이 본 것들을 빼앗을 수 있다고 스스로 생각한다는 것입니다. 마치 지금도 강도인 강도들 중 유대 사람이 하나 있었습니다. 그 작자에게 약간의 금화가 보여졌습니다. 그러자 그는, 자신이 사람이다는 것, 따라서 그런 일을 할 수 있다는 것 이외의 다른 것은 전혀 알지 못하기 때문에 이런 것들을 가져가기를 열망하고, 원한다고 생각하였습니다. 그래서 그가 그것을 가지고 가도록 그를 위하여 거기에 두었고, 그리고 그런 환상으로

말미암아 그것들을 가지고 갔다 라고 자신에게는 보였습니다. 내가 그에게 그 금화가 그대로 남아 있다는 사실과 그리고 그것은 단지 환상일 뿐이다는 것을 보여 주었을 때, 그는 매우 놀랐고, 그리고 그는 자신이 하나의 영이다는 것을 그가 지각하였다고 말하였습니다. 그러나 나는 그런 일이 있은 뒤 곧 그는 전에 것 이외의 다른 것은 여전히 알지 못한다는 것을 알았습니다. 여기에서 사후 악령들의 삶의 성질을 추측할 수 있겠습니다. 그러나 선한 영들에게 그들이 영들이다는 것이 명확하게 드러나게 되면, 주님에 의하여 깊은 생각(反省)이 주어집니다. 그래서 선한 영들은 그것에 비하여 더 많은 것을 알게 됩니다.

3102. 비록 그는 하나의 영이고, 그리고 추리하는 능력을 받았고, 그리고 또한 보고, 듣는 사람이라고 동일한 말을 하였습니다. 그래도 그는 자신이 영이다는 것을 거의 믿을 수 없었습니다. 왜냐하면 그들은 주님께서 그들에게 주셨다는 것 이외에는 그 어떤 반성이나 깊은 생각을 전혀 가지고 있지 않았기 때문입니다. 1748년 9월 8일

3103. 일반적으로 영이 자신이 사람이다고 생각하는 첫 번째 이유는 하나의 인간으로서 그들에게 말도 하지 않고 대답도 하지 않을 때 그 반성이나 깊은 생각은 그에게 주어지지 않기 때문입니다. 왜냐하면 한 영과 더불어 말한다는 것은 이런 사실과 결합되어 있기 때문입니다. 그것은 말하고 있는 다른 자에 대해서 깊이 생각하고, 그래서 그들은 그 사람이 아니고, 오히려 사람에게서 분리된 사람이라고 생각한다는 것입니다. 그들은 역시 영들입니다.

3104. 비록 그가 사람의 눈을 통해서 보고, 사람의 귀로 듣는다고 해도, 그 한 영이 사람이다는 것 이외에 다른 것을 알지 못하는 이유는 그가 인간의 기억에 속한 모든 것을, 마치 자기 자신의 것 인 양, 즉시 드러내 보여 주기 때문입니다. 그리고 사람의 기억을 드러내 보이는 자는 역시 사람을 드러내 보여 주기 때문입니다. 왜냐하면 사람은 그의 몸에 의하여 형성되지 않고, 오히려 그의 내면적인

것들에 의하여 형성되기 때문입니다. 나에게는 수많은 경험에서 그것은 확실합니다. 다시 말하면 그들은 나의 경험을 온전히 드러내 보여 준다는 것은 수많은 경험들을 통해서 나에게 아주 명확합니다. 그러나 그들은 내면적인 기억을 가지고 있지 않습니다. 그런 영들을 직접 다스리는 주님의 천사들이 지니고 있습니다. 천사들은 머리 주위에 두 존재가 있는 목성의 주민들과 같이 아래에 있고, 그리고 그는 자기 자신으로 말미암아 행동하고 말한다는 것 이외는 다른 것을 알지 못하는 징계하는 영을 다스립니다. 사람이 이러한 지경에 도달하면 그의 내면적인 기억은 영들의 세계에 속한 내면적인 악령들에 의하여 지배를 받고, 어떠한 것도 허락되지 않으며, 그 때 사람은 결코 살아 있을 수 없습니다. 1748년 9월 8일

사람은 수많은 진리들을 안다는 것 ; 그러나 그가 추론(推論)하면 즉시 그는 그것들을 시인하지 않는다는 것에 관하여

3105. 여러 번 일어난 경우입니다. 다시 말하면 살아 있을 때 천계적인 진리들을 설교하고, 그리고 그것들을 정열적으로 가르치는 자들에게 저 세상에서 이런 일이 입증되었습니다. 즉 그들은 그 진리들을 부인한다는 것입니다. 그 이유는 그들이 그 진리들에 관한 추론의 상태에 있었기 때문입니다. 예를 들어 보겠습니다. 주님께서는 성령(聖靈 · the Holy Spirit)에 의하여 그들을 다스린다는 것입니다. 이러한 일은 설교자들에 의하여 정열적으로 역설(力說)되고 있습니다. 그리고 그들은 주님께서 성령을 통해서 다스리시기를 기도하였고, 그리고 그들에게 말씀을 지시하여 주시고, 또한 전해야 할 말씀을 자신들의 입에 넣어 주시기를 기도하였습니다. 그리고 또한 주님께서 임재하시고, 그리고 모두를 인도하여 주시기를 간구하였습니다. 그리고 이러한 일은 주님에게서 오는 것을 제외하면 아무것도 일어나지 않습니다. 그리고 사람은 아무런 능력이 없고, 그리고 중생의 행위에서 보면 자신들은 나무 등걸에 지나지 않는다는 것이나,

이와 비슷한 내용들을 역설합니다. 동일한 설교자의 목전에 동일한 것들이 그것이 사실이다고 집중되었습니다. 그 이유는 그것들에 관한 추론의 상태에 있기 때문입니다. 그리고 그들의 믿음 또한 학문적인 믿음(a scientific faith)이었기 때문에 그들은, 다른 자들과 꼭 같이, 그 사실에 매우 놀랐고, 그리고 마음 속으로는 그것을 부인하였습니다. 그럼에도 불구하고 그들의 기억에 그런 것들이 상기(想起)되었을 때, 그들은 여전히 그들의 생애에서 사실은 설교하는 동안만 이런 것들을 역설하고 설교하였는데, 그 일이 자신들에게는 그와 같이 믿는 것이다고 여겨졌습니다. 그 때 그들은 그것을 시인하고 긍정하였습니다. 이러한 사실에서 볼 때 확실한 사실은, 그것은 마음에 속한 믿음(a faith of the heart)이 아니고 기억에 속한 믿음이라는 것입니다. 심지어 내가 이런 일에 관해서, 즉 사람은 이 세상에 있는 동안에도 천사들과 함께 천계에 있고, 따라서 천계와 이 세상이 결합하도록 주님께서 창조하신 일에 관해서 생각하고 있을 때에도 그의 시대의 설교자 중 한 사람은, 그 설교에 의하여 이런 사실들은 점점 확장된다고 말하였습니다.

3106. 대단한 설득력을 가지고 설교하였고, 그리고 모든 청중은 자신들에게 전적으로 설득된 것처럼 생각하였습니다. 줄잡아서 말해도 그는 천사처럼 설교한다고 생각하였습니다. 그럼에도 불구하고 그 때 저 세상에서 그런 경우가 어떤 것인지 입증되었습니다. 다시 말하면 나는 주님의 의지에 의해 움직이는 그런 성품이고, 그리고 그들은 영들의 세계에서는 나를 통해서, 그리고 이 세상에서도 나를 통해 그들이 말하고 행동한 것이 어떤 것인지 입증되었을 때, 그러한 것은 그들에게는 그저 매우 놀라운 일이고, 믿을 수 없는 것 같이 생각되었습니다. 그래서 그들은 이 세상에서는 이런 생각을 결코 가질 수 없을 것이다고 말하였습니다. 그 밖에도 다른 그런 부류의 말들을 하였습니다. 1748년 9월 9일

3107. 그러므로 사람이 교회 안에 있고, 그리고 반대할 수 있는

논쟁에 관해서 깊이 생각하지 않을 경우 설교자와 청중 양자인 그는 그가 논쟁 중에 있을 때에 비하여 전혀 다른 상태에 있습니다. 예를 들어 보겠습니다. 사후 삶에 관한 것입니다. 한숨도 쉬고, 때로는 눈물을 흘리면서 열렬히 설교하는 설교자의 말을 듣는 경우 누구가 사후 삶을 믿지 않겠습니까? 그러나 어느 누구가 추론의 상태에 있다면 누구가 사후의 삶을 믿겠는가! 마치 그들이 교회에서 설교하고, 그리고 설교를 들을 때와 같이, 정열적인 동일한 상태에 빠진 어떤 자들이 있었습니다. 그들은 이런 부류의 신념이나 종지(宗旨)의 상태에 있었지만, 그러나 나는, 그들이 이런 상태에서 이탈(離脫)되어 있었고, 그리고 그들이 이런 성품이 아니라는 것을 알고 있고, 그리고 또한 다른 자들과 꼭 같이, 이상하게 생각하고 있고, 그리고 모든 관점에서 그러하다는 것 역시 나는 잘 알고 있었습니다. 1748년 9월 9일. 아주 유명한 설교자가 사람은 영들과 이야기한다는 것은 불가능하다고 생각하면서 한참 동안 그런 상태에 있었습니다. 그들이 그의 생애에서 그런 소견에 사로잡혀 있었기 때문에, 따라서 만약에 어느 누구가 이런 사안에 관해서 깨닫고, 살아 있는 동안 그들에게 그런 일에 관해서 일러준다면 그들은 전적으로 그 사실을 부인할 것입니다.

3108. 그들은 이런 것들이야 말로 망상(妄想)들에 불과하다고 역설할 것입니다. 그러므로 이런 상태에 놓여 있는 동안, 그들은, 그것이 사실인지 아닌지를 알려고 하면서 나와 함께 있었습니다. 그 때 그들은, 그것은 망상이고, 그리고 비록 그들이 알고 있지만, 이런 것들에 관해서 나는 아무것도 알지 못하고 있다고 생각하였습니다. 그러나 종국에 그들은 확신을 가지게 되었고, 또 다른 상태에 있게 되자, 그러므로 그들은 그럴 수도 있다고 생각하게 되었습니다. 그들은 지금 그렇게 생각할 수 있는 상태에 있지만 그러나 그것을 믿는 상태에 있지는 않았습니다. 1748년 9월 9일

가끔 설득적인 설교가 있고는 하였습니다. 그 때 아무것도 믿지 않

고, 그들은 짐승처럼 죽을 것이다고 생각하는 자들은 마치 그들이 천계에 오르는 것같이 생각되었지만, 그럼에도 불구하고 그들이 그 설교 자리에서 나오는 순간 그들은 아무것도 믿지 않았고, 그리고 다른 한편으로는 그들은 그런 것들에 대하여 조소(嘲笑)하고, 조롱하였습니다. 그들이 천계에 올랐다는 것을 나는 영적인 개념으로 깨달았습니다. 어떤 사람의 경우는 생생한 경험을 통해서 알았습니다. 1748년 9월 9일.

사람이 이런 신념의 상태에 있게 되고 천계에 올리워지게 되면, 그 때 주님께서는 역사(役事)하시고, 그리고 남은그루터기(=남은백성·remains)라고 부르는 그런 것들을 그들의 마음에 심으시고, 그리고 감추십니다. 이 밖에도 수많은 경우가 있겠는데, 예를 들면 사람들이 온갖 불행이나 온갖 시험들 안에 있는 경우가 되겠습니다. 이러한 사실은 내 마음 안에 주입되었습니다. 1748년 9월 9일

아주 높은 천정(天頂)에 있다는 자들에 관하여

3109. 천정의 높은 곳에 있는 자들은 살아 있는 동안 위선자(僞善者)들이었습니다. 겉보기에는 마치 천사들 같았지만, 그러나 내적으로는 늑대들이었고, 그리고 이미 언급한 것과 같이, 아부꾼들이었습니다. 그들의 입류의 부드러움까지도 이런 사실을 드러내고 있습니다. 그러나 그들은 교활하게 숨어서 거짓말을 지껴렸습니다. 기회가 주어지게 되면, 그리고 그들은 사람이 타락하는 것을 보게 되면, 그 때 그들은 모든 애씀으로 돕습니다. 그래서 그가 거꾸로 머리를 처박고 떨어지게 합니다. 나는 그들과 말을 하였는데, 그들은, 내가 글을 쓰고 있을 때 거기에 있었습니다.

3110. 이들은, 주님께서 하시는 것이 아니고 자신들이 그들을 지배한다고 생각하고 있습니다. 그래서 그들은 때로는 벌을 받기도 하고, 그리고 소위 한 인물을 닮은 그들의 무리들은 서로 갈라집니다. 이런 갈라지는 일이 일어났습니다. 나는 그 사실을 바람에 의하여,

말하자면 궁둥이 가까이 아래에 있는 어떤 자들의 바람에 의하여 깨달았습니다. 그 때 그들은 헤어졌고, 수많은 존재로서 각각 행동을 하였습니다. 이런 일은 그들에게는 매우 큰 고통을 수반하여 일어났습니다. 그들 사이에서는 큰 소동이 일어났고, 그리고 그것이 어디에서 온 것인지 모른다는 그들의 불평불만의 소리도 들렸습니다. 그 때 그들은, 다른 때에는 그들이 어떠한 일도 할 수 있다고 생각했지만, 그들은 어떤 힘도 없다는 것을 시인하였습니다. 궁둥이 밑에 있는 자들은, 그들이 이런 성품을 지니고 있기 때문에 천정의 수직선상에 있는 자들에 대응합니다. 그러나 궁둥이 밑에 있는 자들은 아주 묘한 방법으로 모두를 벌하려는 탐욕에 의하여 행동하는 자들입니다. 왜냐하면 그들은 내게는 보이지 않았지만, 그러나 다만 그것에 의하여 그들이 분리되는, 바람의 형태에 의하여서 내게 지각되었기 때문입니다.

3111. 나는 이런 것들에 관해서 어떤 영과 이야기를 하였습니다. 그는, 내가 이런 것들을 발광해서 말하지 말 것을 말하였습니다. 이 말에 주어진 대답은, 마치 환자에게 편안하게 지내라고, 즉 헛소리 하는 것과 같고, 그리고 미친 사람에게 온전하게 지내라고 말하는 것과 진배없다는 것과 같다는 것입니다. 그리고 사람들은 그들의 생각 안에는 이런 부류의 성질을 지니고 있지만, 그러나 겉꾸민 위장은 그들이 온전한 자로 보이게 한다는 것입니다.

3112. 그 뒤에 이런 분열은 멈추었습니다. 그리고 그들은 종전처럼 하나의 인간으로서 행동하였습니다. 나는, 그들과 말하면서 그들이 자신들을 다스리고 있는지 여부를 알고 있는지를 물었습니다. 왜냐하면 그들의 마음은 형벌에 의하여 다스려지는 그런 때였기 때문입니다. 그 이유는 그 때 불화(不和)가 있기 때문입니다. 그 때 나는 어떤 주님에 의하여 그들이 지배되는지를 물었습니다. 용에 의한 것은 아닌지를 물었습니다. 그들은 아니다고 했습니다. 또한 어느 누구에 의하여 지배되고 있는지를 물었습니다. 그들은 알지 못하였습

니다. 그들은, 아직까지는 주님에 의하여 다스려진다는 것을 말하기를 원하지 않았습니다. 왜냐하면 그들은 동일한 목적에 동의할 생각이 없기 때문입니다. 그리고 그들이 동의하게 하는 것은 주님 밖에 있기 때문입니다. 그들은 자신들이 나를 관리한다고, 따라서 그들이 그 사람이라고 여겼습니다. 모두가 이렇게 생각합니다. 그런 것이 아니다고 여기는 자들도 수도 없이 많습니다. 그들이 이런 동의에 머물러 있었습니다. 이것은 그들의 본성에 일치하기 위한 목적입니다. 이런 목적은 그들을 일치나 동의 안에 두지는 못하지만, 그러나 그들의 영혼들은 서로가 서로에게 거슬리게 합니다. 1748년 9월 8일

가장 최고의 계도에까지 등귀(騰貴)되었다는 어떤 교만한 영에 관하여

3113. 비록 일종의 교만한 자들 사이에 있지는 않았지만, 그러나 내가 생각하기에는 그의 전 생애에서 자만과 교만으로 우쭐거리던 자들 사이에 어떤 영이 있었습니다. 자기 자신과 비교하여 다른 자들을 경멸하는 자들에게 대화나 생각들이 생겨났을 때, 그리고 살아 있는 존재는 오직 자신들뿐이고, 그리고 그의 기질에 일치할 수 있는 자들이 유사한 특성이라고 생각하는 경우, 왜냐하면 자기사랑이나 자신과의 비교에서 다른 자들을 무시하는 경멸에서 솟아나는 환상이나 망상들에 일치하는 자만이나 교만의 종류는 수도 없이 많기 때문입니다. 이런 이유 때문에 망상에 일치하여 그리고 그 때 그에게 속해 있는 것에 일치하여 기고만장하는 것이 허락되었습니다. 그래서 그 때 그는 우주를 가득 채울 만큼 팽창하였고, 그래서 더 이상의 공간은 존재하지 않았고, 따라서 그는 그가 가고자 하는 곳을 두루 살폈습니다. 그러나 거기에는 가 보아야 할 것이 더 이상 없었고, 그래서 그는 더 이상 움직이지 않았습니다. 그래서 그는 그의 본래의 크기나 상태에 돌아가지 않는다면, 자신은 존재할 수 없다고 말하였습니다. 자기를 그와 같이 팽창시킨 자들은 내 머리 뒤 부위

에 있었습니다. 따라서 그는 내 머리 약간 위에 있었습니다. 그가 그와 같이 부풀려진 이유는 천사에 관한 그의 생각 때문입니다. 다시 말하면 천사들은 천사들을 불쌍한 존재로 여겼고, 따라서 그들을 마치 땅을 기어 다니는 벌레들로 생각하였기 때문입니다. 이런 생각은 멈추지 않고, 계속되었는데, 그것은 그들이 자기 자신으로 말미암아 산다고 생각하듯이, 영들도 그렇게 생각하고, 따라서 모든 천사들도 그런 성품이라고 생각하며, 그들은 오직 자기 자신으로 말미암아 산다고 생각하였기 때문입니다. 그러므로 이것이 그의 형벌이었습니다. 1748년 9월 10일

사람은 인도되는 것 이상으로 선하게 인도될 수 없다는 것에 관하여

3114. 영들은, 그들이 서로 다르게 인도될 수 있고, 그래서 지금의 그들에 비하여 더 좋게 될 수 있고, 따라서 실제적인 악들이나, 그 밖의 많은 것들로부터 달리 인도될 수 있다고 생각합니다. 악한 자는 책망이나 죄악 따위를 주님의 탓으로 돌리지만, 그러나 그들에게 일러진 것은 그것은 그들의 과오이다는 것입니다. 내가 영적인 개념으로 깨달은 사실은, 그들은 현재에 비하여 더 좋은 존재로 인도될 수 없다는 것입니다. 그러므로 이미 여러분들이 본 바와 같이 그들의 삶들에 매 순간 필수적인 것들이 있습니다. 그것은 영원 전부터 선견(先見)된 것이고, 그리고 우리의 궁극적인 목적, 즉, 최대인간 안에 있는 어떤 부분들을 향해, 다시 말하면 주님나라 안에 있는, 개별적인 것이든 전체적인 것이든, 모두가 그것을 향하도록 섭리되고 있다는 것입니다. 그들에 의하여 이런 사실이 지각되지 않았기 때문에, 그리고 개별적인 것들에 속한 직관(直觀)들 때문에, 전능(全能)이나, 즉 무한한 능력이 그와 같이 섭리될 수 있다는 것을 지각하는 것이 허락되었습니다. 왜냐하면 사람이 다른 자들의 악이나 또는 탐욕을 알게 되면, 어떤 개별적인 것들 안에서 사람은 거의 꼭 같이

인도될 수 있기 때문입니다.

3115. 따라서 사람이 말할 수 있는 것은, 거기에서부터 보다 더 큰 악이 오고, 또한 선은 아니지만 악이 온다는 것 이외에 달리 그가 지각하지 않는다면 인도하는 것은 최고의 것이다는 것 이외에 달리 인도될 수 없다고 하는 것입니다. 그러므로 한 번에 개별적인 것이든 전체적인 것이든, 볼 수 있는 무한한 능력(無限能力・Infinite Power)은 그와 같이 섭리할 수 있고, 그리고 미래를 현재의 것으로 알고, 그리고 그것은 그와 같이 섭리할 수 있습니다. 섭리될 수 있으면 그와 같이 섭리되는 것입니다. 왜냐하면 사람의 인도는 그리고 악으로의 기움은 계속해서 더 나쁘게, 더 나쁘게 기울기 때문이다는 것은 이런 사실에 의하여 이해될 수 있기 때문입니다. 그것은 악한 사람은, 자기 자신을 인도하기를 열망하는 것에 의하여 가장 나쁜 쪽으로 기울게 하시고, 가능한 한 적게 악으로 기울게 하시기 때문입니다. 한마디로 말하면 이런 성질을 지니고 있기 때문에 최악의 악 속으로 자기 자신을 던져 버리기를 열망하고, 그리고 목적하는 그런 성품이기 때문에 삶의 모든 순간들은 필수적으로 생길 수밖에 없습니다. 1748년 9월 10일

3116. 이런 일은 어떤 자에 의하여 예증되었습니다. 그는 그가 뜻하는 것이 무엇인지 알고 있다고 말하였습니다. 그 사람 안에 삽입된 것은, 자신의 기쁨에 기우는 것 이외에는 아무것도 알지 못한다는 것입니다. 그리고 그 밖의 것은 전혀 알지 못한다는 것입니다, 그러므로 기쁨은 황색에 의하여 표징되었습니다. 다시 말하자면 그는 그 속에 보내졌습니다. 그러나 그가 거기에서부터 떨어지지 않게 하기 위하여 일순간에 저지되었습니다. 그 때 그는 또 다른 환상(=망상)에 의하여 움직여지게 되었고, 비록 내가 한 것은 아니지만, 만약에 저지되어 거기에 머물지 않았다면 그는 온전한 파멸 속으로 떨어지고 말았을 것입니다. 그러므로 그는 그가 예견하고 있는 그의 즐거운 것들 속으로 떨어지도록 자기 자신에게 허용하기 위하여 더

이상 원하지 않았습니다. 더욱이 그가 악인이라고 해도 주님께서 그를 격려, 보존시켜 주셨다는 것을 고백하였습니다. 그의 떨어짐에 속한 생각 안에서, 그는 이제는 불안에 압도되어 있다고 말하였습니다. 1748년 9월 10일

저 세상에서 영들은 고정된 장소에서 보여질 뿐만 아니라 그들의 몸들도 고정된 위치에 있다는 것에 관하여

3117. 어떤 영들이 자신들의 장소에 모습을 나타냈습니다. 더욱이 그들이 나에게 한 말은 그들은 걷기도 하고, 그리고 몸을 고추 세우고 걸을 수 있다는 것입니다. 어떤 자들은 자신들의 머리를 아래로 숙이고 어깨 뒤 부위를 들고서 몸 안에 자신들을 나타내었습니다. 그리고 어떤 자들은 왕좌에 앉은 모습으로 나타났습니다. 그리고 어떤 영들은 눈에 드러나는 의자에 앉은 모습으로 나타나기도 하였습니다. 어떤 자는 아주 다른 모습으로 나타나기도 하였습니다. 그러한 모습은 다양한 원인들에게서 비롯되었습니다. 어떤 때에는 몸을 길게 뻗은 채로 나타나기도 하였습니다. 1748년 9월 10일

어떤 영이 다른 영에 의하여 인도된다는 것에 관하여

수많은 경험에서 그런 일은 나에게 잘 알려져 있습니다. 다시 말하면 각각의 영은 다른 영에 의하여 인도되는데, 그래서 거기에는 다른 영에 의하여 인도되지 않는 자는 아무도 없습니다. 그런 일이 그들에게 보여졌을 때 또한 그들은 그것을 고백하였습니다.

자연적인 것은 영적인 것으로 말미암아 존재한다는 것에 관하여

3118. 나는 영들과 자연적인 것에 관해서 의논하였습니다. 자연적인 것들은 이런 이유 때문에, 영적인 것들로 인하여 존재한다는 것입니다. 그것은 방광(=오줌통)·요관(尿管)이나 이와 유사한 것들에

관계되는 영들에게 주어졌고, 그리고 사실 그런 것은 누구나 알 수 있는 것에 의하여 확증된 것입니다. 그리고 자연적인 것인 육신의 행위는 영적인 것들을 가리키는 의지를 통한 생각에 의하여 존재합니다. 이러한 사실은 영적인 개념에서 명료하게 지각되는데, 따라서 자연적인 행위들은 그들이 파악하지 못하는 그런 것들로 말미암아 존재합니다. 다시 말하면 의지를 통해서 생각에 의하여 존재합니다. 다른 모든 것에서도 그와 마찬가지입니다. 1748년 9월 10일

3119. 만약에 주님으로부터 천계에 있는 영적인 것들을 통해서 그 것들이 이런 식으로 존재하지 않는다면 계란들 안에, 또는 생식주머니(the seminal bladders)들이나 다른 모든 것 안에 존재하는 그런 것들은 결코 존재할 수 없겠습니다. 그들이 원인을 모르기 때문에 이런 것들을 자연적인 기능들(natural functions)이라고 부릅니다. 이런 것들은 영들과 의논한 것입니다. 1748년 9월 10일

가장 작은 자가 천계에서 가장 큰 자이다는 것에 관하여

3120. 나는, 이 세상에서와 같이 천계에서 가장 큰 자가 된다는 것은 가장 능력이 있고, 부유한 자가 되는 것이다 라고 생각하는 영들과 대화를 하였습니다. 그러나 대답이 주어졌는데, 천계에서 가장 위대한 자는 가장 작은 자이다는 것이었습니다. 그런 내용은 이런 사실에 의하여 예증되었습니다. 즉, 권력이 있는 자는 그들의 권력의 증대에 의하여, 부자는 그들의 재물의 증대에 의하여 이 세상적인 지복(至福)을 열망하는 것이고, 그리고 그들의 목적은 이와 같이 그들이 더욱 더 행복해지는 것입니다. 왜냐하면 그들은 마음 속에서 이런 모든 즐거움이나 기쁨을 소유하기를 열망하고 있기 때문입니다. 이것이 바로 그들의 목적입니다. 천계에서 지극히 작은 자는 가장 큰 지복을 가지고 있기 때문에 여기서 뒤이어지는 것은 그 존재가 가장 큰 자이다는 것입니다. 1748년 9월 10일

일반적인 호흡에 관하여

3121. 천계의 일반적인 파동이 지각되었습니다. 그리고 나에게 일러진 것은, 그것이 천계의 호흡이고, 그것에 의하여 사람들이나, 수많은 것들의 호흡이 생겨난다는 것입니다. 그것은 대략 3대 1의 비율로 나의 호흡에 대응한다는 것입니다. 왜냐하면 이런 부류의 호흡은, 모든 것들이 호흡하는 근원인, 노력에서 나오기 때문입니다.

인간의 정액(精液)의 냄새에 관하여

3122. 나는 수차에 걸쳐 사람의 정액의 냄새를 지각하였습니다. 그것은 생식주머니와 생식기(生殖器)들에 관계를 가지고 있는 자들에게서 온다는 것을 내가 알게 하기 위해 허락된 것입니다. 1748년 9월 11일

정교한 베일(veil)에 관하여

3123. 요정들의 무리들 머리 위 높은 곳에 영들이 있었습니다. 그들은 매우 은밀하게 행동하기 때문에 시간이 한참 지나기 전까지는 그들의 모습은 드러나지 않습니다. 그들은, 마치 보다 더 순수한 영기 속에 있는 것처럼 기묘하고, 음흉하기 때문에 자신들은 자유스럽다고 생각합니다. 따라서 그들에게 일러진 것은, 그래서 그들은 자유스럽지 않다는 것이고, 그리고 그들의 정교하고 음흉스러운 원칙은 모든 것들에 속한 가장 정교한 것과 같이, 그리고 다른 자들에게서와 같이, 그들에게도 그와 같이 보일 뿐이다는 것입니다. 그러나 그들이 여전히 이와 같이 행동하는 것이 계속되고 있기 때문에, 말하자면 일종의 정교한 베일에 싸여서 보다 더 정교한 것 속으로 사라져 버렸습니다.

3123[A]. 그들은 요정들이 일상적으로 하듯이, 자신들은 악한 존재가 아니다고 생각하였습니다. 그러나 그들에게 일러진 것은, 그들이 이와 같이 정교한 존재가 되고자 하는 의도가 모든 것 안에 널

리 퍼져 있다는 것, 그리고 그것의 목적이나 의도는 그들이 다른 자들에 비하여 더 순수하기를 원한다는 것 등이었습니다. 그래서 그들이 어떻게 행동을 하든 그 목적이 지배하는 것과 같이 행동하였습니다. 모든 것들은 목적이 선호(選好)하는 그런 것으로 바뀌었습니다. 그와 같은 일은 다른 자들을 경멸하는 것 안에 존재합니다.
1748년 9월 11일
왜냐하면 그들은 자신들의 망상들에 따라서 다른 자들을 조소하기를 좋아했고, 그리고 그들을 지배하기를 멸망하였기 때문입니다.

일반적인 배설기관(排泄器官)들에 관하여

3124. 대뇌(大腦)는 자신의 배설기관들을 가지고 있고, 내장들에 속한 각각의 것도 자신의 배설물을 가지고 있습니다. 그것들의 어떤 것은 선용(善用)에 종사하는데, 예를 든다면, 침(唾液)이나 담즙 따위가 되겠습니다. 어떤 것들은 살갗의 구멍들을 통해서 배설물로서 빠져 나가고, 그리고 다른 어떤 것들은 콧구멍을 통해서 배설물로서 토해지기도 합니다. 코의 오른 쪽 부위 반대쪽, 조금 떨어진 위의 정면에 대뇌에 속한 배설물적인 것들 가운데 어떤 영들이 있었습니다. 그들은 해이함이 있기만 하면 영적인 것들을 이 세상적인 것들에 옮기고, 그들은 그것들을 실제적인 선용에 일치하여 더럽혔습니다. 그들은 영적인 것들로 시작하고, 그것들을 땅에 속한 것들에게로 끌고 가고, 그 때 거기에서 그것들을 더럽힙니다. 불결하고 이 세상적이면 그럴수록 그들은 더욱 더 해이함을 갖습니다.

3125. 그러나 동일한 장소이지만, 조금 떨어진 장소에로 그들은 도망하였습니다. 그들은 불결한 것들 이외에는 아무것도 생각하지도 않고, 말도 하지 않는 부류였습니다. 말하려는 것이 무엇이든 드러나게 되면, 그들은 어떤 불결한 것으로 바꾸어 버렸습니다. 그 불결한 것들은 일반적으로 낮은 계급의 사람들이나, 뱃사람이나 이와 비슷한 자들에게 있는 일상적인 것을 가리킵니다. 많은 자들의 생각

안에는 이런 성질의 것들이 내재해 있습니다. 그러나 그들은 외적인 구속들에 의하여 제재되고 있습니다. 1748년 9월 11일

기도에 관하여

3126. 내가 영적인 개념으로 깨달은 것은, 주님에게 드리는 기도가, 만약에 하나의 의무(義務)로서 양심에서 이루어진 것이라면 그 때는 좋은 것이지만, 만약에 어떤 것에 의하여 무엇인가를 얻고자, 또는 공로를 쌓고자 한다면 그것은 선한 것이 아니고, 악한 것이다는 것 등입니다. 1748년 9월 12일

생각에 속한 개념들이 없는 정동들의 변화들에 관하여

3127. 나는 깊이 생각하는 일 없이 나는 이런 경험을 하였습니다. 이런 일은 전에도 수차 일어난 일이기는 하지만, 정동들은, 결과의 측면에서 보면, 생각에 속한 개념에서 비롯된 것이 없다고 해도 활동할 수 있고, 그리고 다양하게 변화할 수 있습니다. 그러므로 그것들의 다종다양함들이나 계속적인 것들로서 정동들에 속한 무한한 상태들이 있습니다. 이런 것들은, 그럼에도 불구하고 사람은 생각에 속한 개념들 없이는 깨달을 수 없는 생각들에 속한 원칙들이고, 본질적인 것들입니다. 그러므로 영적인 것들의 근원되는 천적인 상태들은 이런 성질의 것이다는 것을 그는 지각할 수 없습니다. 1748년 9월 12일

영들에게 있는 언어에 관하여

3128. 서로 간에 사용하는 사람들의 언어와 전적으로 꼭 같은 영들의 언어가 그들에게 나타났습니다. 누구나 이상하게 생각한 것은 그들이 그것이 전적으로 동일하다는 것 이외의 다른 것을 깨닫지 못한다는 것입니다. 그럼에도 불구하고, 마치 입의 언어(the speech of the mouth)와 생각의 언어(the speech of thought)의 차이가 있듯이,

그런 차이가 있다는 것입니다. 그래서 혀나 입은 말을 하지 못하지만, 생각은 말을 합니다. 영들은, 만약에 어느 누구가 어떤 것을 숨기려고 한다면, 그리고 만약에 어떤 것이 보이지 않고 잠복해 있다면, 또는 무엇인가 가장(假裝)하기를 원한다면, 영들은 즉시 지각합니다. 만약에 어느 누구가 무엇을 숨기려 한다면 영들은 그의 여러 가지 생각들을 밝음 빛 가운데 그것을 끄집어내고, 그리고 만약에 그가 무엇인가를 위장하려고 한다면 그는 곧바로 거짓을 말한다고 비난을 받습니다. 더욱이 영들에게 있는 언어는 충분하고, 그래서 낱말들의 개념 안에 있는 것은 낱낱이 더 넉넉하게 밝히 드러내고 있습니다. 뿐만 아니라 영들이나 개념들에 관해서 전에 언급한 여러 가지 것들이 있습니다. 그리고 이런 내용은, 영들의 언어와 사람의 언어가 동일하다는 것 이외에는 알 수 없는 자들의 현존에서 기술되었습니다. 사실, 만약에 사람이 그런 상태에서 사람과 더불어 이야기한다면, 몇 분 안에 그의 머리는 어지럽게 되고, 미친 사람처럼 될 것입니다. 1748년 9월 12일

3129. 그러므로 영들은 이런 성격의 인물이 되기 위해서는 사람들이었을 때에 비하여 보다 더 완전한 상태에 있습니다. 왜냐하면 주님에 의하여 이와 같이 간수(看守)되기 때문입니다. 그리고 듣는 것과 그리고 듣는 것에서 분리된 보는 것 사이에 있는 차이와 거의 꼭 같은데, 이런 것은 그들이 이런 것에서 취하였습니다. 즉, 개별적인 것들에 속한 기억이 그들에게서 분리되었고, 그리고 그것으로 인하여 만약에 저들이 저 세상에서 그 기억으로부터 생각한다면, 동시에 그들은 그런 개념들 안에 있는 다른 영들과 함께 있고, 개별적인 것들에 속한 기억은 산산이 부서지고, 또 미친 것이 될 것입니다. 1748년 9월 12일

3130. 그러므로 영들의 언어는 또한 내면적인 것에서부터 사람의 언어에 유입할 것이고, 따라서 비록 그것이 그 사람에게 나타나 보이고, 그리고 영들에게서도 비슷한 일이 일어나고, 따라서 사람들이

그것을 들을 수 있는 듯이 여기겠지만, 사람은 어느 누구도 그것을 듣지 못합니다. 그 이유는 사람들의 언어는 귀를 통해서 외적으로 흐르기 때문입니다.

3131. 여기에서부터 내면적인 것에서 비롯된 것들이나 외면적인 것에서 비롯된 이런 것들이 어떻게 해서 그것들 스스로 귀에, 또는 혀에 집중되는지 알 수 있다는 것입니다. 1748년 9월 12일

냄새에 의하여 표징되는 영들이나 사회들의 영기에 관하여

3132. 주님께서 이와 같이 허락하시었기 때문에 그 때 거기에 있었던 어떤 영들이 당도하자 즉시 그들은 천적인 존재나 영적인 존재와 꼭 같이, 그들의 성품이 지각되었습니다. 이러한 일들은 수도 없이 일어난 것인데, 왜냐하면 그의 생명이나 그의 믿음의 됨됨이(性稟)가 어떤 것인지 즉시 암시되었기 때문입니다. 주님께서 그와 같이 허락하였을 때 동일한 일이 냄새들에 의하여 드러났습니다. 사실은 영들에 의하여 지각되었습니다. 그런 일은 동물적인 냄새들에 의한 것과 꼭 같이 식물적인 것들의 냄새들에 의해서도 그러하고, 또는 인체에 속한 다종다양한 냄새에 의해서도 지각되었습니다. 뿐만 아니라, 이런 일은 오늘에도 역시 일어났는데, 공포·두려움·슬픔·분노에 속한 영기에 의해서도 지각되었습니다. 그들은 이런 것들 때문에 도망하기도 하였습니다. 이것은 내가 생각한 다양한 것이지만 마음의 위대함이나 탁월함에 의해서도 지각되었습니다. 1748년 9월 12일

그리고 생각들이나 정동들의 혼합된 영들도 있습니다. 예를 들어 보겠습니다.

3133. 그들이 다른 자들에 비하여 덜 사기적이고, 그리고 다른 자들에 비하여 더 정직하다고 그를 믿을 때, 용은 그것을 참고 견딜 수가 없습니다. 그 이유는 그가 모두를 지배하기를 열망하고 있기 때문입니다. 그는 이따끔 그 영기에 대하여 불평하고, 그리고 스스

로 다른 곳으로 떠나가기도 합니다. 일반적으로 악령들은 믿음에 속한 영기를 참고 견딜 수가 없습니다. 그러므로 온갖 영기들의 지각은 주님에 의하여 제거되기도 하고, 감소되기도 하고, 때로는 증대되기도 합니다. 그것이 자신들에게 불쾌한 영들은 도망하였고, 그리고 이런 사실을 어떤 영은 불평하여 투덜거렸습니다. 그들이, 그것이 어떤 것이고, 그것의 성질이 어떤 것인지에 관해서, 천사적인 영기를 조사, 점검하려고 할 때, 이러한 것이 영에 속한 내면적인 것들에 관해서 파악되었기 때문에 용은 이런 것들로 바뀌었고, 따라서 속내를 드러내었는데, 그것들은 마치 구름·불꽃·흰 것·검은 것이나 그 밖의 수많은 것들로 드러냈습니다. 그리고 성질이나 상태에 따라서 짐승들로 변하기도 하였습니다. 1748년 9월 12일

영들은, 다른 자들이 내면적으로 생각한 것들을 말한다는 것에 관하여

3134. 알려진 사실은 거기에 말하는 것을 담당하는 피술자들(被述者·subjects)이 있었는데, 그는 말하는 자인데, 그는 다른 자들의 생각으로부터 말을 하였습니다. 이러한 사실은, 어느 누구가 말을 할 때, 나에게는 지금 명료하게 드러났습니다. 그리고 나는 그가 어떤 인물이다고 생각하였습니다. 그럼에도 불구하고, 그 때 말하는 그 자는 그렇지 않다고 하였습니다. 그 때 다른 자가 즉시 하는 말은 그 피술자는 상대가 내면적으로 생각했던 것들을 말하였는데, 그런 일은 도저히 사전에 막을 수 있는 것은 아니었습니다. 그러므로 여기에서 명확하게 드러나는 사실은, 피술자들이 말한 이런 것들은 다른 자들의 생각들이다는 것입니다. 이런 일은 예전에 수차에 걸쳐 관측된 것입니다. 1748년 9월 12일

매우 음흉한 마술자들과 성급하게 절망하는 자들에 관하여

3135. 나에게 크고 붉은 포도송이 하나가 쟁반에 담겨서 처음 나

타났는데, 그것의 크기는 내가 놀랄 정도였습니다. 그 때 유리창에 어떤 얼굴이 나에게 나타났는데, 나는 그것에서 내가 어떤 값진 것을 볼 것이다고 능히 추측할 수 있었습니다.

3136. 그 때 이 세상에서 매우 안하무인격인 자들에게서 온 어떤 인물이 있었습니다. 그가 말하였듯이, 그는, 자기에게 일어난 이런 것들을 참고, 견딜 수가 없었다고 하였습니다. 왜냐하면 그것은 그의 명성의 상실에 속한 두려움에 의하여 흥분되었기 때문인데, 그와 같은 일은 이 세상에서 그가 아주 걱정스럽게 생각하는 것으로, 악령들이 앞에서 저질렀던 것과 같이, 또 다른 주님(another Lord)을 찾을 것을 권면한 것입니다. 그러나 그에게 일러진 것은 전혀 문제거리가 되지 못하였습니다. 한마디로 그것은 허사였습니다. 그는 그것을 고집스럽게 행하려고 했기 때문입니다. 그러므로 그는, 그가 마음에서 다른 주님을 찾고, 또 다른 천계를 찾기 위하여 애를 쓰면 쓸수록 뒤로 물러나야 했습니다. 다시 말하면 다른 천계(another heaven)에는, 그가 천계에 들어갈 수 있기 전에 반드시 참고 견디어야만 했던 그 밖의 다른 수많은 것들과 더불어 그에게 온갖 고통과 괴롭힘을 주는 이른바 명성의 상실 밖에 있을 수 없는 그런 곳입니다. 그러므로 그가 뒤로 후퇴하면 할수록 그리고 비록 그에게 파견된 자들이 그가 되돌아오기 위하여 수많은 것들을 말하였지만, 그는 되돌아오려고 하지 않았습니다. 뒤로 물러난 거리는, 내가 최대인간의 장소에서 주어질 수 있다고 생각한 것에 비하여 아주 먼 것이었습니다.

3137. 처음에는 그가 모든 감미로운 것들을 그에게 제공하는 자들에게 왔습니다. 그래서 온갖 기쁨들 가운데 그들과 함께 살았습니다. 따라서 그는 하나의 목적으로서 이런 삶을 살았고, 그리고 상호간의 임무를 수행하였습니다. 그러므로 그들의 삶은 달콤하였습니다. 그리고 감미로운 대화를 위해서는 우정의 관계를 위장(僞裝)하기도 하였습니다. 처음에 그가 한 말은, 그가 함께 더불어 잘 살 수

있는 벗들을 거기에서 찾았다는 것이었습니다. 그러나 내게 보여진 사실은, 그들이 내면적인 마술사들이고, 요술쟁이들이고, 그와 비슷한 인물들이었다는 것입니다. 그들은 처음에는 여기저기로 파송되었고, 그리고 그들이 육신을 입은 삶에서 떠나게 되면, 그들이 종국에 모든 것들을 빼앗기 위해서는 이런 것들이 상기되어야만 했습니다. 그들이 바로 이런 성품이다는 것은 그런 것들에 속한 천사적인 관찰에 의하여 잘 입증되었습니다. 쇠약하고 피 묻은 내장들이 나타났습니다. 이런 사실에서 알 수 있었던 것은 뒤로 멀리 떨어진 곳에 그들이 있었는데, 그들은 이런 비슷한 것들에 매우 심하게 빠져 있다는 것입니다. 그래서 그들은 달콤한 생애를 즐기는 그런 단순한 목적을 위해서 살고, 그리고 그들이 서로 사랑한다는 생각에 빠져서 살고 있습니다. 그러나 목적은 사랑에 속한 성품이나 본질을 입증합니다. 저 세상에서 이런 자들은 마술들이나, 점술들이나 이와 비슷한 것들에 열중하고 있습니다.

3138. 그들이 이런 성품의 소유자들이라고 일러졌을 때, 그리고 육신을 입은 삶에서 이런 것들에 익숙해져 있기 때문에, 그리고 그 뒤에 그는 그런 존재가 된다는 것이 일러졌고, 후에 그는 그가 자신에게 터득한 그런 영혼이나 본성이 된다는 것과 그런 뒤에는 더욱 더 뒤로 물러나서 종국에는 우주의 변방에까지 물러나게 될 것이다는 것도 일러졌습니다. 그 때 그는, 사는 것이나 죽는 것은 동일하고, 그리고 삶이든 죽음이든, 또는 그들이 사는 것이든 죽는 것은 아무런 상관이 없다고 말했던 자들의 사회에 들어갔습니다. 그 때 그는 배후의 가장 변방에 있다는 그런 부류의 무리를 발견하였습니다. 그리고 그는 실제적으로 동일한 존재였기 때문에 그것으로 인하여 그는, 자신이 취한 본성 안에 있었고, 그 때 자기 자신의 생명 안에 있으며, 그리고 그는 장시간 큰 소리를 쳤습니다. 그들과 함께 거기에 있던 자들은 이런 사실을 전혀 깨닫지 못하였고, 그리고 그의 마음 속에는 아무런 존경도 존재하지 않았습니다. 그는 멀리 멀

리 달려가면서, 소리를 질러댔습니다. 그 때 나에게 알려진 것은 그의 생명이나 삶의 됨됨이는 이런 부류의 것이고, 그의 호흡도 소위 가장 큰 자유 안에 있다는 것인데, 그 이유는 그런 부류는 지금의 그와 같은 작자들이기 때문입니다. 거기에서부터 그의 자유스러운 생각이 나오는데, 그런 생각은, 또는 전반적으로 허용된 호흡과 더불어 모두에게 널리 퍼져나갔습니다. 그리고 또한 마치 자기가 그들과 하나인 것처럼, 그가 존경받는 모두의 일반적인 원칙에서 널리 퍼져나갔습니다. 이런 내용이 바로 그의 생명이고, 삶의 상태입니다.

3139. 나는 그 생명의 본성에 관해서 그와 더불어 의논하였습니다. 다시 말하면 그들이 전쟁들이나 위험들 안에 있을 때, 그들은 죽음에 대하여 반드시 두려워하지 않아야 하지만, 그러나 전쟁 밖에 있고, 그들만이 오직 사람들이고, 그리고 살 가치가 있다는 신념이나 종지(宗旨)에서 비롯된 그런 삶을 산다는 것은 한마디로 어리석고 미친 짓입니다. 그들은 잘못되어서 되돌아올 수 없을 만큼 되었다면, 짐승들과 같은 거짓된 신념이나 종지가 그 사람 자신 안에서 야기되었다면 그들은 미치광이 상태나 광기(狂氣)에 빠져 있다고 하겠습니다.

3140. 그 뒤 그는 일순간에 되돌아왔습니다. 왜냐하면 장소에 속한 거리나 움직임의 거리 따위들은 저 세상에 있는 환상들을 가리키고, 그리고 그런 것들은 마술사들에 의하여 허용된 어떤 자들에게 일어나는 일이기 때문입니다.

3141. 나에게는 이런 것을 아는 일이 허락되었습니다. 말하자면 다른 자들에 비하여 월등하게 존경을 한 몸에 받는 자는 두려움도 모르고, 그리고 존경이나 부끄러움도 모르는 자들이 바로 그런 위인이라는 것입니다. 1748년 9월 13일

천사들에 의하여 점검받을 때 선한 영들은 어떻게 나타나는가에 관하여

3142. 아주 긴 현관이 네게 보였는데, 거기에는 수많은 남자들과 처녀들이 있었습니다. 나는 장식물도 보지 못하였고, 기억도 나지 않습니다. 내게 일러진 것은 천사적인 영들은 이런 식으로 나타난다는 것이고, 그리고 천계에서 보여질 때에도 그런 식으로, 그리고 또한 주님으로 말미암아서 보여질 때에도 그런 식이다는 것입니다. 1748년 9월 13일

영들 안에 심어진 과학적인 것들(=기억지들)에 관하여

3143. 경험을 통해서 내게 주지된 사실은, 영들의 내면적인 기억 안에는 이런 것들이 남아 있다는 것입니다. 그것들은 그들이 보고 들은 것이고, 본 것이고 깨달은 것입니다. 이것은 마치 사람들의 외면적인 기억 안에 남는 것과 꼭 같습니다. 그러나 사람들은 이런 것들을 다시 물러내지 못하지만, 그러나 주님께서만은 이런 일을 능히 하실 수 있습니다. 그리고 내가 주지한 것은 그들은 어떤 자들의 기억을 점유할 수 있고, 그래서 나와 같이 가장 오랫동안 남아 있는 그들은 내 안에서 행해진 다른 것들에 비하여 더 잘 안다는 것입니다. 그리고 다시 내가 깨달은 것은, 그들에게 일어난 것은 사후 어떤 자의 기억에 역시 되살아난다는 것입니다. 나는 이런 것에 관해서 아무것도 아는 것은 없습니다. 뿐만 아니라 그 밖에 여러 것들이 있지만, 나는 더 이상 생각나지는 않습니다. 1748년 9월 13일

3144. 이와 같은 일은 내면적인 것들 가운데서는 더 사실이라고 하겠습니다. 예를 들어 보겠습니다. 천사들의 경우, 완전의 계도에 따라서 그들에게는 아주 미세한 것들도 남아 있습니다. 왜냐하면 이것이 바로 선용이 없는 것은 아무것도 존재하지 않는다는 하나의 법칙이기 때문입니다.

천사들은, 사람이나 영에 속한 단 하나의 개념으로부터 그의 전 본성을 알 수 있다는 것에 관하여

3145. 어떤 영이 있었습니다. 그가 천사들은 사람의 전 본성이나 성품을 한 낱말의 단 하나의 개념으로 알 수 있다는 말을 들었을 때, 그는 매우 놀라워했습니다. 그리고 경험을 통하여 그것에 관하여 확증하려고 하였습니다. 그러므로 한 천사가 그에게 왔고, 그리고 그의 단 하나의 개념에서 그가 지각한 것이 무엇인지 밝히 드러내 보여 주었습니다. 그러나 그 일은 아주 나쁜 것으로 여겨지지는 않았습니다. 그리고 그에게 그것의 성질이다는 것을 말하였습니다. 그는 영광스러운 명성과 사후 이름을 떨치는 것이 하나의 목적으로 가지고 있기 때문에, 사실은 다른 자들이 더 이상 열망할 수 없을 만큼 그것을 목적으로 가지고 있기 때문에, 천사는 그에게 그가 가지고 있는 목적의 성질이 어떤 것인지 보여 주었습니다. 그는 이런 사실을 알게 되었습니다. 다시 말하면, 그의 이름의 광영을 위해서라면 보편적인 인류를 다 죽일 수 있다는 것이고, 그리고 그런 것에서 그는 가장 즐거움이나 쾌락 따위를 취할 것이다는 것입니다. 이렇게 보듯이 그는 자비 따위는 전혀 가지고 있지 않다는 것을 알게 되었습니다. 그는 전쟁에서 피를 쏟고, 그리고 쓰러진 수천의 목격에서 광영과 쾌락을 취하였기 때문에, 실제적인 그런 짓에 의하여 이런 것을 취하였습니다. 1748년 9월 13일

상태들의 변화에 관하여

3146. 저 세상에서는 그들이 완전히 유아·소년·청춘의 상태에 들어가서 자신이 유아기·소년기·청년기에 있다는 것 이외에 다른 것을 전혀 알지 못한다는 것은 일상적인 일입니다. 어떤 자가 지금 그런 상태에 들어갔습니다. 그래서 그 때 만약에 초기 청년기에 있었다면 그는 다른 것을 알지 못하였고, 다른 것을 말하지 않았을 것입니다. 사실 그는 그의 부모나 조상들과 함께 있었지만, 그들은, 그가 몸에 밴 실제적인 것들 때문에 그를 사랑한다는 것은 불가능하였습니다. 그러나 그 때 자녀에 대한 부모들이 가지고 있는 사랑,

즉 익애(溺愛·storge)가 자극을 받게 되고, 그래서 그들은 그를 극진히 사랑했습니다. 그들의 사랑은 역시 나에게도 교류, 인지되었습니다. 만약에 그가 소년이 아니었다면 그의 부모들을 화나게 하는 그런 식으로 그는 말하였을 것입니다. 왜냐하면 그는 어린 시절에 그의 형제들과 다투었기 때문에, 그가 모든 것들을 제거해 버릴 것이다고 말하였을 것입니다. 이런 일에 의하여 그는 그의 유아적인 원칙을 깨달을 수 있었던 것은 부모들의 사랑을 버릴 것이다는 것입니다. 거기에는 수많은 유아적인 것이 있었기 때문에 이 원칙은 그들이 사랑하는 것이었습니다. 그리고 그들이 그를 위로하는 것이고, 그리고 그에게 그가 아무것도 빼앗길 수 없다고 말하는 것이었습니다. 지금 나는, 비록 그가 유아기에 죽었지만, 지금은 어른이 된, 그의 형제를 지각하였습니다. 그의 모든 것을 그에게 주려고 한다는 생각이 일어났기 때문에, 그리고 그 때 진술한 사랑이 보여 졌기 때문에, 그것에 의하여 그의 현실적인 것에 대립되어 있는 것에 감동되어 그는 눈물을 흘렸습니다. 1748년 9월 13일

저 세상에서는 어느 누구나 반드시 선용(善用)을 성취하여야 하고, 그리고 그 선용으로부터 행복을 얻는다는 것에 관하여

3147. 나는 영들과 더불어 인체 안에는 심지어 배설물들까지도 선용을 이룬다는 것에 관해서 의논하였습니다. 예를 들면, 다른 이유 때문에는 쫓겨나게 될 세 담즙(膽汁)이지만, 그래도 장(臟)들에게는, 그리고 음식물의 소화에 있어서는 매우 중요한 선용을 수행한다는 것입니다. 남아 있는 부분들이 운반되어 나오게 되면 그것들은 들판에 대하여 선용을 수행합니다. 그것으로 인하여 유용한 것들은 보리나 그와 비슷한 것들을 통하여 그것은 인체에서 다시 선용을 수행합니다. 그리고 여전히 더 많은 일을 수행합니다. 따라서 저 세상에 있는 이런 것들에 관해서 언급된 것은 모든 것은 반드시 선용을 이루어야 한다는 것, 그래서 거기에는 그의 세계에 대하여, 그리고 인

류에게, 영들의 세계에, 천계에 대하여 선용을 수행하지 않는 자는 어느 누구도 존재하지 않는다는 것입니다. 최종적으로는 천계에서 그들의 지복(至福)은 선용의 성취 안에 존재하는 것이고, 따라서 그것으로 인하여 그들은 주님에게서 지복을 얻습니다. 그들의 지복이 선용의 수행에 샘솟듯 한다는 것은 이런 내용에서 명확한데, 그것은 주님께서 그들에게 선용들을 가리키는, 목적들을 애지중지하는 것을 하사(下賜)하신다는 것입니다. 1748년 9월 13일

그런 것은 이런 것에 의하여 예증되었습니다. 즉, 군대의 경우, 쓸모가 없는 자는 하나라도 있어서는 안 된다는 것에서 예증될 수 있겠습니다. 이런 사실은 일반적인 사회에서도 꼭 같은 것이고, 나라에서도 꼭 같은 철칙(鐵則)이라고 하겠습니다. 그렇지 않다면 그런 자는 저 세상의 주님나라에서도 쓸모없는 무거운 짐밖에 되지 않을 것입니다. 그런데 주님의 나라에는 목적들에 대한 선용들을 제외하면, 그리고 그것에서 비롯된 사랑들을 제외하면 아무것도 살아 있을 수 없는 그런 곳입니다. 1748년 9월 13일

　　인체(人體)도 전적으로 최대인간으로부터 형성되었다는 것에 관하여

3148. 이런 명제가 사람에게서 명확하다는 것은 천계에서 주입되었기 때문입니다. 사람의 인체는 의지에 속한 모든 판단들(=양식들·judgments)에 일치하여 전적으로 형성되었는데, 그래서 그것이 그것을 행동에로 옮길 수 있습니다. 그리고 의지는 사랑에 속한 것입니다. 더욱이 사람의 두뇌는 천사들의 보편적인 천계와 영들의 세계에 속한 개념들이라고 부르는 것에 일치하여 만들어졌습니다. 그리고 두뇌로 말미암아, 그리고 천계로 말미암아 인체의 모든 형체나, 또는 구조들은 존재하며, 그리고 그것에 대응할 수 있도록 존재합니다. 따라서 여기에서 명확한 사실은 인체에 관계되는 모든 것은 천적인 것들이나 영적인 것들의 표징이다는 것입니다. 1748년 9월 13일

존경의 수치(羞恥)에 속한 두려움에 관하여

3149. 살아 있는 개념으로부터, 그리고 동시에 살아 있는 경험으로부터 이런 것들을 알 수 있는 것이 나에게 주어졌습니다. 이미 앞에서 언급한 것과 같이, 온갖 위험들에 속한 두려움이 전혀 없는 자들이라고 해도 그들은, 동일한 정도의 명성·이름이나, 그와 같은 것의 상실에 대한 두려움을 가지고 있지 않다면, 세간의 안전에, 그리고 자기 자신에게도 그의 됨됨이를 폭로하게 될 것입니다. 다시 말하면 그런 두려움을 가지지 않는다면 비천한 자라고 생각되지 않을 정도의 지극히 천한 배설물과 같은 신세가 될 것입니다. 그러므로 그는, 필설로 표현할 수 없는 그런 공포와 두려움을 가지게 되는데, 그런 두려움은, 온갖 위험들 안에 죽음의 두려움을 완전히 상실한 것과 같은 마음의 한계를 넘어 방황하지 못하게 억압합니다. 왜냐하면 용감무쌍한 이름의 상실에 속한 두려움은 매우 큰 것이기 때문입니다.

3150. 그것의 두려움은 죽음의 위험 안에 있는 두려움과 꼭 같은 정도로 매우 극심합니다. 따라서 여기서 알 수 있는 것은, 주님께서는, 이 세상에 있는 어떤 것에 비하여 아주 비천한 배설물 같은 존재가 되지 않도록 사람을 인도하신다는 것입니다. 그는 역시 이 사실을 시인하였고, 그리고 그는, 이 세상에 있는 모든 것들 중에서 가장 보잘 것 없는 겁쟁이가 아니라면, 하나의 표현할 수 없는 그런 부류의 배설물과 같은 존재였을 것이다고 고백하였습니다. 1748년 9월 14일

3151. 따라서 그 개념 안에서 결합된 자들 사이에 그 어떤 표현할 수 없는 상태가 생겨났습니다. 그런데 그러한 상태는 양친에 대한 어린 것들의 존경에 관해서도 존재할 수 있는지, 다시 말하면 존경과 수치(羞恥)에서도 양친에 대한 복종을 내포하고 있는 두려움을 동반한 비슷한 상태가 존재할 수 있는지의 여부가 그들의 상태였습

니다. 이런 상태가 그들의 상태였는데, 그것은 어느 누구도 그들 자신의 기질에 속한 다종다양한 성질로 말미암아 그 어떤 인간에 의해서도 지각될 수 없었습니다. 1748년 9월 14일

유아들의 교육에 관하여

3152. 어린 것들을 가장 섬세하게 사랑하는 자들, 그래서 그들은 태아(胎兒)들이나 유아들을 사랑할 뿐만 아니라, 매우 자상한 어머니이고, 따라서 유아를 사랑하는 사랑이 지배하고 있는 상태 안에서 살지 않으면 거의 살 수 없는 이런 부류의 사람들은 고환(睾丸)의 영역이나 그것에 의존하고 있는 기관들을 형성하고, 그리고 여자는 자궁의 목 부위의 영역이나 난소들과 더불어 자궁의 영역을, 그리고 그것의 부속 기관들을 구성합니다. 이런 영역 안에 있는 자들은 가장 감미롭고, 그리고 매우 쾌적(快適)한 행복한 삶을 사는데, 그것은 필설로 기술할 수 없을 뿐만 아니라 그것의 상태 역시 말로 표현할 수 없을 정도의 쾌적 자체이고, 감미로움 자체입니다. 그들의 영역은 허리 사이에 있습니다.

3153. 이런 것에 반대되는 것들은 머리 위에 있는데, 그 곳에는 사람을 미치게 하는 것 이외에는 아무것도 존재하지 않습니다. 이러한 것은, 전에 언급했던, 안하무인격인 대담한 영이 가지고 있는 그런 특성에 의하여 드러난 것인데, 그것은 바로 그의 청년기에서는 어느 누구도 그 영 이상으로 발광할 수 없을 정도의 그런 성질이었습니다. 이것은 광기의 그 자체였으며, 그리고 그 광기는 극외적인 것들이나 관능적인 궁극적인 것 안에서도 폭발하였습니다. 이러한 내용은 이런 것들에서 비롯된 미친 자들에게서 능히 잘 알 수 있습니다. 17489년 9월 14일

이해되지 않기 때문에, 믿지 못하는 자들의 개념의 성질에 관하여

3154. 나는 영적인 개념에 의하여, 그리고 아래의 내용에 대하여 여러 영들과의 교류가 허락되었습니다. 그것은, 그들이 알고, 그리고 이해하지 못한다면 믿으려고 하지 않는다는 자들의 개념들은 시각에 속한 모든 대상물에 관해서 그릇된 추론에 속한 수많은 그런 개념들로 형성되었다는 것입니다. 왜냐하면 영들은, 그들이 모든 것을 알고 있다고 그들이 생각하는, 그리고 모든 것들에 관해서 추론하는 이런 부류의 탐욕을 가지고 있기 때문입니다. 사실 어떤 자들은 신념이나 종지로 말미암아 추론하기도 하지만, 그럼에도 불구하고 그때의 그런 것들은 잘못된 것입니다. 이런 수많은 개념은, 만약에 그들이 이해되지 않는다면, 믿지 않으려고 하는 자들에 속한 각각의 개념들로부터 형성된 그 개념은, 얼굴의 표징이나, 또는 어떤 것들이 표징에 의하여 그들의 안전(眼前)에 나타나게 되면, 거기에는 아주 천박(淺薄)하고 추악한 것들이 있게 되는데, 이런 것들은 더 이상 천박하고 보기 흉한 것은 다시없는 그런 것들이 되겠습니다. 1748년 9월 14일

이러한 사실은 내 주위에 있는 영들에게는 영적인 개념 안에서 이해되고, 목격되었습니다. 어떤 영은, 매우 악하지 않는 어떤 자에 속한 드러낸 개념을 보았다고 말하였고, 그리고 다른 영은 더 이상 추악하고 흉악한 것을 보지 못하였다고 말하였습니다. 1748년 9월 14일. 이것은 일반적인 하나의 개념으로, 그것은 그것이 아무것도 아니다고 할 수 있는 불영명(不英明)한 것입니다. 또 다른 자는, 자기는 저 세상에서 이런 일들을 볼 수 있다는 것을 믿을 수가 없다고 말하였습니다. 그의 이와 같은 생각은 그 즉시 드러났는데, 그것은 보기 흉하다는 다른 것에 비하여 아주 월등하게 뛰어난 것입니다. 1748년 9월 14일

내가 생각하기에는, 어떤 것이나 자기 자신에 속한 것이다고 한 영이 설득된 것처럼 여겨지는 일이 어떻데 일어나는지에

관하여

3155. 어떤 영이 있었는데, 그는 살아 있다고 여기는, 그리고 사실은 보인다고 여기는 것을 보이는 것처럼 다양한 방법으로 입증하였는데, 그는 그것에 의하여 혼란스럽게 되었고, 그리고 따라서 살았다고 하는 것은 그에게는 아무것도 아니다고 생각하였습니다. 그러므로 그것은, 그가 그의 눈으로 보았다고 생각하는, 그리고 그가 직접 손으로 만져 보았다고 생각하는 다종다양한 방법으로 그에게 입증되었습니다. 그러므로 눈을 가지고 있고, 그리고 손을 가지고 있다고 자신에게는 그것이 그렇다고 생각되었습니다. 더욱이 그들에게 일러진 것은, 그가 하나의 사람이었을 때와 같이, 그에게는 동일한 것을 즐긴다고 여겨지는 외적인 감관들에게서와 꼭 같이, 모든 것은 다 그러한 것이다는 것입니다. 그 때 그의 생각도 그와 마찬가지였는데, 그의 생각은, 자기의 생각은 오직 자신의 것이다는 것이었습니다. 이것은 바로 예전에 다른 자들로 말미암아 그가 생각한다고 입증되었을 때 일인데, 그 때 그는 그가 그것으로 생각하고, 그리고 그와 같이 있다고 생각했던 그 사회는 그에게서 제거되어 떠나버리고 말았습니다. 그 때 그의 내면적인 것들은 매우 순진무구한 방법으로 생각한다고 여겼습니다. 떨어져나간 그 생각은 내 머리 위에 자리잡고 있었는데 그것은 그가 거기에서 그것을 받기 위해서입니다. 이런 사실들에서 확신한 것은, 생각을 일으키는 것은 오직 그 사회와 그 사회의 직관(直觀)이다는 것, 그리고 그것의 힘은 머리 위에 자리잡고 있는 것이고, 그가 살아가도록 하는 것은 나머지 것으로, 그것은 보다 더 순수한 사회(a purer society)이다는 것 등입니다. 1748년 9월 14일

3156. 어떤 선한 영이 그 말을 들었습니다. 그에게 말하는 것이 허락되었는데, 그가 자신을 위해서 열망하는 것은 그런 것이기 때문에, 그것은 산다고 하는 자신에게는 더 이상의 것으로 여겼습니다. 그러므로 그와 같은 것은 그에게는 아무것도 없었습니다. 더욱이 주

님의 생명을 산다는 것 이상 그가 원하는 것이 무엇이겠습니까? 그가 이 말을 듣자, 그는 크게 놀라서 그는 지금까지 이런 말을 들은 적이 한 번도 없다고 말하였습니다. 1748년 9월 14일

자기는 확실히 자신이고, 그는 육체로 구비된 존재라고 생각하는 영에 관하여

3157. 나와 이야기를 하고 있는 동일한 영이 그의 말로 나에게 말을 하였는데, 그에게 대답하는 말이 허락되었습니다. 그것은, 그의 말(his language)이 아니고 나의 것이다는 것이었습니다. 우리의 말은 각자각자에게는 마치 외국인과 같습니다. 더욱이 그는 자신이 입술과 혀를 가지고 있다고 생각하지만, 그러나 저 세상에서 입술이나 혀는 거기에서 그것으로 말하고, 그리고 그것에 필요한 것이 아니라고 생각하였습니다. 그러나 그는 그것들을 가지고 있다고 생각하였습니다. 또 다른 영이 있었는데, 내가 손을 뻗었을 때, 그 영은, 그에게 주어진 깊은 생각으로부터 그는 그것을 잡았다고 생각하고, 그가 그것을 잡은 것은 자기 자신이다고 말하였습니다. 그에게 일러지는 것이 허락되었는데, 그는 그렇게 생각하고 있지만, 그러나 그것을 잡고 있는 것은 그가 아니고, 나라는 것입니다. 더욱이 다른 영들이, 그들이 이른바 나의 신체라고 주장하였을 때, 그들에게 일러진 말은 내 육체는 나의 영에 결합되어 있다는 것이고, 따라서 나의 영에 속한 육체가 있다는 것이고, 그의 영에 속한 육체는 죽은 것이다는 것이었습니다. 그러므로 그는, 마치 한 영이 다른 영에게 입류하듯이, 나의 영에 그저 단순하게 유입한 것에 불과하다는 것이었습니다.

3158. 그 때 나의 영이 나의 육체와 함께 활동하게 되자, 그들은 나의 육체와 더불어 그들이 활동한다고 생각하였습니다. 그리고 지금은 그런 일, 즉 한 사람의 영이 다른 자의 육체를 소유한다는 것은, 만약에 빙의(憑依)된 상태에서 활동하는 것이 아니라면, 그런 일

은 불가능합니다. 왜냐하면 나의 것을 제외하면 나의 육체에 적합한 영은 결코 없기 때문입니다. 나의 육체에 속한 것은, 개별적인 것이든 전체적인 것이든, 나의 영에 일치하여 동의하고, 대응하며, 그리고 대응에 의하여 하나를 이루기 때문입니다. 나의 영과 나의 육체 사이에는 이음(=고리·nexus)이 있는데, 그것은 결코 나의 영과 내 육체 사이에 존재할 수 없습니다. 1748년 9월 14일

3159. 내게 일러진 것은 영을 억제하는 예를 들면 명예·수치·공포·여러 종류의 탐욕들인 외적인 구속적인 것들이 있기 때문에, 따라서 영들은 그런 것들과 제휴하고, 또한 그런 구속들 안에 그를 사로잡습니다. 그러나 이런 영들이 멀리 옮겨지게 되면 그 즉시 외적인 구속들로부터 자유스러운 미치광이 같이 앞으로 돌진해나갑니다. 그리고 이성은 그들에게서 사라졌습니다. 왜냐하면 그들은 그 때 이성을 가지고 있지 않고, 오히려 본성에서 행동하기 때문입니다. 1748년 9월 14일

일반적 감관을 드러내는 자들에 관하여

3160. 내 위에 아주 높고 넓은 곳이 있었는데, 그리고 몇몇 영들이 왔는데, 그들은 여럿이 함께 하는 것과 같은 소리를 냈습니다. 내가 생각하기에 그들은 명확한 개념을 가지고 있지 않고, 다만 모든 것들에 속한 하나의 일반적인 개념 안에 있는 것 같았습니다. 그리고 내가 생각한 것은 그들에게는 명확한 원칙들은 지각되지 않고, 다만 일반적인 불분명한 것이나 불영명한 것들만 지각된다고 나는 생각하였습니다. 그것은 일상적인 경우가 되겠습니다. 그럼에도 불구하고, 그들은, 그들과 결합한 다른 영들을 통해서 나와 이야기를 하였습니다. 그래서 거기에 소리가 있었고, 그들의 개념들을 나는 지각할 수 있었습니다. 왜냐하면 이런 부류의 일반적인 원칙은, 그런 성질을 가지고 있는 다른 자들을 통하지 않고서는 언어에 속한 개념들을 알 수가 없기 때문입니다. 그들과 이야기를 한 뒤에 내가

그들에게 말한 것과 같이, 그들은 동시에, 내가 명확하게 내 생각에 들어온 수많은 것들로부터 그리고 동시에 지각한 모든 것들에 속한 일반적인 것들을 동시에 생각하였습니다.

3161. 이런 일반적인 것들은, 사람의 일반적인 생각의 일상적인 경우에서 볼 수 있듯이, 명확한 어떤 것의 명료한 개념을 담고 있을 수가 없습니다. 그것은 불영명할 뿐만 아니라, 또한 그것은 무가치한 것이기도 합니다. 나는 거기에는 사실 일반적인 다양한 것들이 주어지지만, 여전히 그것은 유사한 것들을 가리킵니다. 왜냐하면 그들은 불영명하고, 이른바 그들은 무가치한 것이기 때문입니다. 뿐만 아니라 반 시간이 아니고 15분 동안 나에게 보여졌는데, 바로 그들은 일반적인 것 안에 있는 모든 것들에 속한 일반적인 것들의 명확한 개념을 동시에 가지고 있었습니다. 왜냐하면 나의 생각이나 정동의 다양함이나 변화에 관해서 존재하는 개별적인 것이든 전체적인 것이든 그것들 전부와 더불어 나의 생각들에 속한 모든 다양함들과 변화들을 그들은, 다른 영들이 그것들에 대해서 더 이상 관찰할 수 없을 정도로 아주 정확하게 관찰하였기 때문입니다. 이런 내용들로 볼 때 추측할 수 있는 것은, 그들은 일반적인 것들에 속한 명확한 개념을 가지고 있다는 것이고, 그리고 다른 것에 비하여 더 좋다는 것입니다. 그리고 그것으로 말미암아 그들은 참된 것을 말하기 때문에 어떤 참된 것을 말하여야 하고, 전체적인 것이든 개별적인 것이든, 모든 것들은 최종결론을 위해서는 필수적입니다.

3162. 그렇기 때문에 말하자면 어떤 것에 관해서 더 이상 생각한다는 것에 대하여 두려움을 느끼기 시작하였습니다. 왜냐하면 그들은 예를 들면 나의 생각이나 정동의 다양함에 숨겨져 있는 것들인, 정동들이나 그와 비슷한 것들에 관해서, 이런 것은 내가 밝혀지는 것을 달가워하지 않는 것들인데, 그들은 서로 의논하였기 때문입니다. 그러므로 나는 그들과 함께 더 이상 말을 한다는 것이 바람직한 것이 아니라는 것을 내 말 속에서 지각하였습니다. 이런 바람직한

것이 관측되었을 때, 나의 얼굴에서, 멀지 않은 곳에 긴 머리카락을 가지고 있는 머리 하나가 나타났는데, 그것은 내 몸 안에서 그것 자체를 가지고 와서, 약간은 조잡하고 껄끄럽게 말하였습니다. 그와 같이 나타난 것은 하나의 영이었습니다. 그 이유는, 지금 그런 사실이 주입되었기 때문에, 거기에는 육신에 유사한 단순한 하나의 원칙이 의미되고 있기 때문입니다. 다시 말하면 일반적인 관능적인 대응이 의미되었기 때문입니다. 따라서 그는 종국에는 수면상태에 빠지고 말았습니다.

3163. 오늘 일찍 나는 그들과 또 의논하기 시작하였습니다. 그들이 말한 것에 따르면 밤중에 나와 같이 말하였지만, 그러나 나는 잠자고 있었고, 그래서 그들은 다른 자들과 이야기할 수밖에 없었다고 말하였습니다. 지금 내가 깨달은 것은, 영명하지 않은 것은 아니지만, 그들은 조잡한 지각을 가지고 있다는 것입니다. 그러나 나는, 내 생각 안에 존재하는 것은 모든 것에 속한 투명한 지각이라고 말할 수 있겠습니다. 그러므로 그 사람은 다른 자들에 비하여 그들에 의하여 더 좋게 인도될 수 있었습니다. 왜냐하면 생각에 속한 일반적인 상태들은 개별적인 것들에 관해서도 마찬가지이지만, 말하자면 다종다양하기 때문입니다. 그 이유는 그것들이 일반적인 것에서 비롯된 것과 같이 일반적인 원칙들과 관계를 가지고 있기 때문입니다. 이런 사실은 수많은 것들에서 아주 명확합니다.

3164. 이런 자들이, 사람 안에 있는 내적인 일반적인 뜻을 뜻하는 자들입니다. 사실, 그 일반적인 뜻은 관능적인 기억에 관계하지 않고, 다시 말하면 개별적인 것들과 관계를 가지고 있습니다. 그러나 기억에 속한 일반적인 뜻은 내면적인 것에 가깝습니다. 그러나 그들이 어디에서 왔는지 나는 알지 못합니다. 우리의 지구에 비슷한 영들이 있는지 아닌지 깊이 생각하는 것이 주어졌고, 불명한 일반적인 개념 또는 관념에 있는 자들이다는 것을 결론짓는 것이 나에게 허락되었습니다. 이들이 사후에 수많은 것들에 속한 이런 부류의 일반

적인 개념 안에 들어갈 수 있는지에 관해서는 나에게 명확하지 않습니다. 내가 깨달은 사실은, 그들이 다른 세계에서 온 것과 같이, 생각하기를 원한다는 것입니다. 그러나 그들은 그렇게 말하지 않고, 그들은 다만 그렇게 깨닫고 있다는 것입니다.

3165. 그러므로 여기서 아주 명료하게 밝힐 수 있는 것은, 수많은 것들이 명확하게 지각되는 것들이 내재해 있는 수많은 것들에 속한 일반적인 것이 존재한다는 것입니다. 보다 내면적인 것 안에 무엇이 없겠는가? 그리고 더 내면적인 것 안에, 따라서 천사들 안에 무엇이 없겠는가? 우주를 다스리는 주님 안에는 무엇이 없겠는가? 그가 보편적인 섭리 안에 있을 때 가장 단일적인 것들에 속한 섭리 언에는 무엇이 없겠는가? 1748년 9월 15일

사랑은 잠을 잘 수 없다는 것에 관하여

3166. 내가 영적인 개념에서 지각한 사실은 사랑은 결코 잠을 잘 수 없다는 것입니다. 이러한 사실은 육신을 입은 삶에서의 수많은 것들로부터, 그리고 그들의 자녀들이 어떤 위험에 처해 있을 때 부모들로부터 잘 알 수 있고, 그리고 친구들로부터도 마찬가지입니다. 그러므로 본질적으로 사랑은 항상 깨어 있다는 것입니다. 1748년 9월 15일

그들이 선한 존재일 때 저 세상에서 인품의 존경은 역시 관측된다는 것에 관하여

3167. 수도 없이 관측된 사실은 세상에서 대단한 지위에 있는 인물들, 예를 들면, 왕들이 되겠는데, 그는 왕으로 태어났고, 유아 때부터 고귀하고, 다른 자에 비하여 월등하게 뛰어난 자질(資質)을 가지고 있습니다. 그리고 수년이 지난 뒤, 아마도 100년, 1,000년이 지난 뒤에도, 이런 것들이 후광(後光)을 잃거나, 사라지지 않고 있습니다. 그럼에도 불구하고 그 위엄의 후광은 어느 누구에게도 성가신

존재가 아니다는 측면에서 성실과 선량의 영기와 결합되어 있습니다. 그렇게 출생하였고, 정직하고 선량한 자들에게는 도덕적인 영들 (moral spirits)에 의하여 일종의 그것에 대응하는 순종이 보여지고 있습니다. 왜냐하면 그런 것은 아무도 해치지 않고, 그리고 모두에게 호의와 친절을 행하는 선한 영에게 속한 것이기 때문입니다. 그러므로 특별한 성품이다는 것이 드러나고 있는, 이런 대응하는 영기를 가지고 있지 않는 어떤 자에게 일러진 내용은, 외적인 구속적인 것들 안에 있는 어떤 것이 그에게는 결여(缺如)되어 있다는 것입니다. 말하자면 결여되었다는 것은 그는 아주 쉽게 자기 자신의 본성에 달려간다는 것입니다. 1748년 9월 15일

영들의 세계나 천계의 모든 것 안에는 평형이 존재한다는 것에 관하여

3168. 매우 순수하고 절대적인 편형(平衡)이 존재한다는 것은, 어떤 자는 내가 여기에 가기를 원하고, 다른 자는 내가 거기에 가기를 원할 때 나의 거동(擧動)들이 그것을 입증하고 있습니다. 그리고 그 전에 행한 것이지만 그 밖의 다른 일들에 의해서도 입증되고 있습니다. 나는 지금 언급하고 있는, 개별적이든 전체적이든, 삼라만상(森羅萬象) 안에 있는 모든 것들은 평형의 상태 안에 존재한다는 평형에 관해서 의논하였습니다. 그리고 대기(大氣)의 세계에서도 그러하고, 자연에 속한, 개별적이든 전체적이든, 모든 것들 안에도 그러하다는 것입니다. 더욱이 평형상태에서 명료하게 드러난 사실은 지극히 작고 미세한 힘도 평형상태에서 움직이고 있다는 것입니다. 그리고 매우 강한 저항을 드러내는 원인들도 평형상태에서 움직인다는 것입니다. 따라서 그런 상태는 영들의 세계나 천계에 존재하는데, 거기에도 역시 모든 것들의 평형이 있다는 것입니다. 그러므로 개별적인 것이든 전체적인 것이든, 모든 것들은 주님에 의하여 쉽게, 그리고 결코 어려움이 없이, 다스려지고 있습니다. 그러므로 평형은

보존되어 있습니다. 따라서 여기에서부터 알 수 있는 그 이유는 온갖 겪는 고통이나 고난을 통해서 평형상태에 있지 않는 것은 벗어나지 않으면 안 된다는 사실 때문입니다. 1748년 9월 15일

자기 자신 안에서는 비난하고, 입으로는 다른 것들을 말하는 자들에 관하여

3169. 어떤 사람이 있었는데, 그는 그의 생애를 지내는 동안 다른 자들과 함께 외적인 것들을 생각하면서 살았습니다. 그리고 그는 다른 사람들에 대하여, 그의 명성이나 이름을 위해서 아주 조심스럽게 말을 하였기 때문에 다른 사람들로부터 존경을 받았습니다. 그럼에도 불구하고 그는 자기 자신과 관계되는 것을 제외하면, 그리고 특별한 우정에 의하여 그와 결합된 자들을 제외하면, 모두를 비난(非難)하였습니다. 그래서 그는 그들을 지옥에 가라고 단죄(斷罪)하였고, 그가 빠져 있는 그의 생각의 상태에서 그가 하는 말을 그들이 들었기 때문에, 그의 삶의 상태에서 그는 쉽게 그런 상태에 빠졌고, 그리고 그 때 동일한 것을 생각하였습니다. 그 때 그가 그들에게 말하였기 때문에 다른 자들은 그의 생각을 들었습니다. 왜냐하면 그들이 들은 그런 것들이 바로 생각들이고, 개념들이기 때문입니다. 그의 생각들을 말하는 그의 말을 들은 그들은 자주 무섭고 두렵다고 말하였습니다.

3170. 머리 전체가 깨지는 것 같은 매우 비참한 형벌을 받았습니다. 반항만 생기고, 회개는 오랫동안 지연되었습니다. 다른 자들은 그것을 알아차렸지만, 나는 그것을 보지 못하였습니다. 1748년 9월 15일

3171. 그 뒤에 그는 이런 말을 하였습니다. 자기는 사회생활을 하면서 조심스럽게 말을 하였고, 그래서 그는 어느 누구에게도 해를 끼치지 않았다고 하였습니다. 그러므로 저 세상에서 이런 형벌을 받지 않아야 한다고도 말하였습니다. 그런데 그것은 단순히 그의 생각

일 뿐입니다. 그리고 행위에서는 그것이 폭발하지는 않았습니다. 그러나 다른 자들에 의한 그에 대한 대답은, 그는 자기 자신을 위한 영예나 명성을 위해서 조심스러웠고, 그리고 만약에 그가 할 수 있는 이른바 자유의 상태에 있었다면, 그는 이와 같은 일을 실제적으로 행하였을 것입니다. 더욱이 그의 사회적인 영특함 때문에 상을 받았을 것입니다. 다시 말하면 온갖 고위직에 오르는 상을 받았을 것입니다. 그러나 저 세상에서 그것은 바로 벌을 받아서 마땅한 생각들일 뿐입니다. 그는 그가 생각으로 말미암아 절제(節制)할 수 없었다고 말하였기 때문에, 따라서 그는 자신의 생각에 대하여 벌이 주어지지 않을 것이라고 말하였기 때문에 그들은 그에게, 따라서 그는 이와 같이 다른 자들을 비난하였지만, 그럼에도 불구하고 그 때 다른 자들은 사회생활에서 조심스럽게 살았다고 말하였습니다. 그는, 그들이 악한 것들을 생각하였기 때문이다고 대꾸하였고, 이와 같이 그는 스스로를 납득시켰습니다. 그러므로 그는 자신이 죄를 저질렀다는 것을 고백하였습니다. 1748년 9월 15일

환상들은 무엇이고, 상상들은 어떤 것인가에 관하여

3172. 나는 영들과 환상들(=망상·phantasics·幻想)에 관하여 이야기하였습니다. 사실은 사람들은 전적으로 육체적인 관능적인 인간이라고 생각하는 자들과 이야기하였습니다. 그들은 비록 그들이 영들이라는 것을 알고 있었고, 그 밖의 다른 것들도 알고 있었기 때문에 그들은 자기 자신들에 대하여 육신에 속한 가장 낮은 기능들을 시도하는 것으로 보여 진다고 말하였습니다. 그러므로 우리들은 그런 환상이나 망상에 관해서 말을 하였고, 그리고 그에게 할 수 있는 대답이 주어진 것은, 거기에서부터 환상이나 망상이 무엇인지 알 수 있다는 것이고, 그리고 사람은 자기 자신으로 말미암아 사는 것처럼 보이지만, 그것이 바로 환상이고 망상이다는 것이고, 그리고 육신이나 관능적인 것들에 관한 이런 환상들이나 망상들이 존재하고, 그리

고 자신 안에, 그리고 자기 자신으로 말미암아 이런 것들이 살아서 남아 있는 동안은, 그것이 놀라운 일은 아니다는 것 등등이 그 대답이었습니다.

3173. 그 뒤 우리들은 천사적인 표징들에 관해서 의논을 하였습니다. 그들은 그럼에도 불구하고 비록 그것들이 그렇게 보이기는 하지만 그것들은 아니다고 말하였습니다. 그것에 관해서 주어진 대답은, 그런 것들이 상상들, 또는 표징적인 상상들인데, 그것은 천적인 진리들이나 영적인 진리들을 뜻하고, 따라서 천사들이나 천사적인 영들에게 드러나 보여집니다. 그러므로 그것들은 환상이나 망상들이 아닙니다. 왜냐하면 그들은 그것들을 느끼고, 그리고 그것들에 의하여 그들은 마음 속으로부터 기쁨과 즐거움을 만끽하기 때문입니다. 이런 기쁨이나 지복(至福)은 그것 안에 내재해 있는 믿음에 속한 진리 이외의 그 어떤 다른 근원에서 올 수 없습니다. 1748년 9월 15일

천사들에 속한 총명에 관하여

3174. 나는 영들과 천사들의 총명에 관해서 의논하였는데, 그것은 필설로 기술될 수도 없고, 무엇이라고 상상할 수도 없다는 것이었습니다. 이런 사안에서 드러나고 있는 것은, 그것은 바로 사랑에 속한 경외(敬畏 · the fear of love)이다고 제의(題議)된 것만으로도 분명하겠습니다. 그 곳에 있었던 영들도 그것에 관해서 아무런 개념이나 생각을 가지고 있지 않았습니다. 그러므로 일러진 대답은 사랑에 속한 경외(=두려움)는 오직 그 상태에서만 파악될 수 있고, 그리고 그것에 관해서 말할 수 있는 것은 큰 책으로도 기술될 수 없는 천사들의 개념 안에서 동시에 파악되는 수많은 것들이다는 것입니다. 그것이 비록 하나의 개념에 지나지 않는다고 해도, 그럼에도 불구하고 그것은 인간적인 이해에 대해서 표현될 수 있는 것은 그 반(半)도 될 수 없다는 것입니다. 1748년 9월 15일

사람과 영 안에는 상반된 두 사실이 주어진다는 것에 관하여

3175. 내가 경험을 통해서 터득한 사실은, 사람이나 영 안에는 상반되는 두 가지가 주어진다는 것입니다. 예를 들면 원하는 것과 원하지 않는 것이 되겠고, 그리고 외적인 것은 그가 강력하게 원하지 않는 것이고, 내적인 것은 그가 원하는 것 이상 다른 것을 원하지 않는 그런 것이 되겠습니다. 전자의 경험은, 그런 것들을 지각하는 것이 주어진 어떤 사람 안에 있지만, 후자의 경험은 우리의 지구의 영들에 의하여 괴로움을 겪는 목성의 영들 속에 있습니다. 그들은, 그들이 남아 있기를 바라지 않는다고 고백하였습니다. 그러나 내적인 것으로 말미암아 고백한 사실은 남아 있기를 바라지 않을 수 없다는 것이었습니다. 수많은 다른 것에서 그러합니다. 1748년 9월 16일

영들을 통하는 천사들의 언어에 관하여

3176. 내가 또 깨달은 것은, 천사들이 말을 할 때 그들은 영들을 통해서 명료하게 말한다는 것입니다. 그 때 그 영들은 이른바 개념들의 개울이나 강에 있는 것처럼 유창하게 말을 하였고, 따라서 천적인 것들은 나에게 거의 도달하지 않았고, 그리고 낱말들을 통해서만 나에게 도달하였습니다. 이러한 것은 영들의 사정에 따른 것입니다. 1748년 9월 16일

주님께서는 가장 개별적인 것들 안에서 인류를 다스리신다는 것에 관하여

3177. 나의 과거 생활에서 보면 모든 것들은 주님께서 다스리신다는 것은 과거 나의 삶에 관해서 드러난 것들로부터 나에게는 아주 확실합니다. 더욱이 전에 그에 관해서 언급된 자에게서도 더욱 명백합니다. 그 사람은 모든 자들 중에서 가장 무지막지한 인물이었습니다. 그 사람의 삶의 관리가 점검되었습니다. 예를 들면, 다른 자들과

비교하여 명성이나 탁월한 광영 등에 관한 것이고, 외적인 구속들 안에 거의 비슷한 정도에서 규제되지 않았다면, 그는 다른 자들 이상으로 배설물들과 같이 되었을 것입니다. 왜냐하면 그것들이 그 사람을 구속하는 그런 것이었기 때문입니다. 따라서 그 사람은 앞에서 입증한 것과 같이, 주님에 의하여 인도되었고, 천사들에 의하여 확증되었고, 인식되었습니다. 오늘도 역시 나의 영적인 개념에서 명확하게 지각된 것처럼, 만약에 여인들의 사랑에서부터 그와 같이 제지되지 않았다면, 그리고 단순히 물만을 마시는 정도가 아닌 술 중독에서부터 제거되지 않았다면, 온전히 하나의 배설물로서의 본질에까지 타락하였을 것이라는 사실이 밝히 드러났습니다. 1748년 9월 16일

행위에 속한 것이 아니고, 의지에 속한 것들에 관하여

3178. 앞에서 언급한 경우이지만, 비록 그들은 악을 생각하였지만, 그렇다고 악을 행하지 않았기 때문에 의로운 존재라고 여겨지기를 원하는 영들이 있었습니다. 따라서 나에게 이러한 내용이 주입되었습니다. 즉 생각 속에는 들어가지만, 의지에 들어가지 않는 것은 어떤 것이나 죄가 아니다는 것입니다. 그 때 만약에 의지나 의지와 비슷한 것에 들어가고, 그리고 그가 이것은 죄라고 생각하고 또 주님의 말씀에 어긋난 것이라고 생각한다면, 그리고 양심에 짐이 된다고 생각한다면, 그래서 그것을 털어 버려야 한다고 생각한다면, 이것 역시 죄가 될 수는 없고, 오히려 그것은 시험일뿐입니다. 그러나 만약에 어떤 것이 생각 속에 들어왔다면, 그리고 의지 속에 들어왔다면, 그래서 다만 외적인 구속들이 방해를 받지 않기를 원한다면 이것은 죄입니다. 이러한 것은 주님께서 말씀하신 것과 같은데, 즉, 정욕을 가지고 여인을 보는 자는 이미 음행을 범한 것입니다. 1748년 9월 16일

내면적인 형벌들과 그 밖의 다른 형벌들에 관하여

3179. 행하는 것 이상의 다른 것들을 생각하고, 그리고 외적인 구속들에 의하여 행하는 일에서 자신을 그렇지 못하게 막고, 그리고 그래서 자신들의 생각들을 행사하고, 따라서 이와 같은 실제적인 삶을 살았다면 이들은 저 세상에서 생각에 의한 분열의 형벌에 의한 고통을 겪습니다. 그러므로 내면적인 생각들은, 내가 이미 배운 것과 같이, 외면적인 무언(無言)의 생각들과 싸워야 하고, 그리고 이런 생각에 빠져 있는 동안 나는 싸움과 분열을 겪어야만 합니다. 이 밖에 다른 많은 형벌도 겪어야 하는데 예를 들면 수치나 그와 비슷한 것이 되겠습니다. 1748년 9월 16일

수치로 괴로워한 자들에게는 면전에서 머리를 끄덕이는 모습을 보여줍니다. 1748년 9월 16일

어떤 영들이나 영들의 사회는 보다 순수한 영기에 살 수 없다는 것에 관하여

3180. 내가 영들과 대화를 할 때 일어난 일인데, 내가 보기에는 나 자신에게서보다 조악(粗惡)한 영기가 옮겨지는 것 같았습니다. 이런 일은 영적인 방법으로 행해지는데, 사람은 그것을 이해할 수 없습니다. 그 조악한 영기가 그렇게 옮겨졌을 때 정면 먼 곳에 있던 영들은 그 때에 그들은 더 이상 남아 있을 수 없다고 슬퍼하기 시작하였습니다. 그래서 그들은 멀리 도망하였습니다. 이것 역시 영들의 분열의 일종입니다. 그것은 바로 동풍(東風)을 가리킵니다. 1748년 9월 16일

이른바 그늘이나 조악한 구름의 옮김에 의하여 거기에 이런 영역에 속한 여러 사회들이 있었고, 그리고 그것들이 도망하였다는 것이 알게 되었습니다. 이것은 그와 같은 것을 드러냅니다. 그러므로 나는, 일종의 어떤 그늘에 속한 제거가 있었다는 것 이외의 다른 것을 전혀 알지 못합니다. 내가 감관들이나 이해의 엄한 것이나 보다 순수

한 것들에게 오게 될 때 이런 일은 나에 의하여 자주 일어났습니다.

어떻게, 누구에 의하여 꿈들이 일어나는지에 관하여

3181. 나는 수많은 경험을 통해서, 꿈들이 어떻게 해서 생기고, 어떤 영들이 꿈들을 생성하는지 터득하였습니다. 깨어 있는 상태에 있을 때, 그리고 다른 자들이 잠의 상태에 있을 때 또는 잠을 자고 있을 때, 그 때 나는 영들의 무리 중 한 영이었습니다. 그 때 나에게는 꿈들을 소개하는 그런 영들과 함께 있는 것이 허락되었습니다. 그리고 또한 꿈들을 소개하는 것이 나에게 허락되었습니다. 그리고 그것이 사실이다는 것도 경험들로부터 배웠습니다. 다른 자들은, 내가 꿈들을 소개한 뒤에 서너 번 깨었습니다. 그 때 나는 그가 시인한 그의 꿈에 속한 것들을 설명하였습니다. 나에게는 이른바 즐겁고 기쁜 것들을 소개하는 일이 허락되었습니다. 그 때 나는 생생한 경험에 의하여 누가 꿈을 꾸게 하는지, 어떻게 꿈을 꾸는지를 배우게 되었습니다. 그것은 표징들에 의하여 일어났습니다. 그 목적은 잠자는 자를 기쁘게 하기 위한 것입니다. 거기에는 그가 잠을 자고 있을 때 악령들에 의하여 괴로움을 받지 않도록 사람을 지켜주는 임무를 맡은 자도 있었습니다. 그들은 아주 큰 기쁨을 가지고 깨어 있는 상태에서 그런 일에 종사하였습니다. 그래서 그들 중에는 누구는 거기에 있도록 애를 썼습니다. 그들은 선한 영들이기 때문에, 그들에게 가장 즐겁고, 기쁜 것들을 사랑하기 때문입니다.

3182. 이들이 육신을 입은 삶에서 똑 같은 것들에 의하여 기쁨을 만끽했던 자들입니다. 그래서 그들은 다른 사람의 삶을 즐겁게 만들기 위하여 모든 열의와 애정을 가지고 사랑하였습니다. 예를 들어 보겠습니다. 어떤 어머니들은 그들의 어린 것들이나 어린 자녀들과 함께 놀이를 하는 것에 의하여 사랑하였고, 간호사들은 어린 것들의 모습으로 행동하기를 사랑하였습니다. 그리고 이런 분들은 육신을 입은 삶에서 그런 일을 하는 것에 익숙하게 되었습니다.

3183. 이런 자들은 특히 사람의 머리 위쪽 가까이에 있었습니다. 다시 말하면 소뇌가 있는 그 후두부의 위쪽 가까이에 있었는데, 나는 그 때 그들과 대화를 하였습니다. 그들은 역시 거기에 있으면서 내가 저술하고 있는 것들을 지시하였습니다. 나는 이런 일들을 하면서 그들의 기쁨을 어느 정도 알 수 있었습니다. 이런 부류의 인물들에게는 대뇌의 영역이 아니고, 소뇌의 영역이 허락되는데, 이 문제에 관하여 나는 천사적 영들과 대화를 하였습니다. 그들이 하는 말은, 대뇌로부터는 아무것도 얻을 수 없었지만, 소뇌로부터는 얻을 수 있었다는 것입니다. 왜냐하면 소뇌는 밤 시간에는 깨어있지만, 대뇌는 잠을 자기 때문입니다. 그리고 소뇌는, 대뇌가 깨어 있는 낮 시간에 잠을 잔다는 것입니다.

3184. 그 밖에 다른 영들도 있었습니다. 그들은 흉부(胸部), 즉 왼쪽 가슴의 영역을 점유하고 있었습니다. 나는 역시 감각적으로 동시에 그들을 인식하였습니다. 그들에 의하여 상급의 영들은 공격을 받았고, 괴로움을 겪었습니다. 왜냐하면 그들이 거기에 함께 있으려고 하였기 때문입니다. 그러나 그들은 자만심이 강하고, 그런 것들을 소유하기를 열망하는 그런 부류이기 때문에, 그들은 위의 갈비뼈 이상 더 높이 올라가는 것이 허락되지 않았습니다. 그렇지 않고, 그들이 활동하는 것이 허락되었다면 그럴수록 상급의 영들(the superior spirits)을 더 공격, 괴롭혔을 것입니다. 그리고 그것에 비례하여 꿈들은 귀찮은 것들이 되고, 그리고 무가치한 것이 될 것입니다.

3185. 그 주위에 또 다른 영들이 있었습니다. 그들은 그들을 공격, 괴롭히는 것을 열망하였습니다. 그러나 선한 영들은 그들을 두려워하지 않았습니다. 그래서 괴롭히는 그런 자들을 분산(分散)시켰습니다. 그래서 거기에는 이른바 투쟁들이나 승리들이 있었습니다. 이상에서 볼 때 사람들에게 확실한 것은 악령들은 사람이 잘 때 사람을 공격, 괴롭히려고 무진 애를 쓰고 있지만, 주님께서는 모든 사람을 매 순간 어떻게 지키시는지 나에게도 확실하다는 것입니다. 1748년

9월 17일

3185[A]. 그들은 이런 말을 하였습니다. 그들은 원하기만 하면 그들은 능히 꿈을 꾸게 한다는 것입니다. 그리고 경험을 통해서 그것을 입증하였습니다. 그러나 그들에게 일러진 것은 그 일이 허락되었을 때에만, 그들이 그 일을 할 수 있다는 것입니다. 따라서 그것은 그들에게서 비롯된 근원적인 것은 아니다는 것입니다.

내면적인 것들을 중요하게 여기지 않는 사기(詐欺)적인 영들에 관하여

3186. 내면적인 것들에 대해서 전혀 유념(留念)하지 않는 자들에 관하여 언급하겠습니다. 그들에 관해서는 이미 본서 1177항에서부터 1189항에 언급하였습니다. 거기에는 여러 이유들이 있었습니다. 매우 사기적인 자들 중 어떤 자는 아주 교활하게 자기 자신을 천사적인 영들의 무리에 삽입시켰습니다. 그래서 천사적인 영들은, 그들이 자신들의 동료 무리에 자신들을 삽입시키기 전에는 그런 사실을 전혀 알지 못하였습니다. 이와 같은 사실은, 이런 일에서, 다시 말하면 눈(雪)처럼 생명이 없는 본질이 주위에서 지각된다는 것에서 지각되었습니다. 그러므로 이러한 증명은 이런 사기꾼들의 개념들에 의하여 천사적인 영들에게 주어졌습니다. 이런 사실을 깨달은 자들은 그럼에도 불구하고 도망가려고 애를 썼습니다. 그것으로 인하여 그들은 자유스럽게 되었습니다. 그것은 그들 속에 삽입되었고, 아래로 떨어졌고, 내가 알지 못하는 영역인 인체의 내장(內臟)의 영역을 넘어서, 아래로 떨어졌고, 그리고 사람 아래에 있는, 그리고 발들 사이에 있는 오줌 같은 것들이 있는 데까지 떨어졌습니다. 더 깊어지면 그럴수록 오줌 같은 것들은 더 많았습니다. 왜냐하면 그들은 이런 것들을 애지중지(愛之重之)하기 때문입니다. 1748년 9월 17일

순교자(殉敎者 · martyrdoms)들에 관하여

3187. 나는 영들과 순교자들에 관해서 의논하였습니다. 어떤 자들이 이런 것들을 주장하였기 때문입니다. 그들은 자신들이 순교자들이고, 그리고 순교의 면류관을 열망하였고, 따라서 그들은 다른 자들에 비하여 뛰어난 특전(特典)을 받아야 한다는 것을 주장하였습니다. 그들에게는 이미 예전에 일러졌습니다. 그리고 이번에는 공표되고, 알려진 사실은 이런 것들에 가치를 두고, 그래서 주님나라에서 특별한 은혜를 취하기를 열망하는 자들은 진정한 순교자들이 아니다는 것입니다. 그런 것들은 천계적인 것이 아니고, 또 참된 믿음의 특성 또한 아니기 때문입니다. 더욱이 다시 일러진 것은 수많은 종류의 순교들이 일어난다는 것입니다. 다시 말하면 퀘이커 교도들이나 다른 자들에게서는 여러 종류의 순교가 일어난다는 것입니다. 따라서 모든 이교도도 그들 나름대로의 순교자들을 가지고 있습니다. 왜냐하면 자기 스스로 신념을 가지고 있는 자들은 그들의 신념 같은 망상들 때문에, 그것이 어떤 것이든 분별하지 않고, 죽음까지도 스스로 원하고, 사실 그것을 열망하기도 합니다. 성인들을 위해 세운 수도원들에는 얼마나 많은 수많은 그림이 걸려있는지 모르겠습니다. 그들 중 몇몇은 그것으로 말미암아 성인으로 추앙받기도 합니다. 여기서 밝히 예증하기 위하여 허락된 말은, 수많은 자들이 온갖 고통과 위험과 죽음까지도 겪어야만 했다는 것입니다. 그리고 여자들에 대한 사랑 때문에 그들은 벌을 받아야 했습니다. 이런 사실은 모두가 잘 알 수 있는 것입니다.

3188. 더욱이 다른 자들은 자신들이 믿는 망상 때문에 죽음 이상의 다른 아무것도 열망하지 않았습니다. 예를 들면 자기 자신의 광영을 위해서는 싸움터에서 쓰러지는 것도 열망하였습니다. 이런 자들은 자신들의 망상에 속한 광영을 위하여 기꺼이 죽음도 불사(不辭)하였습니다. 이런 망상들은 저 세상에서 영인들에 의하여 드러나고 있습니다. 따라서 이런 인격의 소유자에게는 그의 망상이 이른바 한 여인에 의하여 드러났는데, 그 여인은 그가 가장 깊은 사랑을 가

지고 사랑한 여인이었습니다. 그럼에도 불구하고 그 여인은, 더 이상 추한 것이 있을 수 없는, 그런 추한 몰골이었습니다. 1748년 9월 17일

오줌을 자극하는 자들에 관하여

3189. 나는 가끔 나의 오줌이 자극을 받는 경우가 있었는데, 지금도 그런 일이 일어났습니다. 그것은 어떤 영들에 의하여 일어난 것입니다. 나는 그 일을 통해서 여러 가지를 터득하였는데, 그런 일은 매우 심한 오줌적인 성품의 자들에 의한 것이고, 다시 말하면 혼인애에 전적으로 반대되는 색정에 의하여 일어나는 일이었습니다. 색욕에 의하여 정신을 잃게 되면, 그 자는 오줌에 빠져서 열렬하게 자극을 합니다. 이것은 나의 경우이지만, 그 밖의 다른 이유들 때문에 정욕에 빠져 자극을 받기도 합니다. 왜냐하면 그들이 이런 식으로 결합된 것은 다른 많은 자들에게 주지시키기 위한 것이기 때문입니다. 1748년 9월 17일

닫혀질 수 있다는 천계에 관하여

3190. 내가 영적인 개념으로 명확하게 본 사실입니다. 어느 누구가 간음을 범하게 되면 천계가 닫혀진다는 것입니다. 다시 말하면 천계를 향해 열려졌던 내면적인 것들은 닫혀진다는 것이고, 그리고 간음을 범한 그 사람은 그 뒤 오직 외적인 것들 안에 존재한다는 것입니다. 그러므로 모든 혼인의 의무를 배척한 사람은, 혼인의 의무의 본성이 무엇인지 알지 못하게 되고, 그리고 혼인의 의무에 의하여 맺어지는 것이 무엇인지 모르게 되고, 간음이 그 사람에 의하여 범하게 되었을 때, 천계는 닫혀진다는 것 등등이었습니다. 그 이유는 혼인의 의무가 천적인 신령원칙을 담고 있고, 그리고 천적인 것들에 속한 사랑을 내포하고 있기 때문입니다. 이러한 것은 남자에 비하여 여자에게 더 심한 경우가 되겠습니다. 1748년 9월 18일

유럽에서 매우 존경받는 어느 남자의 성품(性稟)에 관하여

3191. 유럽에서 존경받았던 어느 남자가 있었습니다. 그는 그의 당대에 존경을 한 몸에 지녔던 스웨든 왕 구스다브스 아돌푸스 (Gustavus Adolphus)였습니다. 나는 그와 그의 가족들과 몇 날 동안 이야기를 하였습니다. 그들에 관해서 내가 깨달은 전부는 그가 낮은 천사들 사이에 있다는 것입니다. 그러나 그 뒤에 그는, 나에게 보여진 것과 같이, 그의 성품이 모두 드러나게 되었습니다. 다시 말하면 그가 음란에서 물러났을 때, 나는 제일 먼저 그의 영기가 음란으로 가득 차 있다는 것을 발견하였습니다. 그가 뒤로 물러섰기 때문에, 이런 사실이 그의 영기에서 즉시 지각되었습니다. 그런 뒤에 그의 성품이 어떠하였는지 나에게 드러났습니다. 왜냐하면 천계에서도 그는 그대로 보존되어 있었고, 그리고 최고의 능력도 그의 영기 안에 남아 있었기 때문입니다. 다시 말하면 그는, 그의 모습에서 보면 매우 닮았는데, 그는 일반 병사와 같이, 무기를 가지고 모자를 쓰지 않고, 전쟁터에서 또는 전쟁하려고 갈 때와 같은 모습으로 말 위에 앉아 있었습니다. 그런 뒤에 그의 성품이 제일 먼저 보여졌는데, 그것은 하나의 고양이로 변한 황색의 작은 개의 모습으로 드러내고, 나타났습니다. 그 다음에는 한 마리의 큰 뱀으로 나타났고, 그 다음에는 작은 표범(a small panther)과 같은 어떤 속임수에 능한 동물 모습으로 나타났는데, 그 놈은 왼쪽을 넘어 가고 있었습니다. 그 때 동시에 얼굴의 영역에서는 사자 같이 보였는데, 그 모습은 나에게는 명확하지 않았습니다. 그런 뒤에 여인들이나 창녀들과 그가 어떻게 살았는지 보여졌습니다. 그리고 최종적으로는 그들이 한 말에 의하면 더 이상 더러운 것은 없을 만큼 아주 추하고 불결한 모습으로 보였습니다. 이와 같이 그에 관한 나의 관찰에서 볼 때 그것은 아무런 차이가 없이 통과할 수 있었고, 그리고 그의 영기에서 나는, 그가 이런 부류의 음란자라는 것을 지각하였습니다. 그리고 이러한 사

실들은 그가 혼인애적인 구속들에 대해서 전혀 생각하지 않았다는 것을 드러내 보여주는 것입니다. 1748년 9월 18일

왜곡된 사람들도 참된 사람들에게서 그것들의 근원을 얻는다는 것에 관하여

3192. 나는 이런 사안들에 관해서 영들과 의논하였습니다. 그들이 하는 말은, 왜곡된 혼인애나 간통적인 사랑들이나, 매춘적인 사랑들도, 참된 혼인애에서 비롯되지 않았다면 존재할 수 없다는 것이고, 그러면서도 혼인애는 타락한 자들에게 들어가서 그와 같은 것이 되었다는 것입니다. 혼인애는 자녀들을 위한 사랑과 유사해서, 그것이 심술궂은 자에게 들어가게 되면 그것은 악한 목적들로 바뀐다는 것입니다. 이런 경우는 오로지 명성(名聲) 때문에 불멸(不滅)을 추구하지만, 생명(=삶)에 대해서는 전혀 염려하지 않는 자들에게서도 비슷한 경우가 되겠습니다. 따라서 그 밖의 수많은 것들에게서도 마찬가지입니다. 1748년 9월 19일

3193. 그들과 더 대화를 하였는데, 그 때 하는 말은, 천계에서 비롯된 선이 악으로 바뀌는 경우와 같다고 하겠습니다. 그리고 악한 영들의 세계에서는 사실 각자의 성품(=본성·됨됨이)에 따라서 변합니다. 그럼에도 불구하고 보다 더 명확한 것은 주님의 생명은 모두에게 입류(入流)한다는 것, 그러나 악령들의 세계에서는 그것이 완전히 왜곡된다는 것입니다. 사실 그 세계에서는 주님의 생명까지도 아무런 흔적도 없을 만큼, 아주 무한의 다종다양함으로 왜곡되고 있다는 것이 관측되기도 하였습니다. 불명한 본질에서는 그런 사실은 전혀 나타나지도 않습니다. 그러니 이런 왜곡된 것들로 기쁨을 만끽하는 자들에게 그것은 생명에 속한 즐거운 본질처럼 나타납니다. 그래서 그들은 그것이 참된 생명인지 아닌지를 알지 못합니다. 그럼에도 그것은 내적인 것들에서 분리된 외적인 본질을 가리킵니다. 1748년 9월 19일

이러한 사실은 영들이 시인한 것이고, 그것이 사실이다고 이해한 것이기도 합니다.

간통자들을 가리키는 요정들(妖精・sirens)에 관하여

3194. 매춘이나 간음에는 도리에 맞지 않는 것이 전혀 없다고 신념하는 자들이 있었습니다. 이런 신념이나 종지는 그들이 많은 생각이나 살핌들에 의하여 최종적으로 확증한 것입니다. 그래서 그들은 본연의 생명(=삶)을 거기에 두는 것에 설득되었습니다. 이런 부류는 정령적인 간통자들입니다. 왜냐하면 그들이, 자신들이 예의바르고, 경건하다고 여기는 이런 신념이나 종지를 가지게 되면 그 때 그들은 천사적인 영들까지도 아주 고약한 쪽으로 인도할 수 있습니다. 그러나 천사들에게는 자신들의 성품을 인지하는 것이 허락되었습니다. 이런 사안들에 관해서 영들과 의논하였는데, 그 때 일러진 사실은 이런 부류의 인물들은 가독교인들이 널리 퍼져 있는 유럽에서 온 자들이고, 아시아, 아프리카나 아메리카 영역에서는 오지 않는다고 하였습니다. 1748년 9월 19일

3195. 그들의 가장 처참한 온갖 형벌들에 관해서는 수많은 것들이 설명되었습니다. 그것들은 정말로 매우 처참하였습니다. 그래서 인체・머리・자연적인 마음에 속한 다양한 것들이 그것에 대한 저항이 생기고, 그리고 그것으로 인하여 불안이나 근심이나 완고함이나 무정(無情) 따위가 생겨서, 그들은 자신들의 죽음 이외에는 아무것도 원하지 않습니다. 사실 그들은 죽음 이상의 것을 원하지만 그들은 죽을 수도 없습니다. 그런 수많은 형벌들이 내 위에, 또는 내 머리 위에, 약간 높은 곳에서 나에게 보였습니다. 그러나 그것들에 관해서 나는 기술할 수 없었는데, 그 이유는 그것들의 잔인함 때문입니다. 이런 것들이 계속해서 여러 시간 보여졌습니다. 그리고 차례차례 형벌은 이어졌습니다. 1748년 9월 19일

3196. 어떻게 해서 이러한 자들이 자기들 스스로 치명적인 죽음들

속에, 그리고 처참한 지옥적인 것들 속으로 어떻게 빠져 들어가는지 영적인 개념들에 의하여 나에게 드러났습니다. 한쪽에서는 즐거움과 지복이 드러났습니다. 다시 말하면 아주 많은 지복(至福)들을 향하여 열려 있었고, 그리고 또한 보다 내면적인 영복들이나, 그리고 모든 자유를 가지고 천계를 향해서 어떻게 열리게 되는지를 보여 주고 있었습니다. 그래서 배우자의 사랑(=혼인애)에 내면적으로 들어가는 것이나 또는 보다 더 내면적으로 들어가는 것 이외에는 아무것도 원하지 않았고, 따라서 내면적인, 더 내면적인, 그리고 가장 극내적인 천계에 들어가는 것 이외에는 아무것도 바라지 않았습니다. 이와 같이 지복은 인도하고, 초대하고, 열망합니다. 그 이유는 사랑이 그런 성질에 속해 있기 때문입니다. 이런 원칙이나 본질은 최고의 자유입니다. 왜냐하면 주님께서 이와 같이 사람을 당신에게로 인도하시기 때문입니다. 그러므로 우주 안에는 혼인애에 속한 것과 같은 기쁨을 주는 것은 결코 존재하지 않습니다. 이러한 것은 오직 외적인 것들로 알려져 있습니다. 만약에 외적인 것들 안에 이런 부류의 기쁨들이 있다면 내면적인 것 안에는 무엇이 없겠습니까? 그리고 이런 혼인애는 땅 위에 있는 천계입니다. 그것이 사실인 이유는, 교회에 대한 주님의 사랑이 첫째이고, 그 다음이 천계의 묘판장인 인류의 번식(繁殖·the propagation of the human race)이고, 그 다음이 우주에 속한 존재와 존속이고, 또한 혼인애에서 비롯된 창조와 보존이기 때문입니다.

3197. 다음에는 혼인애가 아닌 사랑, 다시 말하면 혼인의 책무는 무의미한 것이다는 신념(=종지)이 어떻게 된 것인지 영적인 개념으로 나는 지각하였습니다. 그들은 여전히 상반되는 것들 안에 있는 그들의 즐거움이나 자유의 원칙(=본질)을 주는 자들인데, 이런 자들은 기독교계에 많이 있습니다. 이 세상의 이방인들 사이에는 그와 같은 일은 없습니다. 그들은 그 즐거움과 종지적인 자유에 의하여 천계와 지복으로부터 어떻게 자신들을 더욱 더 멀리 하는지, 사실

이런 것을 아는 저 세상에서 분명히 본 것이지만, 결국은, 너무나도 가혹하기 때문에 결코 기술할 수 없는 것이기는 하지만, 지옥에까지 달하고 있는지를, 그래서 모든 치명적인 원칙들을 제외하면 인간적인 원칙은 아무것도 남아 있지 않는다는 영적인 개념을 인지하였습니다. 나와 같이 영적인 개념 안에 있었던 어느 영은 얼굴의 전면을 향해서 아주 먼 거리에까지 달려갔습니다. 거기에는 이런 성격의 영들이 있었습니다. 그는, 그들의 사랑이 어떤 성질의 것인지를 그들에게 보여 줄 것이다고 소리를 쳤습니다. 그리고 그 개념은 그대로 남아 있었습니다. 처음에는 가장 즐거운 본질이나 원칙이 그들에 의하여 경험되었지만, 그러나 그가 점점 더 전방으로 왔을 때, 마치 지옥으로 그들이 날아가듯이, 그리고 종국에는 그들이 더 이상 참고 견딜 수 없는 공포에 이르는 것처럼 그 개념은 계속되었습니다. 왜냐하면 그들은 자신들의 목전에서 가장 치명적인 지옥을 목격하였기 때문입니다. 이상에서 혼인애의 책무가 어떤 성질의 것인지 잘 드러나고 있습니다. 1748년 9월 19일

3198. 혼인애의 책무를 알고 있지만, 그럼에도 불구하고 그들의 남편을 사랑하지 않고, 오히려 그들을 경멸하고, 종국에는 무가치한 존재로 여기는 여인들은 처음에는 숫놈의 새로 나에게 드러났고, 그 뒤에는 호랑이나 일종의 고양이 모습으로 나타났는데, 그것의 색깔은 어두운 색이었고, 그 색깔에는 다소 회색이 섞여 있었습니다. 그것은 무척 말이 많고, 욕지거리도 하는 숫놈의 새들에 의하여 모습을 드러내기를 시작하였고, 그 뒤에는 그것은 호랑이의 본성으로 바뀌었다는 것을 뜻하였습니다. 거기에는 이런 부류의 성격의 소유자들이 많이 있었지만, 일러진 사실은 그들은 여전히 자신들의 자녀들을 사랑하였지만, 그러나 그것은 익애(溺愛 · storge), 즉 짐승에 비하여 더 새끼들을 사랑하는 그런 사랑은 아니었습니다. 이와 같이 그들은 자녀들을 사랑하였고, 사실은 자신들보다 더 사랑하였습니다. 자신들 안에 영적인 원칙(=본질)을 가지고 있지 않는 자들은 이런

부류였습니다. 1748년 9월 19일. 이런 자들이 약간 위, 전면에 있었는데, 그들은 혼인애에 속한 불꽃은 가지고 있지 않았습니다. 그들이 이런 사랑을 가지고 있지 않기 때문에 그들은 혼인애의 원칙들을 억제하였습니다. 이와 같이 그들이 명령할 수 있다는 것을 확인하기 위하여 깊은 생각들이 생겨났습니다.

생전에 다른 자들을 가르쳤던 자들에 관하여

3199. 어떤 자들이 머리 위에 서 있다는 것이 여러 번 인식되었습니다. 그리고 경험을 통해서 일러진 것은, 그들은, 그들이 다른 자들을 가르쳐야 한다는 그런 영기를 삶에서부터 얻고 있다는 것인데, 그들은 설교자들이나 다른 자들도 있는데, 선한 자들뿐만 아니라, 나쁜 자들도 있었습니다. 1748년 9월 19일

악한 설교자라도 신념(=종지)이나 사이비 정열을 가지고 설교할 수 있다는 것에 관하여

3200. 우리의 집회에 열정의 상태에 빠진 어떤 자가 있었습니다. 영들은, 그의 열정은 그들이 그것을 거의 참고 견딜 수가 없는 그런 것이었다고 말하였습니다. 그것의 성질이 이에서 나는 고약한 냄새에 의하여 내게 드러났습니다. 1748년 9월 19일

신념(信念·宗旨·persuasion)에 관하여

3201. 주님께서 저 세상에서 그런 형벌들이나 고통들을 가끔씩 겪도록 영들에게 어떻게 허용하시는지 나로 하여금 알게 하기 위해서, 그래서 어떤 매우 친절한 영이 이른바 가장 처참한 형벌 속에 보내졌다고 하는 그 상태에 나를 보냈는데, 비록 그것은 다른 자들이 견뎌야 했지만, 그 때 나는 그 상태 안에 있어야 했습니다. 만약에 그가 그런 부류의 처참한 형벌들을 겪지 않았다면 그는 결코 선하게 되지는 못하였을 것이다는 것을 나는 알았습니다. 그 상태에서 그가

온화하게 조절되지 않았다면 결코 좋게 되는 것이 불가능했을 것이다는 신념을 가지고 있어야만 했습니다. 그 상태에서 나는 그를 조금도 불쌍히 여길 수가 없었습니다. 그런데 하물며 어떻게 그를 도울 수 있었겠습니까! 왜냐하면 그 때 선은 내 마음에 있었고, 계속적으로 나의 명상 속에 주입되고 있었기 때문입니다. 그러므로 나는 주님께서 어떻게 심지어 이런 처참한 형벌들을 허용하시는지 알 수 있었습니다. 그 이유는 주님께서 모든 것을 선으로 바꾸고, 그리고 선 이외에는 아무것도 외도하시지 않고, 그리고 그의 개혁(=바로잡음·reformation)에 도움이 되는 것 이외에는 아무것도 의도하시지 않는다는 것도 알게 되었습니다. 1748년 9월 19일

왼쪽 발, 무릎 위에 살고 있는 천적인 영들에 대응하는 자연적인 영들에 관하여

3202. 내 왼쪽 발에 영들의 무리가 있다는 것을 내가 느꼈습니다. 나는, 내가 그들과 조금은 이야기하였고, 그래서 나는 그들에게 그들이 왼발에 있다고 생각하지만, 그러나 그들은 그 세계에 두루 퍼져 있었고 나는 그들에게 말하였다고 믿었습니다. 그럼에도 불구하고 왼발에 있다고 느꼈습니다. 내가 가르침을 받은 것은, 이들이 바로 자연적인 선한 영들이다는 것이고, 그리고 천적인 영들에 대응한다는 것 등입니다. 그러므로 그들과 결합한 천적인 영들은 나와 함께 이야기할 수 있었습니다. 17489년 9월 19일

머리의 노출에 관하여

3203. 어떤 영들은 자기의 머리가 대머리가 되기를 열망하였습니다. 이러한 일은 경화(硬化)된 것들이 그에게서 제거되고, 그리고 그 때 어린 아이의 상태가 된 자들에게 일상적으로 있는 일입니다. 어떤 자들에게는 그들의 내면적인 구조에 일치하여 그렇지 않기도 합니다. 그러나 대머리를 원하는 자에게서, 그의 머리가 대머리가 되

면 사람의 안색은 벌거벗은 머리의 뼈의 색깔로 나타납니다. 그리고 영들은, 언젠가 한 번 그에게 가해했다고 여겨지는 자에게는 어느 누구도 결코 용서할 수 없다고 하는 그런 내면적인 기질(=성질)을 가지고 있다고 말하였습니다. 그래서 그는 죽을 때까지 복수심을 가지고 있다고 말하였습니다. 이와 마찬가지로 동일한 영은, 전 세계 앞에서 이런 변명이나 해명이 없다면 그의 명성의 영예는 보복을 받아야 한다고 고백하였습니다. 그러나 나는, 그 때에도 결코 마음을 풀지 않을 것이다는 것을 인식하였습니다. 1748년 9월 19일

그들은 먼 곳에서 나의 서책들을 읽는다는 것에 관하여

3204. 어떤 자는 외관에 따르면 먼 곳으로, 사실은 말소리가 거의 들리지 않을 만큼 멀리 떨어져 있었는데, 그 때 그들은, 내가 할 수 있는 것에 비하여 더 잘 그들의 입의 내 안에서의 작용에 의하여, 거기에서 나의 저술들을 읽었습니다. 그들이 먼 곳에서부터 볼 수 있었기 때문에 그것에서 잘 알 수 있는 것은 거리는 하나의 심상(心像)적인 것일 뿐이다는 것입니다. 1748년 9월 19일

요정들(妖精·sirens)에 관하여

3205. 내 주위에는 수많은 요정들이 있었는데, 나중에 그들은 거꾸로 된 몸(inverted bodies)으로 모습을 드러냈습니다. 그래서 그들은 머리는 내 쪽을 향해 있었지만, 다른 부위들은 게헨나 쪽을 향해 있었습니다. 그래서 내가 생각하기에는, 자기 자신을 자기가 유혹한 자들은 그들의 달콤한 아첨 떠는 말 때문에 그들의 동쪽으로 갔는데, 거기에는 게헨나가 있었습니다. 1748년 9월 19일

게헨나에 관하여

3206. 게헨나는 거기로 달려오는 자들에게는 불꽃처럼 보였습니다. 사실 그것이 하나의 불과 같다는 것은 거기에서 나의 얼굴에 유입

한 열(熱)로 말미암아 알 수 있게 허락되었습니다. 영들은, 뼈나 머리카락들이 타는 것에서 나는 악취를 발산하기 때문에 그들은 그 악취를 참고 견딜 수가 없다고 말하였고, 또 슬퍼하였습니다. 그런 것들이 다소나마 나에게도 옮겨졌지만, 나는 그것에 관해서 거의 느끼지 못하였습니다. 거기에는 가장 속임수에 능한 자들이 있었는데, 특히 요정들(妖精 · sirens)이었습니다. 그들은 일종의 특별한 경건(敬虔)에 의하여 다른 자들의 마음에 들어갔습니다. 그리고 그들은 대단한 속임수로 남을 속이고, 그리고 그들을 유혹하였습니다. 그래서 주님께서 그들을 보호하시지 않으면 어느 누구도 결코 저항할 수가 없었습니다. 요정의 무리들은 거기에서 나왔고, 그리고 나의 머리카락들과 나의 머리의 제일 꼭대기의 피부를 통해서 그들이 지각되었습니다. 그들은 그것을 떨게 하였습니다. 그들은 가장 큰 신념 안에 있기 때문에 혼인에 속한 본질을 무가치한 것으로 생각하는 그런 부류의 인물들입니다. 그래서 그들은 간음까지도 정당한 것으로 생각하였습니다. 또 다시 열과 함께 뼈와 머리카락이 탈 때 나는 악취가 거기에서부터 콧구멍에 일련의 바람이 불어왔습니다. 이런 영들은, 순진무구한 자를 심하게 박해하고, 그리고 정당하다고 하는 구실 하에서 온갖 정욕들이나 매춘들에게로 그들을 유혹하고, 종국에는 온갖 음란이나 간음들에게로 유혹하였습니다. 그리고 거기에는 이 세상에 있을 때 주로 호색적인 삶을 영위하는 것으로 명성을 떨쳤던 가장 낮은 부류의 몇몇이 있었습니다. 그들은 거기에서 이런 성질에 속한 것을 가리키는 그들의 대기 속에서 마치 감미로운 것을 느꼈습니다. 그러나 그 뒤에 그것은 무서운 뱀들로 변하였고, 그 뱀은, 그들이 나에게 일러준 것에 따르면, 그들의 가슴과 생식기를 물고 삼켜버렸다는 것입니다. 나는 그들에게서, 오직 거기에 몇 마리의 뱀들이 도착하기 시작하였을 때, 그들이 자신들은 그 대기의 상쾌함을 잃을 정도라면 차라리 죽는 편이 낳을 것이라고 그 어떤 것에도 관심이 없다고 하는 말을 들었습니다. 그들은 가장 부끄러운

정욕의 광기에 사로잡혀 있었습니다. 1748년 9월 19일

게헨나에 속한 요정들에 관하여

3207. 그들 중에 몇몇이 나와 함께 있었는데, 그들에 의하여 내게 일러진 것은, 그들은 단순히 뜨거울 뿐만 아니라, 자신들에게는, 일상적인 일이지만 마치 그들의 광열 안에 있는 것과 같이 불꽃 이외에 아무것도 아니라고 생각하였습니다. 그래서 그들이 사랑에 속한 천적인 것들에 가까이 가게 되면, 그리고 그와 같이 천계를 향해 가까이 가게 되면 그들은 냉랭하게 되고, 사실은 눈이나 얼음처럼 냉랭하게 됩니다. 이와 같이 그들은 극단에서 극단으로 움직이고, 그래서 그들은 매우 비참한 고통을 겪습니다. 1748년 9월 19일

천계적인 비의(秘義)에 관하여

3208. 혼인애가 지복의 지각과 더불어 천계의 극내적인 것에까지 들어간다는 외현에 일치하여 천계에 들어갈 수 있다는 천계적인 비의가 있습니다. 이것은 외현에 일치합니다. 그런 교류나 내통이 실제적으로 주어진다는 것은 주님의 생명이 극내적인 천계를 통해서 그리고 질서 안에 있는 결과들을 통해서 주님에 의하여 간수되는 이런 자들의 혼인애에 입류하기 때문입니다. 그들 가운데서는 그것이 그것들에게서 천계에 들어가는 것 이외의 다른 것은 보이지 않습니다. 1748년 9월 20일

총명적인 것은, 내적인 것들이나 내면적인 것들이 있다는 것을 파악하고, 이해할 수 있지만 그것 안에 들어갈 수 없다는 것에 관하여

3209. 나는 영적인 개념으로 이런 사실을 깨달았습니다. 즉, 합리적인 것이나 총명적인 원칙이나 본질은 그것 자체인 내면적인 것들을 가리키는 그런 것에 결코 들어갈 수 없지만, 그러나 그것이 어

떤 것인지, 그리고 그것의 성질이 어떤 것인지 알기도 하고 이해할 수도 있다는 것입니다. 1748년 9월 20일

사람의 성품은 단 한마디 낱말로부터 때로는 명확하게 분별된다는 것에 관하여

3210. 모든 낱말들은 개념들을 가리키고, 그리고 하나의 낱말은 수많은 것들을 뜻한다는 것은 유사한 것들에 의하여 아주 명확합니다. 그러므로 이와 같이 한 영의 성품은 간파(看破)됩니다. 때로는 가장 일반적인 것들로부터도 간파됩니다. 예컨대 어떤 자에 대하여 그가 자비로운지 아닌지 알려고 할 때에도 그러합니다. 그 때 일러진 것은 그는 자비를 뜻하는 그런 존재이다는 것입니다. 내가 이런 식으로 계속해서 나아갈 때 그것이 내 귀에 당도하였는데, 그리고 더욱이 내가 좀 더 가까이 가면 그가 섹스, 즉 여인들을 사랑하고 있다는 것이 귀에 들렸는데, 그것은 동일한 낱말이 멀리, 또는 가까이 있을 때 그는 타르(tar)로부터 검다는 것을 뜻하고, 그래서 그는 석탄처럼 새까만 사람이었습니다. 1748년 9월 20일

배설물적인 지옥에 관하여

3211. 배설물적인 지옥이 자리 아래 즉 엉덩이 밑에 있었는데, 거기에는 수많은 자들이 있었습니다. 그들에게는 사람의 배설물이 먹거리로 주어졌습니다. 그들은 육신을 입은 삶에서 육신에 속한 다양한 쾌락 이외에는 어떤 것 하나 목적으로 가지고 있지 않았던 남자들과 여자들입니다. 어떤 자가 나와 함께 있었는데, 그 여자는 자신의 비참한 운명에 대해서 불평을 늘어놓았습니다. 그 때 거기에는 배설물의 악취가 있었습니다. 그들은 뒷간 안에 있었습니다. 1748년 9월 20일

체육관에 관하여

3212. 정면, 약간 아래에 있는 체육관(=댄스 홀)에 관해서는 이미 앞에서 설명하였습니다. 그들은 오락·댄스·대화 이외에는 아무것도 하지 않고, 그리고 온갖 기쁨들 가운데 삽니다. 이런 자들에게서 온 자들이 배설물적인 지옥으로 끌고 가는 자들이 있었습니다. 1748년 9월 20일

무지개 같은 천계에 관하여

3213. 안구의 초자체(硝子體)에 관해서 생각하는 것이 허락되었습니다. 거기에는, 눈의 내실 안에 있는 밝은 원질이 있고, 그리고 그것은 여러 형체들로 구성되어 있는데, 그런 초자체에 관해서 생각하는 것이 허락되었습니다. 그 때 오른쪽 높은 곳에 어떤 영들이 있었습니다. 거기에 예전에 누구가 나타났었는지 나는 기억되지 않았는데 어떤 영들이 나타나서 하는 말은, 그들은 이런 것보다도 더 아름다운 것은 못 보았노라고, 다시 말하면 진주처럼, 수정처럼, 금강석처럼, 금강석 같은, 그리고 영기(靈氣·aura)를 보았다는 것입니다. 그 보편적인 영기는 빛에 속한 섬광(閃光) 같은 것으로 구성되었습니다. 그 때 그들은 그런 것들로 가득 채워진 영기(aura)를 보았습니다. 이 영기는 마치 가장 아름다운 무지개들처럼 보다 더 작은 형체들로 발산되었고, 그리고 그 뒤에는 주위에 매우 큰 무지개의 형체로 나타났고, 그것은 하늘에 매우 멋진 원형을 그렸습니다. 그 때 동일한 무지개가, 말하자면 지극히 작은 무지개들로 구성되었습니다. 그리고 그것으로부터 지극히 작은 무지개들이 마치 가장 아름다운 영상들처럼 생겨났습니다. 이것이 바로 무지개의 천계이고, 또한 안구의 초자체가 그 무지개에 대응합니다. 1748년 9월 20일

앞에서 이미 설명되었듯이 속임수에 능한 암살자(暗殺者)에 관하여

3214. 한 동안 속임수에 능한 암살자가 동일한 지옥의 영들의 사

회에서 지옥에 있는 자유를 누리고 있었습니다. 그는 게헨나로 추방되었습니다. 그는 마치 검은 몸처럼, 즉 생명이 없는 덩어리처럼 나르는 것 같이 보였습니다. 그럼에도 불구하고 내가 놀란 것은, 아주 정교한 독약을 거기로부터 발산하였는데, 그 독약은 속임수에 능한 요정들이나, 그보다 더 능한 요정들을 자극, 흥분시켰습니다. 그들은 자신들의 속임수를 두루 퍼뜨렸고, 그 속임수를 실제로 행사하였습니다. 그러나 그것을 필설로 기술할 수는 없었습니다. 왜냐하면 그 역사(歷史)를 언급하기에는 아주 긴 시간이 요구될 것이기 때문입니다. 이상에서 우리는 요정들의 성품이 어떤 것인지를 배우게 되었습니다. 그 뒤에도 그들은 나와 함께 있었습니다.

3215. 영들의 삶에 관해서 언급되었을 때, 즉 한 생명 이외에는 존재하지 않는다고, 결과적으로 사랑에 속한 생명만 존재한다는 것이 언급되었을 때, 그리고 모두는 생명의 기관들이고, 그리고 주님의 생명이 유입되는 기관들이고, 그리고 그 기관에 속한 성질에 따라서 다양하게 변한다는 것이 언급되었을 때, 그리고 또한 사랑만이 오직 생명이다는 것이 입증되었을 때, 그리고 또한 사람의 영은 사랑들이 없으면 그들의 탐욕이나 욕망들은 결코 삶을 영위할 수 없다는 것이 입증되었을 때, 그 때 속임수에 능한 암살자는 생명이 없는 고기 덩어리처럼 보였습니다. 따라서 그는 속임수에서 쫓겨난 자신의 모습을 드러냈습니다. 아마도 그 때 그 자는, 마치 독약들과 같이, 자신의 사기성을 두루 뿌릴 것입니다. 그러므로 다른 영들은 그에 대하여 분노하였습니다.

3216. 그리고 그는 거기에서 먼 곳인 왼쪽에 있는 깊은 곳으로 쫓겨났습니다. 그리고 마치 생명을 빼앗긴 것처럼 거기에 널부러져 있었습니다. 그러므로 그는 생명에 속한 모든 것이 그에게서 제거되었다고 생각하였습니다. 그럼에도 불구하고 몇 마디 말을 하였지만, 그러나 일어났을 때 그가 이 세상에 있었던 것처럼, 즉 육신을 입었을 때처럼 자신은 그런 상태였다고 말하였습니다. 이런 사실에서 볼

때 명확한 것은 그가 육신을 입었을 때의 상태로 되돌려졌을 때 그 영의 상태의 성질이 어떤 것인지 잘 알 수 있다는 것입니다. 그가 이런 성질을 지니고 있기 때문에 그는 그 삶을 애지중지한다고 말하였습니다. 그러므로 그는 다시 그 곳으로 보내졌습니다. 내가 믿고 있는 것이지만, 그런 삶이나 생명이 그에게 남아 있었고, 그리고 거기에는 고통과 더불어 지극히 작은 생명만 거기에 남았습니다. 나도 예전에 그런 생명에 남아 있었던 것 같은 그런 생명만 남았습니다. 생명에 속한 그런 상태에 있게 되면, 그는 자유하게 풀려나기를 비참하게 구걸합니다. 나는 그의 말을 기억하지 못합니다. 그러나 그는 비참한 슬픔만 엮어냈습니다. 그러므로 그는 즉시 삶의 또다른 상태로 보내졌는데, 그가 거기에 왔을 때에는 그는 자신의 온갖 증오들이나 미움들을 다시 내뱉었습니다. 그래서 그는 그들을 용서하지 못하였습니다.

3217. 종국에 내가 저술하고 출간된 서적들에 관해서 언급하는 것이 허락되었을 때, 그리고 악마에 관해서, 다시 말하면 천계적인 세상과 현세적인 세상 사이를 잇는 고리로서 이 세상의 창조 전에 그가 창조되었다는 것에 관해서 언급하는 것이 허락되었을 때, 사실 이러한 내용은 기독교회가 그것 외에는 믿지 않는 것으로, 따라서 그와 같이 기술되고 있지만, 그럼에도 불구하고 그는 선한 천사로 창조되었지만, 그러나 그 뒤 타락해서 천계에서 쫓겨났다는 것으로 말미암아 확인되었을 때, 그리고 그 밖의 다른 많은 것들이 확인되었을 때, 그 때 이런 것들이 자연을 예배하는 자들의 원칙들이었기 때문에 그는 아주 열렬하게 이런 것들을 거머쥘 수밖에 없었고, 그는 이런 생명이나 삶을 취한 적이 없다고 말하였습니다. 따라서 그는 그의 참된 삶에 보내졌습니다. 왜냐하면 그는, 그가 육신을 입은 삶에서 이런 것들을 취하였고, 그리고 스스로 확증하였고, 그런 것들로 자신을 설득하였기 때문입니다. 그리고 내가 본 사실은 그에게서 나온 온갖 독약들이 영들 속으로 퍼져 나아갔고, 그리고 이런 일

을 통하여 그들은 그의 유출물에 의하여 결박되어, 그들은 거의 다른 것을 생각할 수 없게 되었습니다.

파동(波動)에 관하여

3218. 내가 잠에서 깨었을 때 내 머리 위쪽에 내 머리 크기만한 소위 하나의 기둥이 나타났습니다. 그것은 구멍을 뚫는 진동기계처럼 작동을 하였습니다. 이와 같이 그것은 약간은 조잡하지만, 자신이 발버둥 치듯이 일종의 구멍을 뚫고 들어가듯 아래로 파고 들어갈 때 처음에는 말하자면 머리를 통해서 꿰뚫고, 몸을 통과해서 들어갔는데, 그 때는 분명하게 느껴지지 않았지만, 그러나 기둥처럼 구멍을 내고, 왼쪽 발꿈치를 통과하였는데, 이런 일은 오랜 시간 동안 계속되었습니다. 그들이 누구인지 마음에서 물었고, 또한 말로 물었습니다. 일러진 것은, 그들이 나와 함께 하고 있는 어떤 자를 여기서 찾았다는 것입니다. 이것 역시 나에게 일러진 것입니다. 내게 암시된 것은 그들이 육신을 입은 삶을 살 때 다른 자들의 생각을 의도적으로 면밀히 살핀 자들이라는 것입니다. 그러나 지금 일러진 것은 그들이 다른 자들의 영혼을 파괴하려는 마음을 품고 있으면서 입으로는 다른 것을 고백하는 내면적인 영들 가운데 있다는 것입니다. 1748년 9월 21일

암살자(暗殺者)에 관하여

3219. 말하자면 생명이 없는 검은 덩어리와 같은, 동일한 암살자가 게헨나에 있는 지옥의 자들의 사회에 파견되었는데, 그것의 중앙은 아니었습니다. 그러나 거기에는 음란한 여자들이 있었습니다. 왜냐하면 이런 부류의 자들이 게헨나의 중앙을 차지하였기 때문입니다. 일종의 음란스러운 진동에 의하여 그들이 혐오스러운 음탕함을 지각하는 것이 허락되었습니다.

3220. 그 작자, 즉 그 암살자는, 여인이 아니었기 때문에, 게헨나

의 오른쪽으로 그가 가라앉을 수 있도록 쫓겨났습니다. 나는 그가 거기에 가라앉았는지 아닌지 기억하지 못하지만, 그럼에도 불구하고 거기에서 좀 떨어진 곳에 태양이 지구에 침투하였고, 거기에서 지하의 깊은 곳에 있는 자들이 있는 좌우방향으로 침투하였습니다. 그 때 그가 좌우로, 그리고 위로, 지금은 아래로 뱀처럼 어떻게 구부렸는지가 드러났습니다. 거기에는, 이른바 배처럼 구부리는 일이나, 여러 모양으로 몸을 꼬는 일이 계속해서 드러났습니다. 이런 사선형의 똬리를 트는 일을 나는 기술하려고 하지 않겠습니다. 그 이유는 내가 무엇이라고 기술할 수 없기 때문입니다. 그러므로 그는 유입할 수 있었고, 그리고 거기에서 말을 할 수 있었습니다. 그리고 나는 그것을 들었습니다. 그는 역시 거기에서, 그가 어린 아이를 살해할 때의 상태로 빠져들 수밖에 없었습니다. 그런데 그 상태가, 그런 것들을 전할 수 있는 자들에 의하여 내게 전달되었습니다. 지금 암시된 것은, 그것은 몹시 밉살스러운 행동이다는 것이고, 그리고 어느 누구를 그런 상태에 빠지게 한다는 것은 매우 고약한 영들의 행위이다는 것 등등입니다.

3221. 그 암살자는 땅 아래(地下)에 있었습니다. 그는 거기에서 슬그머니 나오려고 자신을 위한 길을 열려고 시도하였습니다. 그는 게헨나를 향해 전진하였습니다. 그들은, 만약에 그의 머리가 여기에 나타난다면, 그와 같은 일은 계속해서 뱀처럼 보였는데, 그 때 그는 고칠 수 없는 해(害)를 감수해야 한다고 말하였습니다. 그러나 그는 다시 왼쪽을 향해 전진하려고 멀리 뻗어나갔습니다. 말하자면 아주 대단히 넓은 오른쪽을 향해 굴속 같은 광장으로 뻗어나갔지만, 그럼에도 불구하고 그런 뒤에는 그는 보이지 않았습니다.

3222. 종국에 동일한 암살자는 몸을 비비꼬고, 주위를 빙빙 돈 뒤에, 말하자면 끊임없이 나선형을 이루었습니다. 그래서 그는 영기에 속한 나선형의 똬리를 만들었습니다. 그러나 뒤에 가서는, 그는, 헝겊을 가지고 하듯이, 몸과 얼굴과 발등을 둘둘 감쌌습니다. 그래서

그는 그가 질식(窒息)한다고 말하였습니다. 그 때 그는 그와 같이 감싸졌고, 그리고 그는, 내가 그 곳이 어디인지 기억하지 못하지만, 정면, 게헨나 가까이에 있는 그 땅에서 벗어났습니다. 이와 같이 둘둘 말려서 게헨나 앞에 잠간 섰었습니다.

3223. 그가 이와 같이 서 있는 동안 갑자기 그에게서 하나의 작은 영이 날아왔는데, 그 영은 유사한 사람의 몸을 갖춘 어린 아이와 같았습니다. 그 뒤에도 그 영은 나의 머리 위쪽인 위쪽의 지역을 향해 와서, 나와 대화를 하였습니다. 나는 그 때 그것 안에 악 이외에는 아무것도 아니다는 것을 인지하였습니다. 그 때 나는 영들과 더불어 그에 관해서 말을 하였는데, 그가 누구이며, 벗어버린 옷과 같이 보이는 몸은 어디에 있는지를 물었습니다. 그리고 내면적인 것들이 이와 같이 분리되었기 때문에, 이런 것 안에 어떤 생명이 남아 있는지 여부에 관해서도 물었습니다. 일러진 대답은, 그에게서 온 작은 존재는 그의 내면적인 영이었는데, 그에게는 섬기고, 복종할 수 있었던, 자연적인 원칙이나 본질에 속한 매우 충분한 것이 유입되었다는 것입니다. 그러므로 다시 질문된 것은, 악한 자는 모두가 이와 같이 존재하는지, 그리고 천계에 들어가는지 그 여부에 관한 것이었습니다. 그러나 다시 일러진 대답은 이러한 일은 질서에, 즉 질서의 법칙에 전적으로 어긋난다는 것이었습니다. 왜냐하면 그것은 외면적인 것들을 잃은 사람이기 때문입니다. 그리고 또한 이러한 자들은 내면적인 천계의 천사들처럼 나타난다는 것도 일러졌습니다.

3224. 그러나 그들은 여전히 복종하고 섬기는 자연적인 그런 것들을 간직하였습니다. 따라서 하나의 몸(體・a body)으로서 영들의 세계를 살펴본다면 영들의 세계는, 마치 그들 자신의 것인 인간적인 몸을 생각할 것입니다. 따라서 그것은 질서 안에 존재하고, 그리고 지금 암시된 것과 같이, 옷과 같이, 뒤에 남겨진 것처럼 보이는 그런 것들은, 내면적인 영들이 된 그런 자들과 같이, 거의가 새롭게 된 것입니다. 그와 같은 일은 한번 내게 보여졌습니다. 남겨진 옷들

이 왼쪽 눈에 보였는데, 그것들은 거기에 숨겨져 있었습니다. 그러나 그것으로 인하여 그것은 질서 안에서는 그것들이 복종하지도 않고, 섬기지도 않는 그런 것들이다는 것입니다. 그리고 그것들은 천사들의 자연적인 것에 결합되었습니다. 따라서 천계로부터 소동(騷動)과 해산(解散)이 일어났고, 그래서 그들은 이런 것들의 측면에서 박탈될 수 있었습니다.

3225. 의복이나 입는 것에 의하여 표징되는 것들은 가장 낮고, 지옥적인 것들 안에 남아 있는 사회들의 표징들을 가리킵니다. 그리고 그것은, 거기에서 그의 내면적인 것들을 가지고 갑자기 날아든 그 작은 자에 의하여 표징되는 것은 내면적인 것들인 그 사회들입니다. 따라서 그 전에 나타난 이런 것들은 사회들의 상태의 변화로 인하여 일어난 것이고, 그리고 이런 것들은 영들의 세계의 목전에 이와 같이 드러난 것들입니다.

3226. 그 때 우리는 벗어버린 입을거리에 관해서 이야기를 하였습니다. 그가 그것으로, 그가 내면적인 것들에서 떠나 살 수 있었는지 여부를 말한다는 것으로 생각하였습니다. 그 이유는, 그것이 이른바 그가 그것 안에 남아 있다고 들었기 때문이지만, 그러나 이러한 일은, 내면적인 것들에서 떠난 육신 안에, 즉 가장 낮은 본성 안에 살 수 있는 그런 자에게는 주어지지 않기 때문입니다. 그 때 일러진 것은, 하나의 주체로서 입을거리를 여전히 가지고 있는 사회가 가장 낮은 사회를 가리킨다는 것이고, 그 때 그의 자리를 계승한 다른 존재는 그들에게는 마치 옷을 갖추어 입은 내적인 존재로 나타났습니다. 왜냐하면 그 주체는 마치 중앙에 있는 것처럼 보이기 때문입니다. 뿐만 아니라 거기에서 나온 자는 이런 성격은 아니지만, 그러나 내가 지각한 것과 같이, 정직한 사람이었습니다.

3227. 다른 자의 마음이 그와 같은 자들에 의하여 어떻게 해서 사로잡혀 있는지 입증되었습니다. 왜냐하면 게헨나에 있는 자들과 같이, 자신의 신념이나 종지에서 모든 것을 악으로 여기지 않는 그런

존재일 때, 그 때 그는 선이나 진리에 반대되는 것들에 속한 모든 지각을 소멸시키고, 다시 말하면 이른바 그것들은 파괴될 것이고, 그래서 그 때 그 영은 역시 자기 자신이 바로 이런 본성을 지니고 있다고 생각할 것입니다. 전자의 신념이나 종지는 이와 같이 후자를 구속할 수 있고, 말하자면 그가 비슷한 존재가 될 것이다는 것을 야기시킬 것입니다.

3228. 그 뒤, 그 암살자가 다시 종전의 그런 존재와 거의 같이 되었을 때, 그리고 그 작은 내면적인 영이 그에게 결합되었을 때 그가 육신을 입은 삶에서 대담한 마음을 가지고 있었고, 그리고 아마도 최고의 존재로 권위들을 열망하였기 때문에, 그에게 일러진 것은, 그는 땅의 법률에 일치하는 그들의 형벌들을 알고 있다는 것이고, 그리고 이러한 것들을 저지르는 자들은 불결한 그런 장소에 매장(埋葬)된다는 것도 알고 있다는 것 등입니다. 그리고 그에게 일러진 것은 만약에 어느 누구가 이런 범죄를 범하였다면, 그가 그를 심판하게 된다면 어떤 종류의 판결을 할 것인가 하는 것이었습니다. 그는, 가혹한 심판관 중에 하나가 되어 심판할 것이고, 그를 그와 같이 정죄할 것이다고 말하였습니다. 그러므로 그는 자기 자신을 정죄, 저주하였습니다. 1748년 9월 21일

무지개에 관하여

3229. 전에 내 눈에 자주 보여졌던 무지개의 시리즈가 나에게 또 보여졌습니다. 지금은 이런 광경의 중앙에는 일종의 초록색의 것이 보였는데, 말하자면 풀이 많은 초지(草地) 같은 것이었고, 그리고 그 뒤에는 땅이 보였습니다. 태양은 보이지 않았지만, 그것을 밝게 비추고 있었습니다. 그리고 동시에 빛이 주위에 비추었는데, 너무나도 밝고 아름다워서 무엇이라고 기술될 수 없었습니다. 그 빛과 우리의 한 낮의 빛 사이에는 비교가 될 수 없었습니다. 보여진 투명한 주변 안에는 가장 아름다운 온갖 색깔의 다양함들이 있었고, 진주 같은

투명한 평원이 있었습니다. 그러한 것은 일종의 다종다양한 변화의 극치였습니다. 1748년 9월 21일

생각이 저 세상에서 밝혀진다는 것에 관하여

3230. 경험을 통해서 내가 알게 된 사실은 어느 누구나 육신을 입은 삶에서 생각했던 것이나 말했던 선한 것은 무엇이나, 저 세상에서 밝히 드러난다는 것입니다. 그가 그런 상태에로 보내졌습니다. 그 때 개별적인 것이든 전체적인 것이든 그에게 속한 모든 것들이 그에게 개방되었고, 그리고 그 때 동시에 천사들도 그들이 생각하고 말했던 것을 알게 되었습니다. 그러므로 개별적인 것들에 속한 기억은 저 세상에서 결코 사라지거나 지워지는 일은 없습니다. 그러나 그가 생각하고 말했던 것이 어떤 것인지는 주님께서 허용하고 허락하시지 않으면 공개되지 않습니다. 1748년 9월 21일

주님께서 그의 원수들에게도 선을 행하신다는 것에 관하여

3231. 나는 오후 오수(午睡)가 엄습(掩襲)하여, 아주 달콤한 낮잠을 즐겼습니다. 내가 잠에서 깨었을 때 내 주위에는 많은 영들이 잠자고 있었습니다. 심지어 나에게 덫을 놓으려고 하는 영들도 있었습니다. 이런 자들은 잠에 못 이겨, 깊은 잠에 빠져 있었습니다. 그래서 나를 해칠 목적을 가지고 온 자들도 있었습니다. 그들이 잠에서 깨어나자, 그들이 하는 말은, 그들은 잠에 빠져 있었고, 그리고 하나씩 뒤를 이어 도망하였다는 것입니다. 어떤 자는 자신은 잠자는 것을 원하지 않았다고 말하기도 하였습니다. 그것은, 그가 나를 해치려고 했다는 것을 알게 하는 일입니다. 따라서 나는 이런 영들과 이야기를 하였는데, 영들은, 주님께서는 홀로 모두를, 심지어 자신의 원수들까지도 살피신다는 것이고, 그리고 그들에게 선을 행하신다는 것 등을 말하였습니다. 1748년 9월 21일

3232. 여기에서 내가 알게 허락된 것은, 악령들은 사람과 함께 강

제적으로 잠을 자게하고, 그리고 그래서 사람이 편하게 잠을 자게 한다는 것입니다. 사실은 악령들이 사람을 둘러싼다고 해도 편안하게 잠을 자게 한다는 것입니다. 만약에 그렇지 않다면, 악령들은 나에게 올가미를 놓았을 것입니다. 이러한 짓거리는 그들이 모두에게 하려고 하는 고약한 짓입니다. 그 때 그들은, 만약에 잠을 자고 있지 않다면, 자신들이 사람에게서 분리된 영들이다는 사실을 지각하였을 것입니다. 이런 일이 일어나지 않게 하기 위하여 영들은 반드시 잠을 자야만 합니다. 이런 사실이 나에게 밝히 드러났습니다. 1748년 9월 21일

그들이 자신들이 사람이다는 것 이상의 다른 것을 알지 못하였을 때 그 때 그들은 해치지 못합니다. 이것은 자신들을 해치는 것이 되지만, 그러나 사람이 잠을 자고 있고, 그들이 깨어 있을 때에는 그 때 그들은 그것을 밝히 알게 됩니다. 1748년 9월 21일

수성(水星)의 영들에 관하여

3233. 나는 다시 중간 영들(intermediate spirits)을 통하여 수성의 영들이 하는 말을 들었습니다. 그들은 상당량을 아주 빠르게, 말하자면 중간 영들이 그것을 말할 수 없을 정도로 말을 하였습니다. 그들은 말하자면 일단의 그룹이 되어 말을 하였습니다. 그러나 그것은 그들의 언어가 아니고, 오히려 그것은, 중간 영들의 언어에 유입된 내면적인 뜻에 속한 생각이었고, 또한 기억에 속한 생각이었습니다. 그래서 그것은 매우 빨랐습니다. 그 뒤에 이어지는 생각들인 그런 것들의 지각은 그와 동일한 것입니다. 그들은 그것들을 매우 신속하게 지각하고, 그리고 그들은 즉시, 그리고 일순간에 그 성질의 측면에서 판단합니다. 그들은 이것은 이렇고, 저것은 그렇지 않고, 이것이 바로 그 성질이다고 말을 합니다. 그러므로 그들의 결정은 거의 순간적으로 일어나고, 그리고 더욱이 그들은 종전의 것들과 거의 유사하다는 것입니다. 그리고 놀라운 것은, 그들의 생각은, 영들이, 내

위에서 대기에서와 같이, 춤을 추듯이 빠르게 대량으로 나에게 온다는 것이고, 그리고 그 생각의 파동은, 비록 그들이 오른쪽 조금 떨어진 곳에 있었지만, 왼쪽 눈을 향해 유입하지는 않는다는 것입니다. 1748년 9월 21일

3234. 이런 것들에서 알 수 있는 결론은, 영들이 들은 것은 무엇이나, 비록 사람들이 알지 못하고, 이런 것들을 간수하지만, 사람들에 비하여 매우 신속하게 많은 것을 보존한다는 것입니다. 왜냐하면 내면적인 기억은 이런 식으로 형성되기 때문입니다. 사람은 그런 것에 관해서 무지하고, 그리고 천사들은 순수하면 그럴수록 더 신속하게, 그리고 충분하게 그것들을 보존하기 때문에, 그래서 모든 개념은 결코 사멸하지 않습니다. 그리고 그것은, 개별적인 것이든 전체적인 것이든, 모든 것들에 관해서 그렇게 신속하게 결정하는 자들로부터 명확하게 알 수 있겠습니다. 그들이 보존하는 일이 없다면 이러한 일은 일어날 수가 없습니다. 1748년 9월 21일

3235. 그들에게 지각(知覺·perception)은 표징에 속한 것이다는 사실이 드러났을 때, 사실은 표징에 의하여 드러났을 때, 즉시 한순간에 그것은 사실이 아니다고 말하였습니다. 그리고 또한 그들은 이것이 사실인지 그는 알지 못한다는 것도 말하였습니다. 그러므로 그들은 그 때 지각이 무엇인지 명료하게 알 수 있었습니다. 우리의 영들은 가장 조잡한 방법 안에 있었기 때문에, 그것을 알지 못하였고, 이해하지도 못하였습니다.

3236. 그러나 이 세상의 영들은 천사적인 개념들에 의하여 이런 자들과 대화를 하였고, 그리고 그들은 수성의 영들이 알지 못하는 것이나, 그들이 아는 것 이상으로 더 많은 것을 매우 빠르게 말하였습니다. 그리고 수성의 영들에 비하여 매우 빠르게 아주 많은 것들을 말하였습니다. 그러므로 나는 수성의 영들이 시인하는 것들을 깨달았습니다. 마찬가지로 우리의 영들과 비교하면 그들은 아무것도 아니다는 것을 고백하는 것도 지각하였습니다. 그리고 우리의 영들

은 그들이 알지 못하는 것을 안다는 것과 그리고 우리의 영들이 그들이 알고 있는 것들을 즉시 안다는 것도 고백하였습니다. 그들이 지금 주장하고 있듯이, 그들이 놀랄 수밖에 없는 내면적인 개념들에 의하여 그 즉시 안다는 것도 고백하였습니다. 그 뒤에 그들은 분노의 상태에서 말하였고, 따라서 조잡한 영들이, 심지어 악한 영들이 정복하였습니다.

3237. 그들은 그들이 사람들로 표징되는 것을 허락하지 않았고, 오히려 수정의 조그마한 옥(玉)으로 표징되기를 희망하였습니다.

3238. 한동안, 거기에는 다시 그들과 주님의 천사들 사이에 대화가 있었습니다. 그리고 아주 짧은 순간에 그들에게 일러진 것은 그들이 무엇이 악한지, 그리고 무엇이 그렇지 않은 것인지 그리고 하나의 개념 안에는 무한한 것들이 존재한다는 것, 그리고 그들은 일반적인 것을 영원히 알 수 없다는 것입니다. 이런 내용이, 시인될 때까지 제시되었던 것입니다. 더욱이 천사들은, 상태의 변화에 의한 것을 제외하면 그들이 지각할 수 없는 그런 것들을 말하였습니다. 그들이 말한 것들을 그들은 이해하지 못하였지만, 그러나 그들은 상태의 변화들을 이해하였습니다. 그 때 그들에게 일러진 것은 지금 일어나고 있는 지극히 작은 모든 변화는 무한한 것들을 담고 있다는 것입니다. 종국에 그들이 이런 사실을 지각하였을 때, 그들은 스스로 겸손하였습니다. 그들의 겸비(謙卑)는, 보다 깊은 영역을 향해 그들이 더욱 더 크게 내려가는 것에 의하여 나에게 표징되었습니다. 그럼에도 불구하고 그 고양(高揚)은 음성이 낮게 울리는 성량 때문에 감추어질 수 없었고, 그리고 모든 면에서 고양되었습니다. 그리고 그 고양은 일종의 상호적인 지극히 가벼운 움직임에 의한 것입니다. 내게 일러진 것은 그것이 무엇을 뜻하는지, 그리고 겸비의 상태에서 그들이 생각한 것이 무엇인지 일러졌다는 것입니다. 따라서 그들은 둘로 나뉘었습니다. 성량의 반 정도가 내 머리 위에 있었습니다. 그들은 자신들의 별들(=지구들)의 별들을 통해 등 뒤에서 올리

워졌습니다. 나머지 반은 겸비의 상태 안에 있었습니다. 그것은 스스로 겸비할 수 없는 그런 부류의 자들은 집으로 되돌려졌고, 그리고 그들은 몸을 낮추고 구부리는 하나의 증표입니다.

3239. 그들의 내적인 감관은 이런 정도입니다. 그것은 오직 사물들에 속한 지식으로 즐기고, 그 밖의 것은 전혀 기뻐하지 않았습니다. 그러므로 거기에는, 선용(=쓸쓸이·善用)에 관계되는 내면적인 것들이 있기 때문에, 그들은 이런 것들에 대하여 상관하지 않고, 결과적으로 목적들로, 따라서 유일한 목적으로 마음을 쓰지 않습니다. 그리고 이런 것에서 그들의 교만함이 생겨나고, 그 교만 때문에, 따라서 목적들이나 선용들에 속한 삶은 그들에게 입류할 수 없고, 그 전에 있었던 교만은 그들에게서 제거되었습니다. 이 교만은 내가 저술한 그런 것들의 대부분을 행한다고 하는 그런 것입니다. 왜냐하면 그들은 자기 자신과 비교하여 다른 자들을 경멸하기 때문입니다. 겸비의 상태에 있는 자들은, 주님만이 오직 그들의 주님이시다는 것을 눈물로서 지금 시인하였습니다. 그 때 그들이 과학적으로 알고 있는 것을 시인하였고, 그리고 총명스럽게 아는 것이 그들에게 주어졌습니다. 왜냐하면 주님 외에 다른 존재를 그들은 예배하지 않았기 때문입니다. 그러나 그들은 다른 자들에 비하여 자신들을 중하게 여겼기 때문에, 그들은 그들에게 관심 따위도 두지 않습니다.

3240. 그런 부류의 영들이, 우리 지구의 영들과 함께 내 주위에 있었습니다. 그들이 내가 보기에 조잡한 영기에 들어왔을 때, 그리고 동시에 내가 저술한 그것 안에는, 말하자면, 매우 조잡하고, 어떤 개념도 없었다는 것을 그들은 이상하게 생각하였습니다. 그러나 그것에 대한 대답이 허락되었습니다. 즉 이 세상에 속한 사람들은 그런 성격을 지녔다는 것이고, 그리고 저술된 것들의 십분의 일도, 아니 거의 대부분을 이해하지 못한다는 것 등입니다. 그러므로 그것은, 사람은 그들이 그것을 이해하는 어떤 것을 이해할 수 있도록 아주 조잡하게 기술할 수밖에 없었다는 것입니다. 그리고 내가 부연한 것

은 그들이 내적인 감관이 주어진다는 것도 알지 못하였고, 다만 느끼는 것은 육신 뿐이다고 생각한다는 것이었습니다. 그러므로 그들은 사후의 삶도 믿지 않았고, 영이 존재한다는 것도 믿지 않았습니다. 만약에 그런 부류의 자들이 천사들이 될 수 있다면 그 때 그들은 이렇게 물을 것입니다. 그들과 대화를 한 자들은 육신을 입은 삶에서 그러한 자였을 것은 틀림없으나, 그러나 지금은 총명적인 존재가 되었다는 것입니다. 그리고 그들이 육신을 입은 삶에서 그들이 말했던 것을 전혀 알지 못한다는 것을 그들은 놀라워한다는 것입니다. 1748년 9월 21일

≪영계일기≫ [5]권 끝

영 계 일 기 [5]

2011년 4월 25일 인쇄
2011년 4월 30일 발행

지은이 E. 스베덴보리
옮긴이 안곡 · 박예숙
펴낸이 이영근
펴낸곳 예수인

    1994년 12월 28일 등록 제 11-101호
    (우) 157-014 · 서울 강서구 화곡 4동 488-49
    연락처 · 예수교회 제일 예배당 · 서울 강서구 화곡 4동 488-49
    전 화 · 0505-516-8771 · 2649-8771 · 2644-2188

    대금송금 · 국민은행 848-21-0070-108 (이영근)
             우리은행 143-095057-12-008 (이영근)
             우체국 012427-02-016134 (이영근)

ISBN 89-88992-08-3 04230   값 13,000원
ISBN 97889-88992-49-4 04230

◇ 예수인의 책들 ◇

순정기독교(상·하)   스베덴보리 지음·이모세·이영근 옮김 각권 값 20,000원
혼인애   스베덴보리 지음·이영근 옮김 값 35,000원
천계와 지옥(상·하)   스베덴보리 지음·번역위원회 옮김 각권 값 11,000원
신령사랑과 신령지혜   스베덴보리 지음·이모세·이영근 옮김 값 11,000원
최후심판과 말세   스베덴보리 지음·이영근 옮김 값 11,000원
천계비의 ① 아담교회   ─창세기 1-5장 영해─   스베덴보리 지음·이영근 옮김 값 11,000원
천계비의 ②③ 노아교회[1]·[2]   ─창세기 6-8장 / 9-11장 영해─   스베덴보리 지음·이영근 옮김 각권 값 11,000원
천계비의 ④-⑱ 표징적 교회   [1]·[2]·[3]·[4]·[5]·[6]·[7]·[8]·[9]·[10]·[11]·[12]·[13]·[14]·[15]   ─ 창세기 12-14/15-17/8-19/20-21/   22-23/24-25/26-27/28-29/30-31/32-34/35-37/38-40장 영해 ─   스베덴보리 지음·이영근 옮김 각권 값 11,000원
천계비의 ⑲-㉒ 표징적 교회[16]·[17]·[18]·[19]   ─ 출애굽기 1-4 /5-8/9-12/13-15장 영해 ─   스베덴보리 지음·이영근 옮김 각권 값 14,000원
묵시록 해설[1]·[2]·[3]   스베덴보리 지음·이영근·박예숙 옮김 값 15,000원
묵시록 계현[1]·[2]·[3]·[4]·[5]   스베덴보리 지음·이영근 옮김 각권 값 40,000원
스베덴보리 신학총서 개요 (상·하)   스베덴보리 지음·M. 왈렌 엮음·이영근 옮김 각권 값 45,000원
새로운 교회의 사대교리   스베덴보리 지음·이영근 옮김 값 40,000원
성서영해에 기초한 설교집 ≪와서 보아라≫[1]·[2]·[3]   이영근 지음 각권 값 9,000원

* 이 책들은 교보문고·영풍문고·≪예수인≫본사에서 구입할 수 있습니다.